MATTHES & SEITZ BERLIN

PAPER·BACK

Kai Marchal

TRITT DURCH DIE WAND UND WERDE, DER DU (NICHT) BIST

Auf den Spuren des
chinesischen Denkens

Matthes & Seitz Berlin

Für C. Y. T.

INHALTSVERZEICHNIS

VORWORT
ZUTRITT NUR DURCH DIE WAND

Ein Mönch fragte den Dongshan Shouchu:
»Wer ist Buddha?« – Dongshan: »Drei Pfund Hanf.«
(Zutritt nur durch die Wand, Nr. 18)

1

Wenn Sie diese Seite aufschlagen, sind Sie an einem bestimmten Punkt Ihres Lebens angelangt. Vielleicht planen Sie gerade eine längere Reise. Oder Sie haben vor einiger Zeit eine Familie gegründet und denken jetzt darüber nach, ein Haus zu kaufen. Vielleicht haben Sie gerade Ihren Job gekündigt. Bestimmt haben Sie sich längst so Ihre Gedanken gemacht, worum es im Leben eigentlich geht. Warum leben wir zum Beispiel von einem Tag auf den anderen, getrieben von allen möglichen, unsinnigen Zwängen, wenn all das am Ende sowieso keinen Sinn hat? Sollten wir nicht lieber darauf verzichten, unser Leben genau durchzuplanen? Und wäre das Leben nicht besser, wenn wir etwas Abstand vom allgemeinen Optimierungswahn gewinnen könnten, um einfach einmal *weniger* zu tun?

Wahrscheinlich haben Sie sich auch schon einmal für den Buddhismus interessiert, haben sich von der Lehre über die Leere berühren lassen. Ich habe eine ganze Reihe von Bekannten, die sich schon einmal für den Buddhismus interessiert haben. Die meisten tun das nur mit großer Vorsicht und immer nur für einige Stunden, so als schlichen sie wie die Katze um den heißen Brei herum. Vielleicht ähneln Sie meinen Bekannten aber auch gar nicht. Ich kann Sie jetzt fast vor mir sehen: Wie Sie da in einem Café oder bei sich zu Hause in einem Sessel sitzen, in der Rechten halten Sie einen Becher mit Kaffee (grüner Tee wäre noch besser), in Ihrer Linken dieses Buch, und während Ihre Augen den Zeilen rasch von links nach rechts folgen, haben Sie einen gespannten, möglicherweise etwas distanzierten, wenn nicht sogar spöttischen Gesichtsausdruck.

»Glaubt der Autor wirklich, dass er mich *durchschaut* hat?!«, denken Sie jetzt vielleicht. »Dabei könnte ich sein Buch doch jederzeit zur Seite legen und mich wieder auf meine Facebook-Seite konzentrieren, ich müsste ohnehin wieder einmal nachschauen, T. wollte mir schreiben und eigentlich müsste ich M. jetzt sofort einen Geburtstagsgruß senden, sonst werden die anderen schon alle etwas gepostet haben, das sieht überhaupt nicht gut aus, wenn ich als Letztes schreibe …« Oder Sie hassen Facebook, genauso wie Sie Ihren Alltag hassen, weil er schon viel zu sehr dem Alltag bestimmter Bekannter ähnelt, denen es nur noch um Geld, Anerkennung und gesellschaftlichen Status geht. Dann werde ich Sie mit meinen Gedanken nur verwirrt haben. Das wäre schade. Was Sie jetzt wirklich möchten, ist ein Augenblick der Ruhe, schreibe ich einfach mal, ein Augenblick, in dem Sie überhaupt nichts mehr verbessern müssen, Sie wollen *tiefenentspannt* sein und innehalten, um über Ihr eigenes Leben nachzudenken, über das Glück und die Leere hinter all dem.

Neulich, ich weiß gar nicht mehr wo, ist mir eine Geschichte durch den Kopf gegangen, die mich tatsächlich einmal in meinem Leben innehalten ließ. Die Geschichte geht so: Beim Überqueren eines Flusses ließ ein Mann versehentlich sein Schwert ins Wasser fallen. Um sich die Stelle zu merken, an der er es verloren hatte, schnitt er eine Kerbe in den Bootsrand und sagte dazu: »Hier ist mein Schwert in den Fluss gefallen.« Als das Schiff endlich angehalten hatte, sprang er ins Wasser und tauchte an der von seiner Markierung angezeigten Stelle. Doch das Schwert fand er dort nicht.[1]

Was will uns eine solche Geschichte mitteilen? Erst einmal geht es wohl nur darum, dass hier einer zum Opfer einer eklatanten Fehleinschätzung geworden ist. In der von uns bewohnten Welt sorgt die Schwerkraft dafür, dass sich ein Boot auf einem Fluss stetig weiterbewegt; deshalb ist eine Markierung, wie sie der Mann an seinem Boot angebracht hat, *wertlos*. Man könnte diese Geschichte jedoch auch auf einer tieferen Ebene deuten: Das Schwert des Mannes von Chu, denn es ist eine Geschichte aus dem alten China, wo es einmal einen Staat namens Chu gegeben hat, könnte wie eine Art *MacGuffin* funktionieren und auf alles Mögliche verweisen, etwa auf unsere Bemühungen, in unserem Leben bestimmte Stellen zu markieren, damit wir uns später wieder auf sie beziehen können: Mein 18. Geburtstag, mein erster Arbeitstag, die Geburt unseres ersten Kindes ... Tatsächlich haben es Menschen ja so an sich, dass sie immer Strukturen aufbauen und Unterscheidungen treffen wollen, in dem felsenfesten Glauben, die Bedeutungen, die sie mit diesen Strukturen und Unterscheidungen verbinden, jederzeit wiederfinden zu können. Nur dass die Zeit – ein sonderbar Ding! – nie stehen bleibt; und in diesem Sinne werde ich auch die Bedeutung, die für mich einmal mit meinem 18. Geburtstag verbunden war, nie mehr wiederfinden.

In der chinesischen Philosophie, denn um sie wird es in diesem Buch gehen, gibt es viele solcher Geschichten. Oft weiß man nicht genau, wer ihr Verfasser ist; sie sind auch nie ganz ausformuliert und wirken oft wie mit leichtem Pinsel hingeschrieben. Im Buch *Zhuangzi*, einem Zentraltext des Daoismus, gibt es zum Beispiel die schöne Geschichte von dem Halbschatten, der den Schatten anspricht und fragt, warum dieser sich mal bewege und mal still stehe, mal sitze und mal aufrecht stehe, so ganz ohne Beständigkeit, woraufhin der Schatten erwidert: »Muss ich von etwas anderem abhängig sein, um zu sein, was ich bin?!« Und rhetorisch weiterfragt, ob er denn von den Schuppen eines Schlangenbauches und den Vorderflügeln einer Zikade abhängig sein müsse, um er selbst zu sein, womit zugleich die flüchtige Ironie dieser Geschichte deutlich wird, die natürlich in diesem sonderbaren Miteinander-Sprechen zweier Schatten besteht, die doch immer nur der Bewegung anderer Wesen folgen können, und eigentlich ist damit auch aufs Anschaulichste gezeigt worden, wie trügerisch unser tiefer Wunsch nach Unabhängigkeit oft ist.[2] Im *Zhuangzi* gibt es auch Geschichten, in denen wir dazu eingeladen werden, die Perspektive von Bäumen und Tieren einzunehmen und uns selbst auf diese Weise neu zu sehen. Oft muten sie seltsam an, oft auch einzigartig, unwiederholbar. Und deshalb vielleicht weltverändernd.

Diese Geschichten behaupten – streng genommen – rein gar nichts. Selten bringen sie handfeste, philosophische Argumente vor. Wenn sie etwas wollen, dann vielleicht, dass wir uns in sie versenken. Viele Philosophen im vormodernen China haben diese Art von Geschichten geschrieben; und da sie die Methoden der Mathematik (insbesondere der Geometrie) entweder gar nicht kannten oder nicht besonders hoch schätzten, hatten diese Philosophen auch nie den Anspruch, von einem vermeintlich objektiven Standpunkt aus etwas über das Leben oder die Welt zu sagen. Sie wollten Einsichten erzeugen, indem sie ihre Leser auf einer persönlichen Ebene ansprechen.

Genau aus diesem Grund können die Geschichten aus China auch von uns handeln. »Wenn irgendetwas gesehen (wirklich *gesehen*) wird, dann bin immer ich es, der es sieht«[3], schreibt Ludwig Wittgenstein im Geiste Schopenhauers; und dieser Satz hilft ein Stück weit, das Denken der daoistischen und buddhistischen Meister zu verstehen. Denn eigentlich gibt es ja gar nichts anderes als unser eigenes Leben, unser Bewusstsein davon. Sie können nur aus *Ihrer* Perspektive auf das Leben blicken, und deshalb werden Sie auch die *für Sie* angemessenste Lösung für Ihr Leben finden müssen. Was auch immer Sie mit Ihrem Leben anstellen, Ihnen selbst entkommen Sie nicht; und deshalb kommt es vor allem darauf an, wie Sie sich zu sich selbst verhalten, wie Sie sich auf die Welt ausrichten und Ihre Abhängigkeit von dieser Welt verstehen.

Wäre es möglich, dass wir durch das Nachdenken über solche Geschichten sogar aus dem Kreislauf unseres ewigen Strebens nach Anerkennung ausbrechen könnten?

2

Neugier ist Ungehorsam in seiner reinsten Form.
(Vladimir Nabokov)

Ich war neunzehn, als mich die Einsicht überfiel, dass in dieser Welt nie mehr etwas Neues beginnen würde. Es war in den frühen 1990ern, der Kalte Krieg war gerade erst zu Ende gegangen, und für mich bestand kein Zweifel: Alles war sinnlos, ausweglos, tot. In dem Krankenhaus in Wilhelmshaven, der norddeutschen Stadt, in der ich damals meinen Zivildienst geleistet habe, starben die Kranken im Frühjahr 1994 reihenweise. Sie verharrten dabei in ihren Kleidern und bewegten sich kaum; und die ganze Zeit über rochen die Zimmerwände nach Angst. Alte Frauen verfielen stündlich. Dreißigjährige wälzten sich in ihrem Kot. Ich fühlte, dass mich eine unsichtbare Wand von den Menschen trennte. Einige Male muss ich darüber nachgedacht haben, mein Leben zu beenden; aber der Gedanke, dass auch *ohne mich* einfach alles so weitergegangen wäre, erfüllte mich nur mit einer noch größeren Traurigkeit. Wahrscheinlich würde man auch noch in hundert Jahren die immer gleichen Rentendebatten führen, würde in den Diskotheken derselbe, leere Lärm zu hören sein (ausgenommen vielleicht: Herzzerreißendes wie Nirvana oder Guns n' Roses). Ich verstand nicht, warum sich Jugendliche an den Wochenenden sinnlos betranken, um *sie selbst* sein zu können, und diese Gewohnheit auch noch fortführten, als sie längst Autohändler oder Anlageberater geworden waren. Ich wollte nicht in einer Welt leben, in der es Atombomben, Hitlerfotos, Aids, Ronald Reagan, das Bermudadreieck, Schafe, Frauenhäuser, Überbevölkerung, Talkshows, Warzen und Biologielehrer gab. Meine unendliche Sehnsucht nach einem anderen, besseren Leben fand in so einer Welt keinen Halt.

Als Kind hatte ich zähe Jahre auf einem Dorf im Siegerland verbracht, in einer Gegend, die nicht umsonst die »Pissecke Gottes« heißt. Man muss sich dabei Regen und tiefe Wälder vorstellen, noch einmal Regen und noch einmal tiefe Wälder. Mein Vater, eine ostdeutsche Halbwaise, dessen Realitätssinn wahrscheinlich nachhaltig von seiner Übersiedlung nach Hamburg im Oktober 1949 beschädigt worden war, sperrte sich vom frühen Abend an betrunken in seinen Hobbykeller; meine Mutter fühlte sich mit der leidenden Kunstsinnigkeit einer Zahnarzttochter von ihren Nachbarn umzingelt, die oft religiöse Spinner waren und sich hinter ihren Jägerzäunen lieber Tiere hielten als Ehefrauen. Tagsüber beschimpften sich die Nachbarskinder als »Spasti« oder »Hirni«, abends schauten sie gemeinsam das *Traumschiff.* Tiere wurden in Fabriken massenweise getötet, damit wir allabendlich eine Scheibe Bierschinken essen konnten. Ohnehin konnte jederzeit ein Atomblitz über Olpe oder Lüdenscheid aufflammen und dieser Hasshölle, aber auch allem Leben auf Erden, ein Ende setzen.

Übertreibe ich hier, bin ich ungerecht? Wahrscheinlich. Natürlich steckt in jenen Jahren auch viel Liebe: Sommertage, Baumhäuser, Italienreisen. Aber mein damaliges Ich hat die Welt genau so schwarz wahrgenommen, wie ich es gerade beschrieben habe; und trotz aller zeitlichen Distanz erkenne ich mich auch heute noch in ihm wieder, weshalb ich seine Hinterlassenschaft auch nicht einfach ausschlagen kann, sondern irgendwie, so zwiespältig es sich auch anfühlt, mit ihr umgehen muss – was mir heute durchaus Spaß macht. Ich erinnere mich also, dass ich mich mit Beginn der Pubertät in mein Zimmer zurückgezogen habe, um nie mehr herauszuwollen. Bald schon arbeite ich mit großer Energie daran, den Anschluss an die moderne Welt zu verlieren (natürlich habe ich Mitschüler verachtet, die sich für unsinnige Dinge wie Pac-Man-Spiele begeistern konnten). Als meine Mutter mit einem Stuhl auf meinen Vater losgeht, weil mein Vater Jahre zuvor zu einer rothaarigen Studentin mit Baby gezogen ist, worauf meine Mutter ihn hasste und mein Vater trotzdem wieder bei uns einzog und in unserer Familie immer mehr getrunken wurde, lassen sich die beiden endlich scheiden; seither bin ich besessen von der Vorstellung, das Leben sei ein nicht enden wollendes Unglück.

Im Jahr 1903 schrieb der amerikanische Schriftsteller Henry James eine Kurzgeschichte mit dem Titel »Das Raubtier im

Dschungel«. Der Protagonist, ein Durchschnittsmensch namens John Marcher, ist der Überzeugung, dass ihm früher oder später ein spektakuläres, lebensveränderndes, weltumstürzendes Ereignis zustoßen wird, das irgendwo auf der Lauer liegt »wie ein gefährliches Biest«. Nur diese Erwartung vermag seinem Leben einen Sinn zu verleihen. Heute denke ich, dass ich damals wie John Marcher auf jenes »Raubtier im Dschungel« gewartet habe: Etwas sollte passieren, das mein Leben grundlegend verändern würde, doch zugleich ahnte ich, dass hier in Deutschland nichts mehr passieren würde. In mein Tagebuch habe ich einige Zeit später (um das Jahr 1995) Folgendes geschrieben: »Mit 25, 26 soll ein Sprung geschehen, in der Biographie, sagte mir jemand heut. Vor dem Tod keine Angst mehr – es ist dieses Jahr ein Stadium, beinahe unnatürlich ruhig und still wie ein Meer.« Natürlich schäme ich mich heute für diesen geschraubten Stil und die merkwürdig verdruckssten Metaphern; dass ich – einige Zeilen später – auch noch Goethe zitieren musste, erscheint mir heute wie der Gipfelpunkt meines krankhaften Narzissmus: »In dem Augenblick glücklicher Vereinigung verkennen Seelen, die füreinander geschaffen sind, sich am meisten.« Niemand würde mehr in Deutschland verhungern. Es würde aber auch nichts Neues mehr beginnen. Menschen, Orte, Waren, Sprachen waren auswechselbar.

Henry James ist manchmal, und nicht zu Unrecht, mit Jorge Luis Borges verglichen worden, der Europas Höhenkammliteratur mit Fantasy- und Abenteuergeschichten verschmolzen hat (bei letzterem fand ich später oft Trost auf meinen Ausflügen in die globale, babylonisch-komplexe Gegenwart). In der Tat erscheint »Das Raubtier im Dschungel« bei genauerer Lektüre mysteriös, wenn nicht absurd. Worum es sich bei dem besagten Ereignis eigentlich handeln soll, wird lange nicht klar. Normalerweise behält Marcher sein Innenleben für sich; dann jedoch trifft er auf eine junge Frau, May Bartram, der er zehn Jahre zuvor von seiner geheimen Überzeugung erzählt zu haben scheint. Wenigstens erinnert sie sich genau daran – und hofft nun Anteil zu nehmen an seinem Leben. Nur hat Marcher das damalige Gespräch vergessen und zeigt überhaupt wenig Interesse an dieser Frau. May sucht seine Nähe. Doch Marcher weist jeden aufkeimenden Gedanken an Intimität oder gar eine Ehe entschieden zurück, da er sie nicht jenem spektakulären, lebensverändernden, weltumstürzenden Ereignis aussetzen möchte. Die Zeit vergeht. Die beiden werden alt. Marchers Warten auf das Ereignis wird immer quälender. May erkrankt. Er geht zu ihr, bleibt jedoch kühl. Endlich stirbt sie. Und dann, über ihrem frisch verschlossenen Grab, überwältigt Marcher die Einsicht, dass er aus Angst vor »dem gewöhnlichen Untergang« *(the common doom)* nicht gelebt hat, dass er sie hätte lieben können, aber nicht geliebt hat, und auf einmal begreift er, dass das »Raubtier« in Wahrheit schon längst auf ihn losgegangen ist, genau in dem Augenblick nämlich, als May Bartram ihn angesprochen und gefragt hat, ob er sich nicht an sie erinnere ...

Die Möglichkeit einer großen Liebe, die einen befreien könnte aus der wüsten Ödnis der eigenen Existenz und insbesondere vom eigenen Narzissmus, ist natürlich ein alter Topos des bürgerlichen Zeitalters, dem viel später die sozialen Medien neues Leben einhauchen sollten. Mir, in meiner Panik und absoluten Erstarrung, sagte er damals nichts. Was mir fehlte, war ganz elementar: Weltzugang. Das einzige echte Ereignis, an das ich mich erinnern konnte, war Tschernobyl – eine ferne Katastrophe, die im Sommer 1986 unseren lange geplanten Familienurlaub nach Finnland ruiniert hatte.

3

Im Sommer 2017, als ich die Rohfassung dieses Buches in mein MacBook Air tippte, hatte sich bei vielen Menschen in der westlichen Hemisphäre bereits das bedrohliche Gefühl verfestigt, die ihnen vertraute Welt könnte im Niedergang begriffen sein. Im Sommer 2018 ist das Koordinatensystem, in dem sich so viele Länder seit dem Ende des Zweiten Weltkrieges orientiert haben, bereits ausgehebelt. »Die Zeiten, in denen wir uns auf andere völlig verlassen konnten, die sind ein Stück weit vorbei«, hatte Angela Merkel im Mai 2017 in einem Bierzelt in Trudering erklärt. Im Februar 2018 schreit es aus thüringischen Wäldern: »Der Michel wacht jetzt auf«. Politische Entwicklungen werden plötzlich zu einer historischen »Wegscheide« erklärt, »wie sie die Welt nur alle paar Jahrhunderte erlebt ...« In der Gegenwart werde entschieden, ob man »den Beginn eines neuen asiatischen Zeitalters [...] und die Selbstaufgabe des [...] Westens« zu konstatieren habe – oder ob »unser Kontinent« den »Mut« aufbringe, »sich den Herausforderungen einer weit unbequemeren und risikoreicheren Welt zu stellen als die, in die wir dachten hineinzuwachsen«.[4] Etwas geht seinen Gang. Vaterländische Phrasen künden neue Titanengefechte an. Nicht zum ersten Mal hat der Westen seine Maske fallen gelassen: Grenzverteidigung ist wichtiger als Menschenrechte oder Rechtsstaatlichkeit. Mit einem Fingerwisch lässt sich die Welt verändern. Beim G7-Gipfel Anfang Juni 2018 kommt es zum Zerwürfnis über die gemeinsame Abschlusserklärung. In den herrschenden Hashtags rauscht es beharrlich. Amerikas Präsident, ein vulgärer, kurzfingriger, intelligenzfreier Showmaster mit orangeblondem Haar, gerade erst den Niederungen von Wrestling-Shows und Reality-TV entstiegen, salutiert vor einem nordkoreanischen General. Eine Edeka-Verkäuferin in Dessau erblickt auf einer Maggi-Flasche einen arabischen Schriftzug und glaubt das »christlich-jüdische Abendland« bedroht. In Chemnitz wird nach der »Festung Europa« gerufen. In Syrien geht unterdessen der Krieg weiter. Unser Wohlstand werde durch den Aufstieg Asiens gefährdet und müsse nun mit allen Mitteln verteidigt werden. Wir Weiße seien zur Minderheit geworden, denn mittlerweile lebten »acht Milliarden Menschen« auf der Erde. Bitte zuhören: »Acht Milliarden«! Da schwadroniert ein radikaler Rechter nur zu gern über schafsfressende Wölfe. Der Präsident mit dem orange-blonden Haar vergleicht sich mit dem Jahrmarkthelden P. T. Barnum *(Prince of Humbugs)* und zeigt Führungsstärke. Unterdessen singen seine Enkel dem chinesischen Staatspräsidenten Kinderlieder *auf Chinesisch* vor. Im Dezember 2018 versinkt Frankreich in Unruhen.

Einer Prognose der Weltbank zufolge soll es in naher Zukunft 140 Millionen Klimaflüchtlinge geben. Im Sommer 2018 hatte sich immerhin schon einmal das afrikanische Wetter nach Deutschland geflüchtet. Etwas geht seinen Gang. Der Westen: perdu?!

Oder ist endlich jenes spektakuläre, lebensverändernde, weltumstürzende Ereignis eingetreten, auf das wir alle, ohne es zu wissen, so lange gewartet haben?!

Ich hatte nie angenommen, dass ich meine Entscheidung, nach Ostasien auszuwandern, einmal bereuen würde. Heute schätze ich insbesondere den Vorteil, aus großer Distanz nach Europa blicken zu können. Die Weltgeschichte (oder, mit Thomas Assheuer: »das brutale Rattenrennen einer überhitzten Weltgesellschaft«) hat in den letzten zwei, drei Jahren ungeheuer an Tempo gewonnen. Etwas Neues muss begonnen haben, das schon lange in Vorbereitung gewesen ist, nur dass wir zu selbstgefällig gewesen sind, um die Zeichen der Zukunft zu lesen. Vielleicht sieht man da manches klarer, wenn man nicht immer alles durch eine westliche oder *europäische* Perspektive sehen muss. Der neoliberale Konsens, dass freie Märkte einmal sämtliche kulturellen und religiösen Differenzen einebnen und weltweit zu Wohlstand führen würden, liegt auf jeden Fall in Trümmern. »Der erste Schritt zu einem Verständnis dieser neuen Realitäten ist es, die konzeptionelle und intellektuelle Architektur der Sieger der Geschichte im Westen aufzulösen«, all die »einfältigen und gefährlich irreführenden, aus einer triumphalen Geschichte angloamerikanischer Errungenschaften stammenden Ideen und Annahmen ...«[5] So steht es in Pankaj Mishras Buch *Zeitalter des Zorns*. Ich denke, dieser brillante Beobachter unserer globalen Gegenwart hat wieder einmal Recht, und bemühe mich, die »neuen Realitäten« klar zu sehen. Genau das fällt mir jedoch immer schwerer.

Die westlichen Demokratien blicken heute, scheinbar zum ersten Mal, nach draußen und werden mit den Ansprüchen und Interessen von vermeintlich Fremden konfrontiert: Flüchtlinge aus Nordafrika, Syrien oder Afghanistan, illiberale Demokratien wie Russland, Ungarn oder die Türkei, nicht zuletzt die neue Handelsmacht China ... Viele Menschen sorgen sich um den Erhalt der westlichen Lebensform in einer immer chaotischer erscheinenden Weltordnung – oder besser gleich: Welt*un*ordnung. Manche fordern bereits, dass Europa sich von den Vereinigten Staaten zumindest partiell abwenden und der aufstrebenden Weltmacht China zuwenden solle. Nur, wissen sie wirklich, worauf sie sich da einlassen?! Andere beschwören noch einmal die Ideale des westlichen Humanismus, denen wir den technologischen, sozialen und politischen Fortschritt der Moderne zu verdanken hätten. Jedoch haben sie herzlich wenig zu sagen über die Ursachen der gegenwärtigen Krise. Es ist ja nicht nur so, dass die Rede vom westlichen Humanismus allzu oft die brutale Realität *jenseits des Westens* ideologisch bemäntelt hat – man denke nur an die Geschichte des europäischen Kolonialismus, an Rassismus und Ausbeutung oder an all die schmutzigen Kriege in Südamerika, Afrika und Asien. Vielmehr stellt sich auch die elementare Frage, was der westliche Humanismus zur Lösung der Klimakrise beizutragen hat. Wie kann er, wenn die liberale, internationale Ordnung endgültig zerbrechen sollte, die massiven postkolonialen Ungleichheiten zwischen Nord und Süd reduzieren helfen? Und wie ist es zu erklären, dass ostasiatische Gesellschaften, die oft nicht die Ideale des westlichen Humanismus teilen, heute in vieler Hinsicht erfolgreicher sind als der Westen? Welche Schlüsse sind daraus zu ziehen?

Offen gesagt irritiert es mich, mit welcher Selbstverständlichkeit viele Europäer auch heute noch ihre überkommenen Lebensformen als selbstverständlich betrachten. Aus der Ferne betrachtet wirkt so vieles im heutigen Europa als Fortsetzung bestimmter feudaler Privilegien, die Menschen nur deshalb in Anspruch nehmen können, weil sie zufälligerweise in Europa geboren wurden. Aber hätten wir, die Angehörigen der westlichen, abstiegsbedrohten Mittelschichten, wir WEIRD-Menschen,[6] nicht überall zur Welt kommen können?! Und sollten wir die Welt deshalb nicht einmal mit den Augen der anderen sehen: Menschen aus dem Benin, Sri Lanka, Brasilien, China, Nigeria, Indonesien oder Afghanistan, Männer, Frauen, Muslime, Hindus, Buddhisten?!

4

Ich habe mir gerade noch einmal den letzten Abschnitt durchgelesen. Der Verdacht beschleicht mich, dass daraus immer noch das panische Lebensgefühl meiner Vergangenheit spricht, jenes allgegenwärtige Bewusstsein einer drohenden Katastrophe, das mich seit meiner Kindheit begleitet hat. Mit diesem Gefühl muss ich damals angefangen haben, Chinesisch zu lernen; und in einer Gegenwart, in der die Volksrepublik China Kriegsschiffe für Manöver in die Ostsee entsendet, in Grönland zum Schutz der »souveränen Rechte der indigenen Bevölkerung« aufruft, in Dschibuti eine Militärbasis eröffnet und in Patagonien weiter ihre Weltraumstation ausbaut, scheint die damalige Entscheidung merkwürdigerweise plötzlich Sinn zu ergeben. Da ist sie, die Offenheit des historischen Moments.

Warum entscheidet sich aber ein Europäer dazu, Mandarin zu lernen und in die chinesische Welt auszuwandern? Für eine Antwort muss ich noch einmal weiter ausholen ...

Mein Lateinlehrer, den ich auf dem Gymnasium geradezu angehimmelt haben muss, war tiefgläubig und leitete eine Bibelgruppe. Unter seinem Einfluss ließ ich mich mit fünfzehn taufen und betete einige Monate lang zu Gott. Aber Gott, das merkte ich bald, war nicht da für mich, war eigentlich nirgendwo. Dann las ich Nietzsche und hörte abrupt mit dem Beten auf. Genau zu dieser Zeit machte ich in den vollgestopften Schrankwänden meiner Eltern eine Entdeckung. Diese Schrankwände enthielten unzählige Schätze: Schallplatten, Trockenblumen, verstaubte Stillratgeber, Marx- und Lenin-Ausgaben, sowjetische Bildbände von gigantischen Stauseen, die in grünkörnigem Farbdruck geisterhaft schillerten, nicht zuletzt einen Nachdruck der Münchner Wochenzeitschrift *Simplicissimus* (darin habe ich als Kind zum ersten Mal nackte Frauenkörper und Enthauptungen bewundern können). In diesen Schrankwänden stand aber auch Theodor W. Adornos *Minima Moralia* und die Lektüre dieses Buches hatte für mich bald etwas Rauschhaftes. Zum ersten Mal fühlte ich in meiner pubertären

Seelennot, dass da jemand meine Welt verstanden hatte, die Welt als spätmodernes Abhängigkeitsgefüge, einschließlich aller nur erdenklicher Nachahmungszwänge, verhärteter Subjektivitäten und der wahnhaft flackernden Trugbilder der Kulturindustrie. Kapitalismus ist immer Unfreiheit.

Von da an wusste ich, dass ich Distanz zu dieser Welt benötigte. Ich verkroch mich in der Vergangenheit, weil ich nur dort Ausbruchsmöglichkeiten aus dem allgemeinen Verblendungszusammenhang vermutete. In meiner Geburtsstadt Wilhelmshaven, vor 1945 der wichtigste deutsche Flottenstützpunkt, fotografierte ich aufgelassene Bunker. Ich nahm an einer archäologischen Grabung teil. Das Eis der Weichsel-Eiszeit hatte das Gebiet der Ostfriesischen Inseln nicht erreicht; das war eine interessante Tatsache, und ein Forscher konnte mit scharfem Verstand aus mittelalterlichen Sommerdeichen, Grodenhorizonten und Tonscherben noch viel mehr herauslesen. Aber irgendwann sah ich ein, dass das Lesen alter Bücher zu größeren Aufschwüngen des Geistes führte als die Entzifferung lehmiger Erdschichten. Längst vergessene Wörter konnten einen Menschen blitzartig in ein anderes Jahrtausend tragen. Glücklicherweise war Latein meine erste Fremdsprache gewesen. Mit sechzehn versuchte ich krampfhaft, mir die Maya-Schrift beizubringen. Sehr weit bin ich nicht gekommen, und deshalb gelingt es mir bis heute nicht, die Bedeutung der folgenden Schriftzeichen unmittelbar *zu sehen*:[7]

Mit siebzehn lernte ich Mittelhochdeutsch, wenig später auch Altgriechisch. Doch auch diese Sprachen ernüchterten mich schnell, da sie so wenig vom Deutschen abwichen. Kurz darauf muss ich auf das erste Buch über das chinesische Schriftsystem gestoßen sein. Es war wie eine Offenbarung: Am anderen Ende der Welt gibt es eine Sprache, in der jedes Wort mit einem anderen Schriftzeichen geschrieben wird, und diese Sprache ist genauso unzugänglich wie die Maya-Schrift, nur ist sie nicht ausgestorben, nicht als Ergebnis eines Weltenbrandes unbrauchbar geworden, sondern weiterhin quicklebendig. Ich las alles über China, was ich in die Hände bekam: Erzählungen von Geistern und Füchsen aus dem 18. Jahrhundert, Geschichtsbücher, Gedichte aus der Tang-Dynastie. Und begriff: Ich war auf dem falschen Kontinent zur Welt gekommen. Damit stand mein Entschluss fest: Nur die Wirklichkeit dieser Sprache, die irgendwo da draußen von echten Menschen gesprochen wird, kann mich retten.

Im Herbst 1994, mit zwanzig, begann ich in Heidelberg mein Chinesischstudium. Zwei Jahre darauf reiste ich zum ersten Mal nach China – mit der Transsibirischen Eisenbahn, weil ich mich hartnäckig weigerte, ein Flugzeug zu besteigen. Ich fand Fliegen unmoralisch.

5

Könnte sich in der gegenwärtigen Weltlage nicht einfach jene Gleichzeitigkeit spiegeln, die im frühen 20. Jahrhundert längst von hellsichtigen, zärtlichen Dichtern wie Gottfried Benn oder Ezra Pound vorausgeahnt worden ist?! Das abstandlose Nebeneinander, die flirrende Hyperkulturalität der Gegenwart. Sind nicht all unsere Ängste und Erregungszustände Ausdruck eben jenes globalen *hyperspace*, der beispielsweise in diesen Versen Pounds umkreist wird:[8]

»Einer von den Tagen«, sagte Brancusi,
»an denen ich keine
15 Minuten meiner Zeit gegeben hätte
für was auch immer in der Welt.«
Tot auf der Piazzale Loreto,
In Holohans Fall, protegierter Mord.
In Athen gab es ein Geschworenengericht.
Widerstand gegen Tyrannen
οὐ ταῦτα … κακοῖσι δελίαν
König Owen hatte Männer um sich geschart:
den Fürsten von Kouo,
Houng Ieo, San I Cheng

Sagetrieb

wie die Hand den Halm greift,
Riskierten die Rauchschwaden um voranzukommen

aperiens tibi animum:

Einige Jahrzehnte später, zwischen den späten 1970ern und 1990ern, hat der Dichter und Kritiker Qian Zhongshu (1910 bis 1998) auf der anderen Seite der Welt dann seine gigantische Enzyklopädie der traditionellen Kultur Chinas *Bambusrohr und Ahle* zusammengestellt, in der dieser *hyper-space* in der chinesischen Sprachwelt explodiert: Etwas »ins Wasser schreiben« / … in vento et rapida scribere oportet aqua / solco onde, e'n rena fondo e scrivo in vento / … But limnes in water or but writes in dust / 水中書字無字痕 …[9] Eine elegante Zauberkunst zur Erfassung der Welt ist hier am Werk und produziert Vexierbilder von ungeahnter Globalität. Die Welt wird endlich eins.

Doch damit drängen Lebensformen, die wir in Europa nie als Bedrohung oder echte Alternative zu unseren eigenen wahrgenommen hätten, mit neuem Selbstbewusstsein auf die Weltbühne. Plötzlich sind uns die anderen erschreckend nahe. Das vom technologischen Fortschritt bewirkte Zusammenschmelzen von Raum und Zeit verstärkt nicht nur das Bewusstsein für die absolute Zufälligkeit der eigenen Herkunft; es lässt uns auch mit grausig verkehrten Bildern unserer selbst zurück.

Altes, liebes Europa; und da draußen: »acht Milliarden«! Wie schrieb noch Gottfried Benn in seinem Gedicht »Innerlich« so unübertrefflich:

O Seele, futsch die Apanage
Baal-Bethlehem, der letzte Ship,
hau ab zur Augiasgarage,
friß Saures, hoch der Drogenflipp –

Damals, im Jahr 1994, hatte ich insgeheim die Befürchtung, die Chinesen könnten sich am Ende doch als uns sehr ähnlich herausstellen. Ich war auf der Suche nach dem radikal Anderen, dem Singulären, und wollte auf keinen Fall enttäuscht werden. – Aber sind uns die Chinesen wirklich so ähnlich?!

6

In der letzten Woche des Jahres 2017 fliege ich wieder einmal nach Europa. Mit meiner Lebensgefährtin C. Y. plane ich, Neujahr in Amsterdam zu verbringen. Wir gehen zuerst Indonesisch essen, schlendern dann an der Gracht am Kloveniersburgwal entlang. Im Coffeeshop wird es C. Y. nach einigen Zügen so schlecht, dass sie sofort zurück ins Hotel muss und erst einmal zehn Stunden durchschläft. Bei mir zeigt der Joint keinerlei Wirkung (wahrscheinlich habe ich den Rauch nicht lange genug in der Lunge behalten). Deshalb habe ich viel Zeit, über mein Buch zu grübeln. Was bedeutet es etwa, in Amsterdam über chinesische Philosophie nachzudenken, in einer Stadt also, die einmal der Mittelpunkt eines weltumspannenden Handelsnetzes gewesen ist, eine frühe Metropole des globalen Zeitalters, die jedoch alsbald von Städten wie London oder New York abgelöst worden ist? Was könnte noch alles abgelöst werden?! In den nächsten Tagen spazieren wir viel durch Amsterdam. C. Y. geht es besser; sie konferiert schon wieder mit ihren Mitarbeitern in Taipeh über einen neuen Podcast für digitale Literatur. Wir gehen in einem Café namens »Broodje Bert« (Ernie und Bert) frühstücken. Junge Menschen fotografieren ihren Café Latte. C. Y. liest Gedichte von Anna Achmatowa und kümmert sich um den auf ihrem Handy weilenden »reisenden Frosch« (eine App namens *Tabikaeru* 旅かえる, die sich in den Wochen davor Millionen von Menschen in Ostasien heruntergeladen haben). Wir schauen uns im Regen Grachten an, besuchen Museen. Überall riecht es nach Marihuana und holländischen Fritten. Das Multatuli-Museum ist menschenleer. Das Anne-Frank-Haus ist dagegen so von Touristen mit Selfie-Stangen überlaufen, dass wir nicht einmal einen Blick in den Souvenirshop erhaschen können. Dafür sehen wir uns im Rijksmuseum Rembrandts Bild *Die Judenbraut* an. Ich bin wieder sehr aufgewühlt, wie jedes Mal, wenn ich Rembrandt-Bilder sehe. Doch an jedem dieser Tage werden 96 Millionen Fotos und Videos auf Instagram hochgeladen, hauptsächlich von Menschen unter vierzig, und dagegen bedeuten Rembrandt und meine Aufgewühltheit nicht viel. C. Y. lacht mich aus. Alles zersplittert.

Auf unserer Reise nach Amsterdam habe ich auch das Buch *The Path: What Chinese Philosophy Can Teach Us About the Good Life* wiedergesehen. Der Autor, Michael Puett, ist Harvardprofessor. Auf dem Buchcover stehen die reißerischen Worte »A New Way to Think About Everything« und vielleicht weil dieses Buch auf dem Flughafen Schiphol zwischen Selbsthilfebüchern und Ratgebern über die Kunst des richtigen Investierens steht, verkauft es sich bestens (auch eine Übersetzung ins Deutsche liegt schon vor).[10] Es gibt haufenweise ähnlicher Werke zu fernöstlicher Weisheit, die Bücher des französischen Sinologen François Jullien mit ihren schillernden Titeln *(Der Weise hängt an keiner Idee, Die Affenbrücke, Über die Wirksamkeit)*, die stetig auf den Buchmarkt drängenden Neuübersetzungen chinesischer Klassiker von Laozi und Zhuangzi bis Sunzi, außerdem Erziehungsratgeber (Stichwort »Tigermutter«) und Karrierehandbücher, hypnotisch glitzernde Titel wie Edward

Slingerlands *Wie wir mehr erreichen, wenn wir weniger wollen: Das Wu-Wei-Prinzip* oder Marie Kondos *Magic Cleaning: Wie richtiges Aufräumen Ihr Leben verändert*, nüchterne, geradezu wissenschaftlich anmutende wie *Hirnforschung und Meditation. Ein Dialog* (Wolf Singer und Matthieu Ricard), aber auch heimische Erzeugnisse, die Asien nur mit einem Augenzwinkern aufrufen: *Am Arsch vorbei geht auch ein Weg* (Alexandra Reinwarth). Ganz zu schweigen von all den anderen Produkten mit einem fernöstlichen Anstrich, von Yoga- und Feng-Shui-Kursen, *silent retreats*, Vipassana-Meditationen bis zu Seminaren über *smart thinking*... Und damit wären wir auch schon angelangt im gegenwärtigen und sehr deutschen Kult um Achtsamkeit und Entschleunigung, um Wohlfühlwelt und Bionade-Biedermeier.

Warum aber interessieren sich europäische Vielflieger überhaupt für ein Buch zur chinesischen Philosophie? Offenbar doch, weil sie sich in diesem anderen Denken wiedererkennen. Eine ganze Menge Leute in Europa glauben bereits, dass asiatische Denker wie Laozi, Zhuangzi oder Buddha uns helfen können, ein glückliches Leben zu führen.

Ich will ganz offen sein: Über viele Jahre hinweg hatte ich größte Schwierigkeiten, die Beschreibungen solcher anderer Seelenzustände ernst zu nehmen. Mystische Erleuchtungen, die auf den Buchmärkten kapitalistisch durchorganisierter Gesellschaften verkauft werden, waren mir zutiefst suspekt. War das nicht alles nur esoterischer Budenzauber?! Zwar lernte ich ja selbst Chinesisch und besuchte in Heidelberg Seminare zum *Daodejing* (ältere Umschrift: *Tao Te King*, das *Buch vom Weg und seiner Wirkung*) und zum *Plattformsutra des sechsten Patriarchen*, doch verspürte ich das starke Bedürfnis, eine Trennwand zu errichten zwischen meinem rationalen Selbst und diesen unendlich verschlungenen Texten. Ich hatte längst begriffen, dass exotische Sprachen häufig obskure Charaktere anziehen, Menschen also, die nicht klar und bündig denken können, die irgendein Problem haben oder einfach nicht mit ihrem Leben zurechtkommen. Im Zusammenprall zweier so unterschiedlicher, kultureller Welten wie Europa und China brechen oft dunkle Energien auf. Proselyten werden schneller gemacht als Philologen. Im Rückblick schäme ich manchmal fast dafür, all dem so nahe gekommen zu sein.

Im Juni 2007 etwa habe ich an dem Disput zwischen einem buddhistischen Meister aus Taiwan und einem deutschen Neurowissenschaftler teilgenommen. Ein bekannter bayerischer Unternehmer hat die Veranstaltung gesponsert, die auf seinem Sommersitz in einem Dorf unweit des Chiemsees stattfindet, mitten in einer wunderschönen Thomas-Mann-Landschaft, an deren Rändern die Alpen königsblau in fernem Dunst verschimmern. Meine Aufgabe wird es sein, den Disput zu dolmetschen, also die Äußerungen des taiwanischen Meisters für das Zielpublikum ins Deutsche zu übersetzen sowie die auf Deutsch geführte Diskussion in chinesischer Sprache für den Meister zusammenzufassen. Wie so oft beunruhigt mich die Aussicht, dass ich mich zwischen allen Stühlen wiederfinden könnte; weder bin ich ein bekennender Buddhist, noch habe ich je das menschliche Gehirn erforscht, nicht zuletzt kenne ich die Leute nicht, die hier in der Abgeschiedenheit zusammenkommen. Dennoch übt diese Konstellation eine unerklärliche Anziehungskraft auf mich aus. Die Teilnehmer kommen aus ganz unterschiedlichen Lebenswelten (Neuro- und Religionswissenschaftler, Zen-Lehrer, Unternehmer, Lokaljournalisten), sind jedoch miteinander tief vertraut. Der bekannte Religionswissenschaftler, der die Moderation führt, spricht gleich zu Beginn so gespreizt über religiöse Erfahrung, dass ich den Eindruck bekomme, ungewollt einer Geheimgesellschaft beigetreten zu sein. Nach dem Empfang in einem lichtdurchfluteten Wohnraum, mit Hirschgeweihen, hochlehnigen Stühlen und viel uniformiertem Dienstpersonal, das Sekt und Schnittchen herumreicht, folgen wir dem Dharma-Meister hinaus ins Freie. Er bittet uns, an seiner Gehmeditation teilzunehmen. Etwa zwanzig erwachsene Menschen stolzieren sodann auf einem Trampelpfad einmal um das Anwesen herum; an der Spitze läuft der Meister im braunen Gewand, mit der roten Mütze der tibetischen Buddhisten. Das alles hat etwas von einem Ringelpiez. Ich gehe schweigend hinter den anderen her, fühle mich in diesem

Sinnraum unbeholfen, spüre überhaupt nicht viel. Ich begreife nicht, woran ein Buddhist eigentlich *glaubt*.

Am nächsten Tag wird in der Gruppe überschwänglich diskutiert. Es geht um Geist und Leadership, um Outdoor-Rituale, Hierarchien und Holarchien. Ich sitze neben dem Meister und dolmetsche in beide Richtungen. Immer wenn der Hirnforscher spricht, muss ich mich nach links beugen und für seine oft sehr verschraubte Wissenschaftlerprosa ähnliche Wendungen im Chinesischen finden. Der Meister hört mir zu, friedfertig lächelnd, meist mit geschlossenen Augen. Manchmal sagt er etwas. Einmal zitiert er aus dem *Śūraṃgama-Sutra*, für das sich, fällt mir plötzlich ein, der junge Jack Kerouac einmal begeistert hatte. Der Hirnforscher referiert über Kant und das Problem des freien Willens. Der Meister entgegnet mit Nāgārjunas Theorie der zwei Wahrheiten und zeigt aus dem Fenster. Ich sehe dort aber gar nichts. Haben die anderen etwas gesehen? Irgendwann weiß ich nicht mehr, worüber hier eigentlich gesprochen wird. Was hat der neurowissenschaftliche Diskurs mit dem Buddhismus zu tun? Werden auch Nervenzellen wiedergeboren? Oder Gehirnwellen? Aber was wird überhaupt wiedergeboren, wenn das Selbst in Wahrheit eine Illusion ist?

Die Ehefrau des bayerischen Unternehmers sitzt die ganze Zeit wie verzaubert in einer Ecke. Später wird sie lange neben dem Meister verweilen und immer wieder seine Hände berühren, als besäßen die eine Kraft sanfter, spiritueller Anverwandlung. Beim Abendessen sitze ich neben dem Meister. Einmal wird ein scharfer Obstschnaps herumgereicht. Als die Kellnerin kurz neben uns stehen bleibt, frage ich den Meister schnell und mit stolz verborgener Entlarvungsabsicht, ob er auch von dem Schnaps möchte. Er nickt. Und dann sehe ich zu, wie er sein Glas leert – in einem Zug, grinsend wie ein Kind, noch friedfertiger als zuvor, so als hätte er schlussendlich ein Zipfelchen Weisheit erhascht.

Ist es meiner protestantischen Herkunft zu verdanken, meiner frühen Nietzsche-Lektüre oder gar einem mir angeborenen Gefühl intellektueller Überlegenheit, dass ich in diesem Augenblick die Heiligkeit des buddhistischen Meisters zu durchschauen glaube?

Dürfen Buddhisten denn Alkohol zu sich nehmen?! Und wie kann ein Disput geführt werden, wenn es gar keine gemeinsame Sprache gibt, wenn Selbst und Welt auf so unterschiedliche Weise konzeptualisiert werden? Auf keinen Fall bin ich bereit, das berühmte »Opfer des Intellekts« zu bringen.

Einige Wochen darauf begegne ich dem Meister erneut, diesmal in dem von ihm begründeten Tempelbezirk im Nordosten Taiwans, auf einem von Regenwald überwucherten Berg, der sich dunkel von der Küstenlinie absetzt. In silbrig glänzender Tiefe liegt der Pazifik. Das Lärmen der Zikaden ist kaum auszuhalten, die Hitze unmenschlich. Der Meister verharrt im Lotussitz auf einer kleinen, hölzernen Empore, während sich zwei junge Frauen ihm kriechend nähern, die Stirn nur ein Stück weit über dem Boden. Mich erinnern die dunklen Laute, die sie dabei ausstoßen, an sexuelle Unterwerfungsgesten oder mittelalterliche Ritualorgien. Ich bin entsetzt. Wie kann ein Buddhist so ungeschminkt seine Macht über andere Menschen zur Schau stellen? Nach jahrelangem Herumirren in der chinesischen Welt, nach so vielen Versuchen des Näher-Herangehens, des Nur-wie-nebenbei-Auffischens und des Gründlich-Abtastens, des Wieder-auf-Abstand-Gehens und des Doch-wieder-in-den-Bann-Geratens reagiere ich von da an aggressiv, wenn sich Menschen unter Berufung auf vermeintlich höhere Kräfte in mein Leben einmischen möchten.

Das war, wie schon gesagt, im Jahr 2007. Heute, gut zehn Jahre später, erscheint mir vieles in einem anderen Licht. In gewisser Weise erstaunt es mich jetzt, wie wenig mein damaliges Ich überhaupt vom Buddhismus verstanden hatte. War ich vielleicht, wie mein Vater, in meiner ganz eigenen, selbstzentrierten Lebensunfähigkeit gefangen und sah deshalb nicht klar?

7

»Meinen Hirnkasten habe ich ausgekippt, bis mir die Augen aus den Höhlen traten«, schreibt der Verfasser des Zen-Klassikers

Zutritt nur durch die Wand in seiner autobiografischen Rückschau.[11] Wumen Huikai lebte im China des 13. Jahrhunderts, doch ich muss bei diesem Satz an meinen Onkel Alfred Weinreich denken, der im 20. Jahrhundert mitten in Deutschland gelebt hat. Als junger Mann ist er auf die Bremer Kunsthochschule gegangen, um Bildhauer zu werden; einige Jahre später siedelte er aus tiefster Überzeugung in die Deutsche Demokratische Republik über und ließ sich in Wolmirstedt nieder, einer Kleinstadt in der Nähe von Magdeburg, um dort die alte Gärtnerei seiner Familie weiterzuführen, die in der Zwischenzeit – denn die Zeit steht nie still – in einen Volkseigenen Betrieb umgewandelt worden war. In den 1970ern und 1980ern, womöglich verbittert über die ausbleibende Anerkennung für seine Bildhauerei oder auch über den zunehmenden Mangel an eigener Empfindung, hat er sich in die Lilienzucht und den Alkohol geflüchtet. Mein Onkel, das weiß ich sicher, war ein großer Bewunderer des Zen-Buddhismus und hat dem Buch *Zutritt nur durch die Wand* einen Ehrenplatz in seiner Bibliothek gewidmet.

Auf meiner einzigen Reise im Sommer 1987 in die eben-noch-existierende DDR, wenn Alfreds Tochter Ise, meine fast gleichaltrige Cousine, sich wieder einmal die Lippen bemalte, im Klo mit dem schadhaften Wasserboiler, während der 80er-Hit »Voyage, Voyage« lief, habe ich mich einige Male vor die Bücherwand meines Onkels gesetzt und überlegt, ob ein Buch namens *Zutritt nur durch die Wand* überhaupt eine Lehre anzubieten hätte. Und was wäre denn überhaupt die Lehre von – der Leere?! Viel später bin ich dann auf den Satz von Ludwig Wittgenstein gestoßen: »Wenn irgendetwas gesehen (wirklich *gesehen*) wird, dann bin immer ich es, der es sieht.« Und heute glaube ich, dass Alfred Weinreich diesen Satz sehr gemocht hätte. Der frühe Wittgenstein ist bekanntlich von Schopenhauer inspiriert worden, und Schopenhauer ist einer der wenigen europäischen Philosophen, die sich fachlichen Rat bei östlichen Denkern geholt haben. Mein Onkel hätte diesen Zusammenhang gesehen. Leider kann ich mich nicht mehr mit ihm über all das unterhalten, denn Alfred Weinreich ist im November 2001 gestorben; sein inneres Leben ist mir ohnehin weitgehend verborgen geblieben. Aber wer hat schon Zugang zum inneren Leben der anderen?!

Vielleicht musste ich, um China zu verstehen, erst einmal den Gedanken loswerden, ich könne etwas in Besitz nehmen, ein verborgenes Zentrum, das sich mir entzieht.

ERSTES KAPITEL: DER ZAUBERER DES NICHTS HEIDELBERG (1994–1999)

Wer blind wählt, dem schlägt Opferdampf in die Augen.
(Friedrich Gottlieb Klopstock)

1

Er war jung, als er starb, zu jung, und hätte über noch viel grundstürzendere Dinge nachdenken können, wäre ihm nur etwas mehr Zeit geblieben. Nichts deutet darauf hin, dass der Mann sterben *wollte* (er war ja kaum älter als zwanzig); und dennoch kommt man nach gründlicher Beschäftigung mit seiner Philosophie nicht um den Gedanken herum, dass dieser junge Mann sein baldiges Ende vorhergesehen haben könnte. Einen großen Teil seines kurzen Lebens muss er in der Hauptstadt verbracht haben; ebendort ist er im Jahr 249 n. Chr. auch gestorben. »Jenes Herbstes befiel ihn eine Seuche, und er starb, im vierundzwanzigsten Jahr, ohne Sohn; woraufhin die Stammlinie erlosch«,[12] heißt es in einer Chronik alttestamentarisch knapp und für unseren Geschmack wohl etwas zu sperrig. Ob der exzessive Drogen- und Alkoholkonsum, mit dem sich viele seiner Zeitgenossen einen Namen machten, auch für seinen Tod verantwortlich zeichnet, wissen wir nicht. Und doch ist bei einem derart rätselhaften Drama, in einem so entlegenen Weltteil, nichts ausgeschlossen. Hat dieser Mann vielleicht bis zur letzten Stunde mit seinem ureigenen Nichts gerungen, mit dem Gedanken an jene unfassbare, unerträgliche Stille, die einen Menschen so sehr zu quälen vermag, »als ob du«, wie der Verfasser des *Zutritts nur durch die Wand* schreibt, »eine glühende Eisenkugel im Mund hieltest, die du auswürgen möchtest und nicht kannst«?![13]

So ließe sich die Biografie von Wang Bi in Kurzfassung erzählen (wie üblich muss man sich den chinesischen Name im Geiste umgekehrt vorstellen: »Bi« ist der Vorname, »Wang« der Nachname). Nur dass dieser Name »Wang Bi« Leserinnen und Lesern in Europa völlig unbekannt sein wird, und deshalb so eine Kurzbiografie kaum Interesse wecken dürfte. Ich habe mich oft gefragt: Ist Wang Bi so unbekannt, weil er in China zur Welt kam, oder ist er es wegen der eigentlichen Bedeutungslosigkeit seines Denkens?!

Wenn wir heute von so etwas wie einem *philosophischen* Daoismus reden können, ist das vor allem diesem Philosophen aus dem chinesischen Mittelalter zu verdanken.[14] In historischen Abrissen wird Wang Bi (226 bis 249) gewöhnlich als der wichtigste Vertreter der »Lehre vom Dunklen« eingeführt. Doch Obacht: Das chinesische Wort *xuan* 玄 (mittelchinesische Aussprache: *hwen*) für »dunkel«, das eigentlich ein bestimmtes Schwarz bezeichnet (wie Schwarzdorn), kann für viel mehr stehen: »obskur« etwa oder »mysteriös«, ebenso »undurchsichtig« und »dämmrig«.[15] Die im Chinesischen gebildeten Leser denken hier außerdem sofort an den berühmten ersten Abschnitt des *Daodejing*, eben jenes Buches, auf dessen Erforschung Wang Bi die besten Jahre seines Lebens verwandt hat. Dieser Abschnitt ist nicht zu lang, um hier einmal vollständig angeführt zu werden. Von nun an mag er als eine Art Talisman dienen, ein *touchstone*, zu dem Sie später immer wieder zurückkehren können:

Sagbar das Dau
doch nicht das ewige Dau
nennbar der name
doch nicht der ewige name
namenlos
des himmels, der erde beginn
namhaft erst der zahllosen dinge urmutter
darum:
immer begehrlos
und schaubar wird der dinge geheimnis
immer begehrlich
und schaubar wird der dinge umrandung
beide gemeinsam entsprungen dem einen
sind sie nur anders im namen
gemeinsam gehören sie dem tiefen

dort, wo am tiefsten das tiefe
liegt aller geheimnisse pforte[16]

Das Wort *xuan* tritt gegen Ende genau dreimal auf. Ernst Schwarz, dessen Übertragung ich hier zitiere, übersetzt es als »tief«, was in meinen Ohren etwas wunderlich klingt. Auch wegen der konsequent durchgehaltenen Kleinschreibung erinnert diese Übersetzung an die Verskunst Stefan Georges, eines deutschen Dichters also, der nicht viel mit China zu tun hat. Man könnte diese Zeilen natürlich auch ganz anders übersetzen. Bei Vincenz Hundhausen (1878 bis 1955) klingt der Anfang so: »Kann Ewig-Eines sein, was wir erkennen?/Ein Name ewig sein, mit dem wir nennen?...« Bei Jan Philipp Reemtsma, dem bis dato wohl letzten deutschen Übersetzer des *Daodejing*, dagegen: »Der Weg, kannst du ihn weisen/ist nicht der ewige Weg/Die Weisheit, kannst du sie benennen,/ist nicht die immerwährende Weisheit...«

Ich habe die Übersetzung von Ernst Schwarz viele Male gelesen. Dabei hatte ich oft den Eindruck, als würde sie, je länger man sie ansieht, umso verwirrender und unklarer werden. Worauf verweist zum Beispiel die »urmutter«, also die Idee einer geheimnisvollen, dunkelheitsumflossenen Fruchtbarkeit? Warum ist »das ewige Dau« (Dao) nicht »sagbar«? In welche »pforte« möchte uns der Verfasser dieser Zeilen hereinziehen? Und was verbirgt sich hinter dieser »pforte«? Etwa das »Dau«? Aber warum heißt es dann in den Abschnitten 52 und 56 des *Daodejing*, dass die »pforte« geschlossen werden müsse?! Und wofür steht eigentlich das Wörtchen »beide« in der fünftletzten Zeile?

Zweifellos handelt es sich beim *Daodejing* um eins der rätselhaftesten Bücher der Menschheitsgeschichte. Schon beim ersten Durchblättern erweist es sich als ein Buch mit sieben Siegeln. Anstelle eines zusammenhängenden Textes gibt es nur sprunghaft aneinandergereihte Passagen, die ins Unpersönliche, Zufällige drängen. Einfache, geradezu banal wirkende Aussagen wechseln sich mit gnomischen Sprüchen und undurchschaubaren Metaphern ab und die wie Riffs vorgetragenen Wortketten und verwirrenden

Gegenüberstellungen zeugen von der subjektiven Vision eines namenlosen Ichs, das sich nur so und nicht anders äußern konnte. Wer an der Bibel oder an philosophischen Texten der abendländischen Tradition geschult ist, wird leicht daran Anstoß nehmen, dass dieses namenlose Ich weder behauptet, den Standpunkt Gottes zu vertreten, noch die nüchtern argumentierende Haltung eines Philosophen verkörpern will; es entwickelt einfach, und mit einer Art geheimniskrämerischer Inbrunst, in genau 81 Abschnitten seine Gedanken. Auf diese Weise zwingt dieses Ich seine Leser und Leserinnen aber auch, Verbindungen zwischen Textpassagen herzustellen, ohne dass diese sich je sicher sein können, ob der Verfasser diese Verbindungen auch so gesehen hätte. Die schmerzhafte, geradezu aufputschende Kürze einiger Passagen erinnert an die deutschen Romantiker (Friedrich Schlegel oder Novalis); vielleicht auch an die Sprüche des Heraklit: »Haben sie nicht mich, sondern den Sinn vernommen, so ist es weise, dem Sinne gemäß zu sagen, alles sei eins«,[17] heißt es ganz »daoistisch« bei dem griechischen Philosophen und Traumdeuter. Aber solche Analogien können natürlich leicht in die Irre führen. – »Leben oder Ware, was zählt mehr?«: Wer hätte gedacht, dass sich so ein zeitloser Spruch im *Daodejing* findet (Abschnitt 44)?! – Dieses Buch will uns offensichtlich mit der Konkretheit seiner Beschreibungen verwandeln, doch bricht es dabei mit so vielen Lesegewohnheiten, dass es ein ewiger Stein des Anstoßes bleiben muss. Hunderte von Übersetzern haben das *Daodejing* in westliche Sprachen übertragen, mit sehr unterschiedlichem Erfolg. Die früheste Übersetzung war eine ins Lateinische, sie wurde von jesuitischen Missionaren angefertigt und ist der British Royal Society im Jahr 1788 vorgelegt worden. Aber auch heute noch erscheinen jährlich neue Übersetzungen in allen großen Sprachen der Welt.

Der Text des *Daodejing* wurde irgendwann zwischen 350 und 250 v. Chr. komponiert; ursprünglich gab es wohl nur eine Anzahl mündlich überlieferter, häufig in gereimter Versform angelegter Sprüche, die erst zu einem späteren Zeitpunkt schriftlich fixiert worden sind. Eine Person namens »Laozi« oder »Laotse«, dem das

Daodejing im Allgemeinen zugeschrieben wird, hat es höchstwahrscheinlich nie gegeben (also auch nicht jenen weisen Mann aus der berühmten Legende von Bertolt Brecht, der sein Land verlässt und am vierten Reisetag von einem Zöllner aufgehalten wird, der ihn bittet, seine Lehren niederzuschreiben, worauf er anfängt zu schreiben ...). Wie viele Texte im alten China hatte das *Daodejing* keinen eindeutigen Verfasser, sondern war »auf der Suche nach einem Verfasser«.[18]

An dieser Stelle könnte man (das ist jetzt böse) an eine Äußerung von Sartre denken: In einen Toten treten wir ein wie in eine offene Stadt.[19] Das *Daodejing* könnte eigentlich alles Mögliche bedeuten, weil es keinen Widerstand mehr gegen unsere Vereinnahmungsversuche leisten kann, und meinetwegen könnte man aus diesem Buch auch die Telefonnummer einer Berliner Freimaurerloge oder den Zeitpunkt herauslesen, an dem unsere Welt den Klimakollaps erleidet.

Philologen würden an dieser Stelle noch hinzufügen wollen, dass der ursprüngliche Sinngehalt des *Daodejing* überhaupt nicht mehr einwandfrei zu rekonstruieren ist: Viel zu viel liege dafür im Dunkeln, zu unsicher sei die Textgestalt (mit all den neueren Manuskriptfunden!), und zu sehr suche der Verfasser dieses Textes seine Absicht hinter seiner vielfach verrätselten Sprache zu verbergen. Nicht zuletzt sind die traditionellen Lese- und Deutungspraktiken, die dieses Buch vor dem 20. Jahrhundert mit einem mehr oder weniger stabilen Bezugsrahmen versahen, längst verloren gegangen. Nur ist die Philologie eine sehr europäische, sehr deutsche Erfindung, das Resultat von Bibelkritik und Historismus, und viele Menschen in Ostasien lesen diesen Text mit weniger Ballast: als Lebensweisheit, als fortlaufenden Erfahrungsprozess, an dem jeder Mensch teilhaben kann, als Bildungsprojekt (oder genauer: *Ent*bildungsprojekt). »Wer sich dem Lernen hingibt, gewinnt täglich dazu. / Wer sich dem Dao hingibt, verliert täglich.« (Anfang von Abschnitt 48) – Dieser Text besaß in der chinesischen Geschichte ein unvorstellbar hohes, kulturelles Prestige – sogar Kaiser kommentierten ihn. Und vielleicht gibt es heute auch deshalb so viele

Bücher, die uns davon zu überzeugen suchen, das *Daodejing* habe den Existenzialismus oder die Phänomenologie vorweggenommen oder enthalte gar den Schlüssel zur Lösung aller drängenden Probleme in Anthropozän und posthumanem Zeitalter. Das Geheimnis seiner Wirkung liegt wohl in dieser schillernden Deutungsoffenheit; weil es jenseits der engstirnigen Gegenwart ein Bewusstsein für die Unabschließbarkeit von Zeit und Welt bewahrt, wird es bis heute in der ganzen Welt gelesen.

2

Im Nachhinein muss ich es wohl als eine glückliche Fügung verbuchen, dass ich im Herbst 1994 mein Studium in Heidelberg begonnen habe. Manchmal sehe ich mein damaliges Ich noch vor mir, dunkelernst, zu Lachen und Leichtigkeit unfähig, wie es mit seiner panischen Angst vor dem Leben (sehr nervös, schlaksig obendrein) ein Bahnticket von Wilhelmshaven nach Heidelberg löst, und weiter, wie es dann mit einem kleinen Koffer, denn die größeren Umzugsstücke würden erst einige Tage später mit einem VW-Transporter nachgebracht werden, in den deutschen *Sehnsuchtsort* einfährt, der längst zu einem kommerziellen *Unort* verkommen ist; mit wachsender Nostalgie erinnere ich mich auch daran, wie ich ein möbliertes Zimmer in der Gaisbergstraße finde, wie ich zum ersten Mal in die Mensa gehe und zum ersten Mal in einem der großen Hörsäle am Universitätsplatz sitze, im ersten Mal steckt ja immer eine besondere Bedeutung, und all das klingt längst wie eine Beschwörung, so als müsste ich mich selbst davon überzeugen, noch derselbe Mensch wie damals zu sein. Eigentlich ging es mir aber um etwas ganz anderes: Ich stand im Bann von Professor W., dem einzigen Wang-Bi-Spezialisten der westlichen Hemisphäre, und wollte so schnell wie möglich seine Seminare besuchen.

Wie das gekommen war? Ganz einfach: Ein halbes Jahr zuvor hatte ich mit klopfendem Herzen Professor W. in seinem Büro besucht, wo er im Halbdunkeln saß, zwischen Papierbergen, angestaubten Enzyklopädien und Kartons voll alter Folianten und mich mit der felsenfesten Gewissheit des Philologen angerührt hatte: Die Vergangenheit ist noch lange nicht vergangen, sondern kann jederzeit zurück ins Leben gerufen werden. Ich fragte Professor W., wie lange es dauern würde, Chinesisch zu lernen; und ob es möglich sei, Chinesisch so gut zu lernen, dass man in dieser Sprache auch schreiben oder sogar träumen könne. Er lächelte, mit jenem pennälerhaften Überlegenheitsgefühl, das einem weißen Mann über fernöstlichen Texten so leicht zuwächst, blickte mir tief in die Seele und erwiderte: »Ja, gewiss ist das möglich. Sie müssen sich nur von Ihrem übrigen Leben verabschieden. Also von heute an keine Partys mehr, keinen Sex oder Alkohol!« Ich muss mir damals noch eingebildet haben, Professor W. spreche *zu mir allein*, gerade so als wäre ich auserwählt worden aus einer großen, flüsternden Menge, die sich vor einem indischen Aschram versammelt hat, der Meister lächelt weise, doch unergründlich und führt den Auserwählten die hochfliegenden Treppen hinauf und ins Innere des Tempels, wo er ihn alsbald in die geheimsten Rituale einweihen würde ... Erst viel später habe ich begriffen, dass dieser Wissenschaftler seine Zuhörer sehr gezielt mit einer Art ironischer Formlosigkeit umgarnte, um sie so in den Galeerendienst seiner Philologie hineinzutäuschen. – »Kein Problem«, muss ich an jenem Tag erwidert haben, auf Partys, Sex und Alkohol würde ich nur zu gern verzichten. Worauf Professor W. schrill lachte, sich das messerscharfe, dunkelblonde Scheitelhaar aus der Stirn strich, wie er das später noch so oft tun würde, und mir zum Abschied (geradezu glühend vor Nähe) zurief: »Schreiben Sie mir doch eine Postkarte aus Ihrer norddeutschen Tiefebene! Für wenn ich Ihnen ein Buch empfehlen soll!« Eine Postkarte habe ich ihm nicht mehr geschrieben, denn ich würde ja selbst kommen. Ich war neunzehn und in den Bann meines ersten Zauberers geraten.

Wie heißt es noch in jener rätselhaften Stelle in Kafkas Tagebuch? »Schlaflos, fast gänzlich; von Träumen geplagt, so wie wenn sie in mich, in ein widerwilliges Material eingekratzt würden.«[20] Vielleicht ist Chinesisch zu lernen so ein Traum.

Feuer fangen, das nie mehr erlischt. Bereits in meinem ersten Seminar bei Professor W. muss der Name Wang Bi gefallen sein. Eigentlich sprach dieser Mensch überall und zu jedem beliebigen Anlass über diesen Denker von der anderen Seite der eurasischen Landmasse, mit verführerischen, weit ausholenden Gesten, postmodernen Zuspitzungen und einer unendlich aufgespreizten Subjektivität, wie man sie so oft an Geisteswissenschaftlern beobachten kann (in den Naturwissenschaften gibt es mehr Objektivität). Wahrscheinlich ahnte ich schon, dass sich Professor W. zutiefst mit diesem allzu früh verstorbenen Mann, dem selbstherrlichen Genie und daoistischen Anarchisten, identifizierte. Ich besaß schließlich ganz ähnliche Potenziale.

Die Lebensdaten des fremden Denkers, das biografische Gerüst, hatte ich rasch verinnerlicht: 226 bis 249 n. Chr.; 23 Jahre Lebenszeit; eine Ehefrau; eine Tochter. Außerdem drei Bücher, die bis heute mit Wang Bis Namen verbunden sind. Genauer gesagt: drei Kommentare. Ein Kommentar zu dem bereits erwähnten Buch *Daodejing*, ein Kommentar zum *Buch der Wandlungen* oder *Yijing* (bei C. G. Jung, Hermann Hesse und Philip K. Dick wird es unter dem Titel *I Ging* geführt), sowie ein nur fragmentarisch erhaltener Kommentar zu den *Gesprächen* des Konfuzius. Viele Menschen in Ostasien betrachten diese Texte bis heute als heilig oder zumindest klassisch; und deshalb zeugt die Tatsache, dass Wang Bi kein einziges, eigenes Buch geschrieben hat, sondern nur diese drei Texte kommentiert hat, keineswegs von Bescheidenheit. Ganz im Gegenteil: Durch seine drei Kommentare zu den wohl wichtigsten Texten des Alten China stellte dieser junge Chinese sein unermessliches Selbstvertrauen unter Beweis, denn solche Kommentare durften damals eigentlich nur gestandene Gelehrte schreiben. Professor W. wies seine Studenten gern in einem hastigen Impulsreferat darauf hin, dass man die Wang Bi'sche Arroganz bereits aus dem Titel seines Kommentars zu dem Buch des Konfuzius heraushören könne. Der Titel *Lunyu shiyi* wäre wohl am besten zu übersetzen als: *[In diesem Buch] löse [ich] einige Zweifel über Konfuzius' Gespräche auf.* Wer so etwas schreibe, sei sich selbstverständlich über die eigene

Genialität im Klaren, nur dass wir dies mit unseren »abgehangenen« Wissenschaftlerbiografien nicht so leicht verstehen könnten. Und damit begriff ich auch, dass in der chinesischen Kultur oft dasjenige, was ungesagt bleibt (in diesem Fall das Wort »ich«), eine umso größere Wirkung entfalten kann.

Im dritten oder vierten Semester ließ uns Professor W. zum ersten Mal einen Text aus der Zeit Wang Bis übersetzen. In meiner Erinnerung habe ich noch alles parat: Wie ich an jenem Sommertag in einem weißen Seminarraum mit belanglosen Bürotischen sitze, neben mir sieben oder acht Mitstudierende, es ist sehr heiß, durch die weitgeöffneten Fenster blicke ich in der Ferne auf den Turm der Heidelberger Providenzkirche, nur möchte ich die süddeutsche Kleinstadt eigentlich so schnell wie möglich vergessen, um mich an die Fremde zu verlieren; und so beuge ich mich über die Kopie, die noch denselben spiritusähnlichen Matrizengeruch verströmt, den ich aus dem Deutschunterricht kenne, in der Anspannung beginne ich, auf meinen Lippen zu kauen, und dann schreibe ich mit dem Kuli – und grimmiger Entschlossenheit – meine Übersetzung aus dem klassischen Chinesischen auf:

> Als He Yan dem Personalministerium [des Reiches Wei] vorstand, genoss er aufgrund seiner hohen Stellung großes gesellschaftliches Prestige. Illustre Zeitgenossen füllten die Sitze seines Hauses. Eines Tages besuchte ihn auch Wang Bi, noch keine zwanzig Jahre alt. Da He Yan bereits von dessen Ruhm [als Redner] gehört hatte, präsentierte er einige Argumente, die sich in vorangegangenen Gesprächen als schlagkräftig erwiesen hatten, und sagte dann zu seinem Gast: »Meine Wenigkeit betrachtet diese Argumente als die besten. Traut Ihr Euch zu, Einwände zu erheben?« Und tatsächlich: Wang Bi erhob Einwände; und als er ausgeredet hatte, waren die Anwesenden einhellig der Meinung, dass He Yan ihm unterlegen sei. Dennoch redete Wang Bi weiter. Er übernahm einfach die Rolle seines Gegenübers und debattierte so über mehrere Runden mit sich selbst. Keiner kam ihm gleich.[21]

Wir haben im Seminar von Professor W. nicht weiter über den biografischen Hintergrund dieser Stelle diskutiert, denn mein akademischer Lehrer interessierte sich damals vor allem für die rhetorischen Muster, die sich in Wang Bis Kommentarzeilen verbargen, weniger für die geheime Seelenwelt dieses jungen Chinesen. Ich aber muss bereits an jenem Nachmittag wie angestochen gewesen sein. Von diesem kurzen Textschnipsel ging etwas ungemein Bannendes aus, hielt er doch den Augenblick fest, in dem der wohl bedeutendste Denker des vormodernen Chinas die Bühne betreten hatte, eine wahre Sternstunde der ostasiatischen Geistesgeschichte!

Höchstwahrscheinlich hat die Begegnung zwischen Wang Bi und seinem zukünftigen Mentor He Yan zwischen den Jahren 244 und 246 n. Chr. stattgefunden. Anders gesagt dürfte Wang Bi zu diesem Zeitpunkt mindestens achtzehn Jahre alt gewesen sein, aber auch nicht viel älter. He Yan war damals um die vierzig; er war der Enkel eines berühmten Generals, aufgewachsen im Palast des berühmten Feldherren Cao Cao (155 bis 220 n. Chr.), außerdem ein enger Vertrauter des Reichskanzlers Cao Shuang im Reich Wei, das damals den Norden Chinas beherrschte, ein mächtiger Politiker also, dazu Ehemann einer kaiserlichen Prinzessin und stadtbekannter Schönling, der in seiner Freizeit philosophische Traktate schrieb. Es überrascht also nicht, dass He Yan so sehr in sich selbst verliebt gewesen sein soll, dass er beim Gehen den eigenen Schatten bewunderte.[22]

Doch zurück zur Begegnung der beiden Männer. Interessanterweise heißt es in einer Textvariante, He Yan habe Wang Bi mit »verkehrt herum angezogenen Schuhen«[23] begrüßt. Ich habe oft gedacht, dass dieses Detail sehr wichtig ist, erlaubt es uns doch, He Yans damaligen Geisteszustand zu erahnen. Stellen Sie es sich so vor: Da besucht nicht etwa ein spätpubertierender Jüngling unangemeldet die Privatresidenz eines mächtigen Ministers, sondern der Minister hat stundenlang auf diesen jungen Mann gewartet, ist den ganzen Tag lang nervös durch sein Anwesen geschweift, in der hoffnungsvollen Erwartung, in ihm einen Gleichgesinnten zu finden; und als es dann endlich klingelt, springt er sofort auf für diese Seelenbegegnung und schafft es nicht, sich die Schuhe richtig herum anzuziehen ... Wahrscheinlich war der ältere Mann auch deshalb so unruhig, weil er die Überrumpelung und Demütigung durch den jüngeren erahnen konnte, der schon damals bekannt gewesen sein muss wie ein bunter Hund (der alte Goethe wird ähnliches empfunden haben, als er, knapp sechzehnhundert Jahre später, mit seinen »Jupitersaugen« den jungen Schopenhauer anblickte). He Yan begriff, dass er nicht so blitzgescheit war wie Wang Bi, der an diesem denkwürdigen Tag einen regelrechten Gedankensturm entfesselt haben muss. Was hätte der ältere Mann da tun sollen? Er unterwarf sich dem jüngeren. Nahm ihn unter seine Fittiche. Führte ihn in die höheren Kreise der Hauptstadt ein. Ich fand all das unheimlich spannend.

Offen gesagt hatte ich bis dahin so meine Zweifel gehabt, ob es überhaupt möglich war, tiefere Einblicke in die Gedankenwelt Ostasiens zu erhalten. In vielen Texten aus dem Alten China bleiben die Protagonisten schemenhaft, so als hätte jemand das damalige Leben nur lustlos oder kanzleimäßig mitgeschrieben; oft wird das sprechende Detail von tuschelnden Beamten übertönt. Die konfuzianische Kultur kreiste durch die Jahrhunderte um Hofbelange, also vor allem um den Kaiser, dessen Wortmeldungen und winzige Regungen von eilfertigen Protokollführern festgehalten wurden, die sie sodann mit uralten Ritualbestimmungen abglichen. So erstaunt es nicht, dass es im vormodernen China nie eine Portraitkunst im griechisch-römischen Sinne gab; wenn wir irgendwo lesen, dass ein chinesischer Kaiser auf ein Bild zeigt und im Spaß zur Kaiserin sagt, dass er gern so eine Frau als Gefährtin hätte, können wir zwar davon ausgehen, dass die dargestellte Person *schön* war – doch sagt uns dies überhaupt nichts über die abbildliche Genauigkeit des Portraits. Oft bestanden diese vielmehr aus einer Anzahl standardisierter Module; sie zeigten mithin einen bestimmten Ausdruck, eine Miene, aber eben keine direkt vom Individuum abgeschauten Details. Überhaupt ging es in der offiziellen Kultur Chinas vor dem 20. Jahrhundert nie so sehr um den bloßen Sachbezug. Die Welt sollte nicht beschrieben werden, wie sie *wirklich* war, sondern wie sie den rituellen und moralischen Vorgaben entsprach oder wie sie ein ästhetisches Selbst sah, dessen geistige und physische Präsenz keineswegs zugunsten der reinen Abbildlichkeit zurücktreten sollte, vielmehr hoch geschätzt wurde und in der Dynamik der Handschrift auch stets durchschimmerte.[24] – Da ist etwa jener berühmte Satz aus der *Frühlings- und Herbstchronik*, den auch heute noch fast jedes Kind in der chinesischen Welt kennt: »Im Sommer, im fünften Monat, bezwang der Vasall Zheng den Duan bei Yan« 夏, 五月, 鄭伯克段于鄢。[25] Dieser trockene Satz verbirgt genauso viel wie er enthüllt und die eigentlichen Geschehnisse werden anderswo erzählt: Der »Vasall Zheng«, durch eine Steißgeburt auf die Welt gekommen und deshalb ein schrecknisversprechender Mann, so steht es wenigstens in der *Überlieferung des Zuo*, war seiner Mutter verhasst, die ihren Zweitgeborenen, den Gongshu Duan, bevorzugte. Den Gongshu Duan wollte sie auch als ihren Erben einsetzen. Doch ihr Gemahl hieß diesen Wunsch nicht gut. Mit Billigung seiner Mutter, dürfen wir annehmen, brach der jüngere Bruder eine Revolte vom Zaun, die jedoch von seinem älteren Bruder beim Ort Yan niedergeschlagen wurde; und weil er von den Absichten seiner Mutter Wind bekommen hatte, schickte dieser »Vasall Zheng« sie in die Verbannung und erklärte dazu feierlich: »Bevor wir beide die gelben Quellen [die Unterwelt] erreicht haben, werden wir uns nicht wiedersehen!« Doch bald schon bereute er seine Entscheidung. Glücklicherweise begegnete er einem Grenzwärter; dieser riet ihm, einen Tunnel zu graben, so tief hinab, dass es von dort nicht mehr weit bis zu den gelben Quellen wäre. Und so geschah es, und der »Vasall Zheng« konnte seine Mutter in diesem Tunnel wiedersehen, ohne seinem eigenen Wort abtrünnig geworden zu sein.

Die Konfuzianer wollen unsere Aufmerksamkeit auf diesen einen Satz lenken: »Der Vasall Zheng bezwang den Duan bei Yan.« Den wunderbaren Schlenker, der eigentlich erst Licht auf die menschliche Seite dieser Geschichte wirft, strafen sie dagegen mit Schweigen. Ganz ähnlich auch viele andere Miniaturen aus dem chinesischen Altertum: die grausame Rache der Kaiserin Lü (reg. 195 bis 180 v. Chr.) an einer Rivalin, der sie die Glieder amputieren ließ, um sie sodann in einen Schweinestall zu werfen; der General Zhang Xun aus der Tang-Dynastie, der während einer Belagerung seine Geliebte töten lässt, um ihr Fleisch an die hungernden Soldaten zu verteilen; oder auch die Kastration des Historikers Sima Qian (135/145 bis 86 v. Chr.), nach demütigender Abstrafung durch den Kaiser. (Dazu ist anzumerken, dass der Ort der Kastration formelhaft als »Seidenraupenzimmer« umschrieben wurde, wohl weil die frisch Verstümmelten, geradeso wie Seidenraupen, über Monate hinweg in einem verschlossenen Zimmer verweilen müssen, um sich nicht zu infizieren, dazu kam die ständig zunehmende Last ihrer Erinnerungen, mit ihren Körpern waren sie zu exemplarischen Märtyrern dessen geworden, was die Vorhersehung, die in China besonders viel galt, über sie verhängt hatte.) Konfuzianische Historiker haben solche Episoden zwar mit großer Sorgfalt aufgezeichnet, aber es ging ihnen nie um die psychische Wirklichkeit dahinter, die Motive für solche Handlungen, sondern allein um die moralische Wirkung: Es sollte abwechselnd Abscheu oder Bewunderung erregt werden. In dem salbungsvollen Stil ihrer Chroniken versuchten die Konfuzianer, unsere Aufmerksamkeit auf die besseren Seiten der menschlichen Natur zu lenken, auf Tugenden wie Kindesliebe (die Pflichten des Kindes gegenüber seinen Eltern), Bescheidenheit und Ordnungsliebe ...

Ich war mir sicher, dass ich Tugenden wie Kindesliebe, Bescheidenheit und Ordnungsliebe nicht gut fand. Also faszinierte mich Wang Bi: Ein selbstherrliches Genie, ein daoistisch-romantischer Anarchist, der gesprächsaktiv, geradezu *im sokratischen Geiste* die Autorität der Erwachsenen herausforderte, der einfach so losplapperte und keine Ruhe mehr gab, bevor man ihn nicht mit Argumenten von der Richtigkeit einer These überzeugt hatte.

Gewiss, zahllose Fragen blieben offen, und ich würde viel Sitzfleisch benötigen, um die Geheimnisse von Wang Bis Existenz zu lüften.

Doch ich bildete mir damals ein, genügend Sitzfleisch zu haben.

3

Mein Interesse an der chinesischen Sprache, an Wang Bis Denken und dem Stoff seines Lebens muss im Sommer 1996 fast grenzenlos gewesen sein. Trotz meiner dramatisch sichtbaren Akne habe ich es mit etwas Chuzpe geschafft, mir einen der begehrten Heidelberger Kellnerjobs zu sichern. Seit einigen Wochen half ich in einem Vier-Sterne-Hotel aus, servierte etwa den Sekt auf einem Ausflugsdampfer, der den Neckar bis zum Stift Neuburg hinauffuhr (mit Dixie-Land-Musik und Pfälzer Saumagen). Einmal bediente ich einen deutschen Unternehmer, der auch in Hongkong tätig war und später auf eine Zigarette bei mir stand. Er beschwor mich, nur ja meinen Weg zu gehen und das Chinesische um keinen Preis aus dem Blick zu verlieren. Als ich nach dem Grund für seine Begeisterung fragte, erzählte er mir mit leuchtenden Augen von seinen Erfahrungen mit asiatischen Frauen und der Effizienz der kommunistischen Diktatur. Als er zurück an seinen Tisch ging, war ich heillos verwirrt.

Natürlich litt ich damals vor allem an mir selbst. Da war etwa meine tiefe Unfähigkeit, mit anderen Menschen zu kommunizieren, mich ihnen wirklich zu öffnen, die ich von meinem Vater geerbt zu haben schien. Da war aber auch meine fixe Idee, fast eine Art Aberglaube, dass ich *auf Abstand* zur Gegenwart bleiben musste, am besten mich gar nicht auf sie einlassen dürfte, da sie im Innersten verdorben war und jede Verbindung mit ihr bestraft würde (Adorno hatte von der Unmöglichkeit gesprochen, ein richtiges Leben im falschen zu führen). Ich hatte Angst, in dieser Gesellschaft gesichts- und namenlos zu bleiben. Die Beschäftigung mit der chinesischen Kultur war ein Versuch, mir selbst aus dem Weg zu gehen und ein Mittel gegen meine innere Unrast zu finden.

Glücklicherweise verschaffte mir das Erlernen der chinesischen Schriftzeichen eine gewisse Balance: Ich brauchte mich nur an einen Tisch zu setzen und zehn-, zwanzig- oder fünfzigmal dasselbe Schriftzeichen abzuschreiben, solange, bis ich es als eine sinnlich wahrnehmbare Erscheinung, ein Traumbild, jederzeit vor mir sah;

und dann wiederholte ich diesen Vorgang so oft, bis ich eintausend oder zweitausend Zeichen auswendig wusste. Ich ging wie folgt vor: Ich schrieb die Zeichen mit großen Linien ab, mit einem Bleistift und auf gelben Karteikarten, die ich in meiner Studentenbude an ein Reißbrett heftete. Auf diese Weise verstrickte ich mich immer tiefer in das verwunschene Kriechgestrüpp dieser Ideogramme: 一 二 三 四 十 吃 妻 獅 辭. Ausgesprochen klangen sie so verdächtig gleichartig, Tsching-Tschang-Tschong, dass ich mich doch lieber an ihre scharfe Visualität hielt. Diese forderte sowieso meine volle Aufmerksamkeit.

Das geschriebene Chinesische ist eine sehr eigene Sprache, vielleicht vergleichbar einer Geheimschrift, die irgendein antiker Stammeshäuptling in die Welt gesetzt hat. Eine unerschöpfliche Fülle von ideografischen Wurzeln, unerklärlichen Ausnahmen und anderen Absonderlichkeiten, außerdem so viel Elfenbeintürmerei. Im Sprachinnern sieht es oft ägyptisch-ornamental aus, eigentlich ganz und gar maßlos (gebildete Leser kennen leicht fünfzehntausend Zeichen und mehr). Jedes Zeichen erweckt den Eindruck, als ob da etwas Jahrtausende zurückläge; und dahinter verschwindet leicht die heutige, gesprochene Sprache. – Doch dann kann diese Schrift auch wieder sehr intim, nüchtern, geradezu modern anmuten. In welcher anderen Sprache wäre es etwa möglich, die komplizierte Idee »Es ist möglich, mehr als eine Option auszuwählen« (auf der Facebook-Seite) so kurz und bündig auszudrücken wie im Chinesischen: *ke fu xuan* 可複選?! – Die archaische Einfachheit so mancher Sätze: 子退朝而之火所 (»Der Meister [d. i. Konfuzius] kehrte vom Hofe zurück und begab sich nach der Brandstätte«). Oder auch: 所有玉帛之使者則告, 不然, 則否 (»Immer wenn ein Abgesandter mit Seidenzeug oder Edelsteinen da ist, so melde [ich], wenn nicht, dann nicht«). Nur dass man auch immer wieder schnurstracks auf viel abgesunkenes Wortgut stößt, und schnell gerät im Chinesischen noch die geringfügigste Äußerung allzu weihevoll. – Da gibt es Zeichen, die dunkel verweisen auf religiöse Zeremonien, auf schamanistische Ideen und uralte Bildungsschätze, und die heute nur noch eine Handvoll Experten überhaupt entschlüsseln können; und dann diese unendliche Verkomplizierung durch Varianten, die den Leser immer wieder auf das leidige Wörterbuch zurückwerfen. Keine genaue Unterscheidung zwischen Haupt- und Zeitwörtern. – Und überhaupt, warum drückt man im klassischen Chinesisch, das ja auch im Gegenwartschinesisch immer wieder durchscheint, den einfachen Sachverhalt, dass einer »sich wieder einmal dazu entscheidet, den Anführer auszulöschen«, mit sieben so wildwüchsigen Zeichen aus: 複決殲魁之念矣?! Wo befindet sich in diesem Zeichenknäuel überhaupt *der Gedanke*?! Braucht es wirklich so viele Striche, um einen so simplen Gedanken auszudrücken? – Aber dann auch Schriftzeichen wie *piao* 飄, bei denen das Bild des Im-Winde-Treibens unmittelbar vor dem inneren Auge des Lesers erscheint, weil sich auf der rechten Seite des Zeichens der Wind *feng* 風 befindet (dagegen steht piao 漂 für das Auf-dem-Wasser-Treiben: Links sind drei Wassertropfen zu erkennen). Die Wellen der menschlichen Sprachlichkeit gehen hier hoch; und, ja – höchstwahrscheinlich, so habe ich zumindest oft gedacht, bleibt man im Chinesischen ewig ein Kind. – Der zeitgenössische Dichter Bei Dao spricht irgendwo von »fünftausend Jahre alten Ideogrammen« als »den stierenden Augen zukünftiger Menschheit«. – Das Chinesische kann natürlich auch ganz banal daherkommen, aber oft ist es eben doch ein Haus voll Geheimfächer, eine Sprache für Wörterbuchbenutzer, Universalgelehrte, Hapaxlegomena-Jäger und all jene, die schon immer gern vom Hölzchen aufs Stöckchen gekommen sind; und wer denkt, ἀφεδρων (Neues Testament), *Honorificabilitudinitatibus* (Shakespeare) oder *sassigassity* (Dickens) seien hausväterlich-schöne Einmalwörter, der lasse sich doch bitteschön einmal durch chinesische Wortfelder und Bedeutungshöfe treiben, da wuchert es nur so von Singularität, oder segle mit einem windgeblähten Tuschefüller durch bis heute allbekannte Schreibungetüme wie 憂鬱 (*youyu*, »melancholisch«) oder 打噴嚏 (*da penti*, »niesen«)! Da wird er oder sie dann sehen, wie eine Sprache den Menschen umsponnen halten kann mit ihren höchst seltsamen Gedanken!

Für mich waren diese Zeichen aber erst einmal nur Schlupflöcher, durch die ich aus mir heraus in eine andere Welt kriechen konnte. Ich las *A First Course in Literary Chinese* von Harold Shadick so lange, bis ich das Altchinesische im Schlaf herunterbeten konnte und mich ganz glasig fühlte von so viel Fremdheit; und wenn ich dann in Panik geriet, weil ich nicht wusste, was ich einmal mit meinem Leben anstellen würde, zog ich einfach tiefer an dem Joint, der lange nach Mitternacht in der Küche des Vier-Sterne-Hotels zwischen den Kellnern kreiste.

In solchen Nächten leuchtete sogar das Spülicht mystisch-grün.

4

In jener Zeit muss ich auch meinen Freund G. kennengelernt haben, einen Germanistikstudenten, sechs Jahre älter als ich. Er stammt aus einer pfälzischen Kleinstadt, hat einen Abiturdurchschnitt von 1,2 und leidet seit vielen Jahren an einer schweren Depression. Trotzdem ist G. von einer ungeheuren Energie erfüllt; er hat bereits in allen angesagten Bars und Cafés der Heidelberger Altstadt gekellnert und widmet seine Freizeit hauptsächlich dem Fitnesstraining und den Frauen (gleich bei unserer ersten Begegnung hat er mir mitgeteilt, dass er vor Kurzem seine Therapeutin verführt habe). Von da an sehe ich ihn jede Woche mit einer neuen Eroberung. Manchmal gibt er einer der Frauen, mit denen er gerade geschlafen hat, einen falschen Namen und meine Telefonnummer. Wenn ich die fremden Stimmen höre, bin ich verärgert; es ist, als würde die Ärmlichkeit meiner eigenen Existenz durch ihre mir unsichtbar bleibende Weiblichkeit hervorschimmern. Aber ich freue mich, wenn mir G. während langer Kneipenabende von seinen Psychopharmaka und der tiefen Angst erzählt, nach dem Studium im Schuldienst in der Provinz zu versauern. Einer seiner zahllosen Bekannten, ein abgehalfterter Schauspieler, der mit Patrick Süßkinds Theaterstück *Der Kontrabaß* durch Süddeutschland tingelt und in der Vergangenheit auch schon einmal als Staubsaugervertreter gearbeitet hat, sucht junge Studentinnen mit Meditationssitzungen auf roten Matten zu ködern. Eines Abends sitzen wir in seiner WG-Küche in der Weststadt und diskutieren über einen Pariser Schriftsteller namens Michel Houellebecq, der zu diesem Zeitpunkt noch gar nicht ins Deutsche übersetzt ist; wir glauben uns männlich, aufbruchsbereit, nur verstehen wir damals nicht, dass wir auch in Deutschland bereits in einer Michel-Houellebecq-Welt leben, in der Männlichkeit und Aufbruchsbereitschaft zu einer Gefahr geworden sind.

Kein Wunder auch, dass mich diese Begegnungen im gleichen Maße anstacheln, wie sie mich deprimieren. Ich bewundere G.s Hellsichtigkeit in sexuellen Angelegenheiten, fürchte aber sein wiederholtes Scheitern, sowie seinen düsteren, unverstellten Blick auf die Sinnlosigkeit des Ganzen. Vielleicht will ich auch nicht wahrhaben, dass das Leben so einfach sein könnte wie er es mir beschreibt.

»Du verkomplizierst alles viel zu sehr«, wirft er mir damals oft vor. Einmal sitzen wir gerade vor der Max Bar. Es ist früh am Morgen, die Heiliggeistkirche liegt noch halb im Schatten, und G. redet sich in Rage: »Wovor läufst du eigentlich davon?! Das Leben hier ist doch gut so, wie es ist.«

Er meinte natürlich das Leben in Heidelberg, Deutschland, Europa. Was hätte ich ihm da auch antworten können? Selbst wenn ich ahnte, dass seine Ruhe nur eine Pose war, hätte ich kein Kapital daraus schlagen können. Dafür glaubte ich mich schlicht zu überflüssig.

»Und was genau versprichst Du dir denn *in China*?«, bohrte er weiter und sprach mir damit eigentlich aus der Seele, denn den Schmerz des Selbstzweifels kannte ich nur zu gut. Und dann: »Was gibt es dort eigentlich, was es hier *nicht* gibt?!«

Wenn ich das nur hätte sagen können! Aber ich hatte keinen blassen Schimmer. Mein Schweigen muss auf G. so sonderbar verdreht gewirkt haben, dass er irgendwann die Geduld mit mir verlor. Er kannte sie fast alle in Heidelberg, die Partygänger der Pädagogischen Hochschule genauso wie die Jurastudenten mit ihren grünen Barbour-Jacken, die brasilianischen Medizinstudentinnen vom Neuenheimer Feld genauso wie die Gruppe Palästinenser, die allwöchentlich auf der Neckarwiese kickten; in *diesem* Leben war ich nur eine Randfigur. Als G. einige Wochen darauf tiefnachts in einer Villa am Schlossberg versuchte, eine hübsche Russin zu überreden, mit mir zu schlafen, lief ich gekränkt davon. Ich fand Nähe zu anderen Menschen damals genauso lächerlich wie Nähe zu mir selbst.

5

Es war gewiss kein Zufall, dass der junge, chinesische Philosoph im dritten Jahrhundert n. Chr. kometengleich am Horizont aufgestiegen ist. Wang Bi passte haargenau in sein Zeitalter, in dem etwas in Bewegung kam, in dem etwas aufhörte und sich neu zusammensetzte, und all das in größter Aufregung und Verwirrung. In Europa befinden wir uns in der Hochzeit des Römischen Reichs, mit Kaisern wie Septimius Severus (reg. 193 bis 211), Caracalla (reg. 211 bis 217) und Severus Alexander (reg. 222 bis 235); in Wang Bis China, das überhaupt wie ein östliches Gegenbild scheint, finden wir ganz ähnliche kaiserliche Charaktere, ähnliche Intrigen, nur dass das chinesische Reich lange vor dem römischen sein Ende finden sollte, um einige Jahrhunderte später wie ein Phönix aus der Asche zu steigen. Im Jahr 220 n. Chr. zerbricht es in drei Teilreiche: Wei, Shu und Wu. Der Niedergang hatte wohlgemerkt viel früher eingesetzt. Die Östliche Han-Dynastie (25 bis 220 n. Chr.) war irgendwann im zweiten Jahrhundert in einen Abwärtsstrudel geraten, und der bereits erwähnte General Cao Cao hatte ihr schließlich den Todesstoß versetzt: Ein militärisches Genie, machtbesessen und erbarmungslos in der Durchsetzung seiner Interessen, unterlag er seinen Gegnern in der Schlacht an der roten Felsenwand im Jahr 208 n. Chr., einer der berühmtesten militärischen Auseinandersetzungen der chinesischen Geschichte, und verschenkte damit die letzte Gelegenheit, das vor sich hinsiechende Han-Reich zu erneuern. Nachdem Cao Cao sich vom Kaiserhof abgewandt und im Norden Chinas seine eigene Machtbasis auf-gebaut hatte, gelang es seinem Sohn

Cao Zhi den letzten Kaiser der Han-Dynastie abzusetzen und sich selbst zum Herrscher eines neuen Reiches auszurufen. In diesem Reich von Wei (220 bis 265 n. Chr.) ist Wang Bi zur Welt gekommen.

Die ersten Jahre gestalteten sich für das Wei-Reich schwierig. Nur langsam erholte sich das Wirtschaftsleben von den Verwüstungen des jahrelangen Bürgerkrieges; marodierende Banden quälten die Bevölkerung, überhaupt herrschte oft bittere Armut, es kam wiederholt zu Hungersnöten. Im Geburtsjahr von Wang Bi (226 n. Chr.) scheint sich die allgemeine Lage schon etwas verbessert zu haben. In den 230er-Jahren sollte es dann zu einem regelrechten Wirtschaftswunder kommen, das dem Hof nicht nur die Wiedereinführung der Geldwährung erlaubte, sondern auch den luxuriösen Wiederaufbau der Hauptstadt Luoyang, die seit Kriegsende in Ruinen gelegen hatte. Wir müssen uns diese Stadt um das Jahr 240 n. Chr. als den glänzenden Mittelpunkt einer ästhetischen Frühmoderne vorstellen, eine Brutstätte von Ideen und Visionen. Eine wichtige Ursache war, dass die alten Gewissheiten nach dem Zusammenbruch der Han-Dynastie nicht mehr galten. Insbesondere betraf das die Ziviltheologie des Kaiserreichs: Es gab keinen »Himmelssohn« mehr, der an der Spitze der politischen Hierarchie gestanden hätte und in dessen Person der Himmelskult und der kaiserliche Ahnendienst verschmolzen wären. Es war überhaupt nicht mehr klar, welche Texte und Ideen noch als vorbildlich gelten durften.

Dieser Zweifel bekam der chinesischen Kultur bestens. Junge Menschen hatten plötzlich die Gelegenheit, das Wort zu ergreifen und etwas Neues zu sagen; keine Geistesgröße maßregelte sie mehr, niemand sprach für sie, und genau das führte zu kühnen Aufschwüngen der Einbildungskraft. Auf einmal gab es haufenweise junge, skandalumwitterte Männer, die ausschließlich ihren persönlichen Leidenschaften und Schnurrpfeifereien nachgingen, die halbnackt in der Natur herumlungerten, mit gespreizten Beinen und ungeordnetem Haar, und auf Nachfrage erklärten, weder ein Dach über dem Kopf noch Kleidung zu benötigen, da ihnen Himmel und Erde Umhüllung genug seien.[26] Eigentlich erstaunlich, was es damals für Individuen gab! Da war beispielsweise der Dichter Ji Kang (223 bis 262), »sieben Fuß und acht Zoll groß«, der seinen Körper an einem Amboss stählte und seine romantischen Ekstasen in Gedichten festhielt, die bis heute jedes chinesischsprechende Kind auswendig kennt (betrunken soll er »einem Jadeberg« ähnlich gewesen sein, »kurz vor dem Zusammenbruch«).[27] Oder auch der Dichter Ruan Ji (210 bis 263), ein daoistischer Traumtänzer, der so laut pfeifen konnte, dass man ihn über viele Kilometer hinweg hörte; um einem Gegenüber seine Missachtung auszudrücken, drehte er die Pupillen nach hinten, sodass seine Augen ganz weiß wurden; und zum Begräbnis der eigenen Mutter erschien er stockbetrunken.[28] Sein Neffe, ein gewisser Ruan Xian (234 bis 305), tat während der Trauerzeit für seine Mutter etwas noch viel Unvorstellbareres: Im Trauergewand, auf dem Rücken eines Esels, entführte er ein Sklavenmädchen; und als man ihn auf seine Tat ansprach, erwiderte er nur, je nach Interpretation liebessiech oder sexgeil: »Kein Samentropfen eines Mannes darf verlorengehen!«[29] Ein anderer, der Dichter Liu Ling (221 bis 300), fuhr in einem von Hirschen gezogenen Wagen und mit viel Alkohol durch die Landschaft; auf seinen Ausflügen begleitete ihn stets ein Diener, der ihm einen Spaten hinterhertrug – sollte der Dichter aus heiterem Himmel tot umfallen, könnte dieser ihn auf der Stelle verscharren.[30] Nicht zuletzt He Yan (195 bis 249), Wang Bis Mentor, der einen so weißen Teint besaß, dass ihn der erste Kaiser von Wei, Cao Caos Sohn Cao Pi (reg. 220 bis 226), im Verdacht hatte, ein Puder zu benutzen; dieser Kaiser ließ ihm daraufhin – im Hochsommer! – eine heiße Suppe mit Klößen servieren, nur um zu sehen, ob der austretende Starkschweiß seinen Teint ruinieren würde. Was jedoch nicht eintrat: Der Teint war echt.[31]

Aus solchen männlichen Exzentrikern setzte sich der Personenzettel der »oberflächlichen Gecken« zusammen, wie man diese jungen Leute damals schimpfte (Frauen waren in jener Zeit nicht sehr sichtbar). Wang Bi sah ich ganz selbstverständlich als einen von ihnen an. Es war eine merkwürdige Gemengelage, halb traumwandlerische Romantik, halb präpotentes Proletentum. Diese Jungen hatten wohl einfach nichts Praktisches zu tun; man gammelte herum, verbrachte die längste Lebenszeit in Grotten, Gärten, Bambushainen oder großbürgerlichen Anwesen an den Stadträndern Luoyangs, wanderte über Stock und Stein und machte sich lustig über die armen Streberlinge, die sich in schlecht gelüfteten Gelehrtenkammern oder knarzenden Schreibstuben auf die Staatsprüfung vorbereiteten. Staatsgefährdend war all das erst einmal nicht; nur wurden die politischen Eliten schnell misstrauisch, wenn einer nicht seine unbedingte Loyalität zum Hof bekundete. Häufig kam es zu Streitereien. Die vergnügungssüchtigen Müßiggänger rempelten sich zuerst gesprächsweise und mit viel Witz an; dann wurden sie schroff, vertrugen sich nicht mehr; und wenig später wurden oft regelrechte Rachefeldzüge geführt, bei denen der Unterlegene auch schon einmal das Leben verlor.

Alles, selbst das eigene Ich, wurde damals als hemmend und einschränkend empfunden. Deshalb kann es nicht überraschen, dass auch dunkle, daoistische Sehnsüchte weite Verbreitung fanden:

Der Mensch erhält sein Muster von der Erde.
Die Erde erhält ihr Muster vom Himmel.
Der Himmel erhält sein Muster vom Dao.
Das Dao erhält sein Muster vom Von-selber-so-Sein.
(*Daodejing*, Abschnitt 25, Ende)

Der Daoismus ist dem Zen-Buddhismus in mancher Hinsicht ähnlich. Beide Lehren sprechen gern von einer »archaischen Freundlichkeit«[32] (Byung-Chul Han), die der Mensch entfalten soll: sich öffnen für die Flüchtigkeit der Dinge, kein Ziel mehr verfolgen, passiv werden ... Das Wort »Von-selber-so-Sein« (Chinesisch: *ziran* 自然) steht im *Daodejing* für das reibungslose Geschehen, den Lauf der Dinge, in den der Mensch nicht eingreifen soll, einen undifferenzierten Zustand, der still und leer ist, roh und wüst, also quasi die ursprüngliche Offenheit der Welt. Die »Gecken« nahmen das »Von-selber-so-Sein« zum Anlass, sich wieder in die unterscheidungslose All-Einheit zu fügen und sich der Sinneseindrücke zu entwöhnen (vgl. *Daodejing*, Abschnitt 12). Sie ließen sich das Haar lang wachsen (langes Männerhaar galt schon damals als Zeichen von oppositioneller Einstellung); zogen sich schlampig oder schlecht an; gaben sich ungehobelt. Überhaupt: Je mehr sich ein junger Mensch von bürgerlich-höfischen Nützlichkeitserwägungen abwandte, desto höher stand er bei den »Gecken« im Kurs. Sie sträubten sich gegen den Beamtendienst oder die banale Routine der Politik; sie spuckten auf die Moral. Und wenn sie doch jemand in dieses Joch gezwungen hatte, dann setzten sie alles daran, die Beamtenmütze so schnell wie möglich wieder loszuwerden. Daoistische Techniken des »Pfeifens« fanden viel Zuspruch; und in langen Meditationssitzungen wurden die richtigen Atempraktiken so lange verfeinert, bis man in der Lage war, mit wilden Tieren und Geistern zu verkehren. Am besten war es, den eigenen Leib »wie Erde oder Holz« zu behandeln (so der bereits erwähnte Liu Ling)[33] und in der Dunkelheit eines verlängerten Traumbewusstseins dahinzuvegetieren, aus dem dann das reine »Von-selber-so-Sein«, die stärkste Verheißung des Daoismus, umso stärker hervorleuchtet!

Das chinesische Mittelalter, die vier Jahrhunderte zwischen 200 und 600 n. Chr., war ein Zeitalter der schönen Männer. Deshalb stellte ich mir auch Wang Bi als einen schönen Mann vor, ein wenig wie jener Mann auf der berühmten *Admonitions Scroll* im British Museum, der neben einer Frau in einem Bett mit lichtem Baldachin sitzt und sie mit einer steifen Unsicherheit beäugt, als wäre er sich nicht sicher, ob er überhaupt hätte herkommen sollen:[34]

Wang Bi dürfte um einiges jünger als dieser Mann gewesen sein, aber auch er trug wohl weite Gewänder und elegante Schuhe, hatte dichtes, schwarzes Haar und einen weichen Teint (vielleicht sogar den gleichen, glänzenden Schnurrbart?). Außerdem, denke ich, muss man ihn sich neugierig vorstellen, mit einem *boyish smile*, gedankenvoll und undurchsichtig zugleich, in seiner umwerfenden Brillanz den Zeitgenossen fremd. Der Philosoph blieb auf Abstand zur Welt.

Wang Bi hatte das nötige Geld, um sich so eine Weltfremdheit leisten zu können. Er kam aus einer wohlhabenden Familie in der Provinz (dem heutigen Shandong); man besaß dort vieles, Geld und Güter, nicht zuletzt eine ordentliche Portion Junkerstolz. In der hochkarätigen Familienbibliothek muss Wang Bi bereits im Alter von acht oder zehn Jahren viel Wachzeit verbracht haben, vertieft in die Lektüre von Texten wie dem *Buch der Wandlungen* und dem *Daodejing*. Es muss ihm früh klar geworden sein, dass er dort auf dem Land nicht bleiben wollte; es zog ihn ins Zentrum der damaligen Welt, in den Dunstkreis der Macht. Möglich war dies, weil seine Familie schon lange über beste Kontakte zum Hof verfügte und sein Vater Wang Ye ein hoher Hofbeamter war. Die Begegnung mit He Yan war also keineswegs einem Zufall geschuldet; höchstwahrscheinlich hatte Wang Bi sie mit derselben traumhaften Sicherheit angebahnt, mit der auch die jungen Männer in den Romanen Balzacs aus der Provinz nach Paris streben. Sein zukünftiger Mentor He Yan wird in der Kühnheit dieses Mannes auch sofort ein Zeichen größter Intelligenz erkannt haben. Seinen eigenen Kommentar zum *Daodejing* scheint er nach dieser Begegnung erst einmal auf Eis gelegt zu haben.[35] Die eigentliche Tragik dieser Männerfreundschaft habe ich jedoch erst viele Jahre später verstanden. Der Entdecker dieses jungen Genies war auch für seinen frühen Tod verantwortlich.

Es waren verworrene Jahre: Während der Provinzadel das neue Reich und die Dynastie der Cao-Familie unterstützte, hielt die Schicht der Großgrundbesitzer entschieden Distanz. Man misstraute dieser Familie, die weder über das konfuzianisch-legalistische

Herrschaftswissen des vormaligen Kaiserhofes verfügte, noch sich wirklich auf die schöngeistige Kultur der Adelsfamilien verstand. Lieber scharten sich die Großgrundbesitzer um den General Sima Yi (179 bis 251 n. Chr.), einen alten Rivalen des Cao Cao, ein geschickter Strippenzieher und Finsterling, dessen Geist bis heute unzählige historische Romane in Ostasien durchschweift. Die Spannungen zwischen den beiden Gruppierungen müssen sich in Wang Bis Jugend immer mehr verschärft haben. Zu Beginn der 240er-Jahre hatte man am Hof zwar eine Art Waffenstillstand geschlossen und die wichtigsten Hofämter paritätisch auf beide Gruppierungen verteilt, doch drohte der Konflikt jederzeit wieder offen auszubrechen. Erschwerend kam hinzu, dass der vierzigjährige He Yan, mit der Unterstützung des Reichskanzlers Cao Shuang, größere politische und ökonomische Reformen vorantreiben wollte. Im Jahr 246 war es den beiden endlich gelungen, Sima Yi ins Abseits zu drängen und seine verbliebenen Parteigänger aus den Hofämtern zu vertreiben. Zwei Jahre darauf bot sich eine Gelegenheit, auch Wang Bi einen Hofposten im kaiserlichen Sekretariat zu verschaffen; obwohl sein Mentor He Yan die Bewerbung mit allen Kräften unterstützt haben dürfte, kam es dann doch nicht dazu – die Widerstände waren einfach zu groß. Als sich der General Sima Yi kurz darauf, zu Beginn des Jahres 249, wider Erwarten zurück an die Macht putschte, ließ er den Reichskanzler und die Clique um He Yan verhaften und innerhalb weniger Stunden hinrichten. Gut ein halbes Jahr später, im Herbst 249, würde Wang Bi – noch keine 24 Jahre alt – einer »Seuche« zum Opfer fallen.

Wer würde hier nicht an einen Zusammenhang denken?! War es möglich, dass der junge Philosoph ein verspätetes Opfer von Sima Yis Säuberungskampagnen geworden ist?

6

Einmal stoße ich tief in der Nacht auf den Abschnitt 27 des *Daodejing*: »Wer gut zu gehen weiß, bleibt ohne Spuren.« Sofort bin ich hellwach: Hatte ich nicht auch oft den Wunsch verspürt, in einer Welt, die mir zutiefst verblendet erschien, keine Spuren mehr zu hinterlassen? Nur dass ich meine vagen Ängste, meine Stockungen und Hemmungen, nie so bündig hatte aussprechen können. Wie ein Spürhund setze ich mich wieder auf die alte Fährte, suche nach Wang Bis Erläuterungen zu diesem Abschnitt. Als ich den weinroten Band mit seinen Schriften endlich gefunden habe, steht da ganz lakonisch:

> Mit dem Von-selber-so-Sein reisen: Nichts wird manifest, nichts verwirklicht; deshalb gelangen die Dinge zu ihrer höchsten Entfaltung; und es gibt keine Spuren.[36]

Habe ich solche Erläuterungen damals wirklich verstanden? Heute bin ich mir nicht mehr so sicher. Aber mein Glaube, solche Zeilen verstehen zu können, war wohl stärker als jeder Zweifel; außerdem kämpfte ich ja auch noch gegen die Gespenster meines Elternhauses und mein Kopf schwirrte nur so vor romantischer Zukünftigkeit, sodass es das Geringste schien, eine Bedeutung in diesen Zeilen zu sehen. Der Daoismus – eine Lehre vom Verschwinden?! Ein gelingendes Leben von den Rändern her, von »der dinge umrandung« (Ernst Schwarz)? Mein Realitätssinn hätte spätestens hier erschaudern sollen.

7

Im Seminar von Professor W. diskutierten wir bald über einen weiteren Textschnipsel. Er ist im Altchinesischen kaum vier Zeilen lang, doch bilde ich mir bis heute ein, dass mich die Supernova des Wang Bi'schen Denkens aus diesen Zeilen heraus direkt anfunkt. Ich spüre eine unmittelbare Verbindung zu diesem jungen Mann, wenn ich sie jetzt wieder überfliege, viel unmittelbarer als zu den meisten anderen Menschen, die mir in meinem Leben begegnet sind:

> Mit etwa siebzehn Jahren [d. h. um das Jahr 243] machte Wang Bi einmal dem Pei Hui seine Aufwartung. Der fragte ihn: »Das Nichts ist es zweifellos, das die zehntausend Wesen in ihrer Existenz trägt. Während jedoch der weise Mensch nicht willens war, das Nichts auch nur mit einem Wort zu erwähnen, konnte Laozi gar nicht mehr aufhören, von ihm zu sprechen. Warum ist das so?!« Worauf Wang Bi erklärte: »Der weise Mensch verkörpert das Nichts; das Nichts kann nicht weiter bestimmt werden, deshalb spricht er auch nicht darüber. Dass Laozi sich noch nicht vom Sein gelöst hat und unentwegt über das Nichts sprechen muss, beweist nur seine Unzulänglichkeit.«[37]

Ein weiteres Tête-à-tête zwischen Wang Bi und einem deutlich älteren, einflussreichen Mann, in mancher Hinsicht aufschlussreicher als das erste. Viel wissen wir nicht über diesen Pei Hui, doch eins ist sicher: An diesem Tag wird auch für ihn einiges auf dem Spiel gestanden haben, denn dieser junge Mann respektierte die Autorität älterer Männer nicht und stellte sie durch die Betätigung seines eigenen Verstandes regelmäßig bloß.

Worum geht es in diesem Schlagabtausch? Eine Schwierigkeit steckt in dem Ausdruck »weiser Mensch« (*sheng ren* 聖人). Diese beiden Schriftzeichen werden manchmal auch als »heiliger Mensch« übersetzt oder einfach als »der Berufene«, nur dass hier natürlich kein christlicher Heiliger gemeint ist, keiner, der die Gottheit selbst in seinem Leben wirklich machen würde, der den Versuchungen des Satan widerstehen oder als Märtyrer Zeugnis für einen als richtig betrachteten Glauben ablegen würde. Vielmehr stehen die beiden Zeichen hier für Konfuzius höchstpersönlich und damit für den vollkommenen Menschen, der das ethische Ideal in seinem Leben auszudrücken vermag. Das vollkommene Leben ist jedoch, wie Wang Bi in diesem Gespräch unmissverständlich zum Ausdruck bringt, eine Übung *im Nichts*.

Es ist erstaunlich, aber Wang Bi hat um das Jahr 243 n. Chr. zum ersten Mal einen Gedanken gehabt, der bis dahin so noch nie in

China gedacht worden ist, der jedoch, einmal ausgesprochen, eine weitreichende Verschiebung im Denken bewirken sollte. Wahrscheinlich verdankt sich der neue Sinn für die *Einheit* dieser Kultur, der in den kommenden Jahrhunderten für den beispiellosen Erfolg des chinesischen Bildungs- und Zivilisationsprojekts sorgen sollte, diesem jungen Denker. Laozi und Konfuzius sind bei Wang Bi nicht etwa zwei gegensätzliche Figuren, sondern müssen vielmehr wie zwei ferne Sternbilder aufeinander bezogen werden – durch die Vermittlung des Nichts. Das Nichts, also das Schriftzeichen *wu* 無, das viel- und querstrichig aussieht wie ein Gatter oder ein dicht verwachsenes Waldstück (oder aber, darauf sollte der Philosoph Martin Heidegger im 20. Jahrhundert kommen, wie eine Lichtung).[38] Gewöhnlich wird das chinesische Wort mit dem englischen Wort »nothingness« und dem deutschen Wort »Nichts« übersetzt (alternativ auch als »Negativität«, »Nicht-Sein« oder »Abwesenheit«). Wang Bis eigentliches Kunststück besteht nun darin, die konfuzianische und die daoistische Lehre durch eine Art Überblendung ineinanderzuschieben. Während nämlich der unbedarfte Leser das wiederholte Auftreten des Wortes »Nichts« in Texten wie dem *Daodejing* oder dem Buch *Zhuangzi* ästhetisch reizvoll findet und die esoterisch angehauchte Leserin hierin die eigentliche Tiefe ostasiatischen Denkens zu erkennen glaubt, entdeckt Wang Bi in diesem Wort eine fundamentale Schwäche des Daoismus. Der Daoismus nähert sich dem Nicht-Sein, indem er es unaufhörlich mit Sprachgebärden umkreist, doch kein Laut vermag dieses Nichts zu treffen, das eben kein Ding ist, nichts rührt daran; je mehr einer davon spricht, desto mehr erhebt sich vielmehr der Verdacht, er könne in Wahrheit noch gar nichts verstanden haben. Wie anders dagegen Konfuzius: Der große Lehrer nimmt das Wort »Nichts« in den *Gesprächen* kein einziges Mal in den Mund; und genau dieses Schweigen ist der beste Beweis, dass er sich bereits zutiefst *in das Nichts* eingeübt hat.

All das mag sich sonderbar anhören. Der Grundgedanke ist jedoch ganz einfach: In der Vergangenheit hat es einmal einen vollkommenen Menschen (Konfuzius) gegeben; dieser Mensch hat mit seinem Leben einen Weg der Übung vorgezeichnet, den auch wir heute beschreiten können. Wer immer diesen Weg einschlägt, indem er die alten Texte liest, sich in seiner Vergänglichkeit übt und Tugenden wie Menschlichkeit und Kindesliebe praktiziert, der kann – wie Konfuzius – zu einem »Virtuosen mit einer perfekten Beherrschung des Rituals« werden.[39] Das Ritual, das ist modern gesprochen *Performativität*: Ich verwandle mich in Worte und Gebärden, die in der Situation, in der ich mich befinde, etwas Neues ins Leben rufen; durch mein Ritual wird etwas Uraltes wiederholt und damit auch bestätigt, sei es eine religiöse Liturgie oder gar die soziale Ordnung selbst. Und damit sind wir bei Wang Bis eigentlicher Pointe angelangt: Konfuzius, der oft noch einfältiger spricht als Jesus in den Evangelien, dessen *Gespräche* auf so manchen Leser wie ein einziges Sammelsurium aus pädagogischen Mahnreden, gut gemeinten Ratschlägen und aneinandergereihten Banalitäten wirken, ist dem Laozi überlegen, weil er die höchste Wahrheit in einer *schlichten* Sprache ausdrückt. Wenn Konfuzius also wieder einmal seinen Schülern rät, keine weiten Reisen zu unternehmen, solange die eigenen Eltern noch leben (*Gespräche* 4:19), wenn er es für anmaßend erklärt, den Ahnengeistern fremder Menschen zu opfern (2:24), oder wenn er beklagt, dass Frauen und schlechte Menschen schwer zu »führen« seien (17:25), dann spricht er oberflächlich betrachtet über läppische Alltagsdinge und hört sich manchmal unangenehm autoritär an. Aber so einfach darf man es sich nicht machen! Wenn seine Schüler wieder einmal irgendein belangloses Detail aus seinem Leben dokumentieren, das in seiner Harmlosigkeit fast schon peinlich wirkt (9:10: »Beim Essen führte er keine Unterhaltung. Im Bett redete er nicht«), dann handelt es sich für uns darum, unser Denken so zu ändern, dass der Übungsweg in all dem aufscheint. Wir sollen unser Gegenwartsbewusstsein, das natürlich vor allem mit unserer eigenen Ichhaftigkeit ausgefüllt ist, so sehr abschwächen, dass unser Selbst die spirituellen Praktiken und Bedeutungszusammenhänge der konfuzianischen Existenz erkennen kann – als Spuren, die ein vollkommener Mensch für uns hinterlassen hat.

Unsere missbilligende Reaktion, unser Gelächter beweisen dagegen nur, dass wir noch gar nichts von der konfuzianischen Lehre verstanden haben. Denn was da an der Textoberfläche sichtbar wird, möchte uns Wang Bi sagen, ist nur ein winziger Bruchteil der ganzen Lehre. Im *Daodejing* steht geschrieben: »Wer weiß, redet nicht. / Wer redet, weiß nicht« (Abschnitt 56). In diesem Sinne richtete Konfuzius seine Aufmerksamkeit ganz auf die Gegenwart, auf die Zusammenhänge des alltäglichen Lebens. Echte Weisheit übersteigt notwendigerweise menschliche Worte und Konventionen; deshalb verzichtet der Meister auf philosophische Fragestellungen und metaphysische Erklärungen, lebt einfach *dieses* Leben.

Das beste Beispiel für diese Haltung ist meiner Meinung nach die Begegnung zwischen Konfuzius und dem blinden Musikmeister (*Gespräche* 15:42):

> Der Musikmeister Mian erstattete dem Konfuzius einen Besuch. Als er bei den Stufen angekommen war, sagte der Meister: »Hier sind Stufen.«
>
> Als er bei der Sitzmatte angelangt war, sagte der Meister: »Hier ist die Sitzmatte.«
>
> Nachdem alle Platz genommen hatten, informierte der Meister ihn: »Der und der sitzt hier, der und der sitzt dort.«
>
> Als der Musikmeister gegangen war, fragte Zizhang: »Ist das denn die richtige Art, mit einem Musikmeister zu reden?«
>
> »Sicher«, antwortete der Meister, »das ist genau die richtige Art, einem Musikmeister zu helfen.«

Konfuzius sagt nur das Nötigste; kein Wort ist zu viel. Auf die Behinderung des Musikmeisters, auf seinen niedrigen sozialen Rang, geht er nicht ein. Konfuzius' Ziel ist es, seinen Schüler Zizhang, den er gewiss mit Absicht an dieser Begegnung teilhaben ließ, zu bilden, also ihm einen Weg zu zeigen, den er sodann selbst begehen kann. In den *Gesprächen* wendet sich Konfuzius immer nur an die jeweils Anwesenden, nie aber an die Gesamtheit seiner Schüler oder gar an eine abstrakte Menschheit. Seine Rede ist also konkret, angewandt, im besten Sinne nützlich. Auch in diesem Gespräch formuliert er kein moralisches Prinzip, mit dessen Hilfe sich der Zizhang auf die zukünftige Begegnung mit einem blinden Musikmeister vorbereiten könnte; vielmehr ruht er ganz in *dieser* Begegnung, im Hier und Jetzt – der einzige Ort, an dem unser Handeln und Sprechen eine Veränderung bewirken kann. Weisheit besteht für Konfuzius nicht darin, etwas Bestimmtes für wahr und etwas anderes für falsch zu halten. Weisheit besteht darin, ganz im Lebensstrom aufzugehen, seine unmerklichsten Veränderungen zu registrieren, und dann ohne viel Getue die richtige Entscheidung zu treffen. Oft heißt das, die hierarchischen Abstufungen ernst zu nehmen, die in der Gesellschaft zu erkennen sind. Wie dieses Gespräch beweist, sorgt sich Konfuzius aber auch um Menschen, die eine deutlich niedrigere Stellung als er selbst besitzen.

Ich gebe gern zu, dass man all das auch als Pedanterie abtun kann. Nur möchte ich nur zu gern glauben, dass darin auch eine selbstvergessene Verlorenheit an das Leben selbst steckt. Oder meinetwegen eine große Menschenliebe. Oder Barmherzigkeit.

8

Was passiert mit einem weißen, europäischen Menschen, der sich so sehr in die chinesische Welt vertieft, wie ich es damals getan habe? Muss er sich, um fernöstliche Menschen und ihre Gedanken ernst zu nehmen, von seinen eigenen Wurzeln lösen? Ist es möglich, in beiden Welten, in Europa und China, zu Hause zu sein? Ich habe mir solche Fragen oft gestellt, aber nie überzeugende Antworten gefunden. Wer einmal zwei oder drei Jahre lang intensiv Arabisch, Hindi oder Japanisch gelernt hat, wird mich verstehen. Alte Gewissheiten zerfallen, neue Überzeugungen sind nicht so leicht zu erwerben und das Leben ist ein Prozess, der uns früher oder später ohnehin überfordern wird. Die fremde Sprache verwandelt einen Menschen. Oft stehe ich heute wie neben mir und höre mir beim Chinesischsprechen zu. Dinge, die ich so auf Deutsch nie aussprechen könnte, gehen mir auf Chinesisch wie selbstverständlich über die Lippen. Ich esse mit Stäbchen. Ich mache mir Vorhaltungen, dass ich noch immer nicht bestimmte kulturelle Reflexe beherrsche, die ich längst beherrschen müsste. Ich verstehe nicht, wie Familienbindungen einen so hohen Stellenwert besitzen können. Ich zeige, wenn ich im Gespräch die Aufmerksamkeit auf mich richten möchte, mit dem Zeigefinger auf meine Nase – nicht auf die Brust, wie man das vielleicht in Deutschland tun würde. Ich hebe auch schon lange kein Kleidungsstück mehr vom Boden auf, wenn es einfach nur so daliegt; schließlich könnte es jemand bewusst dorthin geworfen haben, um das Unglück seines Lebens auf einen anderen Menschen zu übertragen (natürlich glaube ich das nicht, aber das steht hier ja gar nicht zur Debatte). Manchmal fühlt sich mein Leben so an, als wäre ich in einen dunklen Keller hinabgestiegen, ein Raum voll fremder, mir erschreckend naher Geräusche, in dem ich doch lange stehen muss, bevor ich die ersten Stimmen umrisshaft erkennen kann; sie steigen auf und ab, hastig, farblos, abgerissen, manche wohlgesonnen, manche mit böser Absicht; und wenn es mir endlich gelingt, die feindlich gesonnenen auszumachen, verstricken wir uns in nächtelange Geisterfehden. Ich weiß, dass ich als weißer Mann in Ostasien immer auffalle, immer besonders begrüßt werde, weshalb ich auch bestimmte Gesten vermeiden sollte. Bis heute schmerzhafte Einsamkeitserfahrungen. Oft bin ich ratlos.

Ich hatte inzwischen (über Kaffee und Kuchen) meinen ersten echten Chinesen kennengelernt, einen Ingenieur aus der Stadt Changchun im Nordosten mit mehlig-pockennarbigem Gesicht, der mir jedoch nichts zu sagen hatte, und ich ihm nicht, sodass sich unsere Wege schnell wieder getrennt haben. Ich hörte mir lieber allein die Audiokassetten mit den Übungsdialogen an, sprach sie papageienhaft nach, bis meine chinesische Aussprache irgendwann eine gewisse Geschmeidigkeit erlangt hatte (das Klischee stimmt: Das Schwierigste sind die Töne!). Immer wieder machte ich dabei die Erfahrung, dass ich mich zurücknehmen musste, um diese andere Welt zu verstehen, dass ich nicht gleich wieder *wie ein Europäer* denken durfte. Das erlaubte mir zwar einen gewissen Abstand von mir selbst, doch hatte es die unerwünschte Nebenwirkung, dass es mir noch schwerer fiel, mich selbst klar zu sehen. – Ich habe damals genügend Menschen kennengelernt, für die die Begegnung mit dem Fremden eine Befreiung von den eigenen Zwängen darstellte. Natürlich ist das meist eine Illusion. (Denken Sie an den Fall von Linda W., jenem siebzehnjährigen Mädchen aus dem Dorf Pulsnitz bei Dresden, das sich im Sommer 2016 heimlich dem IS angeschlossen hat; oder an den des englischen Schriftstellers T.E. Lawrence, der sogar unter Folter Arabisch sprach!) In Deutschland wurde man über dem Studium dieser exotischen Welten schnell zu einer der vielen, namenlosen Randgestalten, die das nächtliche Heidelberg damals durchschweiften, all die promovierten Taxifahrer, ewigen Privatdozenten, anarchistischen Outcasts und außeruniversitären Morgenlandfahrer, die in den Kneipen der Unteren Straße Wallfahrten zu anthroposophischen Kongressen organisierten, bei den Hare-Krishna-Jüngern auf der Hauptstraße hockten oder allsonntäglich vom Bongrauchen »gut fett« wurden. Wenn sie einmal etwas Geld hatten, fuhren sie in den Sommermonaten nach Rhodos oder Barcelona, um sich dort ein Stück tropischer Fremdheit zu erschleichen; ansonsten schrien sie im durchrationalisierten, fortschrittsbesessenen, neoliberalen Deutschland jener Jahre – aus vollen Lungen – nach etwas Liebe.

In jener Zeit wurde ich Mitglied einer Tai-Chi-Gruppe. Ich hatte auf einem Aushang in der Unibibliothek gelesen, dass ein Student der Kunstgeschichte jeden Montagmorgen am Bismarckturm Tai-Chi-Unterricht gab. Das interessierte mich. Ich sah auf dem Stadtplan nach. Der Bismarckturm stand oberhalb des Philosophenweges, unweit der Heidelberger Altstadt, halb im Wald versteckt. Als ich zum ersten Mal dorthin gelaufen bin, war ich überrascht, wie abgelegen dieser Ort war. Man hörte dort kaum noch etwas von der Stadt, Heidelberg war schön weit weg. An seiner Stelle gab es den Atemraum der Bäume: große, freundliche Lebewesen.

Ich begriff bald, dass die Gruppe, die sich hier der fernöstlichen Bewegungskunst verschrieben hatte, sehr bewusst Abstand suchte von ihrem sonstigen Leben. Man wollte direkt in Ostasien »einsteigen«, genauso wie in eine TA (Transaktionsanalyse), eine Familienaufstellung oder die Brigitte-Diät. Heidelberg war da nur Hindernis.

»Eigentlich interessiert es mich auch nicht die Bohne, ob es einen Unterschied gibt zwischen Tai-Chi und dem Neuen Testament«, erklärte mir eine schwäbische Theologiestudentin, die seit gut zwei Jahren dabei war. »Wenn ich das ›Büchlein vom Tao und vom Te‹ lese oder das Johannes-Evangelium, kann ich den Kopf abschalten, mich entspannen. Und danach fühle ich mich dann so sehr nackig…« Auf ihrem Kühlschrank würde ich einige Monate darauf einen Magneten mit dem Satz entdecken: »Die Seele ist nie ohne Geleit der Engel.« Aber jetzt jobbte sie erst einmal hinter der Wursttheke des Heidelberger Kaufhofs und das passte nicht so recht zu meiner Vorstellung eines höheren Seelenzustandes.

War es in Deutschland überhaupt möglich, sich einer Sache ganz und gar hinzugeben?

Der Tai-Chi-Lehrer stammte aus Heidelberg, hatte aber viele Jahre in Ostasien verbracht. Er redete sehr besonnen, mit weichen Gesten und ich hörte bald heraus, dass die Wissenschaft für ihn nur eine große Torheit darstellte. Er war vor Urzeiten Mitglied einer Heidelberger K-Gruppe gewesen und schien auch noch die Drogenszene und die Stadtteilindianer des alten West-Berlins zu kennen, was mich damals sehr beeindruckte. Mit tiefer, nach größtmöglicher Präzision strebender Stimme erklärte er mir, was es mit dem Tai-Chi auf sich hatte.

Wir mussten während dieser Sitzungen quälende Minuten im Kreis stehen und unsere Bewegungen so sehr verlangsamen, dass sie ganz weich wurden; wir mussten uns um uns selbst drehen, eine Hand oder ein Bein ausstrecken, aber ohne dass diese Bewegung ein Ziel verfolgt hätte; wir mussten die Beine fest in den Erdboden stemmen, damit die Energieströme im Unterleib (um den Bauchnabel herum) zusammenkamen, und zuletzt sollte alles ganz fließend geworden sein, eine reine Abwesenheit eingeschmiegt in den Horizont der Wipfel.

Ich bin noch einige Male zu der Tai-Chi-Gruppe am Bismarckturm gegangen. Aber irgendwann habe ich einsehen müssen, dass ich für solche Übungen innerlich viel zu zerrissen war. Der Lehrer mit seiner besonnenen Rede und den weichen Gesten klärte mich später auf. Ich sei nicht »andächtig« genug, bliebe immer zu sehr Kopfmensch und Bedenkenträger, als dass ich mich vorbehaltlos den »weiblichen Schöpfungskräften« und höheren Schwingungsfeldern überantworten könnte. Was hätte ich da erwidern sollen?

9

Was mich damals wirklich beeindruckte, war der ethische Ernst, mit dem gewisse asiatische Meister ihr Leben führen. Die schwäbische Theologiestudentin erzählte mir nach einer Tai-Chi-Sitzung von einer buddhistischen Schule, deren Anhänger ihr Leben lang unaufhörlich die eigenen Atemzüge zählen: etwa 720 pro Stunde, 17 280 pro Tag, 535 680 pro Monat, 6 428 160 pro Jahr, 482 112 000 in einem Leben. Ihr Bericht scheint einen wunden Punkt in mir getroffen zu haben. Ich musste an eine Beschreibung denken, die ich Jahre zuvor gelesen hatte: Bei bestimmten Indianerstämmen in Nordamerika war es einmal Brauch, die eigenen Kinder mit einem Mund voll Wasser durch die Wüste zu schicken; wenn sie wieder zurück zu ihren Siedlungen fanden, wurde nachgesehen, ob auch ja kein Tropfen von diesem Wasser fehlte. Zweifellos habe ich mich damals sehr wohlstandsverwahrlost gefühlt. Insbesondere hasste ich die andauernde, ironische Coolness meiner Generation, für die es schon einen absoluten Höhepunkt darstellte, bei Gosch auf Sylt zu stehen und ein Jever zu trinken. Da ich keine religiösen Gefühle mehr zu besitzen glaubte, führte der einzige Weg zu einem besseren Leben vielleicht über eine selbstauferlegte Disziplin.

In der japanischen Zen-Tradition gibt es viele Geschichten über den höheren Sinn der Selbstdisziplinierung. Hier ist etwa der autobiografische Bericht, den der Sōtō-Zen-Mönch Sogaku Harada Roshi (1871 bis 1961) hinterlassen hat:

> Dass ich zu dem wurde, der ich heute bin, verdanke ich ganz und gar der Anleitung meines Lehrers. Er hatte die Gewohnheit, nach der Morgenzeremonie die Schreine der unterschiedlichen Wächtergottheiten zu besuchen, die man rund um den Tempel errichtet hatte. Eines Morgens entdeckte er auf seinem Rundgang in einer Abflussrinne ein einzelnes Essstäbchen. Er nahm es mit und rief mich zu sich. Dann fragte er mich, mit dem Stäbchen in der Hand: »Was ist das?« Ich antwortete: »Das ist ein Stäbchen.« – »Genau, das ist ein Stäbchen. Ist es nicht mehr benutzbar?«, fragte er weiter. – »Doch«, erwiderte ich, »es ist noch benutzbar.« – »Genau«, sagte er, »dennoch habe ich es, zusammen mit Abfall, in einer Abflussrinne gefunden. Mit anderen Worten: Du hast das Leben eines Essstäbchens beendet! Wahrscheinlich kennst du das Sprichwort: ›Wer einen Menschen tötet, hat zwei Gräber zugleich geschaufelt.‹ Da du dieses Stäbchen getötet hast, wirst du von ihm getötet werden.« Insgesamt verbrachten wir vier oder fünf Stunden damit, über dieses Ereignis zu diskutieren. Er erklärte mir ausführlich, wie ich in Zukunft weiter üben müsse. Damals war ich erst sieben oder acht Jahre alt. Seine Anleitung hat mich ganz und gar durchdrungen. Von da an war ich mit allem sehr sorgfältig und genau.[40]

So ein unbedingt zur Schau gestellter Ernst, so eine buddhistische Inbrunst, kann natürlich leicht ins Lächerliche kippen. Auch Sie könnten sich jetzt befremdet fühlen. Frei nach John De Bellos unsäglichem Film aus dem Jahr 1978 *(Angriff der Killertomaten)* hätten Sie vielleicht Spaß daran, sich den Titel eines fiktiven, japanischen Horrorfilms auszudenken: *Der Angriff der Killerstäbchen* … Sowieso wird in dem autobiografischen Bericht von Sogaku Harada Roshi überhaupt nichts bewiesen (im Sinne eines wissenschaftlichen Beweises); sondern hier fasst nur ein Mensch die für sein Leben zentrale Einsicht zusammen. Wahrscheinlich könnten wir ihn nur dann wirklich verstehen, wenn wir als Kinder einmal in einer ähnlichen Lage gewesen sind. Wahrscheinlich sind Sie nie in so einer Lage gewesen – und ich auch nicht.

Man könnte die Einsicht des Japaners natürlich auch in allgemeineren Begriffen formulieren, so etwas wie: Der Kausalzusammenhang in der Welt ist geschlossen, nichts ist ihm enthoben; deshalb holt uns auch unser Schicksal immer ein ... Aber das hört sich dann sehr banal an.

10

Unser Tai-Chi-Lehrer sprach oft davon, dass wir unsere Aufmerksamkeit von der Welt abziehen und auf die Leere in unserem eigenen Körper richten sollten. Im Hamsterrad des Kapitalismus, erklärte er uns, würden wir unaufhörlich mit unseren Bedürfnissen konfrontiert, die Werbung würde uns zu einer beständigen Suche nach Intensität verleiten und so entwickle sich eine verhängnisvolle Dynamik. Damit der Einzelne sich überhaupt als Individuum behaupten könne, müsse er seine Bedürfnisse nach den täglich auf ihn einströmenden Informationen formen, müsse sich immer weiter flexibilisieren; aber damit würde er in Wahrheit nur immer *härter* werden, bis ihn die Eitelkeit und der Ehrgeiz vollkommen im Griff hätten. Dagegen würden uns die Tai-Chi-Übungen erlauben, aus den kapitalistischen Zusammenhängen herauszutreten und wieder ein Gefühl für *unser eigenes Leben* zu entwickeln, für den fließenden Atem, für das Hinschauen, für das unendlich Nahe unseres Körpers. Wenn einer aus der Gruppe nicht verstand und nachfragte, zitierte der Tai-Chi-Lehrer gern einmal aus dem *Daodejing*:

Durchs Vielsprechen geht das Denken zuschanden;
da ist es besser, im Inneren leer zu bleiben.
(Abschnitt 5, Schluss)

Das Sprechen, so viel hatte ich über mich schon begriffen, bedeutete mir sehr viel. Es war meine Weise, mich von der Welt abzusetzen und mich der eigenen Bedeutung zu vergewissern; eine Frage endlos zu diskutieren, bis der Eindruck entstand, sie hätte sich in den Worten aufgelöst. Deshalb wehrte ich die Überredungsversuche des Tai-Chi-Lehrers ab. Natürlich spürte er dies schon bald. »Ist es nicht so, dass wir beim Reden immer nur der Welt und damit auch uns selbst ausweichen?«, fing er einmal an. Ich lächelte gequält und wusste nichts zu erwidern. »Ich bin Agnostiker«, erklärte ich schließlich, durchaus ein wenig stolz. Und: »Deshalb kann ich auch nicht ans Dao und solche Dinge glauben, meine ich ...« Er grinste sonderbar: »Aber genau darum, um den Glauben, geht es doch in Asien überhaupt nicht!« Jetzt spürte ich, dass er von mir enttäuscht war. Immerhin hatten wir uns schon beinahe angefreundet und er hatte mir einige Male sein Weltbild auseinandergenommen, in dem Nietzsche und Foucault eine große Rolle spielten, die Postmoderne und die alternativen Kommunikationsnetze in den Romanen des amerikanischen Schriftstellers Thomas Pynchon. Er war gewiss kein frommer Mensch; jedoch schienen ihm gewisse, religiös anmutende Überzeugungen unverzichtbar.

Ich war wieder einmal verunsichert. Wahrscheinlich begegnete ich mir selbst zu diesem Zeitpunkt längst mit einer gehörigen Portion Misstrauen. Zum Beispiel hatte ich herausgefunden, dass ich viel zu leicht in den Bann manisch-depressiver Charaktere geriet, Männer und Frauen, in allen Altersgruppen, Menschen mit Schrullen, verbohrte, schamvolle Existenzen, die immer noch daran glaubten, dass ein großes Geheimnis darauf wartete, von ihnen entdeckt zu werden. Ich fand solche Leute spannender und hundertmal freier und intelligenter als die meisten Studierenden, die ich in den Vorlesungen traf. Eine Belgierin hatte mir beschrieben, wie sie immer noch an den Misshandlungen durch ihren Vater litt, der sich bereits einen Sarg gekauft hätte, in dem er manchmal sogar übernachte; ein Kommilitone mit Aktenkoffer und Seitenscheitel hatte berichtet, dass seine Familie bei Baden-Baden ein Schloss besitze, er aber am liebsten ein Teehaus in Peking bewohnen würde; eine frühpensionierte Sekretärin aus Darmstadt transportierte großformatige Lexika und Bildbände zur ostasiatischen Kunstgeschichte in ihrem roten Porsche, hatte sich jedoch in den letzten Monaten immer mehr in eine Stalkerin verwandelt, die mir auf Schritt und Tritt folgte. Irgendwie berührten mich solche Bekanntschaften. Zugleich verunsicherten sie mich aber auch, erfüllten mich mit einer nicht totzukriegenden Angst. War es in Deutschland überhaupt noch möglich, ein in Liebe entflammtes Herz zu besitzen?!

Zwangsläufig kühlte sich mein Verhältnis zu dem Tai-Chi-Lehrer ab. Ich spielte weiterhin den nüchternen Pragmatiker, der nur an das glaubt, was er mit eigenen Augen sieht. Meine depressiven, oft selbstzerstörerischen Stimmungen, meinen Selbsthass, behielt ich dagegen für mich. Aber da wir uns in vielem ähnlich waren, ahnte er wahrscheinlich längst, was mich damals umtrieb. Einmal erzählte er mir einen Witz:

> Ein Mann bildet sich ein, ein Reiskorn zu sein. Sein Freund schickt ihn daraufhin zu einem Arzt, der ihn auf der Stelle in die Psychiatrie überweist. Nach langwieriger Behandlung darf der Mann endlich wieder in die Freiheit. Doch nur fünf Minuten nach seiner Entlassung rennt er in panischer Angst zurück. Was ihm denn zugestoßen sei, will der Arzt wissen. »Ich bin einem Huhn begegnet.« – »Aber Sie müssen doch keine Angst haben, Sie wissen jetzt doch, dass Sie kein Reiskorn sind.« – »Ja, aber ... weiß das auch das Huhn?!«

Mein Tai-Chi-Lehrer sah mich an: »Und, verstehst du die tiefere Bedeutung dieses Witzes?!« Ich war mir nicht so sicher. Also erklärte er sie mir: Unsere tiefsten Ängste seien oft auf paradoxe Weise mit unserer Selbstwahrnehmung verknüpft, die wiederum die Wahrnehmung der anderen beeinflusse, und alles läge direkt vor uns, das Leben enthalte überhaupt kein Rätsel, man müsse sich nur gewahr werden, dass die Arbeit am eigenen Selbst identisch sei mit der Arbeit an der Welt.

Das Dumme war: Ich fand den Eintritt in die asiatische Weisheit nicht, blieb schon am ersten Wort des *Daodejing* hängen. Dem Daoismus zufolge soll der Mensch sich von allen Zwängen freimachen und am besten nach gar nichts mehr streben, nicht einmal nach der Erhaltung des eigenen Selbst; nur dass der Übende, wenn er diese Lehre auf sein eigenes Leben anwenden wollte, darauf angewiesen war, die in den daoistischen Texten enthaltenen Anweisungen zu verstehen. Das *Daodejing* war jedoch ein sperriges Buch, und noch sperriger war das entscheidende Wort *Dao* 道. In Wörterbüchern ließ sich die ursprüngliche Bedeutung dieses Wortes leicht identifizieren: »der Weg«. Außerdem einige abgeleitete Bedeutungen: »Sprechen«, »Methode«, »Prinzip«, »Grund« (wie in »Urgrund«). Hier wurde schon höher gepokert. Und so las ich dann einen Spruch wie den folgenden, aus dem vierzigsten Abschnitt:

反者，道之動；弱者，道之用。

Eine mögliche Übersetzung (von Ernst Schwarz) lautet:

des Dau bewegung ist rückkehr
des Dau verhalten ist schwachsein[41]

Und eine weitere Übersetzung dieser Stelle (von Hans-Georg Möller):

Die Wende ist des Daos Bewegen.
Die Schwäche ist des Daos Segen.[42]

Aber was soll das bitteschön heißen? Viele kluge Köpfe haben Bücher zum Daoismus verfasst: James Legge, Max Weber, Marcel Granet, Max Kaltenmark, Toshihiko Izutsu, Benjamin Schwartz, A. C. Graham, Arthur C. Danto, François Jullien – um nur eine Handvoll zu nennen. Doch echte Klarheit über das Wort Dao darf man sich bei ihnen nicht erhoffen.

Der Einfachheit halber liste ich einmal einige neuere Übersetzungswörter für das Wort Dao auf: »Vorgängigkeit«, also der Vorgang in seiner ganzen Bewegtheit (Hans-Georg Möller); »Sinn« (Günter Wohlfart); »Prozess« oder »Prozesshaftigkeit« (François Jullien); das »Wirken in den Dingen« (Jean-François Billeter); oder auch »ein bestimmte[s] einheitliche[s] Wie« (Ernst Tugendhat). Vielleicht versteht man so etwas mehr – vielleicht aber auch nicht. Warum werden dem Dao im vierzigsten Abschnitt Tätigkeiten wie »rückkehr« und »schwachsein« zugeschrieben? Wer »kehrt« hier »zurück«, wer »ist schwach«? Und was ist überhaupt das Dao? Gewiss kann man dieser letzten Frage ausweichen, indem man das Wort Dao einfach metaphorisch als »den Weg« versteht, der erst durch das Gehen entsteht; die »rückkehr« und das »schwachsein« wären dann vielleicht Metaphern für das Weniger-Wollen, also für eine bestimmte Erfahrung, die uns aus dem Kreislauf von Geburt und Tod, Wachsen und Vergehen schließlich doch zurückfallen lässt in eine höhere Einheit. Aber ist das überzeugend?

Heute sehe ich ein, dass alle diese Fragen ihr Thema verfehlen. Es stimmt natürlich: Wer immer das *Daodejing* geschrieben hat, wollte seine Gedanken weitergeben an kommende Generationen und wollte seinen Lesern auch Kenntnisse über das Dao vermitteln. Schließlich beschreibt er es ja auch sehr wortreich: Das Dao als das Uranfängliche sei »dunkel«, »einem Zustand der Namenlosigkeit« gleich (Abschnitt 1); »abgründig«, »urtief« (Abschnitt 4); »winzig«, »unhörbar«, »glatt« (Abschnitt 14); »groß« (Abschnitt 18); »unbestimmt und diffus« (Abschnitt 21); usw. Aber nur wer diese Worte nicht allzu ernst nimmt, wird dem Dao gerecht. Die Zwanghaftigkeit, mit der ich mir die Frage gestellt habe, *was denn eigentlich das Dao sei*, mag also einfach ein Beweis dafür sein, dass ich damals immer noch in einem bestimmten Weltverständnis gefangen war. Ich suchte Gewissheit, strebte nach einem begründeten Wissen über einen Gegenstand, wie es mir Platon, Descartes oder Kant versprochen hatten, europäische Philosophen also, die, wenn sie etwas zu wissen behaupteten, zugleich immer auch über die mögliche Rechtfertigung ihrer Überzeugungen zur Natur des Wissens nachdachten. Der daoistische Weise will nicht wissen, sondern wirken.

Bei einem amerikanischen Philosophen habe ich neulich eine blitzgescheite Erörterung des Wissens im Alten China gefunden. Das Problem des Wissens berührte damals nicht die Frage,

> wie man jenseits [unserer] perspektivischen Bedingtheit einen *view from nowhere* erlangt. Das Problem besteht darin, wie man tiefer in die Welt hineinblickt, um sie genauer zu kennen, als es Begriffe und die Sprache erlauben – nicht zu wissen, was in der Welt ist, sondern in was sich die Welt verwandelt. Chinesen sorgen sich nicht darum, Zugang [zur Welt] zu finden, sondern [nicht] ins Stocken zu geraten.[43]

Oder anders gesagt: Alles Gerede über das Dao ist kein »Versuch einer Welterklärung aus einem Prinzip heraus«, sondern »ein unmittelbares Erlebnis«.[44]

Wenn Sie all das immer noch abstrus finden, empfehle ich Ihnen, das Buch, das Sie jetzt in der Hand haben, ein paar Tage zur Seite zu legen. Gehen Sie in Ihren Garten oder in den nächsten Park, machen Sie ein paar Schritte, trinken Sie meinetwegen auch eine Tasse grünen Tee. Versuchen Sie einmal, abzuschweifen und an gar nichts zu denken. Lassen Sie ein paar Tage einfach so vergehen. Lesen Sie dann noch einmal in aller Ruhe den Spruch aus dem vierzigsten Abschnitt des *Daodejing*. Sehen Sie jetzt, was ich meine?

11

Glücklicherweise gibt uns Wang Bi in seinem Kommentar zu Konfuzius' *Gesprächen* die folgende Erklärung für das Wort »Dao«:

> Das Dao ist eine Bezeichnung für das Nichts: Nichts, das nicht von ihm durchdrungen würde; nichts, das nicht in ihm sein Herkommen hätte. Nur wenn [ich] gezwungen wäre, mich sprachlich auszudrücken (vgl. *Daodejing* 25.6), würde ich [diesen Zustand] Dao nennen. Eigentlich ist er still und ohne Form, kann überhaupt nicht vergegenständlicht werden. Deshalb kann das Dao auch nicht berührt werden …[45]

Wang Bi schreibt diese Zeilen vor dem Hintergrund des religiösen Daoismus, der erst im zweiten Jahrhundert n. Chr. eine konkretere Gestalt angenommen zu haben scheint. Im klassischen China bezeichnete das Wort »Dao« die Vorstellung einer Gottheit, also eines »lebendigen Wesens«, das sich bewegt, verändert, alles durchdringt, gebärt und doch mit sich selbst identisch ist.[46] Im Pantheon der chinesischen Götter war diese Dao-Gottheit sehr wichtig, und viele Menschen waren überzeugt, dass sie sich durch bestimmte spirituelle Praktiken selbst in eine ähnliche Gottheit verwandeln könnten. Es gibt denn auch sehr präzise Beschreibungen, wie die Dao-Gottheit aussah (manche dieser Vorstellungen wirken bis heute in Taiwan oder Hongkong nach). Eine bekannte Beschreibung der daoistischen Gottheit Taishang Laojun (»Großer, höchster, älterer Herrscher«), in vieler Hinsicht der Dao-Gottheit ähnlich oder vielleicht sogar mit ihr identisch, lautet:

> Sein Körper ist neun Fuß hoch und gelb gefärbt. Sein Mund ist schnabelförmig, seine Nase hochgewölbt. Seine Augenbrauen sind buschig und fünf Zoll lang, seine Ohren sieben. Seine Stirn zieren drei vertikale Linien. Auf seinen Füßen prangen die acht Trigramme. Er liegt auf einer heiligen Schildkröte.[47]

Den angeblichen Verfasser des *Daodejing*, Laozi, haben sich viele Menschen im vormodernen China als eine Manifestation eben dieser Gottheit vorgestellt.

Mit solchem religiösen Schnickschnack will Wang Bi nichts zu tun haben. Er entmythologisiert den Daoismus radikal. Das Dao ist bei ihm eine »Bezeichnung für das Nichts«, und als solches kann es »überhaupt nicht vergegenständlicht werden«. In der kristallklaren Sprache seines Kommentars zum *Daodejing* ist deshalb auch nicht mehr viel vom magisch-esoterischen Charakter des frühen Daoismus zu sehen. Dies lässt sich schön an seinem Kommentar zum sechsten Abschnitt des *Daodejing* erläutern, ein längerer Exkurs über die schöpferische, mütterliche Seite des Dao:

Der Geist des Tales stirbt nicht,
[ich] nenne ihn: dunkle Weiblichkeit.
Das Tor der dunklen Weiblichkeit
nenne [ich]: Wurzel von Himmel und Erde.
Ungreifbar,
aber doch wie anwesend,
im Wirken mühelos.

In einem bekannten Kommentar aus der späten Han-Dynastie werden diese Zeilen auf den menschlichen Körper bezogen, an dem spiegelbildlich das Wirkungsgeschehen des Kosmos abgelesen werden könne. Das Schriftzeichen für »Tal«, *gu* 谷, wird dort als Verb mit der Bedeutung »baden, pflegen, nähren« interpretiert (verschriftlicht als *yu* 浴); dementsprechend würde die erste Zeile lauten: »Wer die Geister [seines Körpers] nährt, der stirbt nicht«. Darüber hinaus soll das Wort »dunkel« auf den Himmel verweisen, »weiblich« auf die Erde. Wir bestehen angeblich aus fünf verschiedenen Energieströmen (Qi), die wir vom Himmel erhalten haben; ihnen sind fünf Kardinalpunkte im Körper zugeordnet. Die Lebensenergie der Lunge etwa ist heiß, diejenige der Nieren dagegen kalt. Diese Energieströme bilden zudem den »Geist«, der auch für das Sehen, Sprechen und Hören verantwortlich ist, und eine »Seele«, die entscheidet, was durch die Nasenlöcher eintritt und was wieder austritt (die Nase verweist wieder auf den Himmel). Die Erde (der Mund) versorgt den Menschen dagegen mit den fünf Geschmacksrichtungen. Die Wendung »Wurzel von Himmel und Erde« benennt den Umstand, dass wir über Nase und Mund mit Himmel und Erde verbunden sind; und die drei letzten Zeilen beschreiben, wie der Mensch sich zu seinem Atmen verhalten soll, wie er den Atem ganz von selbst (»im Wirken mühelos«) durch Nasenlöcher streichen und seinen Körper ausfüllen lässt.[48]

Wang Bi streicht alle diese konkreten Bezüge. Ihm zufolge verhandelt dieser Abschnitt nichts anderes als das »Nichts in der Mitte des Tales«, das »form- und gestaltlose«, »höchste Wesen«, das alle Bestimmungen in sich einschließt und selbst bestimmungslos bleibt,

»ungreifbar« und »im Wirken« doch »mühelos«.[49] Er liest das *Daodejing* auch nicht mehr als ein Handbuch des langen Lebens. Atemübungen, Alchemie (magische Pilze, Heilkräuter), schamanistischer Tand: All das fällt Wang Bis ätzender Kritik anheim. Das Geheimnis des Dao ist nur, was *hier* erscheint, im Lichte der eigenen Existenz oder aber, vielleicht noch wichtiger, im Lichte des Textes, den wir vor uns haben und über den wir nachdenken können.

12

Kurz darauf, im Winter 1995 oder Frühjahr 1996, habe ich eine Entdeckung gemacht, die in meinen Augen endgültig den romantisch-anarchischen Charakter von Wang Bis Philosophieren zu beweisen schien.

Ich hatte schon viel darüber gelesen, wie sich die »frivolen Gekken« im chinesischen Mittelalter gern besinnungslos betranken und dann mit wirren Haaren, oft auch nackt, in der Öffentlichkeit saßen. Sie zogen sich gern für Partys in die Bambushaine rund um die Hauptstadt Luoyang zurück; sie aßen hemmungslos und verhielten sich unkonventionell, um so ihren Widerstand gegen die konfuzianische Ritualordnung zum Ausdruck zu bringen. All das war Bestandteil einer ausgeklügelten Aristokratenkultur, in der das Individuum vielleicht zum ersten Mal in China wirklich sichtbar wurde. Aber diese jungen Männer gingen noch einen Schritt weiter in ihrem daoistischen Kult und entwickelten eine regelrechte Drogenkultur.

Die damals wichtigste Droge war das sogenannte »Kaltesserpulver« (*hanshisan* 寒食散). Der Name leitet sich von dem Umstand her, dass, wer immer es einnimmt, auf der Stelle eine große, innere Hitze entwickelt und daher kalte Dinge essen will. Es ist die wohl wichtigste Droge im chinesischen Mittelalter, die auch noch Jahrhunderte später von Gelehrten und Dichtern eingenommen wurde – unzählige Gedichte sind unter ihrem Einfluss geschrieben worden. Angeblich muss das »Kaltesserpulver« bei Sonnenaufgang in Form einer Paste eingenommen werden, zusammen mit etwas erhitztem Wein. Die bewusstseinserweiternde Wirkung soll sich dann recht zügig einstellen; und wenn die Droge zur vollen Wirkung gekommen ist, so steht es wenigstens in den einschlägigen Quellen, ist es angebracht, sich die Kleider vom Leib zu reißen und kalt baden zu gehen – andernfalls könnte einen die innere Hitze leicht versengen. Sobald er durch den unvermeidlichen Schüttelfrost gegangen ist, erstarrt der Körper des Drogenadepten; auf dem Rücken bilden sich große Geschwüre. Es ist quasi so, als würde er »versteinern«. (Ist es ein reiner Zufall, dass man auch in den 1960ern vom *getting stoned* sprach?!) In diesem Zustand liefen die »Gecken« dann gern hinaus in die Landschaften rund um Luoyang, mit glasig gefrorenen Leibern, in denen es nur so sprühte vor Energie; und wenn es glimpflich ausging, wurden die Überreste der von ihnen erschauten, psychedelischen Luftschlösser am nächsten Morgen wieder an die Ufer irgendeines Tagesbewusstseins gespült.

Zweifellos wurde man leicht süchtig von diesem »Kaltesserpulver«. Außerdem gab es zahllose Nebenwirkungen: Die Droge sedierte, führte zu einer gesteigerten Wahrnehmung, zu visionären Zuständen, aber auch zur Steigerung der Potenz, zu einer allgemeinen Erregbarkeit und schließlich auch zu körperlichem Verfall.[50] Ich habe mit chinesischen und taiwanischen Freunden oft darüber diskutiert, ob man diese Droge nicht herstellen könne, doch sind wir nie weit gekommen. Interessanterweise hatte Professor W. in den Archiven ein Rezept zur Herstellung des »Kaltesserpulvers« aufgestöbert, das angeblich von He Yan, dem Mentor Wang Bis, zusammengestellt worden sei. Ich habe es einmal sehr sorgfältig in mein Notizbuch übertragen, einschließlich der traditionellen Maßeinheiten (ein *liang* entspricht etwa 50 g, 1 *fen* 500 mg), und dort steht es auch heute noch:

2,5 liang Stalaktiten;
2,5 liang milchiger Quartz;
2,5 liang Austerschale;
2,5 liang Amethyst;
2,5 liang Siler divaricum;

2,5 liang Trichosanthes kirilowii Max. (Bittergurke);
1,5 liang Zingiber offizinalis (Ingwer);
1,5 liang Atractylis ovata;
5 fen Platycodon grandiflorum (Ballonblume);
5 fen Asarum sieboldii;
3 fen Asiatischer Ginseng;
3 fen gekochte entfernte Schale (Aconitum L.);
3 *fen* Rindenpulver von kleineren Ästen
des chinesischen Zimtbaumes.[51]

Im religiösen Daoismus dreht sich bis heute viel um alchemistische Zauberkunststücke; und so mag es sein, dass auch dieses Rezept einmal eine solche Bedeutung gehabt hat. Die ungeheure Verbreitung dieses Pulvers erschloss sich mir nur allmählich. Es scheint, als hätte in jenen Jahrhunderten fast jeder junge Mensch regelmäßig dem »Kaltesserpulver« zugesprochen; es gehörte vielleicht einfach zum guten Ton, sich unter dem Einfluss dieser Droge natürlich zu geben – so wie es im 20. Jahrhundert die Hippies mit ihrem *letting be* auch getan haben.

Hatte also auch Wang Bi von dem Pulver genommen? So manches deutete in diese Richtung; er kannte viele dieser haschträchtigen »Gecken« persönlich, Luoyang war ja auch keine allzu große Stadt, und nicht zuletzt hatte He Yan, wenn er denn tatsächlich der Erfinder des »Kaltesserpulvers« gewesen ist, keinen Grund, seinem klügsten Schüler nicht von dieser Droge zu erzählen. Stammte vielleicht sogar der Anstoß für sein Philosophieren aus einem Drogentrip?!

Dann entdeckte ich eine ominöse Beschreibung in einer Chronik aus jener Zeit. Der damalige Kanzler Cao Shuang soll unter seiner Residenz eine Art »Drogenkeller« eingebaut haben, einen »schön ausgemalten Untergrundraum«, in dem er mit seinem Minister He Yan und anderen Gefährten eifrig dem Alkohol, den Frauen und wahrscheinlich auch dem »Kaltesserpulver« zugesprochen hat.[52] Damit stand für mich fest: Auch Wang Bi war in diesem Keller gewesen und hatte an den rauschenden Drogenpartys teilgenommen.

13

In meiner eigenen Wirklichkeit war es weitaus schwieriger, echte Entgrenzung zu erleben. Das Haschischrauchen im Vier-Sterne-Hotel zeigte wenig Wirkung und mit dem Kellnern hörte ich bald wieder auf. Eigentlich glaubte ich auch gar nicht daran, dass dort etwas zu holen sei, ich kannte ja die lauen Kiffer vom Fahrradstand meines Gymnasiums, ich wollte etwas anderes, Erlösung, Kontrollverlust, Fremdheit, am besten an den Rändern der bekannten Welt, ganz draußen. Doch war ich immer noch nicht in China, darüber wäre ich beinahe verzweifelt, quälte mich in Heidelberg durch die Tage, diesem deutschen Krähenwinkel, es war kläglich. Als mein Freund G. spontan vorschlug, für ein Wochenende nach Dubrovnik zu fahren, sagte ich sofort zu.

So saßen wir im Juli 1996 auf Plastikstühlen am Ufer dieser weißen Stadt, die Adria glänzte, wir tranken Dosenbier und blickten zu den Bergen hinauf, die vor Kurzem noch – so erzählte man es uns – von der jugoslawischen Volksarmee bombardiert worden waren. Auch die Belagerung Sarajevos war erst vor einigen Monaten zu Ende gegangen, die längste Belagerung einer Stadt im 20. Jahrhundert. Es fühlte sich hier alles gefährlich an, einschüchternd; und dazu passte, dass unsere Biografien schon bald das 20. Jahrhundert verlassen würden. G. erklärte mir, dass er die Universität ganz verlassen wollte, um irgendwo ein Leben außerhalb des »Systems« zu leben, ohne Rentenkassen, Krankenversicherungen, Wohnungskäufe, es war wieder einer seiner tollen Anflüge, die Sirenen lockten noch. Ein alter, staubiger Baum stand zwischen uns.

»Ist doch eh' alles Pillepalle«, sagte er plötzlich. Dieses Wort hatte ich lange nicht gehört; es hörte sich an wie zu Kinderzeiten.

»Was denn?«

»Sex. Und alles andere.« Und er erzählte mir, wie er vor einigen Tagen auf einem Berliner Theaterworkshop eine Blondine kennengelernt hätte, wie sie nachher vor einer Toilette zusammengekommen wären, es wäre schön gewesen, aber auch bedeutungslos, kein Anfang wohnte ihrem Lächeln inne, nur Kälte.

Ich war da gerade selbst unglücklich verliebt, litt noch an der Kälte einer litauischen Austauschstudentin, sagte deshalb nichts.

»Weißt du«, sagte G. in mein Schweigen hinein, »was ein Hollywood-Schauspieler, ich hab' seinen Namen vergessen, neulich einem Journalisten erzählt hat? Die letzte Utopie, hat er gesagt, das wäre, wenn Menschen mit Menschen von allen Kontinenten Sex hätten, dann würden sich alle miteinander vermischen, es gäbe keine Hautfarben mehr, es wäre alles eins.«

Mein Schweigen hielt an.

»Weißt du was, grauenhaft wäre das«, fuhr er also fort. »Wir wären nur noch Waren, die in der Warenzirkulation aufgingen. Alles wäre Ware!«

Ich hatte mich oft gewundert, wie G. es schaffte, immer wieder so schnell mit Menschen in ein Verhältnis zu treten; er brauchte sie dazu gar nicht zu verführen, die Menschen fielen ihm einfach so zu. Ein postmoderner Peer Gynt, nur gesetzter, kalkulierender als das Original. Einmal hatte G. einen berühmten Heidelberger Professor, ein alter Mann, der zuckerkrank war und dessen einziger Luxus darin bestand, mit seinem Koch nach Baden-Baden ins Spielcasino zu fahren, einen ganzen Nachmittag in einem Café becirct. Aber was er heute von dem Hollywood-Schauspieler erzählte, rief eine alte Angst in mir auf, eine Art Horror Vacui: Alle Schauplätze der Welt wären gleich, alle Menschen, alles wie schon im Fernsehen gezeigt; und die Reisenden würden nicht mehr reisen müssen, weil es dort draußen keine Welt mehr gäbe, die noch nicht Teil ihrer selbst geworden wäre.

Als wir abends auf unseren Plastikstühlen Pizza aßen, stand der alte, staubige Baum links von mir. Ein Kettenhund schlug in der Ferne an. Die Nacht schlich sich von den Bergen herab.

»Chinesen sind doch besessen vom Geld, oder?!«, fragte G. später und jetzt antwortete ich, aber ausweichend, und dachte währenddessen an einen zärtlichen Ausdruck im Gesicht der Litauerin. Schließlich schaute er mich noch einmal an, den Schalk in den Augen:

»Na gut ... Reisende soll man nicht aufhalten.«

Am nächsten Tag fuhren wir mit einem Fernbus zurück, vorbei an maroden Zollstationen und verlassenem Kriegsgerät. Die jugoslawische Nacht schien kein Ende zu nehmen. Erst in Heidelberg lauerte wieder Sommerlicht auf uns. War ich vielleicht wirklich schon auf dem Sprung?

14

C. G. Jung hat die Entrücktheit des ostasiatischen Denkens einmal so beschrieben: »Das Licht dieser Weisheit leuchtet nur in der Dunkelheit, nicht im elektrischen Scheinwerferlicht des europäischen Bewußtseins- und Willenstheaters.«[53] Das ist wunderbar gesagt, und ich glaube, dass der Schweizer Psychoanalytiker hier tatsächlich etwas Wichtiges gesehen hat. Gewiss, die Metapher der »Dunkelheit« kann leicht missverstanden werden – so als wären Denker wie Konfuzius, Zhuangzi oder Wang Bi verworrene Denker gewesen, Mystiker und Irrationalisten. So leicht sollte man es sich nicht machen! Außerdem wäre an dieser Stelle wohl auch der Hinweis angebracht, dass westliche Kolonialmächte wie Großbritannien, Frankreich oder Deutschland vor gut einem Jahrhundert ihre Herrschaft in Fernost gern unter Verweis auf die Überlegenheit des eigenen Wissenssystems zu begründen suchten; in diesem Kontext konnten Wörter wie »dunkel« oder »mystisch« Wunder wirken.[54]

Und dennoch: Die chinesischen Philosophen, ob sie nun Konfuzianer, Daoisten oder Buddhisten gewesen sind, so sehr sie auch lehrend und reflektierend tätig waren, haben nie den Anspruch gehabt, systematische, abgeschlossene und universal gültige Theorien über das Selbst oder die Welt zu formulieren. Das Behaupten hatte eine andere Relevanz in Ostasien als in Europa, wo der oft als sokratisch bezeichnete Wille bis heute stilbildend ist, die eigenen Behauptungen als Antworten auf selbstgestellte Fragen in einem prinzipiell ergebnisoffenen, machtfernen Dialog mit Kritikern zu verteidigen, mit dem Ziel, mithilfe allgemeiner Definitionen etwas über das Wesen der Dinge herauszufinden und auf diese Weise die menschlichen Praktiken zu verbessern.[55] Diesen Willen gab es so nicht in Ostasien. Zwar haben auch chinesische Denker gern sprachliche Unterscheidungen vorgenommen, die ähnlich subtil sein können wie alteuropäische Begrifflichkeiten; jedoch haben sie eigentlich nie versucht, jenseits des alltäglichen Sprachgebrauchs eine reine Begriffssprache zu konstruieren oder ihre Gedanken in einem ergebnisoffenen, machtfernen Dialog auf ihre Tauglichkeit zu prüfen.[56] Die Daoisten und Buddhisten glaubten dafür viel zu wenig an die Möglichkeit des Fortschrittes und waren außerdem zutiefst skeptisch, ob Menschen durch den sprachlichen Ausdruck von Gedanken und die Vereinheitlichung von Bedeutungen überhaupt besser oder glücklicher werden konnten. Die Konfuzianer waren zwar von der Möglichkeit einer grundständigen Verbesserung des Menschen überzeugt und wollten deshalb sämtliche Bedeutungen vereinheitlichen; doch sollte dies nicht durch die Verständigung über Begriffe oder Gründe geschehen, sondern durch die Um-Bildung des Einzelnen. Sie hätten die Unbedingtheit, mit der Sokrates seinen Gesprächsteilnehmern begegnet ist, jene an Besessenheit grenzende Überzeugung, dass »die Wahrheit, die unzähligen Generationen verborgen geblieben ist, hier und jetzt entdeckt werden könne, an dieser Stelle, in den nächsten vierzig Minuten, zwischen euch beiden«,[57] wohl einfach als Ausdruck von Taktlosigkeit, wenn nicht gar Charakterschwäche zurückgewiesen. Der einzelne Mensch wurde von ihnen stattdessen angehalten, durch die Nachahmung von Vorbildern und die Verinnerlichung bestimmter, oft ritualisierter Praktiken moralisch angemessene Affektmuster auszubilden. Das behauptende Sprechen und der Austausch von abstrakten Gründen hatte ohnehin nie einen besonders hohen Stellenwert in der traditionellen Kultur Chinas inne, schließlich lässt dieses Sprechen den Menschen ja sehr leicht *starr*, wenn nicht sogar *unbeweglich* werden. Besser ist es da, die eigene Lebendigkeit zu bewahren und jederzeit für die unerschöpflichen Zusammenhänge der Welt offen zu sein: »Der Edle steht den Dingen dieser Welt vorurteilslos gegenüber. Nur an das Rechte hält er sich.« (*Gespräche* 4:10) Was das »Rechte« ist, sagt Konfuzius denn auch nie mit letzter Klarheit. Er möchte ermahnen und erziehen, und dafür braucht es natürlich bestimmte Anhaltspunkte; doch sind diese oft genug in klassischen Texten verborgen. Wer diese Texte auswendig kennt, wird solche Anhaltspunkte sofort erkennen; und wer in einem traditionellen Familienverband lebt, wird der Kindesliebe eine so elementare Bedeutung für die Charakterbildung zusprechen, wie Konfuzius es getan hat.

Vielleicht meinte C.G. Jung das, als er die Entrücktheit des ostasiatischen Denkens beschrieb: Konfuzianismus, Daoismus und Buddhismus sind mit bestimmten Lebensformen verflochten, die uns modernen Menschen, mit unseren autonomen, hochflexiblen Lebensentwürfen, nicht ohne Weiteres zugänglich sind.

15

Es ist oft gesagt worden, dass ein Mensch nie wieder so erfahrungsoffen, so hungrig nach Leben ist wie mit Anfang zwanzig. Natürlich stimmt das. Aber mein Hunger war gequält, geradezu verzweifelt, denn ich glaubte ja im Innersten gar nicht mehr daran, dass echte Erfahrung in Europa noch möglich war. Heidelberg sollte nur eine Durchgangsstation für etwas Größeres sein. Ich träumte von dunklen Erdteilen, den zuckenden Magnetfeldern anderer Zivilisationen, weil ich zu ahnen glaubte, dass die Zukunft alle diese Wirklichkeiten in Europa schon bald mit etwas anderem überschreiben könne. Die Namen von Orten, Straßen, Museen könnten in einigen Jahrzehnten ihre Bedeutung verloren haben. »Rom und Paris und London werden vergessen sein. *Ein* Meer wird sie bedecken. Niemand wird englisch verstehen«, hat Elias Canetti einmal geschrieben, und damals glaubte ich, solche dunklen Eingebungen zu verstehen.[58] Schon als Kind hatte mich die halbzerstörte, im Sand versunkene Freiheitsstatue im Film *Planet der Affen* mit Schaudern erfüllt; genauso wie die Coca-Cola-Flasche, die sich in Stanley Kramers Klassiker *On the Beach* (deutsch: *Das letzte Ufer*) in einer Rolloschnur verheddert hat und deshalb unablässig Morsesignale in eine postapokalyptische Welt versendet, gehörte dieses Bild zu meinem Kernrepertoire an neurotischen Ängsten. Wollten diese Bilder mir vielleicht geheime Nachrichten übermitteln? Und was schrieb Thomas Mann noch einmal in sein Tagebuch, nachdem er zum ersten Mal Coca-Cola getrunken hatte? Ich erinnere mich an eine frühreife, dickliche Mitschülerin namens Claudia – als Neunjährige wollte sie den Horrorfilm *The Texas Chain Saw Massacre (Blutgericht in Texas)* gesehen haben. Einmal, bei einem Schulausflug, kam sie in den Schlafraum der Jungen und ging von einem Bett zum anderen, wobei sie uns auf sehr beredte Weise inspizierte, unsere nackten Unterleiber und unsere »Pimmel«, insbesondere die. Noch Jahre später verband ich die Realität des amerikanischen Kapitalismus mit dem Namen »Claudia«: zwei ferne Urgewalten, deren Blick ich doch lähmend auf mir spürte. Es waren noch Jahre hin bis zum 11. September 2001, aber da ich im Frühjahr 1996 in der Zeitschrift *Lettre International* Robert D. Kaplans Essay »Die kommende Anarchie« gelesen hatte, eine dieser typischen, brillant-düsteren Kaplan-Prophezeiungen, der zufolge der globale Süden aufgrund von Überbevölkerung und ökologischer Zerstörung in wenigen Jahren im Chaos versinken würde, wusste ich, worauf ich mich vorzubereiten hatte. Tagelang bin ich mit diesem Text durch Heidelberg gewandert, sodass ihn bald Kaffeeränder und Butterschlieren zierten, und habe mir dabei mit paranoider Angstlust vorgestellt, wie diese große Disruption wohl aussehen würde. War es notwendig, dass die alte Ordnung zerfiel, bevor etwas Neues aus den Ruinen steigen konnte? Je länger ich über dieses heraufziehende, globale Zeitalter nachdachte, desto mehr Gründe glaubte ich zu haben, mich in die chinesische Welt zu vertiefen. China war eine Gegenmacht, dort lebten mehr Menschen als anderswo, und dort entschied sich in mancher Hinsicht auch die Zukunft der Menschheit.

Vielleicht habe ich aber auch nur den alten Traum der Orientalisten weitergeträumt. Bestimmt hatte ich damals schon von dem sagenumwobenen, norwegischen Sinologen gehört, der am Tag seiner Ernennung zum Professor durch die Königin protokollwidrig rote (nicht weiße) Socken angezogen hatte; und als die Königin eigenhändig seine Socken inspizieren wollte, soll er die Frechheit besessen haben, sie wie ein Kind in die Arme zu schließen und respektlos zu duzen. Das war das Schöne: In der China-Wissenschaft gab es viele solcher weltentrückter Forscher, Eroberer geistiger Gipfelwelten und Hohepriester des Fernwehs, die ihr Leben im Wesentlichen damit verbracht hatten, Sumatra-Affen mit Opium gefügig zu machen und Reimwörterbücher aus fernöstlichen Wunderkammern zu übersetzen.

Der spanische Dominikanermönch Juan Cobo, der 1588 nach Manila gereist war und kurz darauf zum ersten Mal ein chinesisches Buch in eine europäische Sprache übersetzt hatte, war nur ein Anfang. Bald wanderte der Jesuit Athanasius Kircher zwischen den Welten und widmete sich China aus dem Fernblick der ägyptischen Geschichte (in Werken wie *Oedipus Aegyptiacus* oder *China illustrata*). Später kamen überlebensgroße Exoten dazu wie der Marquis D'Hervey de Saint-Denys, französischer Traumforscher und China-Gelehrter, Georg von der Gabelentz, preußischer Adeliger und Verfasser der ersten Grammatik des klassischen Chinesisch, Robert van Gulik, holländischer Diplomat, Orientalist und Krimi-Autor, oder auch Erwin von Zach, österreichischer Diplomat und brillanter Autodidakt, dem wir die bis heute wohl besten Übersetzungen klassisch-chinesischer Gedichte ins Deutsche verdanken, der aber auch ein unerträglicher Querulant war und seine letzten Jahre im niederländisch-indischen Batavia (heute Jakarta) verbracht hat, wo er am 19. Januar 1942 unglücklicherweise ein Frachtschiff bestieg, das nur Stunden darauf von einem japanischen Torpedo versenkt worden ist. Es gab ihrer noch viele mehr und oft waren es vom Glauben abgefallene Missionare, Reiseschriftsteller, Abenteurer, Bankdirektorensöhne oder einfach Spione mit krummen Rücken, die den brav-biederen Nationen Kontinentaleuropas oder der stolzen Isolation des Britischen Weltreichs entkommen wollten, um sich ganz der Erforschung ihrer Steckenpferde zu widmen. Große »Weltensammler« (Ilija Trojanow) also, die zum Gegenstand ihrer Neugierde ein höchst widersprüchliches Verhältnis unterhielten, nihilistisch-ironische Vagabunden, die oft gefährlich nah am dämlichsten Herrenmenschentum vorbeigezirkelt sind und bei Bedarf uralte Weisheitsworte gegen den Bakschisch der großen Politik eingetauscht haben. Wie ähnlich die exotische Verfasstheit ihrer Ekstasen meinen eigenen männlichen Unsicherheiten zum Ende des 20. Jahrhunderts war, meiner Eitelkeit und meinem Selbstekel, habe ich nur langsam verstanden. Auf Hongkong Island – auch das erfuhr ich erst viel später – gibt es einen Ort namens »Possession Point«, eben jener Punkt, an dem die Briten im Januar 1854 zum ersten Mal ihre Flagge gehisst haben. Natürlich ist es kein Zufall, dass das Wort *possession* nur so von militärischem, kulturellem und sexuellem Eroberungswillen strotzt.

Und doch: Diese Männer waren es, die zum ersten Mal die Perspektive der »Ungläubigen« und »Unzivilisierten« eingenommen hatten, die ihre Sprachen erlernten und ihre Lebensformen beschrieben.

(Gab es eigentlich auch Entdeckerinnen?! Im Fernen Osten? Kaum. Eine Ausnahme: Die wunderbar tatkräftige Janet B. Montgomery McGovern, die während des Ersten Weltkriegs in die japanische Kolonie Formosa reiste, getarnt als Englischlehrerin, um die dortigen »Kopfjäger« zu erforschen, also jene indigenen Völker der Insel Taiwan, die noch nicht in den Wirkungskreis der chinesischen Zivilisation geraten waren.)

Die Heidelberger China-Wissenschaft war in einem ehemaligen Bankgebäude untergebracht, und vielleicht war auch das kein Zufall. Denn die Forscherinnen und Forscher wirkten dort oft so, als würden sie in ihren Archiven die funkelnde Währung eines höheren Wissens verwalten. Rein ökonomisch betrachtet war die Volksrepublik China damals noch randständig; wenn sich jemand für das Chinesische interessierte, dann eher aus schwärmerischen Motiven. Man tippte in diesem Gebäude gern jahrelang an überbordenden Magisterarbeiten, denen noch in ausgeführtester Gestalt etwas Unzureichendes anhaftete, und opferte darüber wertvolle Lebenszeit, mit einem unermüdlichen Eifer, wie ihn sonst wohl nur Torah- oder Koranschüler an den Tag legen. Die Studentenschaft lebte noch weitgehend analog; allein das Wort »PC« fühlte sich frisch und zukünftig an. Dafür glänzten die chinesischen Bücher mit ihren klassischen Fadenheftungen umso verlockender.

Der interessanteste Charakter war natürlich Professor W., der mich so großzügig in seine Gemeinschaft aufgenommen hatte. Irgendjemand hatte ihm einmal den Spitznamen »buddhistisches Sturmgewehr« verliehen, und der passte haargenau: Hier redete einer so schnell über den Fernen Osten, als würde er keine Gefangenen nehmen. Wenn man genauer hinschaute, war jedoch auch dieser Mensch nicht so leicht einzuordnen. Aus einer wohlhabenden Wiesbadener Kaufmannsfamilie stammend, schien sich Professor W. in den 1960ern einmal für fernöstliche Mystik interessiert zu haben, für John Cages Musik der Stille und Eugen Herrigels Buch *Zen in der Kunst des Bogenschießens*. Innerhalb weniger Jahre hatte er sich dann aber in einen maoistischen Studentenführer verwandelt, der gegen die älteren Herren in ihren überlangen Talaren agitierte, in West-Berlin für linksrevolutionäre Zeitschriften schrieb und noch im Juli 1976 das brutale Regime von Pol Pot verteidigt hatte (in einem Artikel, der nüchtern betitelt war: »Der Haß gegen die Unabhängigkeit – Zielsetzungen der Pressekampagnen gegen Kampuchea«). Aus der Sicht der 1990er – mit ihren vermeintlichen Gewissheiten – verstand ich solche biografischen Widersprüche nicht. Mystizismus und Maoismus erschienen mir so unvereinbar wie Vorder- und Rückseite des Mondes. Wie hatte Wang Bi diesen linken, jungen Mann aus Deutschland in seinen Bann schlagen können? Auf jeden Fall galt: Wer aus Schwärmerei Chinesisch lernte, wurde in Professor W.s Seminaren unwiederbringlich ernüchtert. Wissenschaft als Menschenschinderei, bei der noch der letzte Fetzen fremder Subjektivität rational durchdrungen werden musste. Zweifellos war er ein brillanter Übersetzer, doch übersetzte er diese Texte hauptsächlich mit dem Ziel, sie in ein schnodderiges Dahingestellt-sein-Lassen zu verfrachten. Wenn sich ein junger Mensch einmal ernsthafter mit ihnen auseinandersetzen wollte, winkte Professor W. sofort ab. In Asien habe noch nie ein Mensch über theoretische Fragen nachgedacht; es gäbe da überhaupt keine Philosophie; das sei die liebe Zeit nicht wert.

China ... Mit diesem kurzen Wort verband sich auch ein ganzer Wust aus totem Buchwissen. So viel Verzettelung im Kleinen, so viel sinologische Fingerübung. Dennoch ließen sich die jungen Menschen, die bei Professor W. studierten, ihre Begeisterung so leicht nicht nehmen. Viele wollten das Chinesische mit angehaltenem Atem lesen – lebensverändernd, nicht mehr und nicht weniger. Da war etwa ein Mitdreißiger mit fein gekräuselten, blassblauen Lippen, der auf mich um vieles älter wirkte. Er sprach so leise und sanft wie ein Engel. Wenn ich seine Worte verstehen wollte, musste ich jedes Mal einen Schritt näher an ihn herantreten (ich blickte dann linkisch auf seine Hände). Einen Tag nach Abgabe seiner Doktorarbeit verließ er die akademische Welt und trat in ein buddhistisches Kloster im Schwarzwald ein. Ein anderer ewiger Student kam immer gegen Abend in die Bibliothek, hager, leicht gebückt, im weißen T-Shirt; er verbrachte dort seine Nächte über den Gedichten eines berühmten Dichters aus der Song-Dynastie, dazu trank er flaschenweise Coca Cola und blätterte nebenbei, wenn ihm das klassische Chinesisch zu langweilig wurde, in zerfledderten Donald-Duck-Heften. Die langen, zwischen den Metallregalen verbrachten Nächte hatten ihm längst etwas Zombiehaftes verliehen. In meiner stillen Bewunderung habe ich mich oft gefragt, wie ein Deutscher, der in Worms zur Welt gekommen ist und am

Tag seines Abiturs, an einer Schule mit dem sehnsuchtsvoll deutschen Namen »Eleonorengymnasium«, sehr hoffnungsvoll in die Welt hinausgetreten ist, nur wenige Jahre älter als ich damals war, der auch ganz gewissenhaft seinen Wehrdienst abgeleistet hatte (in Bad Reichenhall und Lahnstein), wie also dieser Mensch auf den Gedanken gekommen war, sich der eigenen Lebensform so unbedingt zu entziehen und nur noch nächtens zu existieren, und was das über seine Zeit und die fremde Zeit auf der anderen Seite des Erdballs sagt. (Viele Jahre später würde ich erfahren, dass Holger K. am 28. November 2011 an Knochenmarkkrebs verstorben ist, und weil er das Passwort seines Computers nicht aufgeschrieben hat, sind die Ergebnisse seiner nächtlichen Wanderungen zwischen den chinesischen Büchern bis heute nicht veröffentlicht – vielleicht muss es im Leben aber auch gar keine Ergebnisse geben, und die *Werklosigkeit* sollte das eigentliche Ziel sein.) Oder die Studentin mit dem blassen Teint, die Russisch und Hebräisch sprach, sich aber eigentlich doch nur für chinesische Untergrunddichter interessierte. Nicht zuletzt der füllige Herr mit dem schmutzigen Rauschebart, der einmal als Ingenieur in Südafrika für eine Ölfirma gearbeitet haben wollte, ein fabelhafter Übersetzer des indischen Philosophen Nāgārjuna, der aber auch allabendlich in der Plöck Altglas sammeln ging, so sorgfältig, als würde sich in jeder der Flaschenkobold aus Robert Louis Stevensons gleichnamiger Novelle verbergen.

Das Chinesische, habe ich oft gedacht, hat etwas von einem Fuchsbau. So viele Windungen, dass man nie mehr herausfindet. Ungefundenes, nie zu Findendes, kann so endlich aufgestöbert werden.

16

Vergessen wir eins nicht: Das dritte Jahrhundert war eine gefährliche Zeit – nicht nur in China, aber insbesondere dort! Die politische Bühne des Wei-Reichs war unter den Unterstützern der Cao-Familie (den Nachfahren des Generals Cao Cao) und ihren Gegnern (den Verbündeten des Generals Sima Yi) aufgeteilt. Dies führte zu enormen Spannungen. Das gesellige Leben kreiste um den Hof und die Villen der adeligen Familien in Luoyang; man führte sich gegenseitig bei den erlesenen Häuptern ein, scharwenzelte umeinander und bekämpfte sich hinterrücks bis aufs Blut. Jederzeit konnte ein vorgeblicher Freund in den nie abreißenden Machtkämpfen eine bessere Position besetzen, von wo aus er dann bessere Chancen besaß, den Kaiser und seine Entourage zu beeinflussen. Wer vor den einschlägigen Machtzirkeln nicht seine Kratzfüße machte, für den kam schnell das unerbittliche Fallbeil. Im Übrigen gab es damals auch schon eine Geheimpolizei, die sich der ganz harten Fälle annahm.

Wie grausam es zugehen konnte, zeigt eine Anekdote über Shi Chong (249 bis 300), ein fernöstlicher Krösus, der wohl nicht recht wusste, wie er sein Geld am besten ausgeben solle. Shi Chong lebte auf einer Latifundie außerhalb Luoyangs und unterhielt dort gern seine Mitstreiter und Freunde mit ausschweifenden Partys. Wie so eine Party im chinesischen Mittelalter aussah, können wir uns heute nur schwerlich vorstellen; bestimmt gehörte dazu: eine große Schar leise plaudernder Menschen zwischen Bambushainen, Lautenklänge in Pinienwäldern, südliche Lebensfreude, Bachläufe, warmer Wind, Bäume aus roter Koralle, Gedichtlesungen, Teeverkostungen, Kalligrafie-Vorführungen ... Bei Shi Chong verband sich die kultivierte Enthemmung jedoch auch mit Obszönität, ja brutaler Gewalt. So ließ er zum Beispiel seine Dienerinnen Unmengen von Alkohol herumreichen; und wann immer ein Gast den ihm angebotenen Becher ausschlug, befahl er seinen Untergebenen, die verantwortliche Dienerin auf der Stelle zu enthaupten.[59] Was das bei den Gästen (und den anderen Dienerinnen) bewirkt hat, kann man sich leicht ausmalen.

Die »Gecken« um He Yan und Wang Bi müssen ein besonders helles Bewusstsein für die Plötzlichkeit der menschlichen Existenz besessen haben. Junge Männer waren damals regelrechte Todeskandidaten. Ein Mann namens Zhong Hui (225 bis 264), übrigens ein Freund von Wang Bi, glänzte wie so viele kluge Köpfe der chinesischen Geschichte gleichermaßen als militärisches Genie wie als Dichter und Denker. Gern lud er gelehrte Zeitgenossen zum gemeinsamen Trinken ein und suchte sie zu unvorsichtigen Äußerungen über die Tagespolitik zu bewegen, die er dann am Hof gegen sie verwertete. Zhong Hui war auch für die Verhaftung und die Hinrichtung des Dichters Ji Kang (223 bis 262) verantwortlich; obwohl angeblich dreitausend Gelehrte und Freunde einen öffentlichen Protest organisierten, wurde dieser der politischen Unbotmäßigkeit angeklagt und zum Tode verurteilt. Die Clique um He Yan ist ähnlich schnell ausgemerzt worden.

Wie Zhong Hui haben viele »Gecken« sich gegenseitig in langen Gesprächen durchgehechelt. In einer solchen Umgebung war es unerlässlich, stoische Ruhe zu zeigen und sich in hintergründigem Humor zu üben; man musste sein Leben verbergen und Tarnsprachen benutzen. Ein weiterer Neffe des Dichters Ruan Ji, ein gewisser Ruan Xiu (ca. 270 bis 312), wurde einmal vom Zeremonienmeister gefragt: »Sind die daoistischen und die konfuzianischen Lehren gleich oder sind sie verschieden?« Ruan Xiu soll in aller Kürze geantwortet haben: »Wie sollten sie nicht gleich sein?!« Merkwürdigerweise gefiel dem Zeremonienmeister diese Antwort, und er gab Ruan Xiu einen kleinen Posten am Hof. Wahrscheinlich hatte dieser jedoch genau das befürchtet: Sein Leben würde fortan von der politischen Karriere des Zeremonienmeisters abhängen. Tatsächlich ließen die Neider nicht lange auf sich warten. Da Ruan Xius Antwort im Chinesischen nur aus drei Wörtern bestanden hatte, schimpfte man ihn fortan den »Drei-Wörter-Gehilfen« und spöttelte, mit wie wenig Einsatz da einer in Amt und Würden gekommen war. Eines Tages triezte ihn wieder einmal einer. »Du wärst doch auch mit einem Wort angestellt worden!«, erklärte er. »Warum also die Mühe mit dreien?!« Da soll Ruan Xiu geantwortet haben, dass er seinen Hofposten, wenn es »darauf« ankäme, in der Tat auch mit einem Wort bekommen hätte und wahrscheinlich sogar mit keinem einzigen! Unerwarteterweise wurden die beiden Männer dickste Freunde.[60]

Solche Formen des Wortwitzes entziehen sich mir bis heute. Wahrscheinlich bin ich viel zu sehr das Ergebnis einer westdeutschen Erziehung gegen Ende des 20. Jahrhunderts, ein echter *Homo democraticus*, in Machtfragen blauäugig und viel zu ehrlich, als dass ich verstehen könnte, wie sehr man sich in autokratischen Systemen verbiegen muss. Der Staatsmann Xie An (320 bis 385) soll einmal beim Go-Spiel gesessen sein, als ein Diener ihn von einem entscheidenden, militärischen Erfolg benachrichtigte. Aber Xie An spielte weiter, ohne eine Miene zu verziehen. Oder auch Gu Yong (168 bis 243), ein hochkultivierter Literat, Zitherspieler und Kalligraf: Von Beamten und Mitstreitern umringt spielte er eine Go-Partie, als ihn die Nachricht vom Tod seines Sohnes erreichte. Er setzte die Partie ohne ein Wimpernzucken fort. Erst als die Gäste sein Haus verlassen hatten, gab er seinem Schmerz Ausdruck (wie dann herauskam, hatte er die ganze Zeit über die Fingernägel so fest in seine Handflächen gepresst, dass bereits das Blut heruntertropfte).[61] Nur durch solche Härte gegen sich selbst erwies sich ein »Gecke« als Mensch von Rang. Unverzichtbar waren auch gute Menschenkenntnisse und ein sicheres Urteilsvermögen. Viele vertrauten der Charakterkunde, die man in China seit vielen Jahrhunderten betrieben hatte. Die Keime zukünftiger Handlungen, so hieß es, könnten bereits in der Gegenwart erkannt werden, im Antlitz des Gegenübers, in seinen Worten, seinem Qi. Wer diese Keime erkannt habe, könne auf sie einwirken und den Handlungsprozess in die gewünschte Richtung lenken.

Es war in vieler Hinsicht eine irrlichternde, nervöse Zeit. Junge Menschen hatten plötzlich sehr viel Macht, ohne dass sie sicher sein konnten, im folgenden Jahr noch am Leben zu sein. In den Schriften des Ruan Ji, eines Freundes Wang Bis, finden sich zahlreiche Hinweise auf buddhistische Endzeitvorstellungen, die sich aus Indien kommend in China verbreiteten.[62] Der Daoismus bot einen gewissen Halt gegen solche Ängste, weil er die Sorge um einen solchen Schlusspunkt nicht kennt. Tod und Leben sind nur Abschnitte in einem unendlichen Kreislauf von Werden und Vergehen. Die Tatsache, dass ich vor gut vierzig Jahren auf diese Welt gekommen bin, scheint *heute* und *für mich* bedeutungsvoll; aus dem Blickwinkel des Dao ist diese Tatsache belanglos, ein winziges

Stück Lebenszeit in einem unendlichen, kosmischen Zusammenhang. Zu Beginn von Abschnitt 50 des *Daodejing* heißt es prägnant:

[Die Menschen] kommen heraus ins Leben,
gehen hinein in den Tod.

Die zwei Zeilen scheinen bei längerem Hinsehen ineinanderzufließen und wollen auch so gelesen werden: als Einheit. Im Buch *Zhuangzi* wird das menschliche Leben ganz ähnlich beschrieben: »Das Leben des Menschen zwischen Himmel und Erde ist wie ein weißes Fohlen, das hinter einer Lücke in einer Mauer vorbeigaloppiert – im Nu ist es dahin.«[63] Das ist wunderbar bildhaft gedacht, geradezu kinematografisch, wie ein japanisches Haiku. Das Leben: ein Augenblick.

Vor der Ankunft des Buddhismus verfügten die meisten Chinesen über keine präzise Vorstellung darüber, was sie nach dem Tod erwartete; viele gingen wohl einfach davon aus, dass die Geister der Verstorbenen in ihren Gräbern hausten und von dort aus die Lebenden zu beeinflussen suchten. Konfuzius hatte einmal erklärt: »Wenn man noch nicht einmal das Leben versteht, wie sollte man dann etwas über den Tod wissen?!« (*Gespräche* 11:12) Am besten war es also, nicht zu viele Fragen zu stellen und sich mit dem zu bescheiden, was man sicher besaß. Genau wie im Sprichwort: Besser ein Spatz in der Hand als eine Taube auf dem Dach. Erst mit dem Eindringen des Buddhismus nach China, insbesondere seiner Lehre von der Wiedergeburt, begannen Chinesen ernsthafter über das Schicksal des individuellen Selbst nach dem Tod nachzudenken.[64]

Wang Bi hat dem Phänomen von Werden und Vergehen einige tiefschürfende Gedanken gewidmet. Ganz nüchtern hört er sich in seinen Glossen zu Abschnitt 13 an, der später oft in einem buddhistischen Sinne als Plädoyer für die Befreiung von der Leiblichkeit gelesen worden ist. Den Satz »Wenn ich keinen Leib [auch: kein Selbst] mehr habe, worum sollte ich mich dann sorgen?«, kommentiert Wang Bi knapp und bündig: »Das heißt, wenn ich zum Von-selber-so-Sein zurückgekehrt bin.«[65] Also einfach stoisch den Lauf der Dinge akzeptieren. Wer geboren wird, muss sterben, wer steigt, der muss auch fallen. In Abschnitt 50 des *Daodejing* heißt es dann:

> Drei von zehn folgen dem Leben.
> Drei von zehn folgen dem Tod.
> Aber warum sind die Menschen, die sich zu viel aus dem Leben machen und trotzdem in ihrem Tun das Land des Todes berühren, auch drei von zehn? Weil sie sich zu viel aus dem Leben machen!
> Nun hört man, dass wer sein Leben zu wahren weiß,
> über das Land geht und von Nashorn und Tiger verschont bleibt,
> in den Krieg zieht und vor Waffen geschützt ist,
> weil das Nashorn nichts findet, wo hinein es seine Hörner stieße,
> weil der Tiger nichts findet, wonach seine Krallen griffen,
> weil die Waffe nichts findet, wodurch ihre Klinge glitte,
> Warum das so ist?
> Weil so einer das Land des Todes nicht berührt.[66]

Der Gebrauch der Zahlwörter »drei« und »zehn« ist von einer so magischen Merkwürdigkeit, dass es einen in Angst und Schrecken versetzt. Machen wir uns alle nicht »zu viel aus dem Leben«? Wer würde aber auch schon gern »dem Tod folgen«? Ich muss zugeben, ich verstehe diese Verse zwar in ihrem Wortsinn, habe aber bis heute größte Schwierigkeiten, sie auf *mein* Leben anzuwenden. Für Wang Bi müssen sie ganz selbstverständlich gewesen sein, eine Wahrheit, die zu bezweifeln er keinen Grund hatte. Ein Grundgedanke des Daoismus: Wünsche bewirken Streben, und Streben entfernt uns von dem natürlichen Lebensprozess und führt deshalb zu vorzeitigem Tod. Wer das Leben »wahren« möchte, darf sich deshalb nicht »zu viel aus dem Leben machen«; er sollte sich an der Welt nicht reiben und seinen Gegnern keine Angriffspunkte bieten. Oder auch, in den Worten Wang Bis: »Jene Lebewesen, die nicht durch Streben von ihrer Wurzel getrennt werden und nicht durch [zu viele] Wünsche ihr Wesen verunreinigen, können in den Krieg ziehen, ohne auf Unheil zu stoßen, und können über das Land gehen, ohne auf Widerstände zu treffen.« Wir sollen uns einfach nicht zu sehr mit dem

Leben identifizieren, denn das würde uns im wahren Sinn des Wortes verletzlich machen. Ich bin immer nur, für wen ich mich halte; und wenn ich mich nicht für den Besitzer eines Selbst halte, dann bedeutet mir auch der Verlust dieses Selbst nicht mehr viel.

All das verstehe ich. Im Kern gibt der Daoismus uns ja das Versprechen, wir könnten durch Verzicht etwas gewinnen, das viel wichtiger ist als alles, was direkt zum Gegenstand unseres Wollens wird; Hans-Georg Möller spricht von der »Regel der Verkehrung«, François Jullien von einem Denken des Paradoxen und des »Effekts«. Wer nichts Bestimmtes zu beherrschen sucht, wird etwas viel Größeres beherrschen. Wer nichts beansprucht, wird etwas viel Umfassenderes erhalten. Das alles klingt sehr schön, und in einzelnen Lebensfragen lässt sich das auch durchaus anwenden. Aber der Daoismus will mehr sein: eine allumfassende Haltung, eine allumschließende Perspektive. Nur, wie kann daraus ein Lebenskonzept werden? Wie kann ich mein Leben planen, wenn ich mich überhaupt nicht mit ihm identifizieren darf? Wie soll ich das »Land des Todes« auf Abstand halten können, wenn ich die Kontrolle über mein Leben bereits abgegeben habe?

Ich muss hier an einen Tagebucheintrag von Victor Klemperer denken: »Tod rings um mich. Die junge Frau Kühn hat einen schweren Herzanfall gehabt, der sechzigjährige Breit eine schwere Herzschwäche. Der Todesgedanke läßt mich keine Stunde mehr aus den Krallen.«[67]

Ich weiß nicht, was Wang Bi auf solche Einwände erwidert hätte. Ironischerweise war er ja verheiratet und führte auch sonst das gediegene Leben eines konfuzianischen Beamten, nicht das eines daoistischen Einsiedlers. Noch etwas gibt mir Anlass zum Rätseln: Für Wang Bi ist Konfuzius der echte Weise, nicht Laozi, und deshalb hat er wohl auch der konfuzianischen Lebensweise mehr Sympathie entgegengebracht, als mir gegen Ende des 20. Jahrhunderts angemessen erschien, hat vielleicht sogar an die einzige, reale Version der Unsterblichkeit geglaubt, die uns Menschen zur Verfügung steht: Kinder in die Welt setzen, um auf diese Weise wenigstens eine Ahnung davon zu erhalten, wie unser Leben aussähe, wenn wir nicht sterben müssten. Mit dem Ahnenkult und der Vorstellung von Ahnengeistern, denen wir Opfer bringen können, damit sie uns beschützen, besitzt der Konfuzianismus ja durchaus etwas sehr Tröstliches. Ich bin mir jedoch ziemlich sicher, dass Wang Bi das Argument gekannt haben wird, mit dem der ikonoklastische Denker Wang Chong (27 bis ca. 100) den Geisterglauben zu erschüttern suchte: Wenn Menschen nach dem Tod wirklich fortleben würden, dann müssten ihre Geister jederzeit und überall zu sehen sein, schließlich sind über die Jahrtausende bereits unzählige Menschen gestorben; in der Realität hören wir jedoch nur *sehr selten* von Menschen, die Geister gesehen haben wollen ...[68] Wenn wir aber nicht mehr an Ahnengeister glauben können, stellt sich die Frage nach dem Sinn unserer Existenz umso dringlicher. Wie hat Wang Bi sie für sich beantwortet?

17

Wang Bis kreative Neulektüre der Tradition sollte eine ungeheure Dynamisierung der chinesischen Identität bewirken. Indem dieser junge Denker Texte wie die *Gespräche* des Konfuzius, das *Daodejing* und das *Buch der Wandlungen* auf einen einzigen Fluchtpunkt hin ausrichtete, nämlich die höchste Form des Handelns und Wissens (wie sie Konfuzius verkörpert), wurden sie für die Gebildeten leichter zugänglich und konnten damit auch eher zur Grundlage kollektiver Identitäten werden. Die kosmologische Gesamtvision der Han-Dynastie erschien nach dem Zusammenbruch der imperialen Ordnung im Jahr 220 n. Chr. nicht mehr überzeugend. Viele Menschen waren noch immer in konfuzianischen Lebensformen eingespannt, pflegten den Ahnenkult und schätzten die rituellen Hierarchien, doch genügte ihnen die spröde Diesseitigkeit dieser Ordnung nicht mehr; angesichts der Unwägbarkeiten in Politik und Privatleben spürte man die Notwendigkeit, zu neuen Ufern aufzubrechen. Das einzelne Individuum wollte eigene Fragen stellen und die Fesseln einer byzantinisch-verquasten Exegese abschütteln.

Zugleich gab es ein neues »metaphysisches« Bedürfnis; man wollte die großen Probleme lösen: Selbst und Welt, Sprache und Bedeutung, Wirklichkeit und Wahrheit. Das fremde Gedankensystem des Buddhismus, das schon damals in die chinesische Welt hereindrang, mag die Menschen zusätzlich wachgerüttelt haben. Vor diesem Hintergrund vermochte es Wang Bis Denken, die Menschen in den Bann zu ziehen. Es passte gut, dass er zwar daoistische Motive aufgenommen, letztlich aber doch Konfuzius' Sonderstellung anerkannt hatte. Von der Alltäglichkeit des Familienlebens führte ein Weg hin zur Vollkommenheit – nicht nur von den Bergen, wo die daoistischen Unsterblichen hausten; und wer auch immer sich dem Übungsweg verschreibt, hat die Möglichkeit, ein gelingendes Leben zu führen und das Glück der Seelenruhe zu erlangen. Sicher ist dazu einiges erforderlich: die Überwindung egozentrischer Wünsche und die Verinnerlichung gewisser Tugenden, auch die Einordnung in eine rituell strukturierte Gemeinschaft. Grundsätzlich hängt es aber von dem einzelnen Individuum ab, ob er oder sie ein gelingendes Leben führen wird.

Schon bald nach seinem Tod würde Wang Bis Philosophie als kulturelles Programm attraktiv werden. Im chinesischen Mittelalter dienten seine Kommentare vielen Hofbeamten als Handbücher für die politische Praxis; und in der Tang-Dynastie (618 bis 907) wurde sein Denken sogar zu einem wichtigen Bestandteil der Staatsprüfungen. Gerade in seiner neuartigen Deutung des *Buchs der Wandlungen* würden viele Menschen einen gemeinsamen Bezugsrahmen finden, der einerseits zwar das gewöhnliche Leben bejahte und das Innenleben des Einzelnen von dem direkten Durchgriff kosmischer Hierarchien frei hielt, andererseits aber doch eine zweckhafte Balance zwischen Selbst und Welt in Aussicht stellte. Ohne Wang Bis Vorarbeiten wäre der Neokonfuzianismus des 11. und 12. Jahrhunderts kaum möglich gewesen, aber auch nicht die Durchbrüche zu einer chinesischen Frühmoderne im 16. und 17. Jahrhundert. Es handelt sich auch nicht um unnötige Geheimniskrämerei, wenn der Hongkonger Medien- und Technikphilosoph Yuk Hui die Erfindung des Vokabulars, das die chinesische Philosophie bis ins

20. Jahrhundert, ja bis in die Gegenwart zutiefst geprägt hat (*Dao* 道 und *qi* 器, *you* 有 und *wu* 無, *ben* 本 und *mo* 末, *ti* 體 und *yong* 用), dem denkerischen Ingenium Wang Bis zuschreibt.[69]

Wichtig ist hier noch etwas anderes: Wang Bis Projekt ist nicht auf die Analyse der wissenschaftlich beschreibbaren Erfahrungswelt ausgerichtet; er macht sich keine Gedanken über Naturphänomene, über das organische Leben oder die Gesetzmäßigkeiten hinter Erdbeben oder Sonnenfinsternissen. Denn für all das hatten die chinesischen Klassiker, insbesondere das *Buch der Wandlungen*, längst eine umfassende Deutung entwickelt. Wang Bi denkt über Texte nach; er tritt nicht an die Wirklichkeit heran, um sie zu erklären, sondern um in ihr jene Bedeutung wiederzufinden, die in den von ihm kommentierten Texten schon vorgegeben ist, in Texten, die unsere eigene Subjektivität spiegeln sollen. (Wenigstens in dieser Hinsicht mag sein Projekt der »Daseins*hermeneutik*« europäischer Philosophen wie Schopenhauer oder Heidegger ähneln.)[70] Bis heute folgen ihm darin nicht wenige Philosophen in Ostasien.

Vielleicht ist es wirklich so: Ein Ideal muss genügend Abstand von der Wirklichkeit haben, um überhaupt Menschen inspirieren zu können. In diesem Sinne schaut das von Wang Bi beschriebene Ideal des weisen Handelns und Wissens seit dem dritten Jahrhundert von den Höhen der chinesischen Zivilisation auf die Menschen herab.

18

Der weise Mensch ist bei Wang Bi nicht nur der eigentliche Fluchtpunkt des von ihm entworfenen Übungs- und Bildungsprojekts, sondern ihm wird auch eine unmittelbar kosmische Bedeutung zugeschrieben: Er spiegelt das Wirken von Himmel und Erde und versammelt in seinem Wesen die schöpferischen Kräfte des Alls. Der chinesischen Tradition zufolge gab es in der Vorzeit sagenumwobene Herrscher wie Yao und Shun; auf sie beruft sich schon Konfuzius, wenn er seine Vorstellung menschlicher Vollkommenheit zu beschreiben sucht (*Gespräche* 8:19):

> Konfuzius sprach: »Wie groß war doch Yao als Herrscher! Wie majestätisch war er! Wahrlich groß ist nur der Himmel, und Yao allein konnte seinem Beispiel folgen. Unergründlich war [sein Wirken]! Und das Volk fand keinen Namen, ihn zu benennen.«

Da es in China anders als in Israel keine Propheten gab, die das Volk im Namen der Religion zur Rebellion gegen einen ungerechten Herrscher hätten aufrufen können, war es nicht leicht, die politische Macht in die Schranken zu weisen. Spätere Konfuzianer wie Menzius (um 372 bis 289 v. Chr.) haben das versucht, doch sind sie nie sehr weit damit gekommen. Wang Bi versteigt sich in seinem Kommentar zu einer regelrechten Apotheose des Herrschers Yao. Sein Handeln sei absichtslos gewesen, reiner Ausdruck des daoistischen »Von-selber-so-Seins«, zugleich von einer unbeschreiblichen Effektivität.[71]

Mit diesem Bild eines mythisch überhöhten Handelns passt Wang Bi ganz in seine Zeit. Mit der Zersplitterung Chinas in drei Teilstaaten hatte sich ein Gefühl elementarer Unsicherheit unter den kulturellen Eliten verbreitet. Zwischen ihrem Wunsch nach absoluter Befreiung und der Angst vor politischer Verfolgung ließen sich viele Dichter und Denker von Tableaus kosmischer Wirkprozesse inspirieren. So ist der Weise für Ruan Ji »eine Art Übermensch von gigantischen Ausmaßen«, der bereits »vor der Entstehung der Welt existierte und auch ihren Untergang überleben wird, der im Sturm durch die Lüfte fliegt und sich so sehr von allem Allzumenschlichen entfernt hat, daß ihm selbst noch die bemühte Ablehnung der Geschäfte in der Gesellschaft als lächerliche Verstrickung erscheint«.[72] In schillernden Metaphern beschreibt der Dichter sein Wirken:

> Sodann entfaltete der Meister einen Regenbogen, um sich vor dem Staub zu schützen, und neigte eine Schneeböe wie einen Schirm niederwärts, damit sie ihm Schatten spende.[73]

Ähnlich wird der weise Mensch ins Wang Bis Schriften als eine Art kosmischer Hirte beschrieben, der für die Ordnung der Welt sorgt, in der die »zehntausend Wesen«, also die belebte und unbelebte Welt ihren Bahnen folgen, ohne dass er direkt in das Geschehen eingreifen müsste. Der weise Mensch verschmilzt bei genauerem Hinsehen mit dem »großen Mann«, der an vielen Stellen des *Buchs der Wandlungen* heraufbeschworen wird, etwa in einer Kommentarzeile zum ersten Hexagramm Qian, dem »Schöpferischen«: »Denn der große Mann gleicht seine Tugend Himmel und Erde an, seine Helligkeit Sonne und Mond, seinen Rang den vier Jahreszeiten, und sein Glück und Unglück den Göttern und Geistern.«[74] Primär denkt Wang Bi hier gewiss an Konfuzius; doch grundsätzlich steht der konfuzianisch-daoistische Übungsweg jedem Menschen offen.

Diese Rhetorik von der Allmacht des weisen Menschen hört sich heute befremdlich an. Mittelalterliche Theologen in Paris, Oxford oder Prag haben ähnlich luftige Dinge geschrieben, nur eben über Gott und die Engel, nicht über das Dao und den »weisen Menschen«. Im vormodernen China gab es die Vorstellung eines allmächtigen, allwissenden Schöpfergottes nicht; was es gab, war ein Pantheon mannigfaltiger Gottheiten, die auch übernatürliche Kräfte besitzen sollten, doch handelte es sich ausnahmslos um innerweltliche Instanzen, die deshalb auch nur begrenzte Wunder bewirken konnten. Dennoch: Auch wenn hier und dort versucht wurde, menschliches Handeln in sich selbst zu gründen, hat der Hauptstrom des chinesischen Denkens nie eine eindeutige Trennlinie zwischen Natur und Kultur gezogen. Immerhin räumte Wang Bi dem Menschen, der sich auf den Übungsweg begibt und damit sein inneres Weisheitspotenzial erschließt, eine begrenzte Eigenständigkeit ein.

Im Grunde ist es eine Epochenschwelle in China. Zum ersten Mal wird die *Universalität des Übungsweges* bejaht: Jeder und jede kann das »Nichts« verköpern, dazu ist es nur erforderlich, aus der ichförmig strukturierten Existenzweise herauszufinden und sich den tieferen Schichten des Daseins zuzuwenden. Der Furor von Wang Bis Denken zeigt sich insbesondere in seiner Kritik an He Yans Überzeugung, dass der Weise überhaupt keine »Gefühle« (*qing* 情) mehr besitze, sondern sich gänzlich von emotionalen Anhaftungen und Störungen befreit habe, ein perfekter, polierter Spiegel der Außenwelt. Wang Bi widerspricht ihm auf Schärfste: Auch der weise Mensch vermöge es nicht, aus dem Bereich menschlicher Affektivität herauszutreten; er verfüge vielmehr über dieselben Kräfte wie gewöhnliche Menschen, die er jedoch in eine harmonische Balance bringe. Er besitze keine überflüssigen Wünsche mehr, sondern seine Wünsche seien mit seiner Umwelt und sich selbst versöhnt – so wie »der Säugling«, der im *Daodejing* (Abschnitt 10; vgl. 20, 28 und 55) als Vorbild für die Entleerung von Subjektivität genannt wird. Es kommt nur darauf an, »das Qi zu konzentrieren, einen Zustand der Weichheit zu erreichen« und auf diese Weise ganz »wunschlos« zu werden (Abschnitt 10).

Wie das konkret vor sich gehen soll? Anders als frühere Kommentatoren des *Daodejing* bleibt Wang Bi in diesem Punkt recht unverbindlich; er skizziert nur eine ganzheitliche Übung, die der Einzelne wohl selbst mit Techniken der »Selbstsorge« auszufüllen hat:

> Die zehntausend Wesen tragen das Von-selber-so-Sein in sich; diesem können sie sich anschmiegen, sollten es aber nicht gewaltsam zu verwirklichen suchen, sie können es durchdringen, sollten es aber nicht bewusst festzuhalten suchen. Denn was die Wesen in sich tragen, würde nur zerstört, wenn sie es gewaltsam zu verwirklichen suchten; und [die Kräfte,] die durch sie fließen, würden nur verloren gehen, wollten [die Wesen] sie bewusst festhalten.[75]

Dies ist natürlich keine Beschreibung eines inneren Zustands im Sinne einer empirischen Psychologie, sondern der Entwurf eines Übungsmodells, mithilfe dessen sich Menschen in einen anderen Zustand versetzen können. Descartes sucht im 17. Jahrhundert ein neues Wissenssystem zu begründen, indem er alle vorgefassten Meinungen über die Außenwelt, die mathematischen Gegenstände, ja sogar über den eigenen Körper infrage stellt, um dann eine unbezweifelbare Tatsache vorzufinden: Ich denke, und solange ich denke, ist mir auch die eigene Existenz gewiss. Wang Bi kennt einen solchen rationalen Zugriff auf Selbst und Welt nicht, würde ihn aber, wenn er ihn gekannt hätte, zweifellos als Ausdruck eines falschen »Wunsches« verworfen haben. Denn hinter der Suche nach einem nicht mehr auf vernünftige Weise anzweifelbaren, letzten Grund verbirgt sich der Wille, ein Ziel »gewaltsam zu verwirklichen«. Die abendländische Philosophietradition hat lange den Traum gehabt, dass die Seele, der rationale Seelenteil oder das reine transzendentale Ego sich selbst vergegenwärtigen könne, jenseits von Körper, Welt und Zeit. Im Gegensatz dazu spricht Wang Bi nirgendwo von einer Seele oder einem rationalen Seelenteil; er schreibt dem Menschen zwar ein Inneres zu (chinesisch: *xing* 性; auch »Naturell«), doch müssen wir uns dieses wohl als einen Raum vorstellen, den die Welt mit ihren Kräften ausfüllen kann. Abgesehen vom »Von-selber-so-Sein« finde ich in mir nur diese formlosen, sich ständig verändernden Kräfte vor.[76] Auf diese soll ich mich meditativ konzentrieren, wenn ich mich in mich selbst versenke und mein Körperinneres wahrnehme. Doch soll ich dabei nichts »bewusst festzuhalten suchen«, sondern mich einfach den mir wohlvertrauten, inneren Regungen »anschmiegen«. Um es mit dem Schweizer Sinologen Jean-François Billeter zu sagen: Ich soll mich üben in einem »inneren Schauen«, das »im freien Spiel der Kräfte und Fähigkeiten des ›Körpers‹ entsteht«, soll nicht mehr zwischen den verschiedenen Regungen unterscheiden, bis endlich eine *»fruchtbare Leere«* in mir aufgehen kann.[77]

19

Wir unterschätzen leicht, wie nachhaltig diese Vorstellung einer *»fruchtbaren Leere«* auf die chinesische Geisteswelt gewirkt hat. Als etwa Huaisu (ca. 737 bis 799) sich dazu entschloss, seine Autobiografie zu verfassen, richtete er sein Tun wohl instinktiv nach dieser Vorstellung aus. Er beschreibt in diesem Text, wie er sich als junger Mann in der Meditation und im Schreiben geübt hatte, doch nicht über die richtigen Vorbilder verfügte, von denen er etwas lernen konnte. Seinen eigenen Stil sollte er erst finden, als er sich in die

Hauptstadt Chang'an begab und dort die großen Meister seiner Zeit befreundete. Hier ist ein Ausschnitt aus seiner *Autobiografie*:

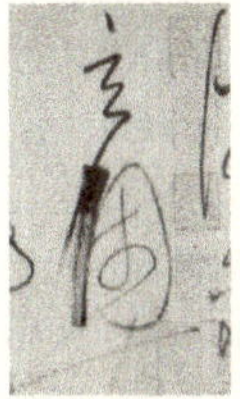

Hier können Sie einen Strich mit einer absteigenden Spirale erkennen, an die sich eine dunkle, feste Pinselspur anschließt; diese wird nach unten immer blasser. Es handelt sich um die miteinander verbundenen Zeichen 玄奥, die so etwas bedeuten wie »dunkel und geheimnisvoll« (das erste Zeichen ist dasselbe *xuan*, das dreimal in dem »Talisman« auf S. 32/33 erscheint).[78]

Huaisu war Buddhist, aber nicht in einem konventionellen Sinne. Er betrank sich vor dem Schreiben und präsentierte der Öffentlichkeit dann die wilden, exzessiven Rätselbewegungen seines Selbst. Huaisu schrieb seine Texte in einem Zug, ohne auch nur einmal abzubrechen. Die Gestalt, die er den Schriftzeichen verleihen würde, stand ihm nicht vor seinem inneren Auge, sondern ergab sich aus dem Schwung des Schreibens selbst. So entstand Form aus Chaos. Natur wird hier nicht nachgeahmt, sondern ihr innerstes Wirken für die Erzeugung neuer Formen eingespannt, die sich immer weiter verändern können. Der Schreibende aber ist längst leer geworden, sein Körper eins mit dem ständigen Wuchern der Bewegungen und den Kräften, die ihn von allen Seiten her durchschießen. Die Welt rührt noch an die Pinselspitze. Aber den Pinsel hält keiner mehr.

20

Worin genau bestände aber die Allmacht des weisen Menschen? Mir scheint, als hätte ich damals in Heidelberg Monate, wenn nicht Jahre mit dieser Frage gerungen. Ich wusste, an welchem Ort die

Antwort liegen musste, doch war ich nicht imstande, mich dorthin zu bewegen. Ich hätte wieder meinen Tai-Chi-Lehrer aufsuchen, hätte mehr Zeit mit seiner Gruppe verbringen sollen – vielleicht wäre ich dann früher an jenen Ort gelangt. Ich hätte mein ganzes Leben verbringen können, ohne je wieder an die *»fruchtbare Leere«* zu denken.

Im Übrigen musste ich mir schon bald einen neuen Job suchen und Geld verdienen, auch wenn ich längst überzeugt war, dass es sich beim Geldverdienen nur um ein Ausweichmanöver handelte. Die wahren Probleme des Lebens waren nicht mit Geld zu lösen.

21

Am Kühlschrank der schwäbischen Theologiestudentin klebte irgendwann ein neuer Magnet: »Lebe glücklich, werde alt, bis die Welt in Stücke knallt.« Ich stand in diesem Augenblick vor ihrem Kühlschrank, weil ich mit ihr geschlafen hatte, obwohl ich mir gar nicht sicher gewesen war, ob ich das wirklich wollte, es war so über uns gekommen, was mir nur wieder sagte, dass ich in Heidelberg war. So etwas passierte hier schon mal.

Sie war neugierig und wollte wissen, was ich so außerhalb der Seminare tat, und das störte mich.

Sie putzte ihre Wohnung, nachdem sie mich geküsst hatte, das störte mich noch mehr.

Neben ihrem Brotkorb lag ein zerfleddertes Exemplar der *Norton Anthology of English Literature*, das eine spanische Freundin ihr überlassen hatte; im Brotkorb *Jim Knopf und Lukas der Lokomotivführer* sowie eine billige, grüne Perlenkette. Während sie das Gas aufdrehte, um Tee zu kochen, sah mich die schwäbische Theologiestudentin genauer an. Was sah sie sich da an, dachte ich. Wollte sie vielleicht von mir in meinem verschlissenen Pulli gerettet werden? Oder war es genau umgekehrt?

Ich schlug vor, dass wir uns doch auf die Neckarwiese legen könnten, schließlich war es noch recht warm. Sie sagte dazu nichts.

Die blau-fauchende Rosette des Gasherdes verlieh unserem Gespräch einen falschen Klang. Dann ging die schwäbische Theologiestudentin in ihr Zimmer und cremte sich die Pobacken ein.

22

Im *Daodejing* steht es schwarz auf weiß:

Meine Worte sind leicht zu verstehen
und leicht zu verwirklichen.
Und doch vermag unter den Menschen keiner
sie zu verstehen, sie zu verwirklichen. (Abschnitt 70)

Und dann, einige Zeilen weiter:

Je weniger mich kennen,
desto mehr wachse ich an Wert.

Das ist die Macht der Tiefe, der unverstandenen Einsamkeit. In der Tat kann gerade der zwanzigste Abschnitt des *Daodejing* als die Autobiografie eines verlassenen, an seinen Mitmenschen leidenden Subjekts namens Laozi gelesen werden:[79]

Das ordinäre Pack ist so rummelig,
als würde es ein großes Opferfest feiern,
als würde es im Frühling eine Terrasse ersteigen.
Ich bin leer und gebe kein Zeichen von mir –
wie ein Kleinkind, das noch nicht zu lachen begonnen hat.
(Abschnitt 20, Mitte)

Das ist der unergründliche Reiz des Daoismus: Es braucht weder ein Glaubensbekenntnis noch eine Kirche oder einen Papst, damit der einzelne Mensch zum Daoisten wird. Es ist dafür nur ein Buch nötig, das *Daodejing*, und die Bereitschaft, sich in der Weltanschauung dieses Menschen von der anderen Erdhälfte einzufühlen. Schnell liest man sich fest und bekommt eine Ahnung, dass es da noch ganz andere Bewusstseins- und Vitalitätsreserven gibt, als es uns die Wissenschaft weismachen will. Dann nimmt plötzlich alles Bedeutung an. Und dann erkennen sich sogar die Nietzsche-Leser und die postmodernen Relativisten im *Daodejing* wieder. Es ist durchaus erstaunlich: Seitdem Nietzsches Bücher vor mehr als hundert Jahren in chinesischer Übersetzung erschienen sind, haben unzählige Menschen in Ostasien eine tiefe Seelenverwandtschaft zwischen dem Denken der Ewigen Wiederkehr und dem Daoismus sehen wollen. Es fällt mir schwer, dieses Phänomen zu erklären. Aber auch meine Erfahrung belegt, dass sich gerade die radikalsten, wohl auch wirrköpfigsten Individualisten gern in einer Art Sino-Nietzscheanismus wiedererkennen.

Vielleicht ist es aber ganz einfach: »Wenn du lange in einen Abgrund blickst, blickt der Abgrund auch in dich hinein.«

23

Fühlte ich mich damals unverstanden? Bestimmt. Andernfalls wäre es mir ja auch nicht so leichtgefallen, mich mit dieser fremden Welt so stark zu identifizieren. Im Herbst 1996 war ich zu meiner großen Chinareise aufgebrochen, war mit der Transsibirischen Eisenbahn von Moskau bis Peking gefahren, um zehn Monate lang die andere Welt zu erkunden. Ich war die Landkarte hinauf- und hinabgefahren, immer auf der Suche nach Begegnungen und Erfahrungen, die mir etwas über diese damals 1,2 Milliarden Menschen mitteilen würden, war mit einem alten Dampfer den Changjiang hinabgeglitten, hatte endlose Nachtwachen in billigen Hotelzimmern geleistet, war durch verschneite Tempelruinen und kommunistische Heldenhallen geklettert, um schließlich mit dem Zug in den äußersten Süden zu reisen, nach Macau und Hongkong, wo mir alles viel wärmer vorgekommen war, menschenfreundlicher, gelöster. Ich hatte wenig Geld ausgegeben, aber viel dafür bekommen. Zurück in

Deutschland schmerzte mir schon nach wenigen Wochen die Seele von Fernweh. Alles schien hier so gesetzt, so brav. Oder einfacher: so langsam. Alles war schon vor Jahrzehnten ausgehandelt worden und würde deshalb in meiner Lebenszeit auch nicht neu verhandelt werden können. Mein alter Verdacht, dass in deutschen Städten niemand *lebte*, schien sich zu bestätigen. Das Einfachste wäre es jetzt wohl gewesen, zurück nach China zu fahren und dort ein Leben anzufangen, das mir Halt gegeben hätte; aber das wollte ich noch nicht, denn wenn die Erlösung tatsächlich *dort* zu finden wäre, dann durfte ich jetzt nicht springen, so einfach konnte es nicht sein. Und außerdem: Dieses Land war riesengroß, viel zu groß für einen dreiundzwanzigjährigen Deutschen, so viel begriff man auch in zehn Monaten, es stand außer Frage, einen Überblick zu finden, man würde verschluckt werden, hin und weg.

Also lebte ich mich wieder in Heidelberg ein, obwohl ich wusste, wie wenig die Namen auf dieser Seite der Erdkugel den Menschen auf der anderen Seite bedeuteten. Es war der Sommer 1998. In den Seminaren hörte ich die immer gleichen Zauberwörter: Tathāgatagarbha, Samantabhadra, die Bardo-Zustände der Tibeter … Im Karlstorbahnhof sah ich zum dritten Mal den wunderschönen Film *Chungking Express*, in dem Faye Wong den Song »Dreams« der Rockgruppe The Cranberries sang, das wusste ich aber gar nicht, denn die Stimme von Dolores O'Riordan war längst verloren gegangen in den Atemzügen der kantonesischen Sängerin, ich spürte nur Fernweh, auch ich war einmal in Kanton gewesen, hatte die schwingende Nähe in mir gespürt, die in der Hitze kreisenden Ventilatoren, die Garküchen und Rolltreppen auf Hongkong Island. Was hätte ich nur tun sollen? Wenn mir Heidelberg wieder einmal zu fremd war, hörte ich verzweifelt Einheimisches wie »I'll be missing you« (Puff Daddy) oder »Aïcha« (schweifend, liebesroh: der große Khaled!). Währenddessen zerrann mir mein Leben zwischen den Fingern.

Ich denke heute, dass ich damals, lange bevor ich zum ersten Mal in London gewesen bin, in Paris, Los Angeles und Dubai, ganz einfach in Heidelberg hätte hängenbleiben können. Wie so vieles im Leben war es nur eine Frage des richtigen Zeitpunktes: Hätte man mir im Jahr 1998 ein lukratives Beschäftigungsverhältnis angeboten, wäre ich unter den Einfluss irgendeines Freundeskreises geraten, hätte ich eine Frau lieben gelernt, mit der ich mein weiteres Leben verbringen wollte, dann wäre ich dort geblieben. Es war schon spät im 20. Jahrhundert, aber noch zu früh für das bewegliche, nomadische, das große 21. Jahrhundert; es wäre also noch gerade der richtige Moment gewesen, sich in Heidelberg anzusiedeln und bodenständig zu werden, vielleicht wäre ich sogar glücklich geworden, nur dass ich dann nie erfahren hätte, was die grenzenlose Durchlässigkeit der Welt mit einer Biografie so alles anstellen kann.

In diesem Zusammenhang muss ich daran denken, wie ich neulich – hier in Fernost – im Internet auf einen Scan von Martin Heideggers Buch *Vorträge und Aufsätze Teil II* gestoßen bin. Der Scan war mit dem Stempel »Bard College Library« versehen, und unter dem Titel stand in Heideggers enger, hochgekrempelter Handschrift:

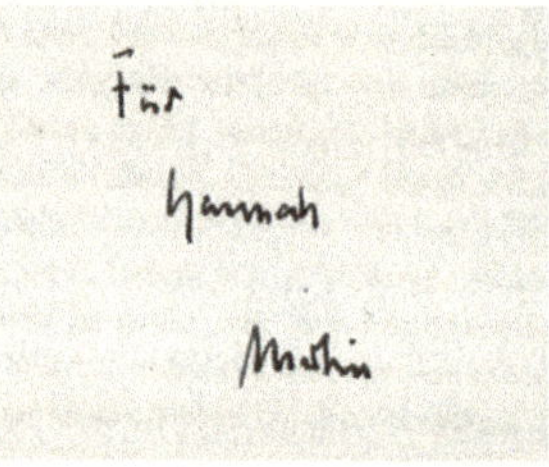

Und wie ich diese Handschrift bewunderte, die ganz losgelöst schien von jedem Ort, mit einer vitruvischen Formstrenge, wie ich sie in der *Autobiografie* des Huaisu nicht finden kann, musste ich auch daran denken, was Heidegger am fünften August des Jahres 1951 in einem Vortrag in Darmstadt über den Raum gesagt hat:

> Wenn wir jetzt – wir alle – von hier aus an die alte Brücke in Heidelberg denken, dann ist das Hindenken zu jenem Ort kein bloßes Erlebnis in den hier anwesenden Personen, vielmehr gehört es zum Wesen unseres Denkens *an* die

> genannte Brücke, daß dieses Denken *in sich* die Ferne zu diesem Ort *durchsteht*. Wir sind von hier aus bei der Brücke dort und nicht etwa bei einem Vorstellungsinhalt in unserem Bewußtsein.[80]

Ich habe dieses Zitat schon einige Male irgendwo gesehen, und jedes Mal stellte sich mir augenblicklich das Gefühl größtmöglicher Heidelbergnähe ein. Warum das so ist, weiß ich nicht, ich ahne aber, dass es mit unserer sich rasant verändernden Weltwahrnehmung zu tun hat, man fällt ja heute so schnell aus dem Raum heraus, um auf der Stelle im Cyberspace neue Nähegefühle zu produzieren, dass man überhaupt nicht mehr das Gefühl hat, tatsächlich *hier* zu sein. Ich brauche auch jetzt nur kurz die Augen zu schließen, damit sich das Gefühl größtmöglicher Heidelbergnähe in eine handfeste Erinnerung verwandelt. Die Altstadt (in der zweiten Juliwoche) ist in meiner Erinnerung ein einziger, warmer Raum voll junger Menschen, Gassen dämmern dahin, unter einer Marienstatue riecht es märchenhaft nach Hasch und wenn das Feuerwerk gegen kurz nach halb elf einsetzt, erschauern die Hausdächer in bengalischem Licht – stehen die Liebespaare dicht beieinander – sinkt eine unendliche Traurigkeit in die Gartentiefen.

Heidelberg ... Ich war hergekommen, um Chinesisch zu lernen, aber diese Stadt faszinierte mich auf eine widersprüchliche Weise. Auf der einen Seite war alles so glatt hier, die wilde Vergangenheit längst in grundsanierte Sicherheit gebracht; auf der anderen Seite konnte es einen aber jederzeit anspringen, vorzugsweise im Winter, bei Hochwasser, wenn die Altstadt feenhaft-beklommen zwischen den weißen Wäldern lag und sich vor dem Ansturm der Jahrhunderte zusammenduckte. Alt-Heidelberg. Eine Welt des Immergleichen, ein Treibhaus, das mit viel Kunstlicht auf Temperatur gehalten wurde. Nicht eine Brandbombe war in den Jahren 1944 oder 1945 auf dieses architektonische Gesamtensemble gefallen; dafür steckte alles im Klischee fest, es war zum Schreien. Und dann doch – wie viel wehes, würdevolles, wahnwitziges Deutsches war da raunend in die Gassen und Buden rund um die Heiliggeistkirche weggesperrt, in die Weinkeller und Grüfte! Geistesgrößen wie Goethe, Hölderlin, Keller, George, Jaspers, Jünger: Alle waren sie einmal hier gewesen, hatten sich Heidelberg zugewandt, und Eichendorff konnte am 15. November 1807 in sein Tagebuch schreiben: »Wunderbare poetische Natur in stiller Verklärung.« Der Anfang, vielleicht auch schon der Höhepunkt Heidelbergs. Denn dann hatte ein Germanist namens Goebbels in dieser Stadt promoviert, plötzlich stand »Dem deutschen Geist« auf dem mit amerikanischen Spenden errichteten Hörsaalgebäude am Uniplatz, es herrschte der Ungeist, damit schloss sich der Kreis, in Heidelberg schloss sich ohnehin immer ein Kreis, in Heidelberg konnte man irgendwann nicht mehr atmen. Dinge, die sich nie verändern werden, solange es noch Deutsche gibt: Das Trampeln der Studierenden auf den Böden der Hörsäle, die Bierfeste in den Verbindungsvillen, die Hausmusik, die Ruderwettbewerbe und Theaterabende, die Studierenden im Herbst, die auf den Neckarwiesen liegen und von Kinderkriegen und Karrieren träumen.

Wie zwielichtig echt, wie tröstlich vergangen fühlten sich dagegen Städte an wie Dresden, Prag oder Moskau?! Als ich im Sommer 1997 aus den Molochstädten Ostasiens nach Heidelberg zurückgekehrt bin, die Menschenmassen dort waren noch schmerzende Nachbilder, begriff ich nicht sofort, wohin ich eigentlich zurückgekehrt war. Wie konnte eine Stadt mit so viel Geist wie Heidelberg so niedlich wirken, so kurörtlich-klein!? Eine Turmkammer an den Rändern des globalen Bewusstseins, erfüllt von dem Glockenläuten dreier Kirchen, während die Abendsonne über der Rheinebene steht … Ich kniff mir in den Arm, um sicher zu sein, dass diese Stadt wirklich war, lief über den Bismarckplatz, auf dem die Straßenbahn geräuschvoll quietschend eindrehte, und in die Hauptstraße, vorbei an stilvermurksten, frühlichtbleichen Drogerien und Eisdielen, wie es sie in jeder x-beliebigen Stadt in Norddeutschland gab, und dann in die Plöck, die eigentliche Lebensader der Altstadt, Studentinnen drängelten ihre Kinderwagen, an der St.-Anna-Kirche wachte ein Penner über das Leergut des gegenüberliegenden PENNY-Marktes, ein Student rief ihm nach: »Zu wenig Blut im Alkohol!«, dann immer tiefer hinein in dieses liebenswürdige Disneyland des Geistes, steingewunden glühten im Sommer Merianstraße, Unterer Fauler Pelz und Kornmarkt, sommerwarm thronte Fachwerk, von oben hing gingo-bilobahaft die Scheffelterrasse herab, römisches Wildtier lagerte neben der blutjungen Sissi, in der Villa Lobstein entflammten sich heilige Stunden, und im Rupertiahaus reißt einer das Kemenatenfenster auf: ein lisztiges Kraftfeld aus Tönen *(Allegro energico)*!! Das hätte einen beinahe fortgefegt. Schweigend, und deshalb umso lauter, grüßt jetzt der weiße Hirsch von Dresden her. Doch Heidelberg ist Heidelberg, und durch den Schlossbergtunnel, gerade unterhalb der Villa Lina, rauscht Sekunden später der Orient-Express. Da verneigen wir uns gern.

Vielleicht wäre es besser, wenn alles Deutsche nur noch auf höherer Ebene wiederkehrte, zum Beispiel ins Englische übersetzt, gesehen in einer Amazon-Rezension (19. Mai 2015). Der Rezensent hat in Frederic Jamesons Buch *The Ancients and the Postmoderns* einen echten Thomas-Mann-Satz aufgestöbert: »Only the exhaustive is truly interesting.« Die deutsche Sprache braucht man so gar nicht mehr. Auch keine Heidelbergnähe. Oder nur aus großer Ferne.

Eigentlich war alles längst gesagt. Max Weber, der »nervöse Kampfhahn«, hatte in Heidelberg über Okzident und Orient gebrütet und die Geburt des okzidentalen Rationalismus verhandelt. Das Universelle als das spezifisch Westliche. Dank seiner Affären mit Else Jaffé und Mina Tobler war er in der Lage, in der berühmten »Zwischenbetrachtung« den erotischen Rausch präzise zu beschreiben. Askese und Ausschweifung. Solcher Geist wehte hier schon lange nicht mehr.

Draußen, in der Welt, haben sie das Gefühl größtmöglicher Heidelbergnähe vielleicht schon immer gekannt. Die Studenten aus Japan, die früh im 20. Jahrhundert hier eintrudelten, die in Saus und Braus leben konnten, weil in Deutschland Inflation herrschte: Unmengen von Büchern, Tutoren und Blutwürste für alle. Oder die Nord- und Südamerikaner. Die Chinesen. Die Inder. Mein Freund Sy aus dem Senegal, der durch die Wüste gewandert war, um in Kairo Immanuel Kant zu studieren, und jetzt in Heidelberg um seine Aufenthaltserlaubnis bangen musste. Oder der junge Mann aus den Philippinen, José Rizal, der sein Studium in Heidelberg aufgenommen hatte; er wollte Augenarzt werden, doch wurde er kurz darauf schon wieder von den globalen Realitäten eingeholt, musste zurück ins spanische Weltreich, das ihm bis in seine Fieberträume gefolgt ist, Rizal: Schriftsteller und Revolutionär!! – Bis sich dann ein Exekutionskommando vor ihm aufstellt, unter der Starksonne Manilas im Dezember 1896. Jeder tut nur seine Arbeit, aber der Heidelberger Student ist danach tot.

Ich habe mir manchmal eingebildet, José Rizal hätte die gleichen, verrauchten Bierhallen besucht, in denen ich gut hundert Jahre später so oft meine Nächte verbracht habe: Essighaus, Reichsapfel, Vater Rhein. Die Weltgeschichte ist ein Wimpernschlag.

Nur der Kreis darf sich nicht schließen.

24

Gegen Ende seines kurzen Lebens muss Wang Bi sehr einsam gewesen sein. So ergeht es wahrscheinlich vielen Philosophen: Sie haben in ihrem Leben so viel Abstand von eben diesem Leben gewonnen, dass sie plötzlich beginnen, an ihm zu hängen. Denken Sie nur an Sokrates in seiner Gefängniszelle, wie er im Gespräch mit dem Freund und Schüler Kriton noch einmal einzelnen Begriffen bestimmte Bedeutungen verleihen wollte, aber dann reicht die Zeit nicht mehr, der Tod ist nahe. Wang Bis Mentor, He Yan, war im Frühjahr des Jahres 249 hingerichtet worden, zusammen mit all den anderen jungen Männern, die seine Reformen unterstützt hatten. Wang Bi starb im Herbst desselben Jahres. War er vielleicht He Yans Einflüsterer gewesen? Und welche Wahrheiten hatte er aufgedeckt? War er bis zum Schluss von der Kraft der Vernunft überzeugt gewesen oder misstraute er, wie so viele Daoisten, der Vernunft, was aber keineswegs sofort heißen muss, dass er kein echter Philosoph gewesen ist? Was wäre eigentlich ein »echter Philosoph«?[81]

Im Zentrum von Wang Bis Philosophieren stand das Nichts. Er sah seine Aufgabe darin, sich *im Nichts* zu üben. Auch das hört sich nach Sokrates an, so als wäre es beiden Männern darum gegangen, ein klares Bewusstsein von der eigenen Sterblichkeit zu erlangen und das Sterben zu lernen. Jedoch war es meine felsenfeste Überzeugung, dass Wang Bi viel zu jung gestorben war, als dass er mir mit seinem Sterben etwas hätte zeigen können. Wahrscheinlich wollte er ja auch gar nicht sterben, sondern weiterleben oder doch zumindest etwas festhalten von seinem Leben.

Aber was wäre das gewesen?

ZWEITES KAPITEL:
IN DIE WELT GEHEN (PARIS, 1999–2001)

Man muss auch das Allgemeinste
persönlich darstellen.
(Hokusai)

1

Meine Zeit in Paris endete abrupt. Ich hatte fast drei Jahre lang in dieser Stadt gelebt, und ich war oft stolz gewesen, in Paris zu leben, denn diese Stadt ist nicht nur eine unendliche Herausforderung, sondern geradezu eine Geisteshaltung, die es nirgendwo sonst gibt. Innerlich war ich dieser Stadt jedoch oft überdrüssig gewesen. Ich war älter geworden, hatte also auch bestimmte Fähigkeiten erworben, die für das Glücklichsein in Paris unerlässlich waren. Doch irgendwann hatte mich die alte, innere Unruhe überwältigt; ich wollte fort, nur weg, und ich hasste mich dafür, dass ich noch nicht dort war. Dass ich in Paris nicht restlos glücklich sein konnte, schien mir der beste Beweis dafür zu sein, dass ich noch nicht in der echten Welt angelangt war.

Also hatte ich mich Hals über Kopf auf eine Stelle als Sprachlehrer in Osaka beworben. Die Sprachschule, eine der größten in Japan, gab mir unerwartet schnell einen positiven Bescheid. Man wollte mich für ein Bewerbungsgespräch treffen, in einem Büro unweit der Champs-Elysées. Als ich dort an einem Spätnachmittag im Juli 2001 vorsprach, war ich unsicher, wie realistisch meine Bewerbung war. In ihr spiegelte sich meine Haltung zu meinem Leben wie in einem Vergrößerungsglas: Ich hatte eigentlich keinen überzeugenden Grund, nach Japan zu gehen. Gewiss, ich hatte einmal ein paar Brocken Japanisch gelernt, aber was hieß das schon, Japanisch konnten doch fast alle, und so hatte ich mir über einige Monate hinweg einzureden versucht, dass ich in Japan etwas Wichtiges über China herausfinden würde, das mir in China verborgen geblieben war. Trotzdem wusste ich im Innersten meiner selbst, dass dieser Grund, nach Japan zu gehen, vorgeschoben war. Ich hasste mich dafür, dass ich schon wieder im Begriff war, alles zu zerstören, was ich mir in den letzten zweieinhalb Jahren in Paris aufgebaut hatte.

Der Franzose, der mich dann etwa zehn Minuten lang interviewt hat, war um die vierzig, ein typischer Schönling und *beau parleur*, der in diesem ironischen, überreflektierten Französisch sprach, bei dem man immer das Gefühl hat, nur durchs Zuhören würde man bereits intelligenter. Nach einigen Minuten ließ er erkennen, dass er selbst viele Jahre in Japan verbracht hätte; auch grinste er verräterisch, als er mir erklärte, meine Bewerbung hätte durchaus gute Chancen. Ich begriff nicht, was er mir mit diesem Grinsen sagen wollte. Ich hatte nur das beunruhigende Gefühl, er wäre mir schon ein großes Stück voraus. Eine Woche darauf erhielt ich die Nachricht, dass ich zum ersten Oktober meine Stelle als Sprachlehrer in Osaka antreten könne. Am nächsten Tag habe ich mir in einem Reisebüro ein Flugticket gekauft. Ich würde am 14. September zuerst nach Taipeh fliegen, dann drei Tage später weiter nach Osaka, wo mir noch etwas mehr als zehn Tage bleiben würden, um mich in meinem neuen Leben einzurichten.

Als am 11. September in der Wohnung meines Freundes Paul das Telefon klingelt, nehme ich gedankenlos ab. Ich erinnere mich noch genau daran, wo ich in diesem Augenblick sitze: Auf der Fensterbank von Pauls Wohnzimmer, die sehr niedrig ist; ich hocke dort etwas unbequem, das Telefonkabel liegt auf einem weißen Teppich und die beiden weit geöffneten Fenster gehen auf einen dieser typischen Pariser Hinterhöfe hinaus, nur dass dieser schon länger nicht mehr aufgeräumt worden ist, Unkraut gedeiht, Abfall stapelt sich, aber ich konzentriere mich jetzt ohnehin ganz auf die Stimme von Paul, der in seinem Büro in Jussieu sitzt. Ich verstehe seine merkwürdig verschlungenen, französischen Sätze nicht sofort; er sagt, dass etwas Gewaltiges in New York passiert sei, eine Katastrophe, viele Juden seien in den Türmen gewesen (auch das sagt er merkwürdigerweise), er müsse jetzt aber leider auflegen. Ich solle bitteschön den Fernseher anschalten.

Ich hatte zu diesem Zeitpunkt schon fast drei Monate bei Paul gewohnt. Paul ist Mathematikprofessor und forscht zu Problemen der Spieltheorie und obwohl ich ihn seither ein wenig aus den Augen verloren habe, denke ich noch oft an ihn. Er ist nicht das einzige mathematische Genie, das ich in meinem Leben kennengelernt habe, aber sicher das skurrilste. Paul kann einen schier übermenschlichen Ehrgeiz an den Tag legen. Wenn er damals einmal angefangen hatte, über einem mathematischen Problem zu brüten, schlief er manchmal über mehrere Tage nicht; er war dann so überdreht, dass er stundenlang ins Selbstgespräch vertieft durch das fünfte Arrondissement stiefelte und manchmal von Passanten angehalten wurde, weil er sich nicht genügend Kleidung angezogen hatte. In jenen Jahren sind ihm die verrücktesten, romantischsten Ideen gekommen; die Partys, zu denen er mich einige Male mitgeschleppt hat, in verranzten Bars oder abrissreifen Häusern am Pariser Stadtrand, waren wahrscheinlich die besten Partys meines Lebens. Meiner Meinung nach ist Paul im tiefsten Herzen Anarchist; er glaubt auch nicht an das private Eigentum und kann genau aus diesem Grund unendlich großzügig sein. Damals ließ er mich in einem Nebenzimmer seiner Wohnung schlafen, ohne dass er je gefragt hätte, wie lange ich zu bleiben gedenke. Auch seine japanische Freundin Koko, die später seine Frau wurde, schien sich nicht an meiner Anwesenheit zu stören. Manchmal denke ich fast, dass ich mein ganzes Leben in diesem Nebenzimmer hätte verbringen können. Weil Paul aber eben Paul war, besaß er keinen Fernseher, sodass ich mir an jenem Septembertag etwas überzog und nach einem schnellen Blick in die Küche, wo sich schmutziges Geschirr stapelte und gebrauchte Kaffeefilter verschimmelten, in einem Pub auf der Place de la Contrescarpe die grauenhaften Fernsehbilder aus New York, kurz vor dem Zusammenbruch des zweiten Turms, gesehen habe.

Irgendjemand hatte da das Herz Amerikas treffen wollen, die Welt-Metropole, den Mittelpunkt der westlichen Welt; und wir, die Menschen in diesem Pub, in Paris, in Europa und auf der ganzen Welt waren unfreiwillig zu den Zeugen eines Massenmords geworden. Der 11. September fühlte sich schon bald wie jenes spektakuläre, lebensverändernde, weltumstürzende Ereignis an, das »Raubtier im Dschungel«, das unseren Biografien endlich eine Bedeutung verlieh; nur dass es eine unheilvolle Bedeutung war. Schnell gab es unvorhersehbare Entwicklungen; fortan sprach man auf allen Fernsehsendern der westlichen Staaten abwechselnd mit großer Begeisterung und großer Verachtung über den Islam; und weil man über den Islam sprach, fing man irgendwann auch an, über das christliche Abendland zu sprechen, mit den bekannten Ergebnissen. Das Geringste ist wohl noch, dass deutsche Gesetze heute »Abendlandklauseln« aufweisen.

Ich hatte mein Flugticket nach Osaka dummerweise schon gekauft. Im Abendland konnte ich also nicht bleiben.

2

Ich war im Februar 1999 als Austauschstudent nach Paris gekommen. Offiziell ging es mir weiterhin um Wang Bi. Für meine Magisterarbeit über seinen Kommentar zum *Buch der Wandlungen* wollte ich die zwei oder drei Wang-Bi-Spezialisten interviewen, die es in Paris gab, außerdem die wichtigen Bibliotheken besuchen und in ausgewählten Archiven stöbern.

Offen gesagt hatte ich den Gegenstand meiner Forschung jedoch etwas aus den Augen verloren. Ich wollte mich damals mit zeitgenössischeren Dingen beschäftigen als mit klassischer, chinesischer Philosophie. Eine Weile interessierte ich mich für Husserl, später für Sartre. Ich besuchte die Vorlesung von Jacques Derrida, der im Sommer 1999 noch immer wochenlang über Monica Lewinsky und Bill Clinton grübelte. Gern ließ ich mich auch einfach treiben. Ich wusste nicht, was ich mit meinem Leben anfangen wollte; und weil ich mich beharrlich weigerte, meine Aufmerksamkeit auf handfeste Dinge wie Kontakte oder Karrierechancen zu richten, ging mir bald das Geld aus. Zwar bezog ich von der Pariser Stadtverwaltung einen Wohnungszuschuss, aber der reichte nicht zum Leben. Meine Bankauszüge lasen sich immer deprimierender. Also suchte ich mir einen Job. Eine Weile arbeitete ich in einem Callcenter im Südosten von Paris. Aber von Neuilly-sur-Seine, wo ich in einem Apartmentkomplex eine billige Ein-Zimmer-Wohnung *(chambre de bonne)* gemietet hatte, brauchte ich viel zu lange bis zur Arbeit. Bei der erstbesten Gelegenheit wechselte ich in eine Internetfirma in Levallois-Perret, die nur etwa zehn Fußminuten von meiner Wohnung entfernt war. Es war gewissermaßen meine letzte Chance, im kontinentaleuropäischen Wirtschaftsleben einen Platz zu finden. Stundenlang musste ich nach Internetanbietern surfen und ihre Preise mit den Daten in unserer Suchmaschine (Bravonestor) abgleichen. Dieser Job war noch deprimierender als der im Callcenter. In einem Großraumbüro war ich umringt von jungen, französischsprechenden Männern, die noch nicht ganz in der Leistungsgesellschaft angekommen waren und nur in der Mittagspause, während sie hinter heruntergelassenen Rollos Ego-Shooter spielten, so etwas wie Leidenschaft an den Tag legten. Nach Schichtende ging ich zurück in meine Wohnung und wollte nur noch auf dem Bett liegen, ohne eine Regung oder ein Geräusch, als könnte mich das an all die Kälte um mich herum verraten.

Das Chinesische, das ich eigentlich zu vergessen suchte, weil es mir längst bedrohlich nahegekommen war, holte mich eines Tages doch wieder ein. Sprachen sind ja wie Netze, unter denen sich immer auf unerwartete Weise Menschen begegnen können; das Chinesische ist nur ein besonders großes Netz. Ich hatte beim Fußballspielen mit einer Gruppe Bekannter an der Porte de Saint-Cloud meinen Freund Yahya kennengelernt, einen eleganten, klugen Kopf, dessen Eltern unglücklicherweise aus Tunesien stammten und der deshalb nach seinem Sorbonne-Studium doch nur am Flughafen Paris-Orly Zigarren verkaufen konnte. Yahya hatte mir Anis vorgestellt. Anis studierte nebenbei Philosophie und lebte hauptberuflich von den mittelalterlichen Koran-Manuskripten, die er mit viel Geschick und prekärer Überredungskunst im Auktionshaus Drouot platzierte. Eines Abends rief Anis mich an. »Sag mal, du kannst doch auch Chinesisch?!«, fing er an. Ich kannte Anis zu diesem Zeitpunkt nur flüchtig, aber ich musste ihm einmal von meinem Studium erzählt haben: »Ja, mehr oder weniger.« Und dann berichtete Anis, dass er kürzlich eine geheimnisvolle Chinesin in der Metro kennengelernt habe; er habe sie gleich angesprochen und auf der Stelle in eine Cocktailbar eingeladen, und da sie mit einer burmesischen Freundin unterwegs gewesen sei, habe er die Freundin gleich mit eingeladen. Zu dritt hätten sie sehr viel Spaß gehabt. Die Chinesin sei extrem sexy, sie habe so einen süßen Lolita-Körper mit Jadehaut, dazu die Haare herrlich hochgesteckt, außerdem nenne sie sich Josefine. »Ist doch verrückt, eine Asiatin mit so einem altmodischen Namen, Josefine, ich musste sofort an die Erzählung von Kafka denken … Dabei war sie immer mit ihrem Handy zugange, sehr stolz dazu, sie kennt die halbe Welt, und dann hatte sie noch so ein rotes Skijäckchen an, es ist zum Verrücktwerden … Und die Hübsche aus Burma …« Kurz gesagt: Ich solle mich mit dieser Chinesin treffen und ihr einmal »auf den Zahn fühlen«, wie Anis es ausdrückte, die beiden Frauen sprächen nicht sehr gut Französisch und man könne ja nie wissen.

Ich wusste bereits, dass Anis einen gefährlichen Hang zur Übertreibung hatte, aber ich liebte das Assoziative, Ungebändigte seiner Erzählungen; immer steckte da Leben drin, oft sogar eine gewisse Zärtlichkeit. Wir trafen uns also zu dritt, Anis, die Chinesin und ich, und ich unterhielt mich in ihrer Muttersprache mit ihr. Die Chinesin stellte sich sehr schnell als stockkonservativ heraus, aber auch als erfolgreiche Unternehmerin, die seit mehr als fünfzehn Jahren in Frankreich lebte. Ihr französischer Name war tatsächlich Josefine; nur die Jadehaut und das rote Skijäckchen habe ich nicht gesehen. Josefine zeigte an jenem Abend auch kaum Interesse an Anis' Umwerbungen; und ich konnte Anis, der sich von mir eine Art Bewertung dieser Frau erwartete, auch nur enttäuschen. Sie war eine typische Erfolgsfrau aus China. Mehr hatte sie mir nicht offenbart.

Einen Vorteil sollte diese Begegnung jedoch für mich haben: Josefine fragte mich, ob ich nicht als Dolmetscher in einer ihrer Praxen aushelfen könne. Ich sagte sofort zu. Auf diese Weise würde ich Gelegenheit haben, das Wirken fernöstlicher Spiritualität in eigener Anschauung kennenzulernen. Es war in der Tat erstaunlich, wie viel Geld Josefine mit ihren Praxen für traditionelle, chinesische Medizin (insbesondere Akupunktur) und Massage verdiente. Sie besaß, über das ganze nordwestliche Stadtgebiet von Paris verteilt, fünf Praxen und ließ aus China medizinisches Personal einfliegen, das jeweils für einige Monate in einer dieser Praxen arbeitete. Die Patienten kamen aus der französischen Mittelschicht, waren manchmal sogar sehr gut betucht. Ich habe nie gesehen, dass sie etwas Ernstes plagte; meist waren es irgendwelche Wehwehchen (aber ich bin ja auch kein Arzt). In dem abgedunkelten Behandlungsraum roch es nach Babypuder und chinesischen Salben. Gewöhnlich stand ich neben der Couch, auf der die Patientin oder der Patient lag; ich musste zuerst die Selbstdiagnosen der Patienten ins Chinesische übersetzen, was sich die chinesischen Ärzte immer genau anhörten. Dann begannen sie mit ihren Heilverfahren. Oft blieb es bei etwas Massage.

Natürlich hatte ich keine Ahnung von traditioneller, chinesischer Medizin. Josefine wusste das auch, fand es aber nicht weiter störend. Da sie mich gut bezahlte, wollte ich nicht zu viele Fragen stellen. Dennoch habe ich meinen Job bald wieder verloren. Die chinesische Medizin beruht meines Wissens zu einem wesentlichen Teil auf dem Placebo-Effekt, manche Kritiker sprechen sogar von Hypnose. Von wissenschaftlicher Seite wird sie der Wirkungslosigkeit bezichtigt; andererseits wird die moderne, evidenzbasierte Medizin oft gerade für die Vernachlässigung komplexer Nebenwirkungen und Patientenerwartungen kritisiert, eben jenes »Faktor Mensch«, der heute gern Homöopathie und Alternativmedizin überlassen wird.[82] Mein Problem war damals, dass ich die Aussagen der Patienten allzu ernst genommen habe. Ich wollte sie so genau wie möglich ins Chinesische übersetzen. Weil ich dabei oft ins Stocken geriet, wurden die chinesischen Ärzte jedoch unruhig. Schließlich erklärte mir Josefine – und hier übersetze ich ihre Worte aus dem Chinesischen: »Erzähl einfach irgendwas! Es passt dann schon.« Natürlich hatte sie Recht: Wissenschaftliche Studien haben gezeigt, dass es völlig irrelevant ist, *wo* man die Akupunkturnadel ansetzt, wenn man sie nur überhaupt irgendwo ansetzt. Mein Wunsch nach größtmöglicher Präzision musste da nur Verwirrung stiften. Als ich wieder einmal, über all den Schmerzpunkten und Meridianen bis in die Haarspitzen konzentriert, zu lange brauchte und mich schließlich verhaspelte, schaute mich die Ärztin misstrauisch an. Da hielt ich es nicht mehr aus und brach in ein nervöses Gelächter aus.

Mein Ausfall war mir todpeinlich und ich entschuldigte mich wiederholt. Doch Josefine, die Virtuosin der dunklen Rede, die den Energiefluss (das berühmte Qi) mit ihren Fingerspitzen ertasten konnte, muss mir meine Reaktion sehr übel genommen haben. Als ich mich einige Tage darauf noch einmal heillos im Chinesischen verstrickte, dieser unendlich subtilen Sprache mit all ihren Zwischentönen, der ich schon so viele rauschähnliche Zustände zu verdanken hatte, erklärte die chinesische Unternehmerin mit harter Stimme: »*Du* brauchst nicht mehr wiederzukommen!« Damit war ich entlassen. Ich fühlte mich schlecht. Ich brachte es auch nicht über mich, Anis von meiner Niederlage zu erzählen. Komischerweise hat er den Namen Josefine in meiner Gegenwart auch nie wieder erwähnt. Wahrscheinlich träumte er längst von burmesischer Jadehaut.

3

Es ist letztlich ganz einfach: China lädt zu Klischees ein. Grauenhaften, ärgerlichen Klischees. Bereits in dem Augenblick, wenn ein Journalist wieder einmal frohen Mutes auf das alte Wort vom »Reich der Mitte« zurückgreift, hat er sich von einem Vorurteil in die Irre führen lassen. Oder wenn jemand wieder einmal von den »Ameisen« spricht, der Vorliebe der Chinesen für Harmonie und Bescheidenheit. Chinesen sind übrigens auch nicht »gelb«, wie manchmal noch behauptet wird. Man muss nur genauer hinschauen, dann erkennt man, dass sie tatsächlich oft weißer sind als viele Menschen in Europa und Nordamerika. Manchmal denke ich, dass sich viele Menschen aus blanker Not in solche Leerformeln flüchten: Es fehlt ihnen die notwendige Erfahrung mit China, das Land ist ja auch einfach zu groß, die Kultur zu alt, die Geschichte zu lang, da ist es allemal sicherer, irgendein Klischee noch einmal zu wiederholen. So eine Sprachverwahrlosung könnte aber auch tiefere Überzeugungen markieren, nur selten offen ausgesprochene Überlegenheitsgefühle, die pure Verachtung oder gar Rassismus. Ich nehme an, dass es den Menschen in Europa und Amerika schon bald unmöglich werden wird, weiterhin solche Ausweichpositionen einzunehmen.

Natürlich ist es wahr, dass das gegenwärtige China ein Dunkelort ist, eine immer repressiver auftretende Diktatur,[83] in der Menschen spurlos verschwinden oder in Umerziehungslagern festgehalten werden, eine digitale Dystopie, in der Gesichtserkennungssoftware im Auftrage der weltweit mitgliederstärksten Partei unliebsame Individuen aus einem Milliardenvolk herausfischt. In der Provinz Xinjiang sind verlässlichen Berichten zufolge eine Million Menschen und mehr weggesperrt; viele haben bereits ihr Leben verloren. Aber auch das Leben von Han-Chinesen wird immer strenger reglementiert. Die kommunistische Partei hat schon immer die öffentliche Meinung zensiert und wird sie auch in Zukunft zensieren wollen. – Das Zensursystem stellt man sich übrigens am besten als eine Kobra vor: Wir starren wie gebannt auf die Kobra, die uns gar nicht anzugreifen braucht, weil wir selbst schon unwillkürlich unsere Bewegungen verlangsamt haben und in unserer Todesangst unaufhörlich in ihre Richtung starren. Eindeutige Spielregeln gibt es nicht, denn dann bräuchte man ja keine Angst mehr zu haben vor der Willkür der Herrschenden.[84] – Und es ist auch wahr, dass man, wenn man länger in einer chinesischsprachigen Gesellschaft (in Hongkong, Taiwan oder Singapur) lebt, allmählich versteht, wie tief die kommunistische Partei längst viele Vorstellungen vom Chinesischsein durchdrungen hat. Und trotzdem: Es gibt Widerstände, Ambivalenzen und Verwerfungslinien, die dem aufmerksamen Beobachter anzeigen, dass »China« in der Zukunft auch einmal etwas ganz anderes werden könnte. Was uns die Pekinger Propagandamaschine einflüstern will, ist keineswegs identisch mit dem China, wie es sich in der chinesischen Literatur, in Malerei, Kalligrafie und Theater, aber auch in der lebensweltlichen Vielfalt an den Rändern der chinesischsprachigen Welt zeigt. Die »Mitte« im Reich der Mitte ist heute vor allem deshalb leer, weil sie von einer Machtelite mit autoritären Mitteln leer gehalten wird.

Das alte Dilemma: Wie nah den fremden Realitäten kommen, ohne die Sprache zu verlieren, in der sie dann zu Hause beschrieben werden können. So manche kluge Beobachter flüchten sich doch schnell wieder in waghalsige Allgemeinplätze: »Wie kaum ein anderes Volk sind die Chinesen sich ihrer Geschichte und Kultur bewusst, von ihr geprägt und nur aus ihrer langen und ungebrochenen geistig-kulturellen Tradition heraus zu begreifen.«[85] Oder auch: »Die Chinesen haben ein anderes Menschenbild [...] Hier hat im Zweifel die gesellschaftliche Harmonie Vorrang.«[86] Muss man so krass verallgemeinern, damit die Welt China verstehen kann? Ist der Hinweis wirklich notwendig, dass eine große Zahl von Chinesen heute *nicht* höflich ist, *nicht* nach Harmonie strebt und *nicht* auf die Werte von Friedfertigkeit und materiellem Verzicht setzt, welche Daoismus, Konfuzianismus und Buddhismus über die Jahrtausende zu verbreiten gesucht haben? Dass das moderne China nur deshalb so mächtig werden konnte, wie es heute ist, weil es jene Werte längst durch einen nüchternen, machthungrigen Individualismus ersetzt hat, der nach den gewaltigen Umbrüchen des 20. Jahrhunderts von der eigenen Geschichte nicht mehr viel weiß? Haben sich nicht alle Versuche, den Konfuzianismus wieder zur Wertegrundlage des modernen China zu machen, als »vergeblich« erwiesen (so der chinesische Soziologe Zhao Dingxin)? Und wie *anders* ist China eigentlich? Entzieht es sich tatsächlich einer vom Westen der Welt aufgezwungenen Universalität, wie es der kulturwissenschaftliche Blick und postkoloniale Theorien nahelegen, oder haben Individuen, gesellschaftliche Gruppen und wirtschaftliche Kräfte in der chinesischen Welt nicht vielmehr stets den Anschluss an eben diese Universalität gesucht?[87]

Auch Chinesen sind nicht frei von Essenzialismen. Die Selbstbeschreibungen der meisten Völker sind mythenbeladen; aber vielleicht bieten sich wilde Verallgemeinerungen besonders an in einem Land, das so unübersichtlich, so widersprüchlich und groß ist wie die Volksrepublik China. Einer im Westen verbreiteten *urban legend* zufolge sollen Chinesen die Hirne lebender Affen essen. Der Journalist Kai Strittmatter hat vor einigen Jahren einmal gründlicher recherchiert; trotz aller Anstrengungen ist es ihm jedoch nicht gelungen, auch nur einen einzigen Chinesen zu finden, der tatsächlich einmal das Hirn eines lebenden Affen gegessen hat.[88] Trotzdem glauben auch viele Chinesen, dass Chinesen gern die Hirne lebender Affen essen. Warum das so ist? Offenbar gibt es immer einen Punkt, wo sich das Erklären an der puren Wirklichkeit bricht.

4

Wer auch immer mit Chinesen zu tun hat, wird früher oder später auf den Namen Konfuzius stoßen. In anderen Erdteilen sprechen Menschen gern über Jesus Christus, Sokrates, Buddha, Muhammad Ali oder Bob Dylan; in China, wo sich viele Menschen eigentlich an Namen wie Marx und Stalin gewöhnt hatten, spricht man heute wieder sehr viel über Konfuzius. Auch Josefine erwähnte ihn damals ab und zu, ebenso die chinesischen Austauschstudenten, mit denen ich in Paris befreundet war. Aber ich wusste nicht viel über diesen Konfuzius. Wang Bi hatte ihn hoch geschätzt, das war vielleicht wichtig; außerdem muss die chinesische Regierung in jenen Jahren damit begonnen haben, die Ideen des Konfuzius zu propagieren. Es war merkwürdig: Je unsteter mein eigenes Leben wurde, desto stärker glaubte ich die Anziehungskraft dieses Menschen zu spüren, der vor mehr als zwei Jahrtausenden über ein geordnetes, gelungenes Leben nachgedacht hatte. Der Konfuzianismus hatte begonnen, mich zu faszinieren.

Natürlich ist die Rede von *dem* Konfuzianismus trügerisch, denn sie suggeriert eine Einheitlichkeit, die es im vormodernen China nie gegeben hat.[89] Gewiss, irgendwo muss die Suche beginnen; und der historische Konfuzius wäre vielleicht ein guter Ausgangspunkt, dieser Denker und spirituelle Lehrer, der die Grundlagen des chinesischen Bildungs- und Zivilisationsprojektes gelegt hat, dessen Einfluss in Ländern wie Vietnam, Korea, Taiwan, Japan und vielleicht sogar in China bis heute zu spüren ist. Aber was heißt das?

Dummerweise ist es bei solchen Urgestalten so, dass der ursprüngliche Mensch hinter seiner historischen Wirkung schwer wiederzuerkennen ist. Denken Sie nur an Jesus oder Mohammed, den Propheten. Immerhin sind Jesus und Mohammed in unserem kulturellen Bewusstsein einigermaßen präsent; wir können uns zum Beispiel lebhaft vorstellen, wie Jesus die Händler aus dem Tempel vertrieben hat, wie er im Ölgarten verraten worden ist oder wie Mohammed in einer Höhle bei Mekka sein erstes Offenbarungserlebnis hatte (er soll von dem Erzengel Gabriel in ein Seidentuch gedrückt worden sein, sodass er glaubte, sterben zu müssen). Doch Konfuzius ist im kulturellen Bewusstsein der westlichen Welt nicht wirklich präsent; er verschwindet fast völlig hinter all den Klischees, die wir über die chinesische Zivilisation haben. Zwar gibt es zahllose wissenschaftliche Spezialstudien über seine Biografie, sein Denken und Handeln, und der Konfuzianismus ist längst zum Gegenstand interdisziplinärer Forschungsprojekte geworden, deren Ergebnisse man in global vernetzten, digitalen Archiven abrufen kann; nur, wer würde in einem solchen Archiv schon nach Konfuzius suchen?! Ich denke auch nicht, dass der Denker auf diese Weise wirken wollte. Konfuzius hat kein einziges Buch verfasst. Konfuzius wollte mit seinem Leben wirken, im Angesicht seiner Schüler, und deshalb wäre es wahrscheinlich am besten, sein Leben so einfach und schlicht wie ein Volksmärchen von Tolstoi zu erzählen; vielleicht würde dann alles Sinn ergeben. Man müsste dazu der Kraft des Erzählens vertrauen, einem Erzählen, das einfach dem Leben folgt und sich auf dessen inneres Zeitgefühl verlässt. (Der Werbeagent Albert Henry Ross hat im Jahr 1930, unter dem Beifall T.S. Eliots und G.K. Chestertons, ein solches Buch über die letzten sieben Tage im Leben Jesu publiziert: *Who moved the Stone?* Ist das ein mögliches Vorbild?)

Oder aber Ludwig Wittgenstein, der im Jahr 1937 mit der ihm eigenen, beschwörend ernsten Einfachheit in sein Notizbuch geschrieben hat: »Die Quelle, die in den Evangelien ruhig und durchsichtig fließt, scheint in den Briefen des Paulus zu *schäumen*. Oder, so scheint es *mir*.«[90] Man müsste das Leben des Konfuzius erzählen wie die Evangelien. Vielleicht könnte man dann an Konfuzius glauben – oder zumindest verstehen, warum es ihm gelungen ist, so viele Menschen zu beeinflussen.

Unser Wissen über Konfuzius verdankt sich insbesondere einem Buch, das aus der Hand seiner Schüler stammt, die sogenannten *Lehrgespräche* oder einfach die *Gespräche (Lunyu)*. Dieses Buch, quasi das Hausbuch des Konfuzianismus, enthält hunderte kurzer Textstücke, in denen der Mensch Konfuzius lebendig vor uns tritt. Bis heute sind viele Menschen in Ostasien überzeugt, dass man sich nur der Mühe unterziehen müsse, dieses Buch gründlich zu durchdenken, am besten sogar durchzumeditieren, damit das eigene Leben vollkommener würde. Mit derselben Besessenheit, mit der Ross in seinem Buch *Who moved the Stone?* einen Indizienbeweis zu führen sucht, dass die Auferstehung Jesu Christi wahr sei, haben über die Jahrtausende hinweg unzählige Leser die *Gespräche* durchkämmt, um darin den spirituellen Kern der konfuzianischen Existenz zu finden.

Das eigentlich Rätselhafte an Konfuzius: Immer sagt er etwas, seine Schüler und Trabanten hören sich das an, sind demütig, ganz klein vor seiner geistigen Autorität, aber oft ist nicht klar, was er überhaupt sagen will. Seine Zuhörer müssen es sich selbst zusammenreimen; und immer scheint etwas zwischen den verschiedenen Protagonisten der *Gespräche* hin- und herzuwandern, das wir nicht sehen können, wie ein Webschiffchen zwischen dichten Fäden. Sehr schön ist etwa diese Passage (*Gespräche* 14:25):

> Qu Boyu sandte einen Boten zu Konfuzius. Dieser bat ihn, Platz zu nehmen, und setzte sich neben ihn. Dann fragte Konfuzius ihn: »Womit befasst sich dein Meister?« Worauf der Bote antwortete: »Er bemüht sich, weniger Fehler zu machen, nur gelingt ihm das noch nicht.« Nachdem [der

Bote] sich verabschiedet hatte, erklärte Konfuzius: »Das ist ein echter Bote! Das ist ein echter Bote!«

Was will Konfuzius uns hier mitteilen, wenn er denn überhaupt *zu uns* spricht? Warum ist dieser Dialog von seinen Schülern aufgezeichnet worden? Warum fragt er einen Boten über seinen Herren aus, einen hohen Würdenträger im Staate Wei, den Konfuzius offenbar sehr schätzte? Und was will er mit seiner Äußerung am Ende bezwecken? Möchte er den Boten vielleicht dafür loben, dass er nichts Schlechtes über seinen Herren gesagt hat oder dass er so schlagfertig war? War dieses Gespräch also eine Art Prüfung?

Es gibt auf solche Fragen keine einfachen Antworten. Aber das Suchen der Antworten ist bereits ein großer Gewinn. Am Ende können wir das Webschiffchen vielleicht fest zwischen den Fingern halten.

Der »Meister« Konfuzius kam im Jahr 551 v. Chr. zur Welt. Sein Vater, ein verarmter Spross des niederen Adels, war zu diesem Zeitpunkt ein alter Mann, der mit seiner Ehefrau und einer Nebenfrau bereits neun Töchter und einen (klumpfüßigen) Sohn gezeugt hatte. Es spricht einiges dafür, dass dieser Mann, um endlich einen gesunden Sohn zu bekommen, die keineswegs gern gesehene Verbindung mit einer noch nicht volljährigen Frau aus dem Stamme der Yan einging. Dies führte zu der ersten Merkwürdigkeit in Konfuzius' Biografie: Seine Eltern, so heißt es im wichtigsten Geschichtswerk des Alten Chinas, hätten ihn »durch Geschlechtsverkehr in der Wildnis« (*ye he* 野合) gezeugt.[91] Warum seine Eltern zu so einem unschönen Mittel gegriffen haben, ist unklar. Das Paar soll hernach am Berg Ni gebetet haben, worauf die Mutter ihren Sohn glücklich zur Welt brachte.

(Der erste Satz von Thomas Manns Erzählung »Das Gesetz«, geschrieben im Jahr 1943, kurz nach der Schlacht von Stalingrad, lautet: »Seine Geburt war unordentlich, darum liebte er leidenschaftlich Ordnung, das Unverbrüchliche, Gebot und Verbot.« Gibt es noch mehr Ähnlichkeiten zwischen Moses und Konfuzius?)

Weiter heißt es über Konfuzius, er habe eine Einbuchtung am Kopf gehabt (»wie ein Dach mit hochgestellten Traufen«, so der

Chronist – was immer das heißen mag!). Außerdem sei er ungewöhnlich groß gewesen. Sein Vater starb, als Konfuzius gerade einmal drei Jahre alt war. Seine Mutter starb nur wenige Jahre darauf. Er heiratete mit achtzehn. Das Ehepaar hatte einen Sohn und eine Tochter. Sein Auskommen fand Konfuzius in der Verwaltung des Staates Lu in der heutigen Provinz Shandong (China war damals noch nicht vereint, es gab mehr als hundert verschiedene Staaten). Zuerst mit niedrigen Anstellungen, etwa als Aufseher von Getreidespeichern, die er jedoch sehr gewissenhaft ausgefüllt zu haben scheint; später dann auch als Justizminister. In diesem letzten Amt muss er sehr erfolgreich gewesen sein. Dies hinderte Konfuzius aber nicht, nebenbei eine rege Lehrtätigkeit zu entfalten; er soll bis zu 3000 Schüler gehabt haben.

Der Staat Lu war sehr erfolgreich und zog auf diese Weise den Neid anderer Herrscher auf sich. Im Jahr 498 v. Chr. kam es zu einer Krise, als im Staate Lu eine Rebellion ausbrach, die den Umsturz des Herrschers sowie die Vernichtung der drei mächtigsten Familien von Lu zum Ziele hatte. Welche Rolle Konfuzius in diesen Wirren gespielt hat, lässt sich nicht mehr einwandfrei rekonstruieren. Klar ist, dass er keine Sympathie für die drei Familien besaß. Einer seiner Schüler, ein gewisser Zilu, überzeugte diese von der Notwendigkeit, die eigenen Städte zu vernichten, bevor sie den Rebellen in die Hände fielen. Auf diese Weise zerstörten sie eigenhändig die Grundlage ihrer politischen Macht. Konfuzius dürfte von dieser Intrige seines Schülers gewusst haben. Als Justizminister führte er darüber hinaus selbst Truppen gegen die Rebellen ins Feld; gleichzeitig scheint er aber mit dem Gedanken gespielt zu haben, zu den Rebellen überzulaufen. Die Situation wurde noch unübersichtlicher, als der Staat Qi gegen die Heimat des Konfuzius zu intrigieren begann und ein nichtchinesisches Volk, aufgewiegelt vom Herrscher von Qi, den Einmarsch in den Staat Lu vorbereitete. Man entschloss sich in Lu, direkt mit dem Feind zu verhandeln; und schließlich vermochte es Konfuzius, den Herrscher von Qi von seinen feindlichen Absichten abzubringen. Ein Vertrag wurde zwischen beiden Staaten geschlossen. Kurz darauf, im Jahr 497 v. Chr., schickte der Staat von Qi jedoch 80 schöne Tänzerinnen nach Lu (*Gespräche* 18:4; der Dichter Ezra Pound spricht von »Freudenmädchen«). Es ist eine der berühmtesten Episoden in Konfuzius' Biografie. Aber was war der Zweck dieser Geste? Handelte es sich um ein Dankeschön für die erfolgreiche Verhandlungsführung? Oder gar um eine gezielte Provokation? Wollte der Herrscher von Qi den Staat Lu mit einer Art »trojanischem Pferd« gezielt moralisch zersetzen? Wir wissen es nicht. Konfuzius war auf jeden Fall empört; als sein Protest ungehört verhallte, verließ er die Heimat.

In den darauffolgenden dreizehn Jahren sollte Konfuzius durch zahllose Staaten ziehen, immer auf der Suche nach einem Herrscher oder einem Fürstenhof, der seine Lehren in die Tat umgesetzt hätte. Wie viele Stationen seine Reise hatte, wissen wir nicht mit letzter Sicherheit. Die Sinologin Annping Chin spricht von vier, möglicherweise fünf Staaten: Von Wei zog Konfuzius nach Song und Chen und von dort nach Cai und vielleicht sogar bis Chu; und auf seinem Rückweg in seine Heimat machte er wahrscheinlich wieder einen Zwischenstopp in Chen und verbrachte einige Jahre in Wei.[92] Doch kein Herrscher hat ihn und sein großes Anliegen erhört. Erst im Jahr 484 v. Chr. ist Konfuzius in seine Heimat zurückgekehrt. Dort ist er im Jahr 479 v. Chr. gestorben.

Konfuzius wird oft Sokrates an die Seite gestellt. Verglichen mit dem chinesischen Meister wirkt der griechische Philosoph jedoch wie ein antiker Drop-out, ein Taugenichts, der sich auf den athenischen Marktplätzen herumtrieb, die Jugend verführte und sonst nichts Solides hinbekommen hat. Konfuzius verbrachte die längste Zeit seines Lebens unweit des Hofes von Lu, quasi im Beamtenverhältnis; auch seine Schüler bereitete er gezielt auf den Dienst am Hofe vor. Konfuzius glaubte das Hofamt unverzichtbar, damit er in großem Stil auf die Welt einwirken könne. Ordnung und eine gewisse Wohlanständigkeit waren ihm wichtig; mir fällt es deshalb schwer, ihn mir so lebensnah vorzustellen wie den trotz aller Selbstbeherrschung erotisch empfänglichen Sokrates, wie er etwa in Platons *Symposion* geschildert wird. Konfuzius lächelt eigentlich nie (vgl. aber 11:26 und 17:4), trinkt nicht und trifft in den

Gesprächen nur ein einziges Mal mit einer Frau zusammen. Für dieses Treffen wird er jedoch umgehend von einem seiner Schüler getadelt: Diese Frau sei korrupt, ja »liederlich«, der Meister hätte also gar nicht in ihre Nähe kommen dürfen (6:28). Solche Sittenstrenge wird Konfuzius seinen Schülern selbst beigebracht haben. Ich denke nicht, dass es ihm je in den Sinn gekommen wäre, auf offener Straße mit wildfremden Menschen philosophische Diskussionen zu führen. Konfuzius sucht die Auseinandersetzung mit andersartigen Überzeugungen nicht. Der Dialog mit den Daoisten kommt in den *Gesprächen* nie zustande (bei zwei Gelegenheiten ergreifen interessanterweise die Daoisten die Flucht: 18:5 und 18:7); auch sonst zeigt Konfuzius wenig Interesse an sokratischer Dialogkunst oder der Analyse von Problemen zum Zwecke der Begriffsklärung. Er erklärt zwar einmal seine Bereitschaft, von jedem seiner Begleiter lernen zu wollen (7:22), doch ist Konfuzius zweifellos in einer bestimmten Lebensform verwurzelt, die von gemeinschaftlichen Riten, Liedern, beherrschter Anteilnahme und Tugenden wie Menschlichkeit und Kindesliebe geprägt war; eben diese Lebensform suchte er zu verbreiten. Wer sich ihr entzog, war für Konfuzius wohl einfach nur ungebildet. Während Sokrates mit komplizierter Rhetorik und der Kunst des logischen Schließens vertraut war, sprach Konfuzius in so einfachen Worten, dass sich eigentlich jeder Mann und jede Frau angesprochen fühlen durfte. Nur in einem Punkt ähneln sich die beiden Denker zweifellos: Die Suche nach einem besseren Leben, nach der Unterscheidung des Guten vom Schlechten, war ihr größtes Lebensziel.

Es gibt einige Passagen, in denen Konfuzius witzig scheint – manchmal durchaus ungewollt, etwa wenn seine Weisheitsworte allzu einfältig wirken:

> Konfuzius sprach: »Zilu, ich lehre dich das richtige Verhältnis zum Wissen. Sei dir bewusst, was du weißt. Was du hingegen nicht weißt, das gib zu. Das ist das richtige Verhältnis zum Wissen.« (2:17)

Oder auch:

> Konfuzius sprach: »Wer kann das Haus verlassen, ohne durch die Tür zu gehen? Warum nehmen die Menschen nicht den rechten Weg?« (6:17)

Natürlich nehmen Leser, die im Horizont dieser Tradition stehen, eine solche Äußerung anders wahr als wir. Sie könnte ja auch eine tiefere Bedeutung enthalten und uns etwas sehr Wichtiges über unser Leben mitteilen. – Darüber hinaus gibt es aber auch Passagen, in denen Konfuzius sich sehr bewusst über seine Schüler lustig macht, etwa indem er ihnen irgendeine abseitige Idee präsentiert, die sie sofort begierig aufgreifen:

> Konfuzius sprach: »Die Welt geht nicht den rechten Weg. Ich möchte am liebsten ein Floß nehmen und mich aufs Meer hinaustreiben lassen. Und wer würde mir da wohl folgen, wenn nicht Zilu?!« Als Zilu davon hörte, freute er sich. Worauf Konfuzius sprach: »Er ist zwar mutiger als ich, aber Urteilsvermögen besitzt er nicht.« (5:7)

Wie viele Leser vor mir denke ich, dass Konfuzius' Äußerung ironisch verstanden werden muss. Der Meister hat nicht eine Sekunde lang über das Auswandern nachgedacht, sondern wirft die verrückte Idee nur deshalb in die Runde, um sich an der streberhaften Folgsamkeit seiner Schüler weiden zu können. (Der letzte Halbsatz kann alternativ auch übersetzt werden als »... aber wo hätte er geeignetes Material [für ein Floß]?!«; in diesem Falle wirkt die Situation noch absurder.)

Konfuzius ist überhaupt ein hochgradiger Ironiker, der die Doppelbödigkeit des gesprochenen Wortes für sich nutzt, es mit Bedeutung auflädt, um sein Gegenüber dort abzuholen, wo er oder sie steht: im eigenen Lebensentwurf. Seine Äußerungen sind fast immer auf die Erfordernisse seiner Schüler ausgerichtet; es geht wohlgemerkt nicht darum, ihnen Grundkenntnisse in Biologie oder

Geometrie beizubringen,[93] sondern ihnen in ihrem Menschsein zu helfen, in ihrem gewöhnlichen Lebenszusammenhang, in der Familie, aber auch am Hof. Beharrlich versucht Konfuzius, den Charakter seiner Schüler so umzukneten, dass sie sich Eigenschaften wie Bescheidenheit, Beharrlichkeit, Fleiß und Kindesliebe zulegen. Dazu ist es leider notwendig, sie zu tadeln oder manchmal auf Distanz zu halten, denn nur so kommen Menschen ins Grübeln. *Per aspera ad astra!*

Manchmal geht er dabei aber für meinen Geschmack zu weit. Konfuzius ist ja selbst auch nur Mensch; er unterliegt Stimmungsschwankungen, kann launisch, bedächtig, reizbar, leicht absonderlich, etwas überdreht oder einfach nur platt sein. Das Oberlehrerhafte wirkt dann manchmal sehr unangenehm. Musste er junge Menschen wirklich als »einfältig« und »blöd« abkanzeln (11:18)?! Oder denken Sie an seinen Schüler Zilu, ein ehemaliger Soldat, der nicht nur zu den Anhängern der ersten Stunde gehört, sondern auch ein fähiger Networker ist und beste Kontakte zum Hof unterhält: Als dieser Zilu seine politischen Erfolge unter Bezug auf Konfuzius' Maxime rechtfertigt, dass gute Praxis immer noch besser als alle Theorie sei, rüffelt der ihn als »aalglatt« (11:25; vgl. 5:5). Woher kommt dieser passiv-aggressive Wunsch des Konfuzius, immer das letzte Wort zu haben?! Zai Wo, mit dem Konfuzius sonst viel Zeit verbringt, wird, als er einmal am hellichten Tag einschläft, mit den folgenden Worten beschimpft: »Faules Holz kann man nicht schnitzen. Kot und Kehricht kann man nicht anstreichen« (5:10). Demselben Zai Wo wird anderswo (17:21) die »gute Gesinnung« abgesprochen, da er sich für eine Verkürzung der obligatorischen, dreijährigen Trauerzeit nach dem Tod der Eltern ausgesprochen hatte. Da ist es wieder, das unerträgliche Gehabe eines Mannes, der immer alles besser weiß und (fast) keine Kritik zulässt. Die chinesische Zivilisation mag ihr unendliches Beharrungsvermögen eben solchen Sprechweisen verdanken, die zwar einen diffusen, den Einzelnen beschützenden Gemeinschaftsgeist hervorbringen, deren Gültigkeit jedoch nur schwerlich grundsätzlich hinterfragt werden kann.[94] Der Geist des ostasiatischen Kapitalismus mag sich so einiges von dieser harschen Charakterschule abgeschaut haben. Bei der Lektüre solcher Textpassagen versteht man übrigens auch, warum Konfuzius bis heute so viele Menschen in der chinesischsprachigen Welt, insbesondere Frauen und überzeugte Marxisten, zu einer unglaublichen Wut reizen kann. Überkommene Autoritäten haben sich immer gern in den Windschatten dieses Mannes gestellt.

Glücklicherweise hat Konfuzius auch noch andere Seiten. »Größe ist da, wo wir in Ehrfurcht und Hellsicht spüren, wodurch wir selber besser werden«, schreibt Karl Jaspers, dem wir überhaupt einige tiefschürfende Beobachtungen zur außereuropäischen Philosophie verdanken.[95] Der Wunsch, ein besserer Mensch zu werden, prägte das Leben des Konfuzius, machte ihn zu einem aufmerksamen, zugewandten, umsichtigen Mann, der sich beharrlich für das Wohl anderer Menschen eingesetzt hat; davon können wir bestimmt etwas lernen. Ich persönlich sehe am meisten »Größe« nicht in dem erfolgreichen, weltgewandten Justizminister, sondern in dem machtlosen, gescheiterten Mann, in dem ewigen Wanderer, der verwirrt ist wie »ein Hund ohne Hütte« und in seiner Einsamkeit nahe daran ist, sich mit den Aussteigern und daoistischen Sonderlingen zusammenzutun (18:6). Einmal wirkt er, als wäre er komplett durch den Wind:

> Konfuzius sprach: »Ich habe noch nie einem Menschen helfen können, der sich nicht beständig fragt: ›Was fange ich nur [mit mir] an? Was fange ich nur [mit mir] an?‹« (15:16)

Wie der Sinologe Christoph Harbsmeier scharfsinnig beobachtet hat, würde man die philosophische Frage »Was soll ich tun?« kaum so dramatisch wiederholen. Deshalb dürfte Konfuzius hier am ehesten über seinen innersten Wunsch sprechen, in anderen Menschen, wie in einem Spiegel, die eigene Verwirrung wiederzufinden.[96] Dieser Zustand, das Nicht-mehr-weiter-Wissen, das Ganz-unten-und-erbärmlich-machtlos-Sein, ist der beste Anlass für die Selbstverbesserung. Der Übungsweg beginnt *hier* …

In der Selbstverbesserung waren die Konfuzianer schon immer gut, denn Konfuzius hatte sie ihnen ja vorgelebt. Jedes Detail unserer Biografie ist wichtig; jedes Wort und jede Geste entscheiden, ob unser Leben gelingt; *everything counts* ... Und ein Denker wie Konfuzius altert gut: Je länger ihn Menschen gelesen und ausgelegt haben, desto mehr Deutungstiefsinn durchtränkt jeden seiner Aussprüche. Noch einmal die Begegnung zwischen Konfuzius und dem blinden Musikmeister:

> Der Musikmeister Mian erstattete dem Konfuzius einen Besuch. Als er bei den Stufen angekommen war, sagte der Meister: »Hier sind Stufen.«
>
> Als er bei der Sitzmatte angelangt war, sagte der Meister: »Hier ist die Sitzmatte.«
>
> Nachdem alle Platz genommen hatten, informierte der Meister ihn: »Der und der sitzt hier, der und der sitzt dort.«
>
> Als der Musikmeister gegangen war, fragte Zizhang: »Ist das denn die richtige Art, mit einem Musikmeister zu reden?«
>
> »Sicher«, antwortete der Meister, »das ist genau die richtige Art, einem Musikmeister zu helfen.«

Ich denke, man muss diesen Dialog zweimal gelesen haben, um die wunderbare Natürlichkeit zu spüren, die Konfuzius hier ausstrahlt. Die Blindheit des Musikmeisters wird von ihm mit keinem Wort thematisiert; Konfuzius weist den Mann mit den einfachsten Worten in die neue Umgebung ein, ohne eine Spur von Überheblichkeit oder falschem Respekt. Genau diese Haltung sollte Zizhang sich von Konfuzius abschauen – und wir dürfen annehmen, dass ihm das gelungen ist.

Verlangt ist also die ununterbrochene Arbeit am eigenen Selbst:

> Zeng Shen sprach: »Täglich prüfe ich mich in dreierlei Hinsicht: War ich anderen gegenüber treu und zuverlässig?

> War ich aufrichtig im Umgang mit Freunden? Habe ich geübt, was ich gelernt habe?« (1:4)

Zeng Shen (505 bis 435 v. Chr.), der wohl bedeutendste Schüler des Konfuzius, beschreibt hier die Grundstimmung der konfuzianischen Existenz: Das beständige, geradezu obsessive Bezogensein auf sich selbst, auf den eigenen Charakter. Immer strebsam sein, sich täglich üben, so wie es uns Konfuzius gleich im ersten Satz der *Gespräche* erklärt hat:

> Etwas lernen und sich immer wieder im Erlernten üben – bringt das nicht Zufriedenheit?! (1:1)

Zum Vergleich auch noch Ezra Pounds Übersetzung, die um einiges poetischer klingt:

> Lesen, indes der weiße Flügelschlag der Zeit uns streift, ist das nicht Seligkeit?[97]

Es sind ganz simple Hinweise, die berücksichtigt werden müssen: »Konfuzius sprach: ›Wer nur den eigenen Vorteil sucht, bekommt Ärger.‹« (*Gespräche* 4:12) Oder auch: »Konfuzius sprach: ›Wer sich selbst in der Gewalt hat, macht selten Fehler.‹« (4:23) Und weiter: »Konfuzius sprach: ›Rhetorische Spitzfindigkeiten schaden der Tugend. Mangelnde Geduld im Kleinen stellt große Pläne infrage.‹« (15:27) Genauso: »Konfuzius sprach: ›Verhält sich der Edle nicht würdevoll, dann wird er keine Achtung genießen. Was er lernt, wird oberflächlich bleiben ...‹« (1:8) Und schließlich: »Konfuzius sprach: ›Einen Fehler machen und ihn nicht korrigieren: das erst heißt wirklich einen Fehler machen‹« (15:30). Nicht zuletzt: »Glatte Worte und heuchlerische Miene, da ist es mit einem guten Charakter meist nicht weit her!« (17:17) Sie sollten es vermeiden, sich in Ihrem Alltag über andere Menschen zu ärgern, so wie Yan Hui »seinen Ärger nie an anderen ausließ und keinen Fehler zweimal machte« (6:3). Überhaupt sollten Sie am besten genauso bescheiden sein wie dieser

Yan Hui, der sich mit seinen Fähigkeiten nie selbst ins Licht der Öffentlichkeit gerückt hat, sondern immer »diejenigen fragt, die weniger fähig sind«, und auch »bei denen lernt, die weniger wissen«, und der sich bei allem Wissen »doch für leer hält« (8:5). So verkörpert der Schüler Yan Hui die Logik der Selbstverbesserung am besten, dafür preist ihn Konfuzius (9:20); und vielleicht strahlt sie im Zeitalter des Neoliberalismus noch einmal besonders hell – nur dass der ursprüngliche Konfuzianismus natürlich das genaue Gegenteil moderner Selbstoptimierungsprojekte darstellt, die ja immer der Selbst*ermächtigung* dienen. Die Selbsterziehung diente dort zuerst der Selbstüberwindung.

Die Handlungsvorschriften können noch detaillierter werden – und kippen dann aus heutiger Sicht leicht ins Lächerliche. Im zehnten Kapitel der *Gespräche* haben die Schüler minutiös den Alltag ihres Meisters aufgezeichnet, und wir dürfen annehmen, dass Konfuzius sich ihrer Beobachtung immer bewusst gewesen ist:

> Er trank nicht den Wein aus den Geschäften, aß auch nicht das getrocknete Fleisch von den Märkten. Obwohl er den Ingwerteller nicht vom Tisch entfernen ließ, nahm er davon nicht im Übermaß. (Ende von 10:8)
>
> Während des Essens lehrte er [seine Schülerschaft] nicht. Im Bett führte er die Unterhaltung nicht fort. (10:10)
>
> Wenn er krank war und der Herrscher ihn besuchte, lag er mit dem Kopf gen Osten. Dazu hatte er sein Hofgewand angelegt, den Gürtel umgeschnallt. (10:19)
>
> Er schlief nicht steif wie eine Leiche. Er nahm auch keine förmliche Haltung an, wenn er nichts zu tun hatte. (10:24)

Das Ziel dieses Bildungsprojektes ist es, die höchste Tugend zu entwickeln, die »Menschlichkeit« (*ren* 仁). In den *Gesprächen* umkreist Konfuzius dieses Wort unaufhörlich, ohne dass er ihm je eine endgültige Definition verliehen hätte. Vielleicht war es einfach so, dass diese Tugend für ihn einen »unheimlichen Exzess an Bedeutung« besaß, »den er nicht auszudrücken vermochte«.[98] Die

»Menschlichkeit« ist auf jeden Fall der eigentliche Kern der konfuzianischen Lebensform, also der Existenzweise eines Menschen, der sich so lange in ritualisierten Praktiken wie dem Rezitieren von Gedichten, dem Bogenschießen und der Informationsübermittlung am Hof geübt hat, dass er seine Gedanken, Gefühle und Handlungen wie von selbst zu lenken weiß. Er ist höflich, vertrauenswürdig und weiß um »das Richtige« (1:13); er spricht langsam und handelt schnell, wenn es nötig ist (1:3, 4:24); er schert sich nicht besonders um materielle Güter, sondern sucht sich und seine Gefährten moralisch zu verbessern (4:11); er weiß, wen er positiv und wen er negativ beurteilen muss (4:3); und nicht zuletzt – dies wird in späteren Textschichten der *Gespräche* wichtig – besitzt er Mitgefühl für andere Menschen und sorgt sich um ihr materielles und spirituelles Wohl (etwa in 12:7). Alle diese ethischen Qualitäten sind Bestandteile der »Menschlichkeit«; und die Humanität des Konfuzius mag vielleicht gerade darin zu suchen sein, dass diese Liste offen ist und von jedem Einzelnen neu mit Bedeutung gefüllt werden muss.

Das Denken des Konfuzius wird von Slavoj Žižek als »die ursprüngliche Form des Idioten« geschmäht.[99] Aber dieses Urteil trifft den Chinesen nicht, denn um smarte Weltgewandtheit ging es ihm nie; seine Lehre wollte praktisch wirken, nicht in Form von »stelzbeinigen Maximen« (Schopenhauer), sondern in Form von Anregungen und Anstößen, die ihren Platz mitten im Gewühl des wirklichen Lebens haben. Und das hat Konfuzius ja auch zweifellos geschafft: Über mehr als zwei Jahrtausende besetzte seine Lehre das kulturelle Zentrum Ostasiens und hat eine weitgehend säkulare Lebensform begründet, in der weder Götter noch Geister den Menschen direkte Vorgaben machen konnten (gewiss, es gab Ausnahmen; konfuzianische Beamte haben sich auch schon einmal an Regengebeten beteiligt). Sehr bewegend finde ich in diesem Zusammenhang die Szene, in der Konfuzius schwerkrank darniederliegt und ihm sein Schüler Zilu vorschlägt, zu »den Geistern des Himmels und der Erde« zu beten. Doch der Meister lehnt dies mit dem Hinweis ab, er habe in seinem langen Leben so viele Anstrengungen unternommen, ein besserer Mensch zu werden – das müsse genug des Betens sein (7:35)! Und vielleicht war es auch dieser nüchterne Humanismus, der Ezra Pound in den Bann gezogen hat, den begnadeten, modernistischen Dichter, der zwar vieles falsch gemacht hat, als glühender Mussolini-Anhänger und übler Antisemit, der sich bei seiner Ergreifung am 3. Mai 1945 durch italienische Partisanen aber noch schnell eine zweisprachige Ausgabe von Konfuzius' *Gesprächen* in die Hosentasche gesteckt hat, um dieses Buch während seiner Verhöre durch das FBI in Pisa und später während seiner Haft im Distriktgefängnis von Washington, D. C., neu ins Englische zu übersetzen.

Wie schreibt noch Pound?

Konfuzianer schauen aufs Wetter,
hören auf Donner,
suchen den Einschluss.[100]

Den »Einschluss suchen« *(seek to include)*, damit hat der amerikanische Dichter den Finger auf das Wesentliche gelegt. Der Konfuzianismus ist im Kern ein einziges, großes Bildungs- und Vernetzungsprojekt; seine Grundlage ist die sinnlich-konkrete Beziehung zwischen Lehrer und Schüler (und die kann auch nicht durch E-Learning ersetzt werden); Gemeinschaften sind Lern-Welten, die nicht auf Profitmaximierung abzielen, sondern auf die Verwirklichung von Werten wie »Menschlichkeit« und Höflichkeit; und so ein Projekt kann letztlich nur dann erfolgreich sein, wenn *jeder* Mensch (auch Frauen, auch Ausländer), *jeder* Aspekt des menschlichen Lebens, in die Logik der Selbstverfeinerung einbezogen wird. Aus dem Blickwinkel einer globalen Gegenwart, in der das Streben nach Effizienz und technologischer Beherrschbarkeit längst universal geworden ist, in unserer konsumverseuchten, 24/7-hyperkommunizierenden, deshalb aber auch immer gestaltloseren, gedankenloseren, unsinnlicheren Jetztzeit, kann der Geschichtsraum des Konfuzianismus eine ungeheure Faszination entwickeln.

5

Das Erbe des Konfuzius ist offenbar so wirkmächtig, dass ihn heute sogar die Führung der kommunistischen Partei Chinas zu vereinnahmen sucht. Er wird wiederentdeckt als Vordenker von Elitenherrschaft und Autoritarismus, aber auch als Stichwortgeber für ein neoliberales Bildungssystem, in dem Prüfungen und Ranking-Systeme unverzichtbar geworden sind und junge Menschen gnadenlos für den Arbeitsmarkt gedrillt werden. Im Grunde meines Herzens glaube ich nicht daran, dass der Mann aus dem Staate Lu all das gutgeheißen hätte. In seinem langen Leben ist er oft genug all der braven Streber überdrüssig geworden, die sich an seine Rockzipfel gehängt haben. Eine Szene ist besonders sprechend:

> Zigong hatte die Angewohnheit, andere Menschen einzustufen. Konfuzius sagte: »Was für ein talentierter Mann dieser Zigong doch sein muss! Ich habe für so etwas keine Zeit.« (14:29)

Menschen einstufen, um sie besser kontrollieren zu können… Gewiss, Menschen in chinesischsprachigen Gesellschaften haben bis heute die Neigung, der Autorität des Lehrers viel, sehr viel Bedeutung beizumessen – der schon erwähnte Kalligraf Huaisu hat es so auf den Punkt gebracht: Etwas zu lernen ohne einen Lehrer ist, als würde man ein Haus verlassen wollen, ohne durch die Tür zu gehen.[101]

Und dennoch, denke ich, hätte Konfuzius nicht nur der kommunistischen Partei Chinas eine Abfuhr erteilt, sondern auch deren Plänen zur Einrichtung eines digitalen Systems der »sozialen Vertrauenswürdigkeit«. Konfuzius hat mit seinen Formulierungen der »Goldenen Regel« (5:12, 6:30, 15:24) im Kern bereits den Gedanken vorweggenommen, dass der Wert der Gleichheit unabdingbar ist für eine moralische Gemeinschaft. Schon deshalb würde er alle Vereinnahmungsversuche durch Chinas Nationalisten und reaktionäre Denker aufs Schärfste zurückgewiesen haben. Aber auch wenn ein kanadischer Wissenschaftler, der seit vielen Jahren das gegenwärtige politische System Chinas schönredet, von den konfuzianischen Ritualen in Karaoke-Bars schwärmt, die angeblich sogar den dort arbeitenden Hostessen Schutz böten, sehe ich Konfuzius' Lehre verraten.[102] Konfuzius würde nicht in Karaoke-Lieder einstimmen. Rituale verschaffen Menschen in modernen Gesellschaften keine echte Sicherheit. Das heutige China ist nicht konfuzianisch und kann es auch nicht mehr so leicht werden, weil die menschlichen Beziehungen in diesem Land längst durchökonomisiert sind. Nur zur Erinnerung: Das bloße Erscheinen der achtzig Tänzerinnen von Qi genügte, um Konfuzius ins Exil zu treiben ...

6

Ich habe lange genug in Ostasien gelebt, um nach diesem Exkurs zum Konfuzianismus so etwas wie ein schlechtes Gewissen zu haben. Könnte es sein, dass ich Konfuzius in ein allzu negatives Licht gerückt habe? Verstehe ich diese jahrtausendealte Tradition überhaupt gut genug, um so harsch über sie zu urteilen? Und mit welchem Recht mache ich mich lustig über einen Menschen, der so fest an die Möglichkeit der Selbstvervollkommnung geglaubt hat? Ich kenne genügend Menschen, die sich über meine Darstellung ärgern würden, wenn sie sie einmal zu Gesicht bekommen sollten. Und ich gebe zu, dass es mir nicht gelungen ist, Konfuzius' Leben wie die Evangelien oder wie ein Volksmärchen von Tolstoi zu erzählen.

Damals, in Paris, hatte ich viele Bekannte aus China, Taiwan, Hongkong und Singapur. Je länger ich Konfuzius las, desto mehr glaubte ich seinen Einfluss an ihnen sehen zu können: In der Art, wie sie, immer andeutungsweise, über ihre Familien sprachen, über ihre Väter und Vorväter (seltener über die mütterliche Seite), wie sie oft direkte Kritik vermieden, sondern erst einmal große Bögen schlugen, eine Stimmung schilderten oder sich im Detail verloren, um ihre Einwände erst ganz zum Schluss auszusprechen, wie sie mir höflich einen Wink mit dem Zaunpfahl gaben und sich schüchtern für Frankreich und die französische Kultur öffneten, um dann doch wieder nur über die eigene, ach so entrückte Welt zu sprechen. Auch schien der eine oder andere tatsächlich – in Lebenskrisen – in der Lektüre konfuzianischer Schriften Halt gefunden zu haben. Genau diesen Halt muss ich selbst gesucht haben, ich konnte ja nicht immer nur auf mich allein gestellt leben; also las ich Konfuzius.

Einmal erklärt Konfuzius, der in seinem Leben so viel gesagt hat, dass er eigentlich gar nichts mehr sagen möchte. Seine Schüler reagieren verstört. »Wenn der Meister nicht mehr spricht«, fragt ihn Zigong, wohl einer seiner intelligentesten Schüler, »was sollen wir dann den anderen noch überliefern?!« (17:19) Sie kleben an seinen Worten wie die Fliegen am Fliegenpapier. Und vielleicht erwischt ihn ihre Verzweiflung auf dem falschen Fuß. Er weiß plötzlich nicht mehr weiter und nimmt Zuflucht zur Pose, zur ironischen Selbstüberhöhung: Auch der Himmel spreche nicht und doch würden die vier Jahreszeiten ihren Weg gehen, alles wachse und gedeihe; warum müsse er, Konfuzius, dann bitteschön etwas sagen?!

Wahrscheinlich habe ich in meiner wortlosen Weltverachtung auch nur nach »Einschluss« gesucht, nach Verbindung. Eine Weile zog mich die Vorstellung an, dass ich zum Franzosen werden könnte. Immerhin hatte ich schon eine ganze Zeit lang in Paris gelebt; ich sprach Französisch, arbeitete in einer französischen Internetfirma, zahlte französische Steuern, trank französische Weine, hatte französische Freunde und dachte kaum noch an meine deutsche Vergangenheit. Stattdessen saß ich in meiner winzigen Wohnung in Neuilly-sur-Seine und überlegte mir beim Durchblättern einer französischen Tageszeitung, in welchem Stadtteil von Paris ich am besten auf Tauchfahrt gehen würde. Denn es schien mir, als hätte die französische Hauptstadt noch am ehesten etwas neunzehntes Jahrhundert anzubieten. Mein Kopf schwirrte: Während Europas Hochkultur (Bücher, Speisezimmer, abgedunkelte Seelen) rasend schnell in universalen, neoliberalen Zusammenhängen verschwand, träumte ich von meinem unendlich langsamen Verschwinden in Pariser Erinnerungen: Reiterstandbilder, Opernhäuser, Parks mit Tauben und grünen Metallstühlen, Metro-Ausgänge, Emigranten, Absinth-Nächte, das Hotel Ritz ... Ich dachte an eine Bemerkung, die jemand einige Jahre zuvor gemacht hatte: »[O]hne Übertreibung kann der Cyberspace als die neue Bombe angesehen werden, ein pazifischer Atomblitz, der den Abdruck unserer entkörperten Identitäten auf die Mauern der Ewigkeit projizieren wird.«[103] Solche aus Amerika stammenden Metaphern für umfassende Machbarkeit und mediale Vernetzung beunruhigten mich zutiefst; in naher Zukunft drohte jede Vorstellung von Privatheit, von eigentlicher Tiefe ausgelöscht zu werden. Hatte der englische Schriftsteller Thomas De Quincey nicht bereits im Jahr 1854 prophezeit, dass die englische Sprache einmal alle anderen Sprachen verschlingen würde, so wie Aarons Schlangenstab im Alten Testament die Stäbe der Zauberer verschlungen hat?![104] Je tiefer ich in Paris eindringen würde, dachte ich, desto besser.

Doch schon bald überfiel mich wieder das wirkliche Leben. Nachdem ich in einem Callcenter, in einer Internetfirma und in einer Massagepraxis gearbeitet hatte, fand ich eine Anstellung als Übersetzer. Ich übersetzte deutsche Texte ins Englische und englische Texte ins Französische. Das war zwar noch keine Zukunft, aber es half mir ein bisschen mit der Gegenwart; der einzige Nachteil bestand darin, dass ich so überhaupt keinen Grund mehr hatte, meine Wohnung zu verlassen. Ich zwang mich also, jeden Tag in einem Café zu sitzen und meine Übersetzungen dort runterzuschreiben; und ich wechselte, mit einer Gründlichkeit, die mich schon wieder erschreckte, jeden Tag oder zumindest jeden zweiten Tag das Café. Manchmal saß ich auch in einer der zahllosen Bibliotheken des fünften Arrondissements; und in einer dieser Bibliotheken, in einem sehr übernächtigten Zustand, habe ich dann J. kennengelernt. J. ist eine schweizerisch-koreanische Künstlerin, die damals ein Töpferatelier in Belleville betrieb und von Zeit zu Zeit eine kleine Ausstellung organisierte (heute hat sie in Genf eine eigene Galerie und stellt wunderschöne Keramik her). J. war in der Schweiz großgeworden, hatte aus einer gescheiterten Ehe mit einem Mann aus Seoul zwei Kinder und wohnte zusammen mit ihren Kindern und einer koreanischen Freundin in einem großen, lichtdurchfluteten Apartment unweit des Jardin du Luxembourg.

Fortan teilte ich also meine Zeit zwischen zwei Wohnungen auf und hatte dabei das untrügliche Gefühl, dass wir als Paar sehr glücklich waren. Zumindest waren wir es, wenn ich den Gedanken verdrängte, dass ich nie genügend Geld verdienen würde, um J.s beide Kinder ernähren oder dieses große, lichtdurchflutete Apartment bezahlen zu können. Von meinen Eltern hatte ich weder für Geld noch für Familie ein wirkliches Gefühl mitbekommen. Die koreanischen Eltern von J., das verstand ich allmählich, hatten dagegen sehr genaue Vorstellungen über das Familienleben; sie lebten in der Schweiz, verfügten offenbar über einiges Geld und hofften wohl, dass sich ihre Tochter schnell wieder verheiraten würde. Ich weiß nicht, ob ich mir damals alles genau durchdacht habe, oder was ich mir eigentlich erwartete von der Beziehung mit J. Ich suchte vielleicht auch einfach mein Zwischen-den-Welten-Dasein ein wenig zu verlängern; nur würde ich, wenn ich nicht aufpasste, bald hoffnungslos heruntergekommen sein – wie hätte ich da je in einer schweizerisch-koreanisch-deutschen Familienexistenz bestehen können?

Außerdem wollte ich ja auf Tauchfahrt in die Vergangenheit gehen.

In Paris schien immer Sommer zu sein. Ich spielte mit meinen französischen Freunden weiter Fußball an der Porte de Saint-Cloud. J. und ich fuhren mit der Metro ins Freie, zum Picknicken in den Bois de Vincennes oder nach Versailles. Wir besuchten Künstlerfreunde von J. Ich verlor Geld beim Pferderennen und beobachtete zum Ausgleich am Schloss von Chantilly eine Sonnenfinsternis. Die großen Werbetafeln (GIVENCHY; L'ORÉAL; CARREFOUR; THE BODY SHOP; FNAC; LACOSTE) kamen in der Zwischenzeit immer brutaler daher. Bald brannten auch wieder die Banlieues. Die Franzosen zahlten noch immer mit Francs, aber auch das würde bald vorbei sein. Ich war genauso haltlos wie früher. Die Nullerjahre hatten gerade erst begonnen. Schon bald würde Paris Hilton berühmter sein als jede Französin.

7

Ich verbringe lange Nachmittage im Studio des Fotografen Ling Fei auf dem Boulevard de Sébastopol. Ling Fei lebt schon seit einer gefühlten Ewigkeit in der französischen Hauptstadt und erzählt mir gern und ausführlich von den chinesischen Einwanderern, die in Frankreich ihr Glück finden wollen. Einmal führt er mich in die Rue du Buisson-Saint-Louis im zehnten Arrondissement, zu einer unter Chinesen weitbekannten Nachhilfeschule. Die Straße davor, aber auch die benachbarten Gassen sind an jenem Tag von Chinesen überfüllt; überall stehen mittelalte Männer, Frauen, Jugendliche. An ein Durchkommen ist nicht zu denken. Ling Fei erzählt: Menschen aus der Stadt Wenzhou in Südchina oder seit einiger Zeit auch aus dem Nordosten kommen mit einem Touristenvisum nach Paris; manche sind Lehrer, manche Parteifunktionäre oder Angestellte aus den Staatsbetrieben. Nach der Ankunft auf französischem Boden tauchen sie einfach unter. Sie wohnen dann für 500 bis 800 Francs zu zehnt in einem Zimmer, essen bei der Heilsarmee, verdingen sich als Handlanger oder spielen aus Verzweiflung Lotto oder härtere Glücksspiele. Die Verschuldung der mit dem Flugzeug Ankommenden ist geringer (etwa 60 000 Francs); auf dem Landweg kommt man auf mehr (manchmal bis zu 150 000 Francs). In China verdient so manches Ehepaar nur wenig mehr als 800 Yuan; das ist viel zu wenig, um ein normales Leben zu führen. Die Staatsbetriebe werden seit einiger Zeit »entfettet«, wie man das nennt: Entlassungswellen. Manche der Neuankömmlinge haben nicht einmal genügend Geld, um bei ihrer Familie in China anzurufen und ihnen mitzuteilen, dass sie gut gelandet sind. Von der Nachhilfeschule erhoffen sich diese Menschen einen Bescheid, eine *attestation de domiciliation*, der ihnen als Grundlage für alle weiteren Anträge bei der französischen Bürokratie dienen soll. Doch an jenem Morgen werden die Eisengitter der Nachhilfeschule nicht hochgezogen.

Kein Chinese war exemplarisch, aber ich sammelte so meine Eindrücke. Viele wollten reich werden; das Geld spielte sowieso eine große Rolle im Leben der Chinesen. Menschen aus den Küstenregionen erreichten Paris leichter als Menschen aus dem Binnenland, dort gab es mehr Geld, weitgespanntere Beziehungsnetze. In Paris sah man die armen Gepäckträger in der Rue au Maire, wo sich auch die billigen Teeläden und Spielhöllen befanden; aber es gab auch schon die Neureichen, die, gerade erst in Europa angekommen, immer noch ihre Pager am Gürtelbund trugen, dazu eine goldene Rolex, die notorischen Playboy-Schuhe, die Hennessy-Cognac tranken und groß einkauften: Gucci-Taschen, Hermès-Tücher, Zigarettenetuis.

Irgendwann versuche ich, die Chinesen von Paris genauer wahrzunehmen. Ich habe mich schon öfters gefragt, warum ihre Lebensläufe so anders sind als die Lebensläufe meiner Freunde und Bekannten. Warum scheinen sie so oft mit gesellschaftlichen Kräften verschlungen, die ich nicht kenne? Ich höre viel und weiß bald nicht mehr, was wohin gehört ...

Mui Tsai, ein kantonesischer Ausdruck: Traditionell jene Mädchen, die von ihren Familien an eine reiche Familie verkauft worden sind, wo sie ernährt, häufig vom jüngsten Sohn geschwängert und schließlich mit irgendeinem Diener oder Hausmeister verheiratet worden sind. Ein Gerücht, dessen Wahrheitsgehalt nicht leicht überprüft werden kann: Um das Jahr 2000 wurden junge Mädchen aus den Dörfern noch auf Holzpodesten an die Höchstbietenden versteigert.

Viele Chinesen haben ein sehr genaues Gedächtnis. Sie erinnern sich mitunter noch Jahre später an Details wie die Farbe einer Krawatte, die man an dem und dem Tag getragen hat, an das Wetter, an bestimmte Wörter.

Als ein alter Mann krank wurde, beschuldigte er seine drei Söhne, dass sie sich nicht ausreichend um ihn gekümmert hätten und er nur aus diesem Grund erkrankt sei. Auch die Ehefrauen seiner drei Söhne beschuldigte er. Daraufhin wuschen die drei Söhne über viele Wochen hinweg eigenhändig die Kleidung ihres Vaters, um ihm auf diese Weise ihre Kindesliebe zu beweisen. Doch der alte Mann war so wütend, dass er darauf bestand, seine Kleidung selbst zu waschen. Als er starb, wurde seine Leiche eine Woche lang im Dorf aufgebahrt. Dann verbrannte man sie. Die Familie warnte die Dorfbewohner vor dem Geist des alten Mannes. Die Jüngeren schenkten der Warnung keine Beachtung, die Älteren aber schon. Die Familie des alten Mannes bereitete jeden Tag Essen für seinen Geist vor, stellte ihm sorgfältig seine Schuhe hin, füllte die Holzwanne, in der er sich früher gewaschen hatte, mit warmem Wasser. Jeder in der Familie musste früh zu Bett gehen. Einmal, gegen Mitternacht, hörten die drei Söhne, wie ihr Vater hereinkam, sich auszog und sich in der Holzwanne wusch. Dann ging er zu Bett, sehr langsam, aber unter großem Getöse. Da wären die drei Söhne beinahe vor Angst gestorben. Von da an aßen sie getrennt von ihren Ehefrauen. Die Frauen durften nicht einmal mehr das Essen ihrer Männer anschauen, so sehr hatte der tote Vater seine Söhne verschreckt.

Jemand erklärte mir in einem Hongkonger Backpacker-Hotel im Jahr 1997, dass es besser sei, *nicht* Chinesisch zu sprechen, denn die Chinesen würden einen dann zehnmal besser behandeln. Viel später habe ich Lu Xuns berühmte »Geschichte vom Haar« gelesen; es war ein regnerischer Tag, ich saß allein auf dem Balkon unserer Wohnung, und während meine Augen über die chinesischen Schriftzeichen hinwegflogen, versuchte ich mir den japanischen Reisenden vorzustellen, der es vor etwa hundert Jahren nicht für nötig hielt, Chinesisch oder Malaysisch zu lernen, da er sich in China oder in Südostasien problemlos mit seinem Stock verständigen konnte. Hatte sich, schien mir im Jahr 2010, nicht doch einiges verändert zwischen dem Jahr 1920 und dem Jahr 1997?

Einer wird zum erfolgreichen Geschäftsmann. Um das Jahr 1980 hatte er begonnen, auf der Messe von Kanton mühselig Türklinken zu putzen. Irgendwann hatte er eine Lizenz für Tupperdosen ergattert und damit eine Zeit lang viel Geld gemacht. Doch dann war sein Mittelsmann einer Säuberungswelle zum Opfer gefallen und er hatte die Lizenz an einen texanischen Desperado verloren. Unter größten Schwierigkeiten, von Hongkong aus, hatte er ein kleines Import- und Exportbüro aufgebaut. Zuerst handelte er nur mit Streichhölzern, Kugelschreibern und Plastikschirmen. Später auch mit Whiskey und Weinen. Nachdem er im Jahr 1986 seinen ersten Provinzgouverneur kennengelernt hatte, einen Mann, in dessen Adern »bürgerliches Blut« floss und der sogar einige Wörter Französisch kannte, war er ein gemachter Mann. Dieser Geschäftsmann hatte schöne, markante Ohrläppchen, ein Umstand, der sicher nicht unwesentlich zu seinem Erfolg beigetragen hat.

Eine weitere Biografie. X. Yao, aus der Stadt Jilin im »rauen« Nordosten Chinas. Ihre Mutter war Politikerin, saß im Volkskongress und verkehrte in den höchsten Kreisen. Aber sie wurde in ihrer Heimat manchmal bedroht; Männer kamen mit einem Messer in ihr Büro und verlangten, dass ihr Haus nicht abgerissen oder ihr Geschäft nicht geschlossen würde. Ihr Vater war eigentlich Japanischlehrer, eröffnete später aber eine Immobilienagentur. Am liebsten wäre er jedoch nach Japan ausgewandert (dies war seine Art, dem eigenen Vater Widerstand zu leisten, der von den Japanern misshandelt worden war und alles Japanische zutiefst hasste). Wenn ihre Mutter wieder einmal bedroht wurde, nannte sie den Namen eines Triadenchefs; und dann steckten die meisten ihr Messer schnell wieder ein. X. Yao studiert in Paris Kunstgeschichte; sie ist blass und sehr mager. Sie weiß, dass sie in Zukunft einmal sechs alte Menschen ernähren muss, deshalb überlegt sie sich bereits, auf eine Business School in Kanada zu wechseln. Auch sie liebt die japanische Kultur, insbesondere japanische Filme; darin gebe es so viele *kleine Dinge*: Dörfer, Häuser, Hügel. Sie bewundert deutsche Uniformen, die schwarzen Kappen, die Stahlhelme. Einmal ist sie bei einem berühmten französischen Koch in die Lehre gegangen; leider kann sie immer noch nicht gut kochen. Im tiefsten Herzen möchte sie so entschieden leben wie Sir Edmond und Simone aus Georges Batailles *Geschichte des Auges*. Gern würde sie beispielsweise mit einem Mietwagen von Paris nach Sevilla fahren, nur hat ihre Mutter seit einiger Zeit ein Lungenleiden, darauf muss sie jetzt Rücksicht nehmen. Sie liebt Geistergeschichten. Sie glaubt sich manchmal selbst ein wenig verrückt, wenn sie etwa mehrmals in den Spiegel schaut, weil sie befürchtet, ihr Gesicht könne dort »hängengeblieben« sein. Sie übernachtet nur in nagelneuen

Hotels, weil dort noch keiner gestorben ist. In Europa seien über die letzten Jahrhunderte jedoch viel weniger Menschen als in China umgekommen, deshalb gebe es wohl auch weniger Geister, sie müsse sich nicht allzu große Sorgen machen. Das erzählt sie so und in diesem Augenblick ist sie 21 Jahre alt.

Eine Frau erzählt mir in einem Flughafen, irgendwo zwischen Ost und West, während draußen Nachtwolken vorbeitreiben, wie es ihrer Familie in der chinesischen Provinz ergeht. Viele seien arm, arbeiteten in Fabriken, die man seit einiger Zeit von den Städten aufs Land verlegt, seien mit unter fünfzig gestorben. Sie berichtet von einem Verwandten, ein vierzigjähriger Bauernsohn, der an Epilepsie litt und sich mit dem Verkauf von Fröschen und Ratten über Wasser hielt. Auch er sei früh gestorben.

Es gibt nur sehr wenige linkshändige Chinesen.

Der Genuss von Opium wurde in Hongkong erst im Jahr 1946 verboten. In China gab es schon seit 1911 strenge Gesetze gegen Opium. In Hongkong wurde es trotzdem bis in die 1960er hinein geraucht. Einem meiner Bekannten wurde noch im Jahr 1986 in einer Straße hinter dem Bund von Shanghai eine Paste aus Opium angeboten, die man rauchen konnte. Die Opiumpfeifen wurden auf Kantonesisch *in ts'eung* genannt: »Opiumgewehre«. Eine andere Methode war es, die Kügelchen zu pulverisieren und das Pulver mit dem stumpfen Ende eines Zahnstochers auf die Spitze einer Zigarette zu platzieren, die dann senkrecht geraucht wurde. Kantonesisch hieß das *hoi ko she p'au*: »das Flak-Gewehr abfeuern«. Eine kompliziertere Methode bestand darin, Papier zu einer Röhre zu rollen, die ungefähr den Durchmesser einer Zigarette besitzt und knapp zwanzig Zentimeter lang ist. Dann wurden Heroinkügelchen in gefaltetes Stanniolpapier gesteckt. Mit einem Feuerzeug ließ man sie zerschmelzen, ohne dabei das Stanniolpapier zu zerstören. Das eine Ende der Papierröhre wurde sodann an den Mund gehalten, das andere aber leicht gebeugt über das Stanniolpapier, um den Rauch aufzufangen. Diese Methode wurde *chui lung* genannt: »den Drachen verfolgen«. – Es gibt Stimmen, denen zufolge das heutige China nur aus der Erfahrung der Opiumkriege zu verstehen ist.

Auch Hundefleisch wird in China gern gegessen. – Aber warum nur interessiert dich das?, könnte man fragen. – Ich will genau hinsehen: Alles Erklären sollte dem Beschreiben weichen. Gerade im Winter wird Hundefleisch als ein wichtiger Teil der Ernährung angesehen. Man sagt: »Wenn man einen Hund isst, hält er einen lange warm.« Gewöhnlich stecken sie einen vier Monate alten Hund in einen festgenähten Reissack (damit er einem nicht in die Hand beißt) und ertränken ihn in einem Kübel mit Wasser. Das Blut gilt als nicht besonders gesund; man lässt es besser auslaufen. Das tote Tier muss man dann lange in heißem Wasser einweichen lassen, damit es schön weich wird. Das ganze Tier kann gegessen werden, nur die Lungen nicht. Man schneidet das Fleisch in kleine Stücke und erhitzt es mit Erdnussöl; dann wird es scharf angebraten, mit Ingwer, Tofu, Anissamen, Sojabohnen, usw. Ein Schuss Alkohol wird hinzugefügt, für den Geschmack. Der Topf wird abgedeckt, damit das Hundefleisch garen kann. Wenn die Flüssigkeit schon fast vollständig verdampft ist, wird ein wenig Wasser mit braunem Zucker und Salz hinzugefügt. Noch zwei Stunden auf niedriger Flamme, dann ist die Mahlzeit fertig. Aufgewärmt schmeckt das Fleisch übrigens noch besser. Am Tag der Sommersonnenwende Hundefleisch zu essen bringt Glück. – Im Jahr 2006 habe ich in einem Dorfrestaurant an den Außenrändern der Stadt Jinhua in der Provinz Zhejiang einen gekochten Hund gesehen. Er lag da, erbärmlich und in einer großen, blauen Plastikschale; weil sich die Haut wegen der Hitze zurückgezogen hatte, konnte ich die weißen Zahnreihen erkennen. Als ich einige Minuten später, mehr oder weniger unwissentlich, einige Stücke Hundefleisch verzehrt habe, hatte ich danach ein sehr schlechtes Gefühl. Doch meine Lebensgefährtin C. Y. war geradezu empört und konnte überhaupt nicht verstehen, wie ich so nachlässig hatte sein können. Erst viel später hat sie mir mein Verhalten an diesem Tag verziehen.

Was soll ich beschreiben und was nicht? An dem Tag, als ich Hundefleisch gegessen habe, saß mir beim Mittagessen ein Sekretär der kommunistischen Partei aus der Stadt Tianjin gegenüber, der mich mit seiner unsäglichen Rohheit, Machtbesessenheit und

Frauenfeindlichkeit angeekelt hat. Ich habe über die Jahre viele solcher Parteisekretäre getroffen. Einmal, bei einem Bankett in der Stadt Guilin im Mai 2015, hätte ich meinem Gegenüber am liebsten die Flasche Reisschnaps in die Hose geschüttet, so unglaublich borniert, hasserfüllt und illiberal waren seine Äußerungen (er übergoss die amerikanischen Tischgäste mit seiner Häme, die das jedoch nicht mitbekamen, weil sie kein Chinesisch verstanden). Der holländische Schriftsteller Multatuli (Eduard Douwes Dekker) schrieb in seinem im Jahr 1860 veröffentlichen Roman *Max Havelaar*:

> Es ist für einen Schriftsteller nicht leicht, gerade zwischen den Klippen des Zuviel und Zuwenig hindurchzusegeln, und die Schwierigkeit wird um so größer, wenn man Zustände beschreibt, die den Leser auf unbekannten Boden versetzen müssen. Es ist eine zu nahe Beziehung zwischen Ort und Ereignis, als daß man die Beschreibung der Örtlichkeiten ganz sollte entbehren können, und das Vermeiden der zwei Klippen, die ich meine, wird doppelt schwierig für einen, der Indien zum Schauplatz seiner Erzählung gewählt hat. Denn wo der Schriftsteller, der europäische Zustände behandelt, viele Dinge als bekannt voraussetzen kann, muß der, der sein Stück in Indien spielen läßt, sich fortwährend fragen, ob der nicht-indische Leser diesen oder jenen Umstand auch richtig auffassen wird.[105]

Wie werden meine Leserinnen und Leser die Beschreibung des Parteisekretärs aus Guilin auffassen?

Die Bauern in Südchina gehen, wenn sie gegen die Polizei demonstrieren, manchmal auf die Knie. Ich übertreibe nicht, es gibt solche Fotos (ich könnte sie Ihnen zeigen). Dabei halten sie brennenden Weihrauch vor sich in die Höhe. Ganz ähnlich sind die Demonstrierenden übrigens schon im 18. Jahrhundert auf die Knie gegangen. Was denken sich die Bauern heute dabei?

Die Lehre des Konfuzius ist oft als eine Form des säkularen Rationalismus charakterisiert worden. Ein religiöses Weltbild wie das christlich-jüdische legt dem Gläubigen enge Grenzen auf: Mithilfe seines Verstandes wird er nie wissen können, ob er auf dem richtigen Weg ist oder ob er gar auf ein Leben nach dem Tod hoffen darf, denn Gott ist in seinen Entscheidungen absolut frei, sein Wille unerforschlich. Keine Handlung und kein Gedanke des Gläubigen kann Gott in seinen Entscheidungen beeinflussen. Konfuzius äußert sich dagegen nie mit letzter Eindeutigkeit zu der Frage, ob er an die Existenz von Geistern oder Göttern glaubt. Einmal erklärt er, dass es am besten sei, den Geistern nur so zu opfern, *als ob es sie gäbe* (3:12; vgl. 6:22). Auf diese Weise eröffnet sich den Menschen ein Handlungs- und Verhandlungsspielraum gegenüber allem Höheren. Am besten halten sie sich fern von übernatürlichen Kräften, doch wenn diese einmal ins eigene Leben hineinragen, ist es möglich, sie im menschlichen Sinne zu verstehen und auf diese Weise ihr Wollen auszuloten, wenn nicht sogar zu beeinflussen. Die Sphären von Religion und Mystik werden so anders bestimmt als in Europa. Durch die Übung, die Transformation der eigenen Lebensperspektive, kann der Mensch sich selbst in Richtung des Göttlichen übersteigen; mystische Erfahrung ist in einem »Kontinuum« mit Alltagsbelangen erfahrbar, wenn sich der richtige Anlass bietet.[106] Selbst von Konfuzius, dem allergewöhnlichsten Menschen, erbitten sich noch heute viele Menschen in Ostasien Hilfe und Schutz. Auf die Frage, ob sie wirklich an seine spirituelle Präsenz *glauben*, antworten sie oft ausweichend. Es scheint dann fast so, als würden sie eine Frage wie »Glaubst Du an ...?«, die ja eine Klammer des Entweder-oder öffnet, nicht verstehen.[107]

Viele chinesischsprachige Menschen, denen ich begegnet bin, stellten nicht infrage, dass es übernatürliche Wesen gebe, noch dass sie mithilfe bestimmter Techniken nicht nur ihr zukünftiges Wirken vorhersehen, sondern dieses auch beeinflussen könnten. Wahrscheinlich haben sie ihren Konfuzius nur ungenau in Erinnerung. Viele glaubten an die Wirkung des körperlichen Qis (das zum Beispiel Wärme abstrahlt, wenn man sich darauf konzentriert); änderten ihre Namen, wenn sie glaubten, zu wenig Glück im Leben zu haben; vermieden es, an ungünstigen Tagen Wohnungen zu kaufen oder zu heiraten; investierten viel Geld in Feng-Shui und alle nur erdenklichen Divinationspraktiken, in Wahrsager und Tempelfeste; oder akzeptierten Roboter und künstliche Intelligenz als selbstverständlichen Bestandteil ihres Lebens. Natur und Kultur sind für sie nicht zwei getrennte Sphären. Konfuzius hätte sich wahrscheinlich gegen viele dieser Praktiken verwehrt, sie als Aberglauben verworfen; doch auch Konfuzius hat nie eine scharfe Trennlinie zwischen Glauben und Vernunft, menschlicher und göttlicher Sphäre gezogen. Zahlreiche säkulare Institutionen (Universitäten, unabhängiges Justizwesen, freie Presse, usw.) sind in Ostasien erst gegen Ende des 19. Jahrhunderts und unter dem Einfluss westlicher Kolonialmächte begründet worden.

Schaut man genauer hin, dann merkt man, dass sich viele spirituelle und religiöse Praktiken in chinesischsprachigen Gesellschaften auf ein einziges Buch zurückführen lassen, das *Buch der Wandlungen* (*Yijing* 易經). Dieser Text enthält eine geschlossene, in sich sehr stimmige und durchaus ästhetisch anmutende Konzeption des Kosmos. Er ist ein Sammelpunkt für die unterschiedlichsten Bilder, Denkweisen und frühesten Erinnerungen der chinesischen Zivilisation, sozusagen ihre Gründungsmythen, und ist wahrscheinlich bereits gegen Ende des 9. Jahrhunderts v. Chr. zusammengestellt worden. Im Kern handelt es sich um ein Orakelbuch, mit dessen Hilfe die Menschen der Frühzeit, in Weilern, Dörfern oder Städten in der Nähe des Gelben Flusses in Nordchina sich ihre Welt zu erklären suchten; es will dem Fragenden Zugang verschaffen zu bestimmten, nicht einfach wahrnehmbaren Aspekten seiner Situation. Mithilfe eines Systems von abstrakten Zeichen (den Trigrammen und Hexagrammen) versucht das *Buch der Wandlungen* Naturphänomene sowie die Koexistenz und die Konfrontation von Yin- und Yangkräften in einer Art symbolischer Ordnung zu erfassen. Die den Zeichen angehängten Sprüche sollen es darüber hinaus erlauben, durch komplizierte Verfahren wie das Schafgarbenorakel direkte Aussagen über zukünftige Entwicklungen zu machen. Mit wissenschaftlichen, evidenzbasierten Methoden sind solche »Entwicklungen« natürlich nicht nachzuweisen; dennoch hat das *Buch der Wandlungen* selbst im modernen China nur selten Kritik auf sich gezogen. Das analoge Denken, das überall Übereinstimmungen sehen will, ist ein alternativer, sozusagen *spiritueller Universalismus*, der jedoch nicht »streng ›kulturell‹« ist, wie der Anthropologe Philippe Descola kürzlich wieder einmal in Erinnerung gerufen hat, da er dem Menschen die Fähigkeit zuschreibt, »die Fülle einer Welt ohne vorherige Begründungen zu erfahren, das heißt befreit von den partikularen Begründungen, die eine lokale Tradition ihr zuweisen könnte«.[108] Insofern entzieht dieses Denken sich einerseits einer erfahrungswissenschaftlichen Perspektive; andererseits fehlt vielen Chinesen bis heute wohl auch einfach die Motivation, ihre eigene Tradition mit derselben Radikalität zu hinterfragen, wie es Europäer mit Anbruch des wissenschaftlichen Zeitalters getan haben.

Ich weiß, all das ist ins Grobe formuliert. Ich habe hier einfach nicht den Platz, um das *Buch der Wandlungen* gründlicher abzuhandeln. Am Einfachsten ist es wohl, wenn ich jetzt dem Psychoanalytiker C. G. Jung das Wort gebe, der das erstaunliche Versprechen dieses Buches in dem Begriff der »Synchronizität« zusammengefasst hat. Auf Wikipedia findet sich ein Zitat, in dem Jung diesen Begriff sehr anschaulich erklärt:

> Eine junge Patientin hatte in einem entscheidenden Moment ihrer Behandlung einen Traum, in welchem sie einen goldenen Skarabäus zum Geschenk erhielt. Ich saß, während sie mir den Traum erzählte, mit dem Rücken gegen das geschlossene Fenster. Plötzlich hörte ich hinter mir ein Geräusch, wie wenn etwas leise an das Fenster klopfte. Ich drehte mich um und sah, dass ein fliegendes Insekt von außen gegen das Fenster stieß. Ich öffnete das Fenster und fing das Tier im Fluge. Es war die nächste Analogie zu einem goldenen Skarabäus,

> welche unsere Breiten aufzubringen vermochten, nämlich ein Scarabaeide (Blatthornkäfer), Cetonia aurata, der gemeine Rosenkäfer, der sich offenbar veranlasst gefühlt hatte, entgegen seinen sonstigen Gewohnheiten in ein dunkles Zimmer gerade in diesem Moment einzudringen.[109]

Das *Buch der Wandlungen* beruht auf dem »synchronistischen Prinzip«, dem zufolge Ereignisse, die nicht über eine Kausalbeziehung verknüpft sind, dennoch als miteinander verbunden gedeutet werden dürfen. Ereignisse in der äußeren Welt können innere Erlebnisse widerspiegeln. Jung zufolge sind solche Verbindungen selten; genau deshalb sind sie aber auch in der Lage, im psychischen Leben eines Menschen Sinn zu stiften. Nüchtern betrachtet haben der Traum der Patientin und der gegen das Fenster stoßende gemeine Rosenkäfer nichts miteinander zu tun. Doch nüchtern betrachtet ergibt auch die Verbindung zwischen einer Adresse namens Baker Street 221B und der fiktiven Existenz eines Mannes namens Sherlock Holmes keinen großen Sinn. Trotzdem sehen viele Menschen diese Verbindung mit größter Selbstverständlichkeit und ohne auch nur eine Sekunde darüber nachzudenken als *wirklich* an; und diese Überzeugung wird in bestimmten Situationen auch direkt ihr Leben beeinflussen – etwa wenn sie sich nach der Ankunft in London sofort zur Baker Street 221 B fahren lassen.

Ich weiß, all dies wird in den Ohren skeptischer Zeitgenossen keinen Sinn ergeben. Was hilft es mir denn, mit dem Weberschiffchen der Analogie durch die Welt zu gleiten und überall Verbindungen anzunehmen, wenn sich diese letztlich doch nur als Fiktionen herausstellen? Wenn sie also keinerlei Rückhalt in der objektiven Welt haben?! Da kann ich nur erwidern, dass es eines ist, wenn *ich* allein an solche Verbindungen glaube; und etwas anderes, wenn viele meiner Mitmenschen, meine Familie, meine Freunde an dieselben Verbindungen glauben. Spätestens dann, das wird sogar der hartgesottenste Skeptiker zugeben müssen, können solche »Synchronizitäten« die soziale und politische Wirklichkeit nachhaltig verändern. Oder anders gesagt: Wahrscheinlich ging es den meisten Denkern im vormodernen China nie um die erfahrungswissenschaftliche Erfassung einer uns entzogenen Wirklichkeit; vielmehr wurden mithilfe des *Buchs der Wandlungen* menschliche Verfügungsansprüche auf die Welt versprachlicht, wurden Möglichkeiten und Unmöglichkeiten des Handelns ausgelotet und die Beziehung des Menschen zu seiner Umwelt gedeutet. In so einem Weltbild gibt es keinen allmächtigen, allwissenden Gott, ebenso wenig wird das Universum als Ergebnis eines Schöpfungsaktes erklärt; das Universum ist eine dynamische Präsenz in der Zeit, es war immer da und wird immerfort da sein. Kein Gott kann uns seinen Schöpfungssegen mitgeben oder sich uns in unserer Endlichkeit gnädig zuwenden. Die Welt besteht aus kosmischen Geschehensabläufen: Verdichtung und Zerstreuung, Aufleuchten und Sich-Abdunkeln, Erscheinen und Entschwinden, Yin und Yang. Anstelle linearer Kausalketten werden Wirkungsnetze zwischen unterschiedlichen Prozessen (nicht aber zwischen Dingen) angenommen. Oder, um einmal den Sinologen und Philosophen François Jullien zu zitieren, die ewige Transformation der Prozesse ist »nicht einmal lokalisierbar, ihre Entfaltung ist immer global. Daher ist ihre Wirkung diffus, umfassend und niemals isoliert«.[110] Und wer solche Wechselwirkungen durchschaut, der wird auch in der Lage sein, sie zu lenken.

Viele Menschen in Ostasien haben dem *Buch der Wandlungen* eine ungeheure Wertschätzung entgegengebracht. Typisch scheint der Fall des verarmten Gelehrten Liu Dapeng, der im Jahr 1924 einen daoistischen Tempel aufsuchte und den dortigen Priester darum bat, ihm ein Hexagramm zu legen. Liu wollte sich in den politischen Wirren jener Jahre etwas Klarheit verschaffen; insbesondere interessierte ihn die Frage, ob die Truppen eines örtlichen Kriegsherren den Fluss Jinyang überschreiten und dann womöglich seine Heimatstadt bedrohen würden. Als Antwort erhielt Liu Dapeng von dem Priester das Hexagramm »Das Entgegenkommen« (*Gou* 姤):

Fünf durchgezogene Linien, fünfmal Yang; eine in der Mitte unterbrochene Linie, einmal Yin. Insgesamt gibt es bei sechs Plätzen mit je zwei Möglichkeiten (Yin oder Yang) 64 Hexagramme. Dieses Hexagramm, der traditionellen Zählung nach das vierundvierzigste, dürfte ursprünglich die Idee der Paarung oder auch der Eheschließung dargestellt haben. Zudem gilt es als glücksverheißend. Und so bezog Liu Dapeng aus der Antwort des Orakels die Gewissheit, dass die Truppen des Kriegsherrn den Fluss Jinyang nicht überschreiten würden (was sie tatsächlich auch nicht getan haben).[111] Er wandte dabei zweifellos das »synchronistische Prinzip« an: Die Dynamik seiner eigenen Existenz, seine Stimmung, als er den Priester um ein Orakel gebeten hat, wird hier so gedeutet, als ob sie in einer direkten Verbindung zu einem zukünftigen Ereignis in der äußeren Welt stünde. Zeit und Raum als trennende Größen sind eingeklammert, die mystische Gesamtschau ist wichtiger. Ganz ähnlich haben damals viele gebildete Menschen den Ratschlägen des *Buchs der Wandlungen* vertraut; selbst wenn sie sich für westliche, moderne Ideen interessierten (Physik, Biologie, Philosophie, usw.) und es nicht mehr ratsam war, in der Öffentlichkeit als Traditionalist zu erscheinen, hingen sie insgeheim doch weiterhin dem überkommenen Weltbild an. In der breiteren Bevölkerung waren solche Überzeugungen immer tief verankert. Die kommunistischen Umerziehungsprogramme der zweiten Hälfte des 20. Jahrhunderts haben zwar die Mentalitäten vieler Menschen verändert und neue, säkulare Erkenntnispraktiken durchgesetzt; doch seit einigen Jahren erlebt die Volksrepublik China eine wenigstens partielle Renaissance des traditionellen Wissenssystems. Sogar die kommunistische Partei muss heute eine Vielzahl religiös-spiritueller Praktiken, einschließlich Divination und Feng-Shui tolerieren; und in Hongkong oder Taiwan sind so manche Intuitionen und tiefersitzende Überzeugungen vieler Menschen bis heute vom *Buch der Wandlungen* geprägt: Gegensätze werden oft als zusammengehörig angesehen, Gut und Böse werden nicht klar unterschieden, der Geschichtsverlauf wird gern auch zirkulär gedeutet.

Etwas schlüpft immer durchs Netz.

9

Der Konfuzianismus lässt sich wohl schon deshalb nicht als eine Form des säkularen Rationalismus charakterisieren, weil seine Wirkungsgeschichte unauflösbar mit dem *Buch der Wandlungen* verbunden ist. Wenn ihm noch einige Jahre vergönnt seien, erklärt der betagte Konfuzius einmal, wolle er sich genauer mit diesem Orakelbuch beschäftigen (7:17). Wir wissen nicht, ob er diesen Wunsch in die Tat umgesetzt hat; doch das hat die Konfuzianer späterer Zeiten nicht davon abgehalten, im *Buch der Wandlungen* ein zentrales Element der konfuzianischen Lehre zu sehen. Auch Wang Bi setzte selbstverständlich das Denken der Resonanz fort.

Für uns ist all das auch deshalb so schwer verständlich, weil wir die 64 Hexagramme nicht verinnerlicht haben und deshalb auch nicht unmittelbar in ihnen eine Bedeutung zu sehen vermögen. Im vormodernen China kannte jeder gebildete Mensch diese Hexagramme; und da sich viele fast täglich mit diesem Buch beschäftigten, waren sie auch in der Lage, die von den Hexagrammen bezeichneten Wandlungszustände in ihrem Alltag unmittelbar zu sehen – als Kräftefelder, die ein Handelnder zu berücksichtigen hatte, wollte er sich Einfluss in dieser Welt sichern. Und da es im vormodernen China keinen Denker gegeben hat, der mit dem Vokabular der Rechtsprechung oder der Logik das menschliche Handeln andersartig zu konzeptualisieren gesucht hätte, wurde dieses Modell auch nie grundsätzlich infrage gestellt.

Ein weiteres Hexagramm, das wichtigste im *Buch der Wandlungen*, ist das Hexagramm des »Schöpferischen« (*Qian* 乾), das erste in der Sequenz der 64 Hexagramme. Es repräsentiert die reine Yangkraft und besteht aus sechs durchgezogenen Linien, sechsmal Yang:

Ursprünglich ist mit diesem Hexagramm die Vorstellung »fortwährenden Tätigseins« verbunden, also eines schöpferischen, kraftvollen Auftretens, wie es unter allen Lebewesen der Drache am besten verkörpert. Im zugehörigen Text des *Buchs der Wandlungen* wird jeder Hexagrammlinie ein Spruch zugeordnet, der jeweils eine bestimmte Facette dieses »fortwährenden Tätigseins« beschreibt. Zum Hexagramm Qian gibt es die folgenden fünf Sprüche über den Drachen:

> (6) Ein Drache, der sich übernimmt, birgt Schmach.
> (5) Wenn der fliegende Drache am Himmel erscheint, ist es die richtige Zeit, den großen Mann zu sehen.
> (4) Zögernd vor dem Sprunge, doch bleibt er in den Tiefen, und zieht deshalb keinen Tadel auf sich.
> (3) [Kein Drache; dafür einen Edlen, der sich den ganzen Tag anstrengt und noch am Abend in Sorgen ist; obwohl er in Gefahr ist, wird er keinen Tadel auf sich ziehen.]
> (2) Wenn ein Drache auf den Feldern erscheint, ist es die richtige Zeit, den großen Mann zu sehen.
> (1) Ein untergetauchter Drache handelt nicht.[112]

Die dritte Linie verhandelt nicht den Drachen, sondern den »großen Mann«, der im dritten Jahrhundert n. Chr., wie wir schon gesehen haben, mit dem Ideal des konfuzianisch-daoistischen Übermenschen gleichgesetzt wurde. Damit das Geschehen deutlicher wird, drehe ich die Reihenfolge der Sprüche einmal um:

> (1) Der Drache taucht.
> (2) Der Drache erscheint auf den Feldern.
> (3) [Kein Drache]
> (4) Der Drache will springen, bleibt aber in den Tiefen.
> (5) Der Drache fliegt am Himmel.
> (6) Der Drache übernimmt sich [fliegt zu hoch?!].

Diese Abfolge wirkt geradezu kinematografisch, beinahe wie eine der Fotoreihen, mit denen Eadweard Muybridge im späten 19. Jahrhundert die einzelnen Bewegungsphasen eines galoppierenden Pferdes festgehalten hat. Das *Buch der Wandlungen*, so wenigstens Wang Bi in seinem Kommentar, erläutert hier ein einziges »Bild«, also einen Ausschnitt der Welt oder eine Konstellation von Kräften; und wenn wir dieses »Bild« wirklich verinnerlicht haben, dann können wir seine Bedeutung unmittelbar wahrnehmen, jenseits der grafischen Darstellung.[113] Bei dem »Bild« des Drachen handelt es sich nicht um die Abbildung eines ontologisch wirklicheren Gegenstands, sondern das »Bild« selbst ist eine Phase des Wandlungsgeschehens. Die Hexagramme, die genauso wie die chinesische Schrift von vorzeitigen Herrschern von der Natur abgelesen worden sein sollen, repräsentieren hier nicht die Welt, sondern sie *sind* die Welt. Weil sich die Welt unaufhörlich wandelt, besitzt ein »Bild« aber auch keine eindeutige und unveränderliche Bedeutung; es muss vielmehr immer aufs Neue gedeutet werden, vor dem Hintergrund der jeweiligen Lebenslage.[114] Selbstverständlich besitzt das *Buch der Wandlungen* auch sakrale, hierarchische Elemente; es unterscheidet zwischen Mann und Frau, Jugend und Alter, Herrscher und Beherrschten, und schon die schier unerschöpfliche Komplexität dieses Buchs bewirkt, dass der Priester und Deuter immer einen uneinholbaren Wissensvorsprung vor dem Fragenden besitzt. Dennoch verkörpert es eine Beweglichkeit, ja eigentlich eine *Flüssigkeit*, die wohl für viele Positionen der chinesischen Philosophie typisch ist. Wer bereit ist, diese »Bilder« zu betrachten und ihre Sprüche aufzusammeln, wird sich sehr wahrscheinlich von ihnen berühren lassen und auf diese Weise in das Wandlungsgeschehen eintreten.

10

Ist es also möglich, die Zukunft mithilfe des *Buchs der Wandlungen* vorherzusehen? Genau das ist wohl die falsche Frage. Wang Bi könnte die sich in ihr ausdrückende Erwartung schon deshalb nicht gutheißen, weil das *Daodejing* sich an einer entscheidenden Stelle gegen die Kunst der Prognostik stellt:

Rituelles Wohlverhalten gibt es,
weil Treue und Vertrauen ausgedünnt sind, und
bewirkt deshalb gesellschaftliches Chaos.
Vorauswissen gibt es,
weil das Dao zu Schmuck geworden ist, und
bewirkt deshalb Beschränktheit. (gegen Ende von Abschnitt 38)

Das »Vorauswissen«, erläutert Wang Bi in seinem Kommentar, gehört zum Bereich der »niederen Kraft«, die nicht »von der Kraft lässt«; damit steht sie im Widerspruch zur daoistischen »Regel der Verkehrung«: Nur wer nichts Bestimmtes beabsichtigt, wird alles besitzen.[115] Wer die Menschen zwingt, den Riten zu folgen, wird nicht etwa »Treue und Vertrauen« wiederherstellen, sondern das Gegenteil bewirken, nämlich Falschheit und Heuchelei. Genauso wird, wer das *Buch der Wandlungen* nur deshalb befragt, um von ihm eine Auskunft über die Zukunft zu erhalten, nicht etwa wirkliches Wissen erlangen, sondern »Beschränktheit«. Er wird sich zu sich und seiner Lebenszeit in ein verdinglichendes, instrumentelles Verhältnis setzen und so unfrei werden.

Ich stelle es mir so vor: Die echte Daoistin wird, weil sie Vertrauen hat in den Gang der Dinge, nichts direkt über ihre Zukunft wissen wollen; sie wird das *Buch der Wandlungen* nicht so wie Liu Dapeng lesen, der im Jahr 1924 eine eindeutige Antwort wollte, sondern eher in einer meditativen, selbstvergessenen Stimmung, so als würde sie ihre Zukunft mit halb geschlossenen Augen betrachten. – In Wirklichkeit wird das *Buch der Wandlungen* hier in Taipeh natürlich oft ganz banal gelesen, um etwas über die eigene Zukunft zu erfahren. – Wenn ich etwa auf den Spruch »Entschlossenes Auftreten. Beharrlichkeit bei Bewusstsein der Gefahr« stoße (das zehnte Hexagramm *Lü*, fünfte Linie), werde ich mein Verhalten mehr oder weniger bewusst abändern; bei meiner nächsten Begegnung mit A. werde ich etwas bestimmter auftreten, ohne doch allzu bestimmt zu sein, weil ich mir des Risikos besonders gewahr sein werde, dass ich ihn verärgern könnte. Wenn ich vor dem Wohnungskauf noch schnell zu einem Wahrsager gehe, der mir den Spruch nennt: »Der Fürst schießt nach einem Habicht auf hoher Mauer. Er erlegt ihn. Alles ist fördernd« (das vierzigste Hexagramm *Xie*, sechste Linie), dann werde ich meine Wohnung höchstwahrscheinlich in einem *höheren* Stockwerk kaufen. Beim ersten Hexagramm *Qian* werde ich dagegen eine Wohnung *mit Südblick* kaufen, weil dort am meisten Yang-Kraft zu erwarten ist und der Blick außerdem nicht durch benachbarte Hochhäuser versperrt wird. Wang Bi hätte nicht viel von solchen Anwendungen des konfuzianischen Klassikers gehalten.

Ich sträube mich bis heute gegen die pragmatische, rein am Nutzen orientierte Lebenshaltung vieler Menschen in Ostasien. In so mancher schwachen Stunde erscheint mir eine postchristliche, tragische Weltsicht (Dostojewski, Sartre, Graham Greene!) bedeutungsvoller. Aber ich gebe zu, dass auch diese Tragik eine Illusion sein könnte.

11

Einige Male glaubte ich, mich in meinem selbst gewählten Entwurzeltsein durchschaut zu haben. Hinter meiner Entscheidung, Deutschland zu verlassen, die ich im Februar 1999 mehr oder weniger bewusst getroffen hatte, verbarg sich meine Selbstliebe, meine Eitelkeit oder der tiefe Wunsch, besonders zu sein. Ich wollte radikaler sein als alle anderen, wollte türenschlagend davongehen und das hieß zum Ende des 20. Jahrhunderts, sich in der Welt anzusiedeln und nie mehr in die Heimat zurückzukehren. Vielleicht verbarg sich hinter dieser Entscheidung aber auch ein sonderbarer Wunsch nach *Reinheit*; ich wollte womöglich der hypertrophen Gefühlslage der Moderne entkommen, meiner abgründigen Freiheit, den komplizierten Verhandlungen zwischen den Geschlechtern, all den wachsenden Anforderungen, die die Gesellschaft an mich stellte, der unendlichen Herausforderung, die eigene Biografie zu planen, oder einfach den im späten 20. Jahrhundert längst grassierenden Computertabellen. Wie war es wirklich gewesen?

»Wir« – ich meine jetzt tatsächlich uns alle – wissen heute wohl längst zu viel, sind viel zu intelligent und abgebrüht, um noch einfachen Erklärungen Glauben zu schenken. Die Psychologen reden natürlich gern von irgendwelchen psychischen Verletzungen, die über die Jahre hinweg ein Individuum prägen können; aber wir wissen schon viel zu viel über solche Verletzungen, aus Hollywood-Filmen und Ratgeberliteratur, als dass wir sie einfach so hinnehmen oder gar für wahr halten könnten. Wer wollte heute schon gern zugeben, dass er oder sie unwiderruflich von einem Kindheitsereignis gezeichnet wäre, wo wir doch in einer Zeit leben, in der es darum geht, sich jederzeit alle Möglichkeiten offenzuhalten, es könnte ja immer alles anders sein, keine Entscheidung darf irreversibel sein, denn dann würde sie schnell allzu kostspielig werden, keine Prägung, Neigung oder Disposition ist für immer da, und selbst sexuelle Bindungen sollten nicht allzu viel bedeuten, denn das wäre ja unvorsichtig, das Individuum könnte versucht sein, an *wahre Liebe* zu glauben und sich so dem anderen bedingungslos ausliefern. Wenn ich zurückdenke an meine Kindheit – jetzt schreibe ich ins Unreine –, finde ich auch keine solchen biografischen Prägungen, die meine späteren Entscheidungen erklären könnten, ich finde nur ein Gefühl absoluter Leere. Wahrscheinlich teilen viele Kinder, die in den 1970ern in Westdeutschland zur Welt gekommen sind, dieses Los: Wir waren auf dem Gipfelpunkt der menschlichen Entwicklung zur Welt gekommen, alle fernen Länder sind entdeckt, der Mensch ist auf dem Mond gewesen, überall stehen Konsumgüter (Radio, Kühlschränke, Autos, Telefone), Kindergärten sind antiautoritär und unsere Mütter lesen Stillratgeber, wenn ihnen Simone de Beauvoir einmal zu schwer wird, aber was würde bitteschön in dieser grausam-schönen Welt *unsere* Aufgabe sein? Für wessen Rechte hätten *wir* zu kämpfen?! Jeder wusste viel mehr über sich und seinen Körper als alle früheren Generationen zusammen. Einige Jahre zuvor waren Hochzeitsnächte noch schmerzhaft gewesen, doch in Zukunft würden Töchter so etwas nie wieder durchmachen müssen; bürgerliche Konventionen waren als verlogen und grausam enttarnt worden.

Die liberalen Gesellschaften des Westens waren so aufgeklärt, dass man jedes Problem ausdiskutieren konnte, am besten gleich am Küchentisch. Alle Menschen waren Künstler. Das hieß merkwürdigerweise aber auch: Nichts mehr hatte noch wirklich Bedeutung. Die Geschichte der Menschheit war an ihrem Ende angelangt. Man hätte natürlich alles Mögliche unternehmen können, hätte sich 1987 in West-Berlin Heroin spritzen, bei McDonald's mit Messer und Gabel essen oder mit zwölf nach Athen trampen können. Aber die Geschichte hätte sich darum nicht geschert und auch sonst keine Seele. Im Übrigen war die Menschheit schon damals drauf und dran, ihren Planeten zu ruinieren.

Als ich vor vielen Jahren auf der Hochzeit meines Pariser Freundes Sacha mit den jüdischen Verwandten seiner Frau jüdische Volkstänze getanzt habe, nannte er mich ein »Chamäleon«. Er habe noch nie einen Menschen gesehen, der sich so schnell in jüdische Volkstänze einfühlen konnte. Es war meine unsägliche Ichschwäche, was sonst (ein Schuldgefühl?). Ich erinnere mich: In den 1980ern bestand meine Mutter jeden Mittwoch darauf, dass sich unsere Putzfrau, wenn sie ihre Arbeit getan hatte, mit ihr an den Küchentisch setzte; die beiden Frauen rauchten dann noch eine Weile zusammen. Das Kind, das ich damals war, sog den Rauch ihrer Zigaretten begierig auf und mochte es besonders, wenn dieser Rauch sich mit dem Geruch von rotem Nagellack und frischer Wäsche vermischte; das wirkte mondän und schwermütig zugleich und in den Rauchkringeln hing immer ein träumerischer Ausdruck, so als wollte meine Mutter dem Kind, das ich damals gewesen sein muss, etwas mitteilen, das sie in keiner menschlichen Sprache hätte sagen können. Auf diese Weise bekam ich eine Ahnung vom idealen Leben meiner Eltern. Sie hatten einen großen Freundeskreis, führten endlose Gespräche, tranken Rotwein, reisten ins Elsass oder in die Bretagne, fuhren im grünen Citroën zum Sonntagspicknick und liebten sich innig. Auch wenn mich meine Mutter oft küsste und streichelte, war das natürlich eine Parodie (dem italienischen Filmklassiker *8½* nachempfunden). Denn wenn ich genauer hinschaute, entpuppte sich das Bild der zwei rauchenden Frauen als etwas anderes: Meine Mutter versuchte die Putzfrau auf ihre Seite zu ziehen, denn Frauen mussten solidarisch sein und aus purer Not gegen die Männer paktieren. – Ich hielt meine Hand vor die Augen, doch sah ich sie trotzdem: die grausame Wirklichkeit. Hinter den schönen Tagen und Worten, den gut bestandenen Prüfungen des Lebens verbarg sich also doch – nichts. Im Leben meiner Eltern war schon lange nicht mehr die Liebe am Werk, sondern Wut, Ressentiment, Verzweiflung. Es waren einmal zwei junge, kluge, erwartungsvolle Menschen, die bei Theodor W. Adorno und Helge Pross Soziologie studierten; seither hatten sie jedoch viel Zeit zusammen verbracht und dies schien ihnen nicht gut getan zu haben. Auch ihre freudlose Schüchternheit und der Wunsch, auch noch das geringste Missverständnis auszudiskutieren, haben wenig geholfen. Wie auch der Alkohol. So kam es zu Schreiszenen, bald zu verbitterten Kämpfen. Und irgendwann zum Bruch.

Mein Vater verschwand. Von nun an war er nicht mehr in endlose Gespräche mit Kellnern und Verkäuferinnen verstrickt (ich weiß, er musste die Lage der Arbeiterklasse verstehen; nur ist seine Familie deshalb nie besser bedient worden). Mein Erzeuger weigerte sich, Vater zu sein, und wollte keinen Unterhalt mehr zahlen; es kam zu einem Gerichtsprozess. Und ich dachte schon bald wehmütig zurück an die Jahre, als er mit grünem Parka und in brauner Cordhose durch unsere Familiengeschichte gestapft war, der ehemalige Frankfurter Bürgerschreck, der noch mit siebzig beim Hereinkommen seine Jacke auf den Boden schleuderte. War sein Proletenkult, habe ich mich später gefragt, nicht so etwas wie ein Vorgewitter, hinter dem bald schon die Rohheit eines Dieter Bohlen zum Vorschein kommen würde? Immerhin war er nicht mehr in der Lage, mir die Benutzung einer Wasserpistole oder das Fernsehen zu verbieten. Auf alten Fotos sieht meine Mutter nach ihrer Scheidung leidend aus; sie war wohl Opfer eines Missverständnisses geworden – dass man revoltieren kann gegen den Status quo, ohne dass sich dieser an einem rächt. Mir blieb es, von einem Vater zu träumen, der sich 1985 heldenmütig der Volkszählung entgegengestemmt und wenig später einen kurzzeitigen Verfolgungswahn entwickelt hatte. Und spiegelte sich meine eigene Herzlosigkeit nicht längst in einer immer wahnhafteren Moderne?!

Als Kind muss ich, aus purer Angst vor der immer schneller verwildernden Ehe meiner Eltern, das Sprechen irgendwann eingestellt haben. Sprechen führte zu Rausch und Rausch zu Verstörung und Verstörung zu Hass; also war es besser, zu schweigen. Das Zimmer nie mehr zu verlassen. Einige Jahre darauf, als ich wieder deutsche Wörter aussprach, begann ich, nach tieferen Quellen Ausschau zu halten. Großbürgerliches Leben schien mir plötzlich sehr attraktiv, denn ich hatte instinktiv verstanden, dass man in seinem Leben härter gegen sich sein musste, als mein Vater je gegen sich gewesen war. Da gab es etwa meinen Großvater mütterlicherseits, einen stattlichen Herrn mit schlohweißem Haar. Er, der pensionierte Zahnarzt, spielte Golf, reiste mit meiner Großmutter in den Sommern nach Südspanien und residierte in einem braundunkelmöblierten Wohnzimmer, die Wände vollgehängt mit Nachahmungen niederländischer Ölmalerei, die großen, kippbaren Fenster gingen auf Parkbäume hinaus, über die gegen Mittag das Sonnenlicht hereinschien und die Gespräche am Teetisch warm umhüllte. Mein Großvater hatte sich aus der Arbeiterklasse hochgekämpft und war stolz auf sich und sein Leben; auf Besuch bei seinen Eltern hatte er sich irgendwann nicht einmal mehr den Mantel ausgezogen. Dieser Mann gönnte sich nur vor dem Abendessen einen Sherry, schien ansonsten aber wie ein gestrenger, friesischer Patriarch über dem Alltag zu schweben und verteidigte, mit Kamineisen und Konsalik-Bänden bewaffnet, sein bürgerliches Stück Leben gegen die sich stetig beschleunigende Hypermoderne. Das gefiel mir. Es war so anders als das Wohnen meiner Eltern (immer weiß, dänisch, massentauglich). Aber leider wurden im Wilhelmshavener Stadttheater immer noch – und eigentlich war es ein Wunder! – Ibsens *Gespenster* und Tschechows *Möwe* gespielt. Ich wusste also nur zu gut, wie viel Unglück und Todestrieb hinter den schönen Fassaden lauern konnte. Es war todtraurig: Alles war schon einmal gesagt, alles schon einmal versucht worden, und doch hatte sich überhaupt nichts geändert.

Mein Cousin Philipp wurde Schauspieler, das war immerhin eine Möglichkeit, die Hand auszustrecken nach echtem Leben. Nur dass sogar die Theater längst durchökonomisiert waren (mein Cousin wechselte später in den Arztberuf). Mein Bruder würde einmal seinen Lebensgefährten, einen österreichischen Opernsänger, heiraten; das war auch eine Art Durchbruch. Oder man konnte etwas Gutes tun, sich für die Armen und Unterdrückten einsetzen, um nicht ganz gleichgültig zu werden im Hamsterrad der Leistungsgesellschaft. Dem Konsum entkommen und ein einfaches Leben führen.

12

Ich brauche meine Privatmythologie gar nicht zu bemühen, denn die Idee des »einfachen Lebens« ist tatsächlich tief verankert in meiner Familie. Das »einfache Leben« war die alles überthronende Idee im Leben meines Großvaters väterlicherseits; er wollte eine Familie gründen und mit ihr dann in einer eigenen Welt leben, auf der immerwährenden Suche nach Einfachheit, Bodenständigkeit und Wahrhaftigkeit. Johann Ludwig (Jean) Marchal ist im Jahr 1893 in einem kargen Vogesendorf zur Welt gekommen; er verstand sich selbst als Deutscher, obwohl viele in seiner Familie die deutsche Sprache nicht beherrschten, sondern nur »Patois« sprachen, eine französische, oft als »bäuerisch« geschmähte Mundart. Wenig verband diese Menschen mit dem glänzend-neureichen, aber längst fragwürdig scheinenden Deutschen Kaiserreich, das im Frankfurter Frieden von 1871 Elsass-Lothringen an sich gerissen hatte. Mein Großvater glaubte sich ein richtiger Deutscher; er war rechtschaffen, vertraute seinem Glück und ging schon bald auf das Lehrerseminar in Straßburg. Im Ersten Weltkrieg kämpfte er auf der Seite der Deutschen gegen Belgier und Franzosen. In seinem Kriegstagebuch, das mein Vater und ich im Sommer 1987 in Wolmirstedt über einem Hühnerschlag entdeckt haben, beschreibt er in langen, lyrisch schwingenden Sätzen und in einer kaum entzifferbaren, deutschen Kurrentschrift das Brausen des Meeres vor Ostende;

dazu zitiert er mit bildungsbürgerlichem Charme den Ausruf der griechischen Söldner bei Xenophon: Θάλαττα! θάλαττα!, also: »Das Meer, das Meer!«

Das tiefe Misstrauen meines Großvaters gegen die moderne Zivilisation spiegelt sicher Erfahrungen wider, die er in dem mörderischen Krieg mit all den Menschen und Waffen aus den großen Städten gemacht hat. Es ergab sich aber auch aus seinem Glauben, denn er war ein tiefgläubiger Mensch, ein glühender Christ.

Manchmal lese ich heute in der Bibel meines Großvaters, der übrigens auch Organist und Kantor war, und dabei habe ich das Gefühl, in *seine* Vergangenheit hinabzusteigen. »Denn bei allen Lebendigen ist, was man wünscht: Hoffnung; denn ein lebendiger Hund ist besser als ein toter Löwe; denn die Lebendigen wissen, daß sie sterben werden; die Toten aber wissen nichts, sie haben auch keinen Lohn mehr«, heißt es zum Beispiel im Buch der Prediger (9:5). Ich lese diese Sätze in seiner »Schul=Bibel« (*Die Bibel im Auszug, für die Jugend in Schule und Haus*, gedruckt im Jahr 1909 in Bremen; Bremische Bibelgesellschaft, Elfte Ausgabe, 266.–285. Tausend). Es fällt mir schwer zu entscheiden, wie nah mir dieser christliche Gedanke überhaupt noch ist. Und dann denke ich, dass mir die buddhistische Haltung zum Tod längst viel vertrauter geworden ist, der Tod wird hingenommen, ohne Aufbegehren, enthält aber auch kein Versprechen mehr, oder nur das vagste Versprechen überhaupt: die Wiedergeburt …

In Jena lernte Jean Marchal seine spätere Ehefrau kennen, Charlotte Vollmer, die dort als eine der ersten Frauen in Deutschland Medizin studierte. Ich erinnere mich noch gut an sie. Sie war eine sehr warmherzige, kluge Frau; sie hatte die beste Zeit ihres Lebens in der DDR verbracht, zeigte aber nie eine Spur von Verbitterung. Als ich sie in den 1990ern traf, war sie über neunzig und erblindet; und doch hörte sie jeden Morgen auf ihrem Sofa die Radionachrichten und wusste deshalb ganz genau, was damals ihren Mitbürgern zwischen Rostock, Karl-Marx-Stadt und Dresden zustieß. Sie muss in jenen Jahren die Grünen gewählt haben. Vielleicht habe ich an ihren schönen, kräftigen Fingern noch eine Spur jener

Entschlusskraft gesehen, die sie und ihren Mann in den 1920ern dazu gebracht hat, nach Beuster in der Altmark überzusiedeln, aufs echte Land also, mit Störchen, Weiden und geduckten Bauernhäusern, das in Form von Streuobstwiesen und verlandeten Elbeschleifen täglich neu den Himmel zur Welt bringt. Man brauchte viel Frömmigkeit und Tatkraft für so ein Leben, gewiss auch viele Kinder (sie hatten acht: sechs Mädchen und zwei Jungen). Meine Großmutter arbeitete dort als Landärztin, die ihre Patienten mit dem Fahrrad besuchte; mein Großvater war Dorflehrer, unterwies seine Schüler, die oft seine eigenen Kinder waren, im Schreiben und Rechnen und strebte nicht nach anderen Reichtümern. Es war der Versuch zweier junger, moderner Menschen, sich eine Existenz im Geiste Jesu Christi aufzubauen. Das Leben war hart, aber ertragreich: Das innere Reich ist das einzig wirklich Erstrebenswerte. Man hütete die Kühe, schälte Kartoffeln, fuhr die Kinder mit dem Handwagen durchs Dorf, lief jeden Tag viele Kilometer, betete, sang. In der Familie Marchal wurde immer viel gesungen; mein Großvater spielte das Harmonium dazu.

Über dieses »einfache Leben« hat sich mein Großvater in endlos vielen Briefen ausgelassen. In seinem Schreiben zeigt er einen Hang zur Schlichtheit, auf den ich, offen gesagt, manchmal neidisch bin. Er war »mit sich im Reinen«, wie man so sagt; er schrieb mit einer oft vor Liebe zitternden Stimme. Insbesondere an seine Ehefrau schrieb er wunderschöne Briefe, die mich jedes Mal bewegen, wenn ich sie lese. »Mein Herzlieb, ich muß heute abend noch zu Dir kommen. Ich bin ja so froh immer bei Dir, und Du zwingt's [sic] mir jetzt die Feder in die Hand. Ich hab oft große Sehnsucht.« (16. Oktober 1923) Oder: »Am 30. Okt. Mein Herzel, Du wirst am Sonntag vergeblich auf mich gewartet haben, und doch war ich auch ganz bei Dir ...« Und weiter in demselben Brief: »Und nun schlaf wohl, mein süßes Lieb. Es ist schon Mitternacht« (vermutlich 1923, bei Reebs in Kassel). Ich glaubte als Kind nicht an Feen oder Gespenster, auch Ritter und Götter waren mir fremd. Wahrscheinlich habe ich deshalb bis heute Schwierigkeiten, das deutsche Wort »lieb« mit Gefühl auszusprechen. Dagegen scheint mein Großvater das Wort »lieb« unaufhörlich im Sinn gehabt zu haben. Woher nahm er diese Sicherheit?

Eine tiefe, scheue Liebe muss die beiden Eheleute miteinander verbunden haben. Meine Großmutter hat einmal berichtet, wie sie nach dem ersten Kuss »ganz, ganz erschüttert« war.

Es heißt, mein Großvater habe große Vorbehalte gegen den Nationalsozialismus gehabt. Es ging Johann Marchal um seine Seele und um die Seelen seiner Nächsten; da war es nicht schwer zu erkennen, dass die Nationalsozialisten keine Seele hatten. Doch er sorgte sich auch um Deutschland, das Schicksal der deutschen Kultur und die »nationalen« Werte und deshalb mischte sich in seine pastorale Art manchmal ein falsches Pathos. Johann Marchal scheint sich strikt geweigert zu haben, den Hitler-Gruß auszuführen. Im Dorf Beuster muss das für einige Verstimmung gesorgt haben. Nach längeren Gesprächen mit der Parteiführung in Osterburg scheint man sich auf einen Kompromiss geeinigt zu haben: Wann immer jemand meinen Großvater mit dem Hitler-Gruß ansprach, würde er seinen Hut ziehen und ihn stracks in die Höhe halten, um so ein folgsames Ausstrecken des Armes immerhin anzudeuten. Doch ließ er sich im Zweiten Weltkrieg als Musterungsoffizier zur Wehrbehörde in das nun wieder deutsche Elsass versetzen. Es muss meinen Großvater tief berührt haben, wieder in die Heimat reisen zu können, denn die Franzosen hatten ihn über viele Jahre nicht mehr hineingelassen. Im Elsass wird er aber auch viele junge französische Männer, die nur Hass für das »Großdeutsche Reich« empfanden, an die Front geschickt haben.

Trotzdem schrieb er weiter wunderschöne, schlichte Briefe an seine Familie, die in der Altmark geblieben war. »Und Ihr?«, heißt es am 25. Dezember 1942, am ersten Weihnachtstag, »Ihr habt hoffentlich viel erzählt und tüchtig gesungen und musiziert!« Er schätzte Hausmusik und liebte seine Frau weiter mit großer Innigkeit: »Mein liebes Herzchen! Eben bin ich noch auf die Dienststelle gegangen, um noch einiges zu erledigen, und da ich gerade so beim Maschineschreiben bin, will ich Dir auch noch ein bisschen erzählen. Das tu ich eigentlich ein bisschen selbstsüchtig, denn wenn ich so schreibe, sehe ich Dich deutlicher, und das ist doch wohl nicht ganz selbstlos, ist aber schön« (Saverne, 25. Mai 1943). Er bittet seine Frau, die Kinder zum Beten anzuhalten, beschwört Tapferkeit, sieht im Soldatentum einen christlichen Wert und hinterfragt den Krieg und das »Volksopfer« nicht. Stattdessen sieht er überall Zeichen für das Gute, für göttliche Fügung. Weihnachten bedeutete für ihn: eine ausgedehnte Krippenlandschaft, Kartoffelsalat und Würstchen, heißer Tee, die Weihnachtsgeschichte und eine »Adventsschlange«, die seine acht Kinder mit großen Augen bestaunten. In einer Schneenacht, einige Monate vor Kriegsende, schreibt er: »Es ist sehr still und friedlich, als wenn es überhaupt keinen Krieg gäbe« (21. Januar 1945).

Ich frage mich oft, wie mein Großvater diesen Eindruck gewonnen hat. An demselben Januartag schreibt Victor Klemperer, der immer noch in einem Dresdener »Judenhaus« lebt, in sein Tagebuch, dass seine Frau Eva »recht deprimiert« von ihrem Besuch bei Annemarie Köhler zurückgekommen sei.[116] Dieser Chirurgin in Pirna hatte Klemperer in jenen Jahren sein Tagebuch zur Verwahrung anvertraut. Zu diesem Zeitpunkt stehen die Russen schon bei Breslau. Eine Woche darauf erzählt ein Mann auf der Straße Klemperer von einer Rede Thomas Manns, wonach die Deutschen in Auschwitz und Birkenau 1 715 000 Juden ermordet hätten (in seinem Tagebuch hatte der Name »Auschwitz« zum ersten Mal am 16. März 1942 Erwähnung gefunden). Woher bezog mein Großvater, der so viel deutsche Humanität aufgesogen hatte und seine Ehefrau so oft »Freund« genannt hat, im Januar 1945 die dunkle Kraft, weiterhin Wörter wie »still« und »friedlich« zu benutzen? Waren das nicht alles Lügen?

Einmal schrieb er: »Und wenn sie auch zuerst wie ein Gespenst in der Nacht uns bedrücken und ängstigen, als Alpdruck auf uns ruhen, greift man die Aufgaben an, durchleuchtet man ihre Materie, dann zerflattern sie wie Elfennebel in der Morgensonne.« (1. Januar 1943) So ein Spruch zeugt von einem christlich-romantischen Tatendrang, den ich lieber auf Abstand halten möchte. Es herrschte damals Krieg, und im Krieg ist es besser, Wörter wie »Elfennebel« und »Morgensonne« zu vermeiden.

Als der Krieg zu Ende war, fuhr Johann Marchal sofort zurück nach Beuster, zu seiner Familie. Dort ist er einige Monate später aufgrund einer Anzeige durch den zweiten Dorflehrer von Beuster von den Sowjets verhaftet worden. Man verdächtigte ihn, ein überzeugter Nazi gewesen zu sein, und schickte ihn in das Speziallager Mühlberg in Thüringen. Am 7. Mai 1948 ist er dort verstorben (wahrscheinlich an der Tuberkulose). Seine Mitgefangenen haben meiner Großmutter später berichtet, wie ihr Mann selbst im Bewusstsein des nahenden Todes seine Glaubensstärke unter Beweis gestellt hat. Er leitete Bibelgruppen und Lesegottesdienste, in denen er mit strahlenden Augen aus dem Neuen Testament vortrug und von den Wundern in Gottes Natur schwärmte. Er tröstete alle und wurde auf diese Weise zu einem religiösen Anführer, der Zeugnis ablegte bis zuletzt.

Ich weiß bis heute nicht, wie ich mich zu seinem Tod verhalten soll.

13

Wer lange in einer fremden Kultur lebt, wird weniger gefestigte Überzeugungen besitzen als jemand, der in der eigenen lebt, dafür mehr quälende Zweifel, Verletzungen, Missverständnisse, Ambivalenzerfahrungen. Der Schriftsteller Henry James hat es in seinem Essay über den Maler und Illustrator Charles S. Reinhart so auf den Punkt gebracht: Amerikaner, die in Paris lebten, repräsentierten so etwas wie die »Verkörperung des internationalen modernen Denkens«. Die Kehrseite ihrer Freiheit sei jedoch »der unausbleibliche Mangel an Geschlossenheit, an innerem Charakter«; jeder Kosmopolit zahle »notwendig einen Preis für seine Freiheit, nämlich im Fehlen einer Funktion – in der Unpersönlichkeit, die es bedeutet, nicht repräsentativ zu sein«.[117]

Die Geschichte meines Großvaters hat noch einen letzten Schlenker, den ich nicht verschweigen sollte. In den Jahren zwischen meinem zwanzigsten und fünfunddreißigsten Lebensjahr habe ich in allen nur erdenklichen, winzigen Zimmern gelebt, in Heidelberg, Peking, Paris, Osaka und Taipeh. Ich muss wirklich geglaubt haben, dass ich nur in einer so spartanischen Umgebung glücklich werden könnte. Die Welt da draußen wurde um das Jahr 2000 immer komplexer, zugleich schrumpfte das Leben aber auch immer mehr auf Auto, Fernseher, Supermarkt und Webbrowser zusammen, und bald schon wachte der »Google-Dschinn« (wie ihn der französische Schriftsteller Mathias Énard nennt) über jede Lebensregung: Weltwissen in Sekundenbruchteilen. Nur sind darüber die meisten Menschen in den gegenwärtigen Reichtumsgesellschaften längst so flexibel geworden, dass sie gar nicht mehr leicht sagen können, wie ein gutes Leben aussehen würde. Stärke besteht in der durch den Erwerb von Waren erzeugten, sozialen Identität, diese allein muss verteidigt oder gegen eine noch attraktivere Identität eingetauscht werden und jedes Zeichen von Schwäche gilt es zu vermeiden. Vom Menschen unberührte Natur gibt es nicht mehr. Jeder Gedanke, selbst jeder intimste Wunsch ist von der Werbung vorgeformt, Authentizität wird ständig eingefordert, tatsächlich aber oft nur vorgegaukelt und ironisch abgefedert (in Taiwan schreiben junge Frauen neben ihr Selfie gern *shua cunzaigan* 刷存在感, also: »auf Existenzgefühl machen«). Alles ist schon hundertmal registriert, abgeschätzt, nach finanziellen Vorteilen untersucht worden. Und da diese Lebensform längst Schäden auf planetarem Niveau verursacht, sollten wir über Möglichkeiten nachdenken, wie wir diesen »Kristallpalast« (Dostojewski) verlassen können.

All das verstörte mich damals und tut es noch heute. Das Vogesental, aus dem Johann Marchal stammte, heißt Bellefosse; es liegt im sogenannten Steintal (französisch *Ban de la Roche*), etwa sechzig Kilometer südwestlich von Straßburg. Auf dem Friedhof von Bellefosse liegen unzählige Menschen mit dem Familiennamen Marchal. Vielleicht auch deshalb habe ich mit diesem Ort lange Zeit die Vorstellung verbunden, es könne jenseits der Wechselfälle des irdischen Lebens etwas Höheres geben, ein »richtiges Leben im falschen«, eine Lebensform in unmittelbarer Nähe zur Natur, frei von den falschen Lebensbildern der kapitalistischen Wirtschaftsform.

Vielleicht erlaubte mir Bellefosse so einen gewissen Abstand von meinem Pessimismus; es verkörperte die Hoffnung, dass ich aus meinem eigenen Selbstzerstörungsstrudel herausspringen könnte. Das Bild einer Menschheit, die ihre elementaren Bedürfnisse befriedigen kann, ohne das Leben um sie herum zu zerstören.

Da war zum Beispiel ein Satz, den mein Großvater einmal geschrieben hat: »Mein Lieb! ... Nimm unsere Büchlein zur Hand, laß die Kleinen in Bildern, Geschichten und Liedern diese wunderbare Welt spüren. Sie wären sonst nur mit Steinen genährt ...« Steine, das Steintal: Ich muss dabei sofort an zweihundert Jahre alte, karge Bauernhöfe denken, an Zimmer mit weißen Wänden, in denen bis auf einen Tisch, einige Stühle und einen Wasserkrug nichts steht. Menschen haben jahrhundertelang in diesen Häusern gelebt, haben sich nicht verändert. Die Einsamkeit ist in die Zimmer getreten und hat sie ganz und gar durchdrungen.

In diesem Vogesental gab es noch einen anderen Dorflehrer: Johann Friedrich Oberlin (1740 bis 1826). In seiner Wikipedia-Biografie wird er vorgestellt als »evangelischer Pfarrer, Pädagoge und Sozialreformer aus dem Elsass«, was nicht falsch ist. Weiter heißt es:

> Bei Oberlins Ankunft im Steintal lebten in den fünf Dörfern seiner Gemeinde knapp 100 Familien in ärmlichsten Zuständen; zu Beginn des 19. Jahrhunderts war die Bevölkerung bereits auf etwa 3 000 Personen angewachsen. Die härteste Belastungsprobe bestand sein Sozialwerk in den Hungerjahren 1816 und 1817.

Oberlin starb am 1. Juni 1826 in Waldersbach, das ist ein Dorf unterhalb von Bellefosse; begraben liegt er auf dem Friedhof von Fouday. Einigen Lesern dürfte Oberlin auch deshalb noch bekannt sein, weil er mehrfach in Georg Büchners Novelle *Lenz* auftaucht.

Oberlin hat das »einfache Leben« wie kaum ein anderer Mensch vorgelebt. Im »elsässischen Sibirien« war er ein unermüdlicher Wohltäter, predigte zu seiner Gemeinde, erzog die Kinder, während ihre Eltern auf den Feldern waren, organisierte das Dorfleben.

Oberlin war im 18. Jahrhundert wohl der erste Pädagoge, der darauf bestand, Kinder ab dem siebten Lebensjahr regelmäßig zu unterrichten, ihnen das Lesen und Schreiben beizubringen und sie außerdem körperlich zu »ertüchtigen«. Oberlin richtete für sie auch sogenannte »Stricköfen« ein, also Orte, an denen sich Kinder unter der Anleitung eines jungen Mädchens dem Stricken widmeten. Im Zentrum seiner Erziehung stand die Zuneigung und Kenntnis Gottes. Aber er brachte den Kindern auch naturwissenschaftliche Kenntnisse bei, erstellte Herbarien, ließ sie die Landschaft zeichnen.

In vieler Hinsicht, denke ich, teilten Oberlin und mein Großvater ein konfuzianisches Verständnis von Erziehung. Jenseits aller Unterschiede im Detail ging es allen dreien, Oberlin, Johann Marchal und Konfuzius, um die Unterweisung in einem praktischen Leben, um Aufmerksamkeit, Genügsamkeit und einen moralischen Ernst, wie wir ihn heute kaum noch kennen. Menschen sollen aufeinander bezogen sein und sich umeinander kümmern. Das Leben soll sich in der Befriedigung der elementaren Bedürfnisse erfüllen; es gibt keinen Überfluss und demonstrativen Konsum, keine exotischen Nahrungsmittel wie Kokosöl oder Kiwis aus Neuseeland. Im 18. Jahrhundert hat das konfuzianische, weil auf Nachhaltigkeit ausgerichtete Wirtschaftssystem in China weit mehr Menschen ernähren können als jeder europäische Staat. Im Jahr 1826, als Oberlin starb, kurz vor der Entfesselung des planetaren Kapitalismus, lebten die meisten Menschen weltweit auf dem Land, und in China (wo es besonders viele Menschen gab) lebte die Bevölkerung noch in vorkapitalistischen Lebensformen in einer mehr oder weniger agrarisch geprägten Gesellschaft.

Dem Schriftsteller John Berger, der ja auch lange Zeit in einem französischen Dorf gelebt hat, verdanken wir einige wunderschöne Essays über das bäuerliche Leben jenseits der Konsumgesellschaft.[118] Man sollte sie wieder lesen – genauso wie die Schriften von Oberlin und Konfuzius. Wir werden sicher nicht in jene Zeit zurückkehren können, aber es wäre schon hilfreich, wenn wir mehr Distanz von unseren eigenen, oft genug von der Konsumgesellschaft hervorgebrachten Bedürfnissen gewinnen könnten.

14

Wie leicht diese spinnwebig dünnen Verbindungen zwischen den Welten abreißen können, begreife ich im Frühjahr 2009, als ich in Taipeh eine E-Mail von meinem alten Freund Tan Jianhe erhalte. Er schreibt mir auf Englisch aus der Stadtbücherei von Kuala Lumpur. Er sei für ein Seminar dorthin gereist, doch habe ihm jemand in der Unterkunft sein Geld und seinen Pass gestohlen, er schulde dem Hotel jetzt 1400 Dollar und habe nicht genügend Geld für den Rückflug bei sich. Er sei »ruhelos« *(restless)*. Für die nächsten Tage benötige er mindestens 2000 Dollar, insgesamt also 3400 Dollar, ob ich die nicht überweisen könne, am besten direkt an seinen Bekannten Herrn Mahmood Ibrahim, der die Summe dann von einem Western-Union-Schalter abholen könne.

Ich habe so lange nichts von Tan Jianhe gehört, dass ich sofort zurückschreibe und ihn um eine Telefonnummer bitte, unter der ich ihn erreichen kann. Seine nächste E-Mail erreicht mich nur wenige Sekunden später. Nein, er könne jetzt nicht telefonieren, er befinde sich auf einer Behörde, er sei in eine polizeiliche Maßnahme verwickelt, seine berufliche Existenz stehe auf dem Spiel, ob ich ihm nicht auf der Stelle bitteschön 1500 US-Dollar überweisen könne. Ich lese diese E-Mail dreimal durch und je genauer ich mich in diese rasch hingehauenen, englischen Sätze vertiefe, desto unwirklicher erscheinen sie mir. Diese E-Mail ist übervoll an Herzlichkeit und Nähe, genau dieselbe Herzlichkeit und Nähe, die mir Tan Jianhe damals in China entgegengebracht hat; und doch wundere ich mich, warum er mir nach all den Jahren des Schweigens plötzlich aus Kuala Lumpur schreibt. Irgendetwas scheint falsch. Die Möglichkeit, dass es sich um einen Hochstapler handeln könnte, muss mir da bereits durch den Kopf geschossen sein. Doch das Gefühl, endlich wieder an die alte Freundschaft anknüpfen zu können, ist stärker. Ich will diesen englischen Worten vertrauen.

Der gesunde Menschenverstand obsiegt. Ich überweise erst einmal kein Geld, sondern lege mich ins Bett. Am nächsten Morgen finde ich in meinem Account eine weitere E-Mail von Tan, in der er noch dringlicher um Geld bittet. Ich schreibe zwei E-Mails zurück, spiele auf Zeit, zweifle, schreibe dann endlich einige Zeilen auf Chinesisch. Mein Gegenüber antwortet sofort, auf Englisch zwar, aber immerhin scheint er Chinesisch lesen zu können. Schließlich frage ich ihn, ob er mir das Datum unserer letzten Begegnung in Heidelberg nennen könne? Wenige Minuten später schreibt er auf Englisch zurück: »Of course. It was June 1998.« Als ich diesen Satz lese, kommen mir fast die Tränen vor Scham. Es ist also wahr: Tan steckt in Kuala Lumpur fest, braucht Geld, erwartet sich von seinem besten Freund Hilfe. Plötzlich weiß ich wieder, warum ich den Plot von Graham Greenes Roman *Das Ende einer Affäre* so sehr bewundere: Im Leben des anderen ist immer etwas verborgen, deshalb kann alle Liebe und Freundschaft die tiefe Geheimnishaftigkeit menschlicher Individualität auch nie überbrücken.

Fünf oder sechs Minuten lang war ich wie besessen von dem Gedanken an Tan. Dann wurde ich sachlicher. Ich wusste, dass von allen menschlichen Schwächen die Dummheit in der Moderne am härtesten bestraft wird. Und dumm wollte ich nicht sein. Ich kopierte also einige Sätze aus Tans erster E-Mail und klebte sie in die Google-Suchmaske. Auf Knopfdruck erschienen Dutzende mehr oder weniger identischer E-Mails, die seit einiger Zeit in der ganzen Welt verschickt wurden, Scams aus einem Internetcafé oder einer abgedunkelten Wohnung in Westafrika, es fiel mir wie Schuppen von den Augen, jemand musste Tans E-Mail-Account gehackt haben, wieso hatte ich so lange gebraucht …

Ich war erleichtert, aber auch traurig.

Im August 1996 war ich mit der Transsibirischen Eisenbahn nach China gereist. Tan muss ich kurz darauf in Peking kennengelernt haben. Die Fahrt von Moskau hatte knapp eine Woche in Anspruch genommen; ich erinnere mich noch gut an die polnischen Männer, die ihre Butterbrote mit mir teilten, den Baikalsee, der nächtlich über die Wagenfenster hinwegglitzerte, sowie an das überirdische, klare Licht an der russisch-chinesischen Grenze, wo unser Zug umgespurt werden musste. Was mich dann in Peking erwartete, hätte ich mir in Deutschland nie vorstellen können, dafür war ich viel zu tief in deutscher Kleinstaaterei verwurzelt; da waren Boulevards so breit wie Rollfelder, Betontrassen, an deren Rändern nachts die Wanderarbeiter schliefen, Hochhäuser an endlos gekurvten Hochstraßen, der Himmel war höher als in Europa, ein Menschengewimmel voll Aufbruchsgeist, das nie verebbte, und überhaupt die chinesische Hauptstadt: Eine Stadt für Riesen, die sich im Getöse der Lautsprecher ein Stelldichein gaben. Ich war entsetzt, begeistert, überwältigt, verletzt und ignorant. So viele Menschen, die auf der Suche nach Geld, Erfolg und Glück waren, hatte ich noch nie gesehen. In Deutschland war alles kleinteilig; hier schien man nicht eine Zukunft, sondern gleich tausend Zukünfte zu planen. Ich konnte damals nur über ein Kartentelefon mit Deutschland sprechen; aber nicht nur wegen des viel zu knapp bemessenen Kartenbetrags hatte ich größte Schwierigkeiten, überhaupt etwas in die transkontinentale Stille zu sprechen, die mich noch mit meinen Eltern verband. Ich floh ins Umland, in Städte, die Namen trugen wie Baoding oder Beidaihe; da gab es weniger kabbelige Stadtmenschen, sondern Bauern, die im zerrissenen, schwarzen Anzug still auf ihren Feldern standen oder mit Lastern altes Gerät transportierten. Die Pappeln am Straßenrand markierten sie hier weiß, damit sie nicht so leicht in der unendlichen Weite der Landschaft verloren gingen. Vogelschwärme, auf die solche Landschaften hätten eifersüchtig werden können, gab es nicht.

Ich fand das alles aufwühlend und trostlos zugleich. Den Propagandablättern (unsäglich: die Pekinger *Volkszeitung*) gelang es nicht sehr gut, ihre geistige Enge zu verbergen. Ein Funktionär in der größten Parteischule Chinas versprach mir, er könne auf meinen Befehl hin »überall« eine Brücke bauen lassen. Parteikader waren rüde, grobe Männer, die es nicht unbedingt goutierten, wenn ein Ausländer Chinesisch sprach. Wer sich ein bisschen umschaute, stieß schnell auf kommunistische Foltervillen und die Überreste brutaler Arbeitsschlachten. Alles Politische war von einer tiefen, unaussprechbaren Furcht vergiftet. Außerdem immer Mao: Ein Diktator, dessen Herrschaft auf einem gigantischen Betrug beruhte, wie mir ein junger Pekinger Musiker einmal versicherte, auf Sterben und Leiden, ein Scharlatan, der sich als Schöngeist und Dichter ausgegeben und im Schatten seiner blitzend schönen Kalligrafie Gemetzel angeordnet hatte. Ich hatte mir einen blauen, dickgefütterten Soldatenmantel gekauft; darin überstand ich den Winter. In den Bussen des dritten Autobahnrings zog ich eine lange, ungesicherte Linie um Peking. Es war kalt in Nordchina und wurde unwiderruflich kälter.

Also lief ich der Hauptstadt davon. Fuhr tagelang mit Zügen und Bussen über Land, mitten drin in Männergruppen, die mich erst anstarrten, um dann voll Zugewandtheit am Straßenrand ihre Sonnenblumenkerne mit mir zu teilen. Je weniger diese Menschen mit ihrer Hauptstadt zu tun hatten, desto besser. Immer suchte ich irgendwo in der Einöde nach einem Buchhelden, nach einem Grabhügel, einer Dichterklause oder einem Tempelgott. Oft erwies sich der kurze, rote Strich auf der Landkarte, den ich für einen Dorfrand gehalten hatte, als Mantelzipfel einer Millionenstadt. Immer lud mich jemand zu sich ein, hofierten mich laut rufende Menschen, die noch nie einen weißen Menschen gesehen hatten; man bekochte mich, veranstaltete glückliche Gelage. Ein x-beliebiges Kaff hatte schnell mal 2100 Jahre Geschichte aufzubieten. In Stelenwäldern waren die Schatten vorbeihuschender Eunuchen zu spüren. Als Deng Xiaoping endlich starb, der Nachfolger Maos, hörte ich die Nachricht in der tiefsten Provinz über die Strommasten schwirren.

Erst in Südchina wurde alles anders. Mein Leben schien nicht mehr nur aus losen Enden zu bestehen, sondern nahm in schwelender Hitze Form an. Auf meiner Überquerung des Changjiang hatten mich die alten Männer beeindruckt, wie sie da auf dem Deck hockten und lange, messerspitze Karten spielten. In stählernen Kabinen drängten sich Betrunkene, um herzzerreißend schöne Lieder von Teresa Teng zu singen. Das Eiland Putuo ragte vor Shanghai ins Meer hinaus wie ein verlassenes Schiff; auf vernebelten Hängen wucherte Bambus, dazwischen hockten Affen. Doch erst in der Provinz Hunan im Mai 1997 glaubte ich, wirklich in China angekommen zu sein. Meine wochenlangen Fluchtbewegungen kamen an ein Ende, als mich Tan vom Bahnhof abholte.

Auch die Stadt Changsha fühlte sich ungeheuer groß an. Aber sie lag im Süden, weit weg von kommunistischen Allmachtsfantasien, und auf Tans Sofa durfte ich scharf angebratene Froschschenkel probieren. Ich sah mich um in seiner Wohnung; da waren einfache, weiße Fliesen, leere Wände, einige Pappkartons, dazu ein Fenster, das jedoch nur auf einen mit vielen Hemden zugehängten Balkon ging. Zum ersten Mal spürte ich eine tiefe Verbundenheit zu einem Menschen aus China. Wir redeten an jenem Abend sehr viel, halb auf Englisch, halb auf Chinesisch, dazwischen gab es Bier und Wassermelone, die Dämmerung fiel herab wie ein dunkles Tuch, und wir übermittelten uns immer noch Nachrichten von der anderen Seite des Erdballs. Oft fand ich das richtige Wort nicht, wie sagt man noch »Fußgängerzone«, »Eiche« oder »Wartesaal« im Chinesischen, und als Tan mich fragt, wie sich denn eigentlich das Deutsche anhöre, spreche ich ihm holprig, mit erhobener Hand, die Wörter »Rhabarber« und »Schellfisch« vor. Und mitten hinein bitte noch: »Über allen Gipfeln«! So also klingt die Sprache Goethes und Nietzsches! Tan strahlt – und ich verstehe plötzlich, warum er mir Wochen zuvor in Peking vorgeschlagen hat, gemeinsam Felix Dahns *Ein Kampf um Rom* ins Chinesische zu übersetzen.

Denn auch Tan träumte irrwitzig. Er hatte in einem Fremdspracheninstitut studiert und arbeitete als Reiseführer; in dieser Funktion war er schon dreimal in New York und je einmal in London und Paris gewesen; er kannte also die Traumbilder der westlichen Zivilisation und wusste nur zu gut, dass er längst in ihren Bann geraten war. Während ich vom Alten China träumte, wanderte er in Sichtweite Alteuropas herum. Er hatte Thukydides, Tocqueville, Mommsen und Churchill verschlungen und sich von den großen, demokratischen Gesellschaften des 19. Jahrhunderts verzaubern lassen, ganz ähnlich wie der berühmte Yan Fu (1854 bis 1921), der erste chinesische Austauschstudent, der von 1877 bis 1879 am Royal Naval College in Greenwich westliche Wissenssysteme studiert hatte. Im Mai 1989 hatte Tan an den Demonstrationen in der chinesischen Hauptstadt teilgenommen, die kurz darauf von der Regierung blutig niedergeschlagen worden waren. Dennoch, so viel wusste er, würde sich China weiter zum Westen öffnen müssen. Bei seinen Streifzügen durch New York hatte er, wenn er wieder einmal ein dunkles Wort in Lincolns »Gettysburg Address« nicht verstand, gern die Passanten um Aufklärung gebeten. Ins Weltgewühl schauen.

So viel Begeisterung fand ich erstaunlich, konnte kaum Schritt halten. Wenn ich ihn richtig verstand, half Tan neben seinem Reiseführerdasein als Fahrer für einen hohen Parteifunktionär aus; und dessen Geliebte schlief heimlich mit Tan, der ein sehr schöner Mann war, mit ausdrucksvollen Lippen, ihm würde in seinem Leben noch so manches zufallen, und als er mir nach viel Bier gestand, öfters mit den weiblichen Mitgliedern seiner Reisegruppen zu schlafen, verstand ich auch das. Wie alt er damals wohl war? Ich schätzte ihn in meinem dürren Stolz auf fünfunddreißig, aber ich war ja selbst erst dreiundzwanzig und neigte zu Übertreibungen. Seine Eltern hatten noch unter dem »großen Steuermann« zu leiden gehabt. Meine waren nur geschieden. – Wie wäre der Zeithorizont von einer Milliarde Menschen zu beschreiben, die aus ihren Hütten in die Paläste will, aus dem 19. mitten hinein ins 21. Jahrhundert?

Am übernächsten Tag befinden wir uns hoch in den Bergen, wild umbrandet von Wäldermeeren, knapp oberhalb eines Streifens Nachtnebel. Die Struktur von so manchem südchinesischen Baumstamm erinnert mich an ganz ähnliche Strukturen, die ich an Wegesrändern auf dem Heidelberger Heiligenberg gesehen habe. Ich bin mir bewusst, dass all meine Erwartungen an das Fremde, meine jahrelange Schwärmerei, von der Berührung mit dieser Landschaft ausgewischt werden könnten. Tan hatte mir erzählt, dass es von Changsha gar nicht weit sei bis zum Berg Heng, einem der fünf heiligen Berge Chinas; und so waren wir am Spätnachmittag aufgebrochen, hatten erst mit dem Bus, dann mit dem Motorrad die dreißig oder so Kilometer überwunden, die uns von unserem Ziel trennten.

Ich hatte mir vorgestellt, dass der Wind auf dem heiligen Berg durch die Hohllöcher, die Spalten und Klüfte zu uns sprechen würde. Die Schründe selbst würden uns in unweltlicher Jähigkeit etwas zuflüstern. Geheimnisvolle Nachrichten aus einer vergangenen Dynastie. Und wir würden hineinwandern in eine malachitgrün-azuritblaue Landschaft, die ausgebreitet vor uns läge wie die sagenumwobene, elf Meter lange Bildrolle *Panorama von Flüssen und Bergen* des Malers Wang Ximeng (1096 bis 1119), mit knorrigen Einsiedlern, Baumgöttern und Fuchsgeistern (wie Wang Bi war auch Wang Ximeng nur dreiundzwanzig Jahre alt geworden).

Doch es kam ganz anders. Kurz nach Einbruch der Dämmerung war eine Frau im weißen Nachthemd über die Landstraße gerannt. Um ein Haar hätte Tan das Motorrad in den Graben gefahren. Wir hielten an. Die Frau war in ein Gebüsch verschwunden und kam nicht mehr hervor; sie schien panisch und brauchte bestimmt Hilfe. Wir besprachen kurz, ob wir zur nächsten Polizeistation zurückfahren sollten, acht oder zehn Kilometer den Fluss hinunter. Tan fand das aber gar nicht gut, und ich war mir auch nicht mehr so sicher, ob die chinesische Polizei zu rufen eine gute Idee wäre. Es dämmerte immer schneller. An so einem Ort, hätte man in Deutschland gedacht, sagen sich Fuchs und Hase gute Nacht. Wahrscheinlich hätten wir die Frau nie wiedergefunden.

»Und vielleicht war sie ja auch nur ein Geist«, sagte Tan und lachte mich mit seinem sanften, blassen Gesicht an.

Ich war mir sicher, dass Tan nicht an Geister glaubte, so hatte er es mir noch am Abend zuvor versichert. Er habe als Sechzehnjähriger Marx gelesen, gründlich und nicht auf Anweisung der Partei; das sollte eigentlich reichen, damit ein Chinese nicht mehr an Geister und Gespenster glaubt. Doch an diesem Abend, im Halblicht, wollte er die Möglichkeit, es könne sich bei dieser Frau um einen Geist handeln, nicht mehr kategorisch ausschließen. Meiner verträumten Seite gefiel dies; zugleich hatte ich Gewissensbisse, konnte das Gesicht der Frau, wie es da grell durch den Scheinwerferkegel gehuscht war, nicht mehr vergessen. In Kanton hatte ich schon einmal eine ähnliche Begegnung gehabt, mitten in der

Nacht, als eine junge Frau aus einem Luxus-Hotel herausgestürzt war und sich, unter meinen Augen, kraftlos an den Absperrgittern einer Straßenkreuzung festgehalten hatte. Wahrscheinlich war es ihr Blut an den Tüchern, die sie da in den Händen hielt, weit weg von ihrem geheimnisvoll-grünen Qipao mit Golddrachen. Sie sah aus wie eine der Millionen von jungen Frauen, die in den Restaurants und Massagesalons der großen Städte arbeiteten. Sekunden später zerrten zwei ältere Frauen sie fort. Wer hatte sie zu diesem Sklavendasein verdammt?

Wir kletterten weiter, bis hoch über den Nachtnebel. Es war jetzt stockduster. Ich sah Tan kaum mehr, er verschwand zwischen den Stämmen, aber ich roch seine scharfen Zigaretten. Alsbald glaubte ich auch die Seelen der Menschen zu wittern, die vor vielen Jahrhunderten diesen Berg hinaufgezogen waren, all die Toten, die heute noch den heiligen Berg Heng umwehen.

Endlich brach die Morgensonne durch: ein gestaffeltes Gefühl aus eisigem Licht, das die Augen verbrennt, wenn man sie nicht schnell genug schließt. Tan und ich stehen in einem versprengten Häuflein von Suchenden auf der Gipfelkante und blicken hinab in die Landschaft, die über den Bergketten und Hügelwellen endlos dahinläuft. Plötzlich hänge ich an dieser Welt.

Ich habe im Frühjahr 2009 keine weitere Nachricht von Tans E-Mail-Account erhalten. Meine Nachfragen gehen ins Leere. Unsere Verbindung muss da wohl längst abgerissen sein; die schönen Schwebezustände und unendlichen Seelenräume des globalen Zeitalters hatten wieder einmal ihren Preis gefordert.

15

Nur nebenbei gesagt: Der Juni 1998 bedeutet mir sehr viel, denn ich war damals Mitte Zwanzig und unglücklich verliebt in die Litauerin Giedre G., die mich vor meiner Abreise nach China aus heiterem Himmel gefragt hatte, ob ich sie heiraten wollte. In meiner Zögerlichkeit hatte ich nicht geantwortet; ich sehnte mich nach dem zweifach Unerreichbaren, nach China *und* dieser Frau, insbesondere dem Klang in ihrer Stimme, wenn sie auf Litauisch »Ateik – ateik!« flüsterte, aber die Welt da draußen rauschte und brauste schon eine ganze Weile, ich wollte fort und besaß ja auch gar kein Geld für eine Heirat, selbst wenn mir Giedres wunderbar blaue Augen das Gegenteil zu sagen schienen, sie konnte nächtelang von Dostojewskis *Spieler* und den sowjetischen Kriegsversehrten in Vilnius reden, dazu spielte Radiohead immerfort »Creep«, von Coco Chanel erzählte sie auch gern, einer erzromantischen Frau, die nie länger als bis Mitternacht an etwas Interesse gefunden habe, weil sie neben ihrem mondänen Leben auch noch ritt und Gymnastik trieb, Coco Chanel war nie bereit, die ureigene Einsamkeit einer mittelmäßigen Liebe zu opfern, und dann hat die Welt, die da draußen rauschte und brauste, uns beiden einen Flunsch gezogen. Giedre hat einen anderen Deutschen geheiratet; und ich hatte einen Grund weniger, an die Liebe zu glauben (auch Tans unangekündigter Besuch half da nichts).

Aber was wusste ich damals überhaupt von der Liebe?

16

Vielleicht wollte ich einfach durchlässig werden, in dieser Stadt, für die Welt. Eigenschaftslos leben, so als hätte man überall geboren werden können, als jedwede Frau. In Paris kreuzten sich seit Langem die Meridiane aller Länder, da war es schon immer leichter als anderswo, Verbindungen zu kappen. In meinem kleinen Zimmer spürte ich vielleicht schon einige jener gigantischen Verschiebungen, die in wenigen Jahren die Erdoberfläche unruhig werden ließen. Durch das unterirdische Rohrpostnetz, das seit dem Jahr 1866 die Telegrafenämter der französischen Hauptstadt miteinander verband, war die Schwelle der Hongkonger Chungking Mansions zu fühlen. Über dem weißen Häusermeer vor der Basilika Sacré-Cœur flatterten die Fahnen der afrikanischen und asiatischen Republiken, von deren Gründung nachtwandlerische

Revolutionäre hier geträumt hatten. Der Schriftsteller James Joyce, irgendwo zwischen Dublin, Paris und Zürich, hatte ein neues Wort erfunden, das alle technologischen Durchbrüche des 21. Jahrhunderts in einen einzigen Schriftzug bannte: »iSpace«. Die Zeit wurde knapp. Wie einsam musste einer sein, damit die Welt an ihm abprallen konnte?

Alles zersplitterte. Es fing an mit den harten Wörtern, die früh am Morgen auf den Straßen ausgetauscht wurden. Wildfremde sprachen miteinander – übereinander – nebeneinander. Stimmen im Französischen, Arabischen, Persischen und Japanischen, ein flirrendes, geistvolles *chit-chat*. »Mon œil!«, rief ein Schwarzer mit Drohgebärde – ein anderer echote: »Va te faire foutre!« Dann wurde es zärtlicher. In Belleville spritzten um acht Uhr die Metzger die Böden unter den aufgehängten Tierleibern ab. Sonnenlicht spielte auf den Eisengittern am Jardin du Luxembourg. Irgendwo schimmerte ein Stück weißer Panthéon-Kuppel. Eine Rodin-Statue hockte über einem sauber geharkten Sandfeld. In der Piscine Pontoise zog zugleich ein einsamer Frühschwimmer seine Bahnen. Rilke schrieb: »Und alle die dort gehen, gehen aus Gold.« (Paris, Sommer 1909) Währenddessen flüsterte ein *bavardeur* zärtlich mit den Tauben. Eine alte Frau träumte in ihrem Zimmer so lange vom »Ça ira«, bis sich die Stimme von Edith Piaf zu den perversen Wasserspeiern von Notre-Dame gesellt hatte. Ein Mädchen im Marais seufzte liebevoll.

Um viertel vor zehn erfasste mich oft ein Taumel. Ich steckte meist irgendwo in Jussieu oder im Dreizehnten, am liebsten aber in Belleville, wo alles amazonisch ineinanderfloss: verschleierte Frauen, Gewürzläden, chinesische Teegeschäfte, Spielhöllen, Prostituierte mit Paillettenjacken, das Wimmelbild der Shisha- und Telefonkartenläden. Bei Burger King in den Markthallen saß noch eine Französin mit langem, strohfarbenem Haar; am Nebentisch füllte aber längst eine koreanische Reisegruppe ihre Kreuzworträtsel aus (Sudoku gab es leider noch nicht). Im Viertel Goutte-d'Or gab es: maschinengeknüpfte Teppiche, die die Kaaba von Mekka und die sie kreisförmig umflutenden Pilgermassen zeigten (kitschig);

eine Koranhülle aus Plastik, die zugleich als neuzeitlicher Wecker funktionierte (schick); Dattelcreme aus Algerien; Orangenaroma für den Kaffee; chinesischen Tee (»Gunpowder«); außerdem arabischen Tee (»El quitare«, mit einem aufgedruckten Kamel). Auf einer Tüte Maggisuppe aus Marokko stand ein flammendes *halâl*. Auch Navi-Geräte gab es noch nicht. Wie verrückt das Leben war.

Drüben in der Rue du Caire balgten sich jetzt ... die Straßenjungs. Irgendwo spielte jemand alte Kassetten von Umm Kulthum und Rachid Taha (»Ya Rayah«) ab. In einem Gewürzladen stand sich das Menschentum auf den Füßen. Laut Koran war es verboten, Statuen anzuschauen; aber die saudischen Prinzen stiegen im Hotel Ritz an der Place Vendôme ab, so erzählte es mir ein Bekannter, ein Tibetisch-Student aus Wien, der dort als Bademeister aushalf.

Es ging auf Mittag zu. Takashi Murakami stellte seine Riesenbilder im Glaspalast der Fondation Cartier aus: Da musste ich hin! Und wieder ging ich durch Paris, mit Riesenschritten, hatte aber längst das Gefühl, dass Paris und damit die ganze Welt *durch mich* ging. Wehrlos anmutende Drifter, Frauen und Männer, die gerade ihre Start-ups verlassen hatten, tranken Pastis. Weil so viele Menschen in Paris lebten, war die Stadt voller Stimmen, Nachrichten, Flüsterpost. Nur in der *Libération* gab es so lange Korrespondentenberichte aus den großen, fernen Städten. Der mondäne Philippe Sollers schrieb zwar noch in *Le Monde*: Casanova, Tiepolo, Tizian, aber wie europäisch-engstirnig war das denn!? Die Japaner, die es sich leisten konnten, lebten rund um die Oper, um ihren Kuchen von Dalloyau oder in einem der Edelläden im sogenannten goldenen Dreieck zwischen Rue Cambon, Rue Saint-Honoré und Place Vendôme zu kaufen. Der Kaffee im Jemen kostete im Jahr 1995 übrigens drei Dollar und in Uganda konnte man Kaffee für weniger als eineinhalb Dollar einkaufen, deshalb war es ein Leichtes, inklusive Transportkosten einen Gewinn von 100 Prozent zu erzielen. »On est bien peu de chose.« In Singapur wurden Häuser nicht verkauft, sondern auf 99 Jahre verpachtet. Zur Eröffnung eines GAP-Geschäfts auf den Champs-Elysées rief eine Frau: *Il faut frimer*, was soll ich tun, *frimer ...!!* Früher hatte sie Bob Marley geliebt und war mit Sonnenblumenkette durch die Welt gelaufen; später lernte sie den Sänger Faudel kennen, der es hasst, wenn er nicht angeschaut wird, Natacha Atlas sang zu der Zeit »Mon amie la rose«, und jetzt handelte sie mit Immobilien. Ein Algerier kam herüber, stritt sich mit ihr, weil er es nicht ertragen konnte, dass ein Europäer mit einer Araberin ging. Bald war sie blindgeweint; und musste jetzt los.

Am Nachmittag. Im Fliegenglas der Kindheit den Finger in ein Buch legen und gleich das Zauberwort finden: weltrückfällig werden. Eine Republik der Geister: Jüdische Gelehrte stehen im Marais unter einer Straßenlampe und schauen sich tief in die Augen. Al-Fārābīs Denken leuchtet. Zhu Xi ringt mit Nāgārjuna um Rätselworte. Lesezirkel in Buenos Aires verschreiben sich dem Vico-Studium, damit ihre Einsichten im Jahr 1942 zurück nach Paris gefunkt werden können. Jorge Luis Borges weiß aufgrund der deutschen Besatzung nicht mehr das Neuste über die Pariser Hutmode. Die Peripherie denkt zurück, mit Shelley (»The Revolt of Islam«), Edward Said und viel amerikanischem Ideengestöber.

In den Pubs rund um die Sorbonne tranken bei diesem Sonnenstand (gleißend noch, der Sonnenwagen des Phaëthon) die Briten. Bei Gibert Jeune überlegten sie sich, die Läden runterzuziehen, weil irgendwo geplündert wurde. Jäh kehrten meine Lebensgeister zurück, in einer Shisha-Bar (wer hätte das gedacht!). Allen Upward: »Ich schlug die Wilden des Niger zurück mit der Pistole in der Hand, / Ich schlug die Wilden der Themse zurück mit einer Druckerpresse.« Es war an der Zeit, die allgemeine Erklärung der Menschenrechte hervorzuholen, die ja wesentlich auf die revolutionäre, mexikanische Verfassung aus dem Jahr 1917 zurückgeht. Revolutionäre aller Länder, vereinigt Euch! Oder wenigstens: Solange der Kapitalismus Euch noch nicht in die Suppe gespuckt hat! Kunstvolle Störungen aus Ägypten, Chile, Indien:[119]

أطلب العلم و لو في الصين

Erich Auerbach hatte längst zusammengefasst, worum es bei der Globalisierung ging: »ein so gewaltiger, so reißend schneller und innerlich so schlecht vorbereiteter Konzentrationsprozeß«.[120] Genau so war es; und wer von der leicht ansteigenden Rue Soufflot heraufkam, dem erschien das Sonnenlicht an der Place du Panthéon wie magisch. Nichts Neues unter der Sonne – nur die Sonne war neu.

Abends gingen die Chinesen des dreizehnten Arrondissements mit ihrer Weisheit hausieren. Kauften bei den Tang Frères Klöße ein. Währenddessen töteten sich die alten Bäuerinnen in ihrer Heimat mit Rattengift. In Kuba brannte leider gerade die Ernte. Der Koch des Hotel de Crillon kaufte seine Früchte von dem Anbieter, der auch das Ritz, das Bristol und das Plaza belieferte; nur im Mai und Juni kaufte er die Erdbeeren direkt bei einer Dame aus Andalusien. Suspekte Wechselbüros im neunten Arrondissement, eines (auf dem Boulevard Poissonnière) hieß RUITONG Change. Die Jemeniten von Paris lassen sich inzwischen die Qat-Pflanze per Flugzeug einfliegen, einmal pro Woche; schieben sich die berauschenden Blätter in die Backen und schauen schwummerig zum Eiffelturm hoch. In den illegalen Nähateliers arbeiten um diese Uhrzeit immer noch die Chinesen. Ein koreanischer Mittdreißiger – blaue Glanzhose, britische Adelswappen auf der Jacke, Fellkragen, schwarze DJ-Brille – übergibt sich. Neben ihm liest ein Kind die *Buddha Weekly*. »Can I razzle-dazzle that person?!«, denkt sich ein amerikanischer Tourist; seine Reiseschecks ist er dann schnell los. Eine Philippina hört spanische Lieder von Nat King Cole. Das Wahre war schon längst gefunden. Ein Kellner kommt ins Schlingern, wäre auch beinahe gestürzt, doch kann er sich noch einmal an einer eleganten Schulter festhalten. Genau in diesem Augenblick durchtrennt der deutsche Maler Simon Pasieka (altmeisterlich, schönheitsbesessen) an der Porte de Montreuil mit dem japanischen Fischmesser einen Seeteufel. Die Schulter gehört einer Frau, die erzählt, dass sie morgen mit dem Eurostar nach London fahren werde, um sich die Sammlung von Sir Stamford Raffles anzuschauen. »Grauenhaft«, giftet ihre Freundin. Ich aber schaue ihr ins Gesicht und denke mit Wehmut an die letzten Situationisten der französischen Hauptstadt – da beginnen die Schmetterlinge ihren Gesang: »magna NUX animae«. »Glauque!«, ruft der Kellner. Die Frau grinst und steht auf einmal mitten im Daseinsstrom: »On est bien peu de chose.«

Tan sprach oft davon: Als die OPEC-Staaten die Ölkrise von 1973 auslösten, errang die dritte Welt einen entscheidenden Sieg über die reichen Industrieländer des Nordens, vergleichbar nur mit der Seeschlacht bei Tsushima im Mai 1905 (da hatten die Japaner die Russen vernichtend geschlagen).

Nur an die Bedeutung des Reisens habe ich nie geglaubt. Es gab da ja die schöne Idee, die einmal der britisch-indisch-amerikanische, in Japan wohnhafte Schriftsteller Pico Iyer mit den höheren Weihen des Englischen formuliert hatte: Es würde mit der Globalisierung immer leichter, »sich zwischen dem Fremden zu bewegen, sich auf diese Weise zu vereinfachen und Klarheit zu schaffen über sich selbst.«[121] Ich nahm ihm kein Wort ab. Es gab bereits viel zu viel Klarheit in der Welt, alles war erfassbar, vergleichbar, übersetzbar – wer wollte da bitteschön im Reisen noch mehr Klarheit finden? Die Welt dringt nicht zu uns durch, weil wir in unserem Wohlstand viel zu klar sind, zu klar denken, zu klar leben.

Weggehen: Hieß das, glatt und formlos werden wie die Kapitalströme und Lieferketten? Oder kantig werden, klobig und dunkel?

DRITTES KAPITEL: TIEFER FALLEN (OSAKA, 2001–2002)

Je älter man wird,
desto mehr liebt man das Anstößige.
(Virginia Woolf)

1

Seit ich in Japan lebte, hatte ich in den Nächten oft das Gefühl, nirgendwo wirklich angekommen zu sein. Mit Antritt meiner Anstellung als Sprachlehrer besaß ich zwar einen Anlaufpunkt in Osaka, ein Großraumbüro, zu dem ich jeden Morgen zurückkehren konnte; doch die Verlorenheit brannte in mir, ich glaubte mich von einem wie geträumten, grenzenlosen Raum umgeben, der nichts mit mir zu tun hatte, den ich mit meinen Gedanken auch nie durchdringen würde, jahre-, jahrhundertelang. Der Rausch des Fremden war schnell vergangen, jene Euphorie also, die von den kosmopolitischen »Anywheres« in ihren Blogs so gern verherrlicht wird, die in Wahrheit jedoch nie länger als ein paar Wochen zu ertragen ist. Ich hatte Ramen-Nudeln und Tempura gegessen, hatte lange Busfahrten durch die Vorstädte gemacht, hatte die monumentale, sich langsam bewegende Plastikkrabbe von Namba bewundert. Damit war ich bald durch gewesen; und wieder überfiel mich meine Ausgesetztheit. Ich war einfach hier und jetzt; wie weiter? – Die Sprachschule hatte mich mit zwei Amerikanern im Osten von Osaka untergebracht, in einer belanglosen Wohnung in einem vierstöckigen Hochhaus, drei Zimmer, Bad und Küche, sowie ein langgezogener, enger Balkon, auf dem in der Mittagszeit die Waschmaschine ratterte. Die Wohnung war mit einem braunen, sehr sauberen, unendlich nichtssagenden Linoleum ausgelegt, an das ich mich heute noch erinnere. »Take it easy«, sagte Zacharias, der auch einfach Zach genannt wurde, »no need to worry.« Ich starrte also, wenn ich wieder einmal nicht schlafen konnte, auf die Schiebetüren meines Zimmers, ich war wieder am Ausgangspunkt angelangt, nichts hatte sich verändert, nur diese Schiebetüren bewiesen, dass ich noch in der Welt war. Aber wie weiter?

Zach war ein schmächtiger, junger Mann. Er aß in der Früh koreanische Instantnudeln und telefonierte in seinem Zimmer mit seiner Mutter, die sich die längste Zeit ihres Lebens in Oklahoma aufgehalten zu haben schien. Er kaufte die gleichen Telefonkarten, die ich mir auch bei dem 7/11 um die Ecke holte. An dem dortigen Verkäufer hatte ich zum ersten Mal die unendliche Umständlichkeit der Japaner beobachtet: einen Geldschein nehmen, das Wechselgeld höflich an den Kunden weiterreichen, sich verbeugen, den Kunden lautstark verabschieden. Ich begriff, dass Zach seiner Mutter Geld schuldete; er wollte in einigen Monaten mithilfe seiner Einnahmen hier in Japan mit der Mutter in Oklahoma quitt sein. Wo sein Vater steckte, hat er mir nicht erzählt; Väter gingen wohl schnell verloren in Amerika. Ich ließ das erst einmal auf mich wirken. Der andere Mitbewohner, ein Jonathan aus Brooklyn, war genau fünfundzwanzig Jahre alt, wie er mir stolz erklärte; er hatte sich fest vorgenommen, in Japan mit dem Rauchen aufzuhören. In Wahrheit saß er aber die meiste Zeit mit einer Zigarette auf dem Bett. Dazu klampfte er immer etwas in seine Gitarre, am Anfang noch so leise, dass er uns nicht störte, später immer lautstärker.

Ich wäre der letzte gewesen, der den offensichtlichen Umstand geleugnet hätte: Beide, Zach und Jonathan, hatten bessere Gründe für ihren Japan-Aufenthalt als ich. Die Leichtigkeit, mit der sie von dem neusten Kevin-Spacey-Film zu ihren ethnologischen Beobachtungen über die Japaner wechselten, wie sie mit zitternder Leidenschaft über die Türme des World Trade Center sprachen, dieselbe Leidenschaft, die auch in ihrem erregtem Austausch der neusten Baseball-Ergebnisse durchschien, und wie ihre Leichtigkeit dann mit der Leidenschaft zusammenging, um irgendein japanisches Mädchen im goldenen T-Shirt zu erörtern, das sie in einem Nachtclub in Osaka gesehen hatten, das ließ mich schwindelig werden. An den Abenden schloss ich die Schiebetüren zu meinem Zimmer.

Ich weiß nicht, was ich damals über Amerika gedacht habe. Sicher versuchte ich, nicht voreingenommen zu sein gegenüber einzelnen Amerikanern; ich ahnte, es gab wunderbar großzügige Menschen in Städten wie Los Angeles oder Chicago, ich hatte sie ja in Europa kennengelernt, sie gingen auf andere Menschen zu und lernten ihre Sprachen und waren von einer redseligen Weltoffenheit. Doch in Osaka hatte ich nach einigen Wochen das unleugbare Gefühl, dass mich meine beiden amerikanischen Mitbewohner daran hinderten, Osaka und das wirkliche Japan kennenzulernen. Wenn ich ehrlich bin, muss ich zugeben, dass ich damals ein ausgewachsenes Amerika-Ressentiment hatte. Insbesondere störte ich mich an der verheerenden, hyperaktiven Dummheit des amerikanischen Humors, den meine Mitbewohner stets mit Anspielungen auf die Popkultur der englischsprachigen Völker schmückten, auf Zombie-Filme aus den 1970ern, auf Sherlock Holmes, auf Comics *(Popeye, Bugs Bunny, Toby the Pup, Pepe…)* oder gar auf die Star-Trek-Serie *The Next Generation* mit dem wunderbaren Patrick Stewart; wenn es richtig zur Sache ging, bemühte Jonathan auf jeden Fall seine Gitarre und sang dazu »You are my sunshine«, mit einem so strahlenden Gesicht, dass mir ganz übel wurde, dieser Grimassenschneider brannte jederzeit ein Feuerwerk aus blitzgescheiten Gags ab und das mit so einer grenzenlosen Gewandtheit, die natürlich das Ergebnis einer jahrhundertealten demokratischen Kultur war, all das verstörte mich unendlich. Bei aller Selbstironie waren sie eben doch nur Amerikaner und konnten jederzeit mit größter Selbstverständlichkeit auf die amerikanischen Heldenmythen zurückfallen, was ich nicht konnte, so sehr ich ihnen auch hinterherlief, da fehlte mir etwas Elementares. Schon als Kind war ich im Übrigen überzeugt gewesen, dass Menschen aus Amerika, und selbst wenn sie nur in *Dallas* oder *Der Denver-Clan* auftraten, realer waren als Menschen aus Deutschland, sie standen einfach mehr im Leben. »Hang on«, rief Jonathan gern, mit ausgestreckter Hand und strahlte dazu passiv-aggressiv übers ganze Gesicht. Dass er so ausdrucksvoll hier auf japanischem Boden vor mir stehen konnte, spiegelte Größe und Elend des amerikanischen Imperiums wider, das umfasste auch Baseball-Stadien, Thanksgiving-Feiern, Fernsehprediger, namenlose Einkaufszentren in Vermont, den Irakkrieg,

Styroporbecher, CNN, grenzenlose Selbstoptimierung, den Klimawandel und das Silicon Valley. Ich war beleidigt. Wie sehr sich meine beiden Mitbewohner auch mit Japan zu identifizieren suchten, wie oft sie in Arthur Goldens Roman *Geisha* blätterten oder Kurse über das Schwertkämpfen und die Teezeremonie besuchten, sie, Jonathan und Zach, waren und blieben in ihrer aggressiven Aneignung immer – Amerikaner. Leider, sagte ich einmal zu ihnen, oder ich träumte, es ihnen zu sagen, seid Ihr doch nur wie all die englischen Sprachlehrer, die seit mehr als hundert Jahren um den Globus ziehen; ich hätte das gern auch auf die Spitze getrieben, indem ich ihnen den Namen »James Joyce« an die Stirn warf, ich hätte ihnen einen kurzen Bericht geben können, wie James Joyce seinen Job in der Berlitz-Sprachschule in Triest angetreten hatte, nur war ich mir nicht sicher, ob sie überhaupt wussten, wer James Joyce wirklich gewesen war, oder sie hätten doch nur wieder alles durch ihren Kakao gezogen, der nicht meiner war. Sprachlehrer hielten sich in der Gegenwart vorzugsweise an den Rändern des ehemaligen Britischen Weltreichs auf, an den Orten eben, an denen die geknechteten Massen noch Englischunterricht benötigten, damit man sie in den Eliten ihrer jeweiligen Heimat willkommen hieße, in Ländern wie Malaysia, Thailand, Singapur, Taiwan, Korea oder Japan; und diese sprachliche Grauzone wurde bevölkert von früh gealterten Surflehrern in Plastiklatschen, marxistischen Träumern aus Glasgow, verkrachten Schauspielern aus Los Angeles, ehemaligen US-Marines aus Nashville, Tennessee oder gar geschassten Lastwagenfahrern aus Südafrika, die immer noch Englisch unterrichten konnten, wenn ihnen sonst alles im Leben aus dem Ruder gelaufen war. Da viele Asiaten Rassisten waren, so dachte ich damals, und sich nur wenige westliche Frauen in asiatische Gesellschaften einfügen wollten, bestand die absolute Mehrzahl von Englischlehrern aus weißen Männern. Immerhin besaß so mancher die Weisheit, sich selbst als *white trash* zu beschreiben, beinahe so, als könne er auf diese Weise den Makel der eigenen Entwurzelung loswerden, der ihm in Wahrheit doch umso stärker anhaftete, und alles Singha- oder Tsingtao-Bier konnte ihn nicht fortwaschen. Als weißer Mann verfügt man in Asien noch immer über erstaunliche Reserven. In irgendeiner Bar in Bangkok, Hongkong oder Seoul, würden mir Zach und Jonathan wahrscheinlich mitgeteilt haben, nachdem sie sich meinen kurzen Bericht über James Joyce angehört hätten, warte noch immer eine weibliche Bekanntschaft. Zach war in dieser Hinsicht eher ein *jackass*, aber Jonathan hatte den Dreh mit den vermeintlich »unterwürfigen Asiatinnen« raus, er hätte uns erzählen können, wie man es anstellen muss, und dann wäre wahrscheinlich auch rausgekommen, dass er, der dem Schauspieler George Clooney, wie ich dachte, überhaupt nicht ähnlich sah, auf dieser Seite des Erdballs mit steigender Entfernung zu Amerika George Clooney immer ähnlicher wurde. Auch hätte er uns erzählen können, wie er in einer eleganten Bar in Tokio einmal ganz unerwartet einen Korb erhalten hatte; er habe nämlich eine wunderschöne Japanerin in seinem gebrochenen Japanisch um Feuer gebeten, und diese hätte ihn nur mit ihren großen Augen angeschaut und in bestem Englisch erwidert: »No need! I only sleep with black men!« Jonathan hätte alles schön langsam ausgebreitet und dann vielleicht auch noch die Schote erzählt, wie er einmal vor vielen Jahren in Hongkong, als er mit seiner noch frischen Bekanntschaft in einem Stundenhotel angekommen sei, plötzlich feststellen musste, dass er keine Kondome dabei hatte, sodass er kurzentschlossen und halbnackt noch einmal in die Straßenschluchten hinabgestiegen sei, wo er auch endlich einen 7/11 gefunden habe; doch als er dann mit seiner Schachtel Kondome an der unbesetzten Rezeption des Stundenhotels angekommen sei, sei er erbärmlicherweise außerstande gewesen, die Nummer seines Zimmers zu erinnern. Weder Frau noch Kleidung habe er je wiedergefunden, so hätte uns Jonathan zum Abschluss berichtet, und wir hätten endlich begriffen, was für ein lustiger Kerl er war, und dann hätte er mit seinem breiten Entertainerlächeln noch hinzugefügt: »That's me, FILTH: Failed in London, Try Hong Kong!«

All das muss mein Gefühl der Ausweglosigkeit nur weiter verstärkt haben. Ich hing jetzt ja selbst von diesem Freihandel der Sprachen ab. Nur besaß das Deutsche nicht den Marktwert des

Englischen. Die unterschiedlichen Ecken des Großraumbüros, das unsere Sprachschule im Zentrum von Osaka angemietet hatte, wurden von den verschiedenen Nationen bevölkert. Es gab Sprachlehrer aus England, Frankreich, Spanien, Italien, Kanada, Deutschland und Belgien; anders als die Callcenter-Sklaven verkauften wir aber keine Produktpaletten an unsere Kunden, sondern es gelang uns noch, die Fassade zu wahren, wir sahen uns als Akademikerinnen und Akademiker, die ihre Wörter und Sätze schön säuberlich mit einem Schreibstift auf digitale Blackboards schrieben, deren Nachbild dann auf den Fernsehern unserer Schüler in Yokohama, Tokio, Nagasaki oder im japanischen Norden, in Hokkaido und Iwate, glomm. Wir lebten noch in der Sprache, während andere schon längst in der reinen Kapitalzirkulation verbrannt waren. Außerdem hatte das Deutsche in Japan einen gewissen Ruf zu verteidigen, es war die Sprache der Rechtsprechung, der Automobilindustrie und der klassischen Musik, nur schwärmten Japaner im tiefsten Herzen für die romanischen Sprachen, für Italienisch und Spanisch, und das war bitter.

Eigentlich war es erstaunlich: Mein Wunsch nach Freiheit und Abenteuer hatte mich geradewegs zurück in einen »eisernen Käfig« geführt, nur dass der »eiserne Käfig« jetzt auf der anderen Seite des Erdballs stand. Ich war *homeless*, bindungslos, abgeschnitten vom wirklichen Leben der Menschen in Osaka, umringt von europäisch aussehenden Menschen, die sich genauso sehr nach Freiheit und Abenteuer sehnten wie ich. Wir hätten unsere eigene Kolonie gründen können.

Wenn ich nicht arbeitete, ließ ich mich durch Osaka treiben, das zu Beginn nur aus Hochhäusern und Hochstraßen bestand; allmählich tauchten auch die Umrisse anderer Gebäude auf, es gab Getränkeautomaten, in feuchter Luft schwimmende Stromkabel oder brav verklinkerte Hauseingänge. Es gab auch Hundesalons, gotische Restaurantanbauten, muschel- und hummerförmige Cafés im Versailles-Stil, Parks, marmorne Portiken, griechische Statuen und grelle Billboards. Aber in den Nächten starrte ich dann doch wieder auf meine Schiebetüren.

Nach einigen Wochen hatte ich genug. Ich beschloss, mir eine eigene Bleibe zu suchen. In wenigen Stunden hatte ich über die Vermittlung eines chinesischen Bekannten etwas gefunden: ein winziges Tatami-Zimmer in einem ehemaligen Hotel im Süden Osakas, hinter einem mit weißem Müll übersäten Bahngleis. Ich hatte schon in vielen möblierten Zimmern gewohnt, aber dieses Zimmer war das kleinste von allen: 8,5 Quadratmeter, ein winziges Fenster aus Milchglas, vier weiße Wände, eine Tür, eine aufrollbare Bettstatt, ein niedriger Schrank für die Schuhe, ein Hocker.

Ich wollte allein leben, ohne Zeugen, wie ein mittelalterlicher Mönch, der seiner Vergangenheit abhandengekommen ist und nichts mehr besitzt außer seinen Glauben. Ich wollte so tief *in der Welt* sein, dass ich ihr nicht mehr ausgeliefert wäre.

2

Ich hatte mir vorgenommen, jeden Morgen eine halbe Stunde lang in meiner Mönchszelle zu sitzen und zu meditieren. Ich wollte, wie es so schön in den alten Zen-Geschichten heißt, meine Zuflucht im »Wandschauen« (*mian bi* 面壁) nehmen. Dazu stand ich früh auf, putzte mir die Zähne, wusch mir das Gesicht und setzte mich dann auf den Tatami-Boden, meiner Zimmerwand gegenüber. Ich nahm den Lotussitz ein und schloss die Augen. Ich versuchte, an nichts mehr zu denken. Sobald sich ein Gedanke in mir regte, fasste ich ihn mit spitzen Fingern an und warf ihn fort, in die Seitenränder meines Bewusstseins. Ich höre meinen Atem: Hu, hu ... h ... h ... h ... ... Die Sekunden fließen ruhiger dahin. Wenn ich unvorsichtigerweise auf diese Ruhe *aufmerksam* werde, verändert sich ihr Zustand; sie wird karg, beinahe hart. Ich bin mir plötzlich gewahr, dass *ich* es bin, der hier sitzt. Wieder suche ich diesen Gedanken zu vergessen. Gemächlich rutsche ich so wieder die Böschung des Nicht-mehr-meiner-selbst-gewahr-Seins hinab. Alles beruhigt sich. Eine Reizung an meinem rechten Zeh (ein Schmerzpunkt, atomar winzig) kann das nicht ändern. Sandurhrartig verrieselt etwas.

Dinggefühl? Dinge fühlen sich. Ich werde. So niemandig. Wo ist überhaupt noch: ich? …

Die Beine waren mir da längst eingeschlafen. Eine Kakerlake musste über die Wand herabgekrochen sein. Plötzlich saß sie in bedrohlicher Nähe zu meiner linken Kniespitze. Sah sie mich? Und ob. Also schlug ich sie tot. Und damit, trotz aller gegenläufiger Bemühungen, hatte mich mein Gehetztsein, meine innere Unruhe wieder fest im Griff.

Ich habe noch viele Male »an die Wand geschaut«. Weit gekommen bin ich mit dem Niemandig-Sein jedoch nie. Nach drei oder vier Minuten spürte ich jedes Mal den unbezwingbaren Drang aufzustehen; der gereizte Nadelpunkt des Jetzt-Bewusstseins hatte sich wieder bemerkbar gemacht. Ich hielt so viel Ich-Bezug wohl einfach nicht aus. Am Ende kam ich zu dem Schluss, dass all diese Übungen doch nur auf Selbstbetrug beruhten – als könne die Welt verändert werden, indem ich *mich* veränderte. In Wahrheit war da draußen alles gleichgeblieben.

Jack Kerouac hat seinem Freund, dem Dichter Gary Snyder, vor seiner Reise nach Japan eine Notiz mitgegeben: »MAY YOU USE THE DIAMOND CUTTER OF MERCY.«

Einmal schlug ich eine andere Kakerlake tot. Ich wischte ihre Überreste mit einem Stück Toilettenpapier auf und warf sie in die Toilette, die sich am Ende des Korridors befand. Ihre Beine zitterten noch minutenlang auf der Wasseroberfläche, so als wäre noch etwas da, was sie in Bewegung hielt.

»Je mehr die Zeit sich ausdehnt«, schreibt Ernst Jünger, »je bewusster und zwingender, aber auch je leerer sie in ihren kleinsten Teilen wird, desto brennender wird der Durst nach den ihr überlegenen Ordnungen.«[122]

Lebenssplitter: Im Sommer 2001 hatte ich mich in Paris von J. getrennt. Ich muss damals oft gespürt haben, dass ich mich selbst im Verhältnis mit einer Frau nicht aus meiner tiefen Lethargie lösen konnte; bei J. war es anders gewesen, doch wusste ich von Anfang an, dass ich nie in der Lage sein würde, Verantwortung für sie und ihre Kinder zu übernehmen. Dazu kam eine nicht leicht zu überwindende männliche Bindungsangst, die mich daran hinderte, mit J. ganz offen zu sein. Wir hatten eine Zeit lang gelitten, uns gegenseitig das Leben schwer gemacht; und als wir uns getrennt und ich kurzentschlossen Europa verlassen hatte, richtete sich die schroffe Kälte, die ich bei unserer Trennung gegen sie in Stellung gebracht hatte, gegen mich selbst. Ich begann, mir zu misstrauen. Jede Regung, die ich an mir feststellte, konnte ein Ausdruck meines unheilbaren Narzissmus sein; und deshalb musste auch jeder Versuch, diese leere Gegenwart (die Erstarrung, die Einsamkeit) zu verlassen und einen positiven Sinn in die Zukunft zu projizieren, falsch sein. Ich wusste nicht, wer ich in 7, 10 oder 20 Jahren sein würde; aber es interessierte mich auch nicht, denn ich war mir sicher, dass ich dieses zukünftige Ich verachten würde. Es war fürchterlich.

Im Winter 2001/2002 hatte ich wahrscheinlich den absoluten Nullpunkt meines Lebens erreicht. Ich hoffe, dass ich nie zu ihm zurückkehren muss.

3

Wenn ich in jenem Winter nicht im Großraumbüro meiner Sprachschule Deutsch unterrichtete, verbrachte ich lange Nachmittage in der Stadtbücherei von Osaka. Ich stellte Recherchen über den japanischen Schriftsteller Yukio Mishima an, insbesondere über seinen Freitod im November 1970. Meine Erkenntnisse fasste ich in einem Essay mit dem reißerischen Titel »Die Währung Selbstmord: Yukio Mishima und die Philosophie des Wang Yangming« zusammen, der einige Jahre später in einer kleinen Kulturzeitschrift in Kiel erschienen ist.

Jede gebildete Japanerin und jeder gebildete Japaner hätten mir sagen können, dass ich da einem Klischee aufsaß: Mishima und sein greller Todeskult repräsentieren genauso wenig die japanische Kultur wie der Ryōan-Tempel in Kyoto oder Eugen Herrigels Buch *Zen in der Kunst des Bogenschießens*. Es handelte sich vielmehr um merkwürdige Japonismen, die sich irgendwann im 20. Jahrhundert im Kontakt mit dem Westen herausgebildet hatten und die in den Echokammern unzähliger Reiseführer und Länderüberblicke immer weiter verstärkt wurden; das bildungsbürgerliche Japan sieht sie bis heute als Schund an, als zweitrangige Kopie des echten Japan. Unglücklicherweise kannte ich damals keine gebildeten Japaner; und wohl auch deshalb habe ich mich immer tiefer in mein absurdes Projekt vergraben. Ich fertigte Hunderte von Fotokopien an und füllte damit einen ganzen Aktenorder. Insbesondere gab es da ein Foto.

Dieses Foto, das kurze Zeit nach dem Freitod des Schriftstellers aufgenommen worden ist, kann heute mit einer Google-Recherche blitzschnell auf jeden Bildschirm der Welt gezaubert werden. Wenn mich meine Erinnerung nicht täuscht, war es damals nur schwer erhältlich. Vielen Menschen wird es geschmacklos scheinen. Es zeigt den Augenblick *nach dem Geschehen*, wenn die Welt schon fast wieder zur Ruhe gekommen ist. Zwei Polizeibeamte mit Anzug und Krawatte stehen in einem Büroraum, rechts hinter einer hölzernen Trennwand, die auch noch durch den Vordergrund läuft. Weil wir schräg von oben auf diese Trennwand blicken, begreifen wir sofort, dass der Fotograf das Foto von einer erhöhten Position geschossen haben muss. Der ältere Beamte hat die rechte Hand gehoben, sie scheint in der Bewegung festgefroren; vielleicht wollte er auf etwas zeigen, doch der jüngere Beamte schaut gar nicht auf diese Hand, sondern blickt ins Leere, mit derselben angespannten, ganz in sich zurückgenommenen Folgsamkeit, die ich an so vielen Japanern beobachtet habe. Der Blick des Betrachters schweift sodann wahrscheinlich zu dem schwarzen Telefon, das in der Bildmitte auf einem länglichen Bürotisch zu sehen ist: glatt, schwarz, ein typisches 60er-Jahre-Modell. Nur dass der Hörer in der Leere baumelt. Wahrscheinlich wurden hier gerade irgendwelche Schreibarbeiten unterbrochen. Der Blick des Betrachters wird jetzt unruhig. Etwas an dieser Szene wirkt unerklärlich. Warum etwa sind die Papiere auf dem Boden verstreut? Warum liegen zwei Papierfetzen vorne rechts auf unserer Seite der Trennwand (eins scheint sogar unter dem Schuh des jüngeren Beamten zu kleben)? Auch das Licht ist unerklärlich hell; eine Novembersonne hätte doch nie so harte Schatten werfen können. Und warum glänzt das runde Gestell, auf dem in der Früh wahrscheinlich noch ein Globus gelegen hat, so auffällig? Schließlich bleibt der Blick an dem Schwert hängen, unweit der Bildmitte; an den wild verdrehten Kordeln. Das Schwert liegt in der Sonne. Daneben, links unten, liegen zwei abgetrennte Menschenköpfe. Wie zu groß geratene Fischköpfe, die jemand gerade in Zeitungspapier einwickeln wollte. Hier sollte etwas angerichtet werden. Es ist ein scheußliches, grelles Foto. Es zeigt die Stille nach einem rituellen Selbstmord durch Enthauptung. »La beauté sera CONVULSIVE ou ne sera pas« (André Breton).

Wir schreiben den 25. November 1970, kurz nach Mittag. Yukio Mishima und sein Assistent Masakatsu Morita sind tot. Der Assistent, der den Schriftsteller wie verabredet wenige Sekunden nach der vom ihm selbst zu vollziehenden Entleibung treffsicher hätte enthaupten sollen, hatte in der ausbrechenden Panik versagt; wahrscheinlich war er mit weichen Knien zu Boden gesunken. Also hatte ein anderer, soweit ich sehe, hieß er Hiroyasu Koga, dem Schriftsteller mit einem Hieb den Kopf vom Leib abgetrennt, um dann, gemäß einem genau abgesprochenen Ritual, auch den Assistenten zu enthaupten. Mishima, der sich wohl immer noch als feingeistigen Schriftsteller sah, obwohl wir ihn zu diesem Zeitpunkt wohl eher als einen rechtsextremen Terroristen betrachten müssen, hatte Minuten vor seinem Freitod den Garnisonskommandanten der östlichen Division der japanischen Streitkräfte als Geisel genommen. Er hatte anordnen lassen, dass Hunderte von Soldaten vor dem Büro des Kommandanten aufmarschieren. Er hatte ihnen sodann eine lang vorbereitete Rede verlesen, in der er das japanische Militär zu einem Putsch von rechts aufrief. Das Militär zeigte jedoch wenig Sympathie für Mishimas politisches Anliegen. Man unterbrach ihn, lachte ihn aus. Wofür waren die beiden Männer also gestorben? Für Volk und Vaterland? Für eine wahnwitzige Vorstellung der eigenen Bedeutsamkeit? Oder gar – für das Nichts?

Mich faszinierte ein Text, den Mishima knapp drei Monate zuvor veröffentlicht und in dem er Experten zufolge die wahren Gründe für seinen Freitod kundgetan hatte. Mishimas Text trägt den bündigen Titel「革命哲学としての陽明学」. Auf Deutsch vielleicht: »Die Schule des Yōmei [d.i. Wang Yangming] als Philosophie der Revolution«. In einer Gesamtausgabe seiner Aufsätze bedeckt dieser Text 23 eng bedruckte Seiten;[123] soweit ich weiß, ist er nie in eine westliche Sprache übersetzt worden. Ich muss damals viele Stunden mit seiner Entzifferung verbracht haben, denn mein Japanisch war nicht sehr gut. Irgendwie muss ich mich anhand der vielen in den Textfluss eingestreuten chinesischen Schriftzeichen durch Mishimas fiebrige Darstellung gehangelt haben. In diesem Text geht es erstaunlicherweise um einen chinesischen Philosophen aus dem frühen 16. Jahrhundert. In aller Kürze: Mishima sieht in dem chinesischen Philosophen Wang Yangming (1472 bis 1529) ein leuchtendes Vorbild für die revolutionäre, japanische Jugend der 1960er.

Die politische Situation Japans war in jenen Jahren höchst verwickelt: Japan kooperierte seit dem Sicherheitsvertrag von 1952 eng mit den Vereinigten Staaten. Dieser Vertrag gestattete den Amerikanern, in Japan Militärstützpunkte zu unterhalten, und sicherte ihnen zugleich weitreichenden Einfluss auf die japanische Außenpolitik. Die linke Opposition hatte gegen die Ratifizierung dieses Vertrages demonstriert und besaß überhaupt ein sehr kritisches Verhältnis zu Japans »Westbindung«. Aber auch die konservativen und rechtsnationalen Kräfte, die mit Billigung der Amerikaner nach der japanischen Niederlage im Jahr 1945 ihre alten Machtpositionen behalten hatten, träumten davon, eines Tages die Souveränität Japans vollständig wiederherzustellen. Mishima hatte zwar durchaus Sympathien für die linke Studentenbewegung der 1960er, doch verband ihn noch mehr mit der japanischen Rechten. So stand er beispielsweise mit einem wichtigen Netzwerker der Vor- und Nachkriegszeit, Yasuoka Masahiro (1898 bis 1983), der auch enge Kontakte zum Kaiserhaus unterhielt, in regem Briefverkehr. Eben dieser Yasuoka schwärmte seit Studententagen für Wang Yangming und die neokonfuzianische Lehre; sein Leben lang hatte er das Ziel verfolgt, das spirituelle Ethos des Neokonfuzianismus, der schon im 19. Jahrhundert die japanischen Samurai-Kämpfer inspiriert hatte, mit einer nationalistischen Vision Japans zu verschmelzen. Nur so könne Japan dem verheerenden Materialismus des amerikanischen Kapitalismus die Stirn bieten. Mishima verfolgte dasselbe Ziel wie Yasuoka.

Sehr erstrebenswert hörte sich all das nicht an. Ich war irritiert von Mishimas ureigenster Faszination für den Tod. Und dass sich ein solcher Schriftsteller, ein Nachfahre der japanischen Aristokratie, der in einer protzigen Tokioer Villa mit Billardraum und wohlgefülltem Weinkeller lebte, der sich seine Anzüge stapelweise aus London einfliegen ließ, den angesagten Modezeitschriften Interviews gab und unter seinen Fans selbstgeschossene Nacktfotos verteilen ließ (Mishima als heiliger Sebastian, von Pfeilen durchbohrt), dass also dieser Japaner, der den europäischen Gesellschaftsroman und Thomas Mann (»Trance- und Dunkelschöpfung«) bewunderte, sich neben allem anderen auch noch zum *Konfuzianer* erklären konnte, erschien mir absurd. Trotzdem kam ich nicht los von Mishima und seinem sonderbaren Interesse an dem Philosophen Wang Yangming.

Ich wusste nicht viel über Wang Yangming. Wang Yangming hatte im frühen 16. Jahrhundert in China gelebt, galt als wichtiger Erneuerer der konfuzianischen Lehre (vergleichbar etwa mit Martin Luther). In Japan hatte sein Denken früh Anhänger gewonnen. In seinem Aufsatz erwähnte Mishima etwa einen Gelehrten aus Osaka, Ōshio Heihachirō (1793 bis 1837), der den Beinamen »kleiner Wang Yangming« trug. Ōshio war die längste Zeit seines Lebens ein einfacher Verwaltungsbeamter; doch als in den frühen 1830ern die Stadt Osaka unter einer verheerenden Dürre litt, ohne dass der Hof im fernen Tokio den Bauern ihre Steuern erlassen hätte, zog er sich plötzlich zurück und gab sein Amt auf. Er gründete eine konfuzianische Privatakademie und sollte in Kürze einen immer größer werdenden Kreis von Schülern um sich scharen. Als im Jahr 1836 die Versorgungslage in Osaka immer schlechter wurde und die Bevölkerung zu hungern begann, schrieb Ōshio mehrere Petitionen an den Kaiserhof; mit neokonfuzianischen Argumenten forderte er den Hof auf, die vorhandenen Getreidevorräte auf den Markt zu werfen. Doch der Hof zeigte sich davon nicht beeindruckt. Daraufhin verbrannte der »kleine Wang Yangming« seine Bücher und begann mit der Aushebung einer Privatarmee. Sein Plan war es, die Regierungsgebäude in Osaka zu stürmen und die Häuser der reichen Kaufleute in Brand zu setzen; in der allgemeinen Verwirrung würde sich die Bevölkerung das Getreide aus den Speicherhäusern holen können. Doch am Hof bekam man schon bald Wind von Ōshios Absichten. Man traf Vorbereitungen, ihn zu verhaften. Als Ōshio im Februar 1837 gewarnt wurde, steckte er sein Haus in Brand und gab damit seinen Anhängern das verabredete Zeichen. In ganz Osaka wurde geplündert und gebrandschatzt. Dennoch hatten die Truppen des Kaiserhofes, im Besitz von Kanonen und Musketen, wenig Mühe, die Aufständischen zu überwältigen. Viele wurden auf der Stelle an Kreuze genagelt und starben unter größten Schmerzen. Ōshio selbst gelang im Gefängnis der Selbstmord.

Die Rebellion des Ōshio und seine Begeisterung für Wang Yangming wurden zu einem wichtigen Vorbild für die Auseinandersetzungen zwischen konservativen Kräften und den Reformern, die sich in den 1850ern und 1860ern (während der Öffnung Japans zum Westen) gegenüberstanden. Als sich die japanische Gesellschaft in den 1880ern bewusst vom Westen abwandte und wieder stärker ihr Heil in der eigenen Kultur suchte, entstanden im ganzen Land Wang-Yangming-Gesellschaften (man sah Wang Yangmings Denken ganz selbstverständlich als Teil der japanischen Kultur an). Später wurde der militärische und wirtschaftliche Erfolg des modernen Japans oft auf die Ideen des Wang Yangming zurückgeführt. Sogar der wohl wichtigste Verfechter einer Modernisierung Japans, Fukuzawa Yukichi (1835 bis 1901), übernahm zwar liberale Ideen aus dem Westen, kleidete sie aber oft noch in die neokonfuzianische Sprache eines Wang Yangming.[124]

Wang Yangming musste eine tiefe, spirituelle Wahrheit entdeckt haben, die mehr als vier Jahrhunderte später auch Mishima in den Bann gezogen hatte. In meinem Essay über »Die Währung Selbstmord« schrieb ich damals:

[Mishima] hat den eigenen Selbstmord als *Camp* gestaltet, als Dandyismus der letzten Stunde, als Strategie der manichäischen Coolness: Die Revolution ist nicht mehr möglich, bedeutet diese seine Geste, der politische Radikalismus muß an sich selbst scheitern, weil er nicht der Verblendung entkommt, deren Teil er ist. Die einzige revolutionäre Lehre, die noch bleibt, ist die strengste Konzentration auf den eigenen Körper, in dem sich alle Kräfte der Konsumgesellschaft bündeln. Mit einer einzigen zweifelhaften Geste findet Mishima nicht nur die Freiheit des Sterbenden, sondern, noch wichtiger, die Möglichkeit, im Tod den letzten endgültigen Ausdruck seiner selbst zu finden.

Der intime Blick des Sterbenden auf seinen eigenen Körper – der modernen Gesellschaft wird damit eine Grenze gezogen, die vielleicht nur in der japanischen Kultur so denkbar ist. Todeskrämpfe als Freiheitsräume: in der Tat eine beklemmende Vorstellung für den europäischen Beobachter. [...]

Der wahre Skandal unserer Zeit ist der *Seppuku* – öffentlich, schamlos ausgeführter Selbstmord. Der *Seppuku*: eine Währung, die von keiner Kultur der Welt mehr gedeckt werden kann.[125]

Heute ist mir dieser Text ein wenig peinlich. Ich denke an all die anderen Selbsttötungen und nihilistischen Revolten, die in den letzten Jahren westliche Gesellschaften erschüttert haben, und sehe nur das lächerlich Großsprecherische dieser Zeilen. Was für politisch-spirituelle Kräfte waren wohl am Werk, als sich am 21. Mai 2013 der Franzose Dominique Venner, ein neurechter Schriftsteller und Islamkritiker, in der Kathedrale Notre-Dame de Paris erschossen hat? Oder am 22. Juli 2011, als Anders Behring Breivik kaltblütig 77 Menschen, überwiegend jugendliche Teilnehmer eines sozialdemokratischen Zeltlagers, ermordet hat? Waren es ähnliche Kräfte wie diejenigen, die an jenem 25. November 1970 sichtbar geworden sind?

Hätte ich mich nicht doch besser einfach auf meine Forschungen zur chinesischen Philosophie konzentrieren sollen?

4

Während die anderen Sprachlehrer ihren touristischen Sehnsüchten frönten und an den Wochenenden den Eilzug nach Kyoto nahmen, um dort japanische Tempel und Steingärten, Geishas und Teehäuser zu fotografieren, blieb ich in Osaka. Ich interessierte mich für die verborgenen, oft heruntergekommenen Plätze dieser Stadt; sie schienen mir authentischer. Die Vorortzüge waren eine grüne Tiefsee, bevölkert von den weißen Fischleibern der OL (*Office ladies*) und den dahintreibenden Quallen der Männerhände, die ihre Mangas (über Rotweinsammler oder Kindfrauen) im Schutze der weißen Halteringe verschlangen. Oder die Nachtwirklichkeit des Osaka-Parks, in dem Obdachlose in blauen Zelten hausten; die alten Hafendocks; die fast schon zu »rummeligen« Kaufhäuser rund um Amerikamura (das »Amerika-Dorf«), wo sich die Teenager als *gothic punks* oder Schneewittchen verkleideten; überhaupt die Haushaltswaren- und Schreibwarengeschäfte, Manga- und Anime-Läden, die sich meist im Untergeschoß befanden und so zeitlos und still waren, dass sich der Besucher sogleich heimisch fühlte. Genau wie meine Geburtsstadt Wilhelmshaven war Osaka im Zweiten Weltkrieg beinahe vollständig ausgebombt worden. Die unendliche Abwesenheit spürte man noch im Zentrum dieser Stadt, wo der Blick der Überwachungskameras oft der einzige Blick war, den ein Fußgänger aushalten musste, da die meisten Menschen es hier tunlichst vermieden, ihr Gegenüber anzuschauen.

Ich wohnte jetzt in einer vielversprechenden, sonderbaren Gegend. Das ehemalige Hotel, in dem ich mein Tatami-Zimmer gemietet hatte, hinter dem mit weißem Müll übersäten Bahngleis, befand sich im Süden eines Vergnügungsviertels. Seinem Namen Shinsekai (»New World«) wurde dieses Viertel längst nicht mehr gerecht. Im Jahr 1912 war dort ein mondäner Lunapark eröffnet worden, mit eigener Seilbahn und einer turmartigen Stahlkonstruktion, die dem Pariser Eiffelturm nachempfunden war; um die Jahrtausendwende erinnerte jedoch nicht mehr viel an den alten Glanz. In dieser Gegend sah man kaum Frauen oder Mädchen, sondern fast nur alte Männer; die standen sich vor schmierigen Pachinko-Sälen die Beine in den Bauch oder hausierten mit müde gefalteten Pappkartons. An dem Bahngleis, hinter »meinem Hotel«, war alles grau, so grau wie kurz vor dem Weltuntergang.

Ich versuchte mich an Zigaretten, rauchte jeden Tag einige, aß billiges Take-away, von dem auch die japanische Angestelltenwelt lebte. Jonathan war nach Japan gekommen, um sich das Rauchen abzugewöhnen; mir schien es im Gegenteil angebracht, mir das Rauchen *anzugewöhnen*. Doch genau das fiel mir schwer (es brauchte so viel Überwindung, sich einer Sache vorbehaltlos hinzugeben). Mein Freund Karl, ein Österreicher, der mir erst viele Jahre später erzählen würde, dass seine Mutter Japanerin war, kam einmal in mein Zimmer und filmte es, weil er es so sonderbar fand. Warum hatte er mir nie von seiner Mutter erzählt? Später überredete er mich, mit ihm in das alte, beheizte Lichtspielhaus von Shinsekai zu gehen; da saßen wir dann in Plüschsesseln und schauten einen Ninja-Film, aßen dazu merkwürdige Dinge und lernten später in einer Karaokebar, in der die Zeit stehengeblieben schien, zwei alte Mama-sans kennen.

Eine Gruppe japanischer Männer steigt in einen Vorortzug und betritt ein Abteil. In diesem Augenblick könnte sich jeder einfach hinsetzen, aber genau das passiert nicht. Die Gruppe muss erst einmal ihre gemeinschaftliche Bewegung verlangsamen; Blicke, die gerade noch umhergeschweift waren, geraten ins Stocken, Hände verfangen sich in eingefleischten Zuständen, die irgendwo an der Kleidung aufgehängt scheinen, einer ist sehr höflich, ein anderer lächelt, markiert mit dem Finger den besten Platz. Aber den nimmt natürlich keiner ein. Jeder weist auf den anderen. Widerstand baut sich auf; Beine entspannen sich und finden sich wieder in einer Stoßbewegung, die Gruppe hat plötzlich ihren Ranghöchsten gefunden, den Ältesten. Der setzt sich, wie beschwingt. Endlich erlauben sich auch alle anderen das Setzen. – Japaner setzen sich, als hätten sie alle Konfuzius im Blut: »siao-sin ›mache dein Herz klein!‹« (Nietzsche) Chinesen setzen sich nur im Pulk, ganz durcheinander; Menschen in Taiwan irgendwo dazwischen.

Einmal, als Karl sich gerade von mir verabschiedet hatte, sah ich, wie drei tätowierte Männer neben dem Bahngleis einen anderen Mann zusammenschlugen. Ich dachte mir nichts dabei, so als wäre ich immer noch zehntausend Kilometer von dieser Szene entfernt. Im benachbarten Onsen (das öffentliche Bad, das ich manchmal besuchte) hatte ich schon öfters tätowierte Männer gesehen, mit schwarz-grünen, geschwungenen Drachen, Schwertern oder chinesischen Schriftzeichen auf dem Körper. Sie schienen glücklich, geradezu sorglos. Sie sahen mich nicht an, wenn ich versuchte, das Wort an sie zu richten; aber was hätten sie mir auch sagen können, wo ich doch nicht einmal die achtzehn Ebenen der buddhistischen Unterwelt auseinanderzuhalten wusste. Ein Stück weiter, auf einer großen, leeren Kreuzung, stand nachts immer ein junger Dealer in einer weißen Trainingshose. Einmal hatte er eine klaffende Wunde im Gesicht; doch als er mich sah, deutete er genauso wie an allen anderen Tagen eine Verbeugung an.

5

An einem Wintertag meditiere ich wieder einmal. Ich habe irgendwo von einem Ratschlag gelesen, den Wang Yangming seinen Schülern gegeben hat: Der Übende, so erklärte er, »muss jederzeit sehen, was nicht gesehen wird, und hören, was nicht gehört wird; nur so hat [er für sein] Üben überhaupt einen Ansatzpunkt.« Jemand hat mir vorher schon von dem Beispiel des Glockentons erzählt, auf das sich ostasiatische Meister gern berufen. Am lautesten erklinge der Ton einer Glocke, wenn sie noch nicht angeschlagen worden sei; wenn man sie dagegen bereits angeschlagen habe, dann herrsche die größte Stille. Um so ein reines Hören geht es also: Hören, was nicht zu hören ist. Und um so ein reines Sehen: Sehen, was nicht zu sehen ist.[126]

Vielleicht verstehe ich an jenem Wintertag in Osaka etwas mehr. Heute, während ich mich daran zu erinnern versuche, ist mein Bewusstsein zerstreut in unterschiedliche Flecken von Gegenstandsbewusstsein. Der etwas überformatige IKEA-Tisch, den ich etwa beim Tippen dieser Zeilen nur am Rande meines Gesichtsfeldes wahrnehme, hält dennoch meine Aufmerksamkeit fest; seine weiße Farbe ist ganz eindeutig *in* meinem Bewusstsein, obwohl ich mir jetzt keineswegs seiner bewusst bin. Das Weiß färbt mein Bewusstsein ein, vergegenständlicht damit aber auch bestimmte Bereiche in ihm. Jetzt käme es darauf an, das Nicht-Denken zu üben; so wie es mir damals in Osaka kurzfristig gelungen zu sein scheint, müsste mein Bewusstsein sich von solchem Gegenstandsbewusstsein freimachen, es dürfte nicht mehr an den Gegenständen »anhaften«. Idealerweise dürfte ich auch nicht mehr an »mir« haften; ich dürfte überhaupt nicht mehr zwischen mir und der Welt unterscheiden. – Hier ist eine Erfahrung, die Sie bestimmt auch schon einmal gemacht haben: Wenn Sie sehr lange auf einen Gegenstand blicken, dann fühlt es sich irgendwann an, als gäbe es in Ihrem Sehfeld keinen Gegenstand mehr, der Ihnen noch *gegenüberstünde*. Natürlich ist der Gegenstand nicht einfach verschwunden; sondern er ist zu einem Blau oder Grün geworden, einem Gefühl lichter Oberflächlichkeit. Wenn Sie nur lange genug schauen, dann werden Sie sich (in Ihrer Ichhaftigkeit) irgendwann vollständig in der Welt aufgelöst haben. Sie sind nur noch ein Blau oder Grün, ein Gefühl lichter Oberflächlichkeit. Wang Yangming verlangte von seinen Schülern, dass sie ihr Bewusstsein von den Gegenständen geradezu »reinigten«.

Ganz ähnlich funktioniert übrigens der berühmte Kōan im *Zutritt nur durch die Wand*: Zwei Mönche streiten sich, ob es die Klosterfahne ist, die sich bewegt, wenn ein Windstoß in sie fährt, oder ob es der Wind ist, der sich bewegt. Woraufhin der Patriarch erklärt: »Weder der Wind noch die Fahne haben sich bewegt. Euer Geist hat sich bewegt.«[127] Sehen Sie, was ich meine?

6

Es könnte natürlich sein, dass es das Selbst überhaupt nicht gibt. Es könnte sein, dass das Gehirn nur eine »biologische Maschine« darstellt, wie der deutsche Philosoph Thomas Metzinger behauptet hat, die in uns beständig Ich-Illusionen erzeugt. »Ganz im Gegensatz zu dem, was die meisten Menschen glauben, *war* oder *hatte* niemand je ein Selbst.«[128] Aber genau das scheint ja auch die tiefste Einsicht des Buddhismus zu sein, die seinen Anhängern zufolge in der buddhistischen Meditation unmittelbar erfahren werden kann. Wenn ich damals in Osaka länger »an die Wand geschaut« hätte, wäre mir vielleicht irgendwann auch die reine Gegenwart, ohne das sie zwangsläufig verfälschende Ego aufgegangen.

Alles, was wir in dieser Welt wahrnehmen, ist Metzinger zufolge von unserem Gehirn vorgeformt. Nicht nur unser Ich ist eine Ich-Illusion; auch die Außenwelt, so wie wir sie wahrzunehmen glauben, ist eine Illusion:

> Das zarte aprikosenfarbene Rosa der untergehenden Sonne ist keine Eigenschaft des Abendhimmels; es ist eine Eigenschaft des inneren *Modells* des Abendhimmels, eines Modells, das durch unser Gehirn erzeugt wird. Der Abendhimmel ist farblos. In der Außenwelt gibt es überhaupt keine farbigen Gegenstände. Es ist alles genauso, wie es uns schon der Physiklehrer in der Schule gesagt hat: Da draußen, vor Ihren Augen, gibt es nur einen Ozean aus elektromagnetischer Strahlung, eine wild wogende Mischung verschiedener Wellenlängen. Die meisten sind für Sie unsichtbar und können niemals ein Teil Ihres bewussten Realitätsmodells werden.[129]

Wir leben, behauptet Metzinger, in einem »Ego-Tunnel«, den wir nie verlassen können; wir berühren nur immer seine Wände – nie die Welt dahinter. Schon Gottfried Benn schrieb irgendwo: »es gibt nur zwei Dinge: die Leere / und das gezeichnete Ich.«

7

Um es einmal plakativ zu formulieren: Wang Yangming ist der Rockstar unter den Konfuzianern. Er war kultiviert, integer, mutig, von einer ungeheuren Entschlossenheit, moralisch sehr anspruchsvoll, aber auf keinen Fall kleingeistig, eine richtige Kämpfernatur eben, aber zugleich liebevoll und aufrichtig besorgt um die Menschen, die von ihm abhängig waren, selbstbewusst, durchaus auch stolz. Ein Mensch, der sein Leben lang auf der Suche nach Wahrhaftigkeit war und im Zeithorizont *seines* Lebens eine höhere Bedeutung verwirklichen wollte. Und ich denke, dass Wang Yangming bis heute eben für diese Eigenschaften von so vielen Menschen in Ostasien bewundert wird. Seine Karriere als Staatsmann, General, Stratege, Organisationstalent, Philosoph, Pädagoge, Meditationslehrer und Kalligraf gilt vielerorts ebenfalls als vorbildlich.

Auf Menschen in Europa wirkt dieser Wang Yangming dagegen erst einmal fremd, irgendwie auch mittelalterlich, ja *vormodern*. Wir kennen seine Lebensumstände nicht, sind auch nicht mit den Widersprüchen vertraut, die er im frühen 16. Jahrhundert in China erst einmal überwinden musste, bevor er seine Fassung eines erneuerten Konfuzianismus verbreiten konnte. Während die meisten Konfuzianer seiner Zeit alteingesessene Gelehrte waren, die ihre Absichten hinter mehrfach codierten Gemeinplätzen verbargen, sich jedoch über die korrekte Schreibweise eines Schriftzeichens in die Haare kriegen konnten, stand Wang Yangming für eine ungeheure, spirituelle Mobilisierung. Jederzeit müsse der Mensch so wachsam sein wie eine Katze, die den Mäusen und Ratten auflauere, erklärte er einmal.[130] Der Mensch dürfe sich von nichts und niemandem entmündigen lassen, sondern müsse alle seine Kraftreserven einsetzen, um sich selbst und seine Erfahrung der Existenz zu prüfen und jenseits der gesellschaftlichen Institutionen einen eigenen Weg zur Vollkommenheit zu finden.

Wer sich genauer mit Wang Yangming auseinandersetzt, spürt schnell, dass eine unabweisbare Eindringlichkeit in diesem Philosophen arbeitet. Dieser Denker hatte tiefe Überzeugungen. Da er nicht in einer christlich geprägten Gesellschaft lebte, konnte er nicht über die Auferstehung Christi schreiben oder über den freien Willen grübeln; stattdessen konzentrierte er sich ganz auf das Problem der konfuzianischen Übung. Der Mensch müsse an sich selbst und an seinem Leben arbeiten, manchmal brauche es dazu zwanzig oder fünfzig Jahre, und selbst dann sei kein Erfolg in Sicht; und doch, das Ziel, die höchste Form des Handelns und Wissens, die Weisheit, sei alle Anstrengungen wert![131] Mit seinem Geist der Selbstermächtigung passte Wang Yangming nicht zuletzt bestens in sein Zeitalter: China stand im 16. Jahrhundert, mit einem rapiden Bevölkerungswachstum und einer stetig an Fahrt gewinnenden Ökonomisierung der ganzen Gesellschaft, an der Schwelle zur Neuzeit. Auch technologisch wandelte sich der Osten: Der Buchdruck wurde immer selbstverständlicher, Eisenöfen, staatliche Salzminen und Porzellanmanufakturen verbreiteten sich, Erzähler mit ihren Schattentheatern zogen durch die Lande und experimentierten mit neuen Ausdrucksformen. Schon bald würde man in China große Gesellschaftsromane schreiben, über Familienalltag, möblierte Innenräume und sexuelle Leidenschaften, die man sonst eigentlich nur in Balzacs fiktivem Moloch Paris vermuten würde. Wang Yangming war der Denker der Stunde.

Als ich im Frühjahr 1997 sein Geburtshaus in Yuyao (in der Provinz Zhejiang, unweit der Stadt Hangzhou) besuchte, wusste ich kaum etwas über Wang Yangming. Ein vager Eindruck von seiner existenziellen Entschlossenheit hatte mich in den Bann gezogen. Während Immanuel Kant, mit dem er in Ostasien gern verglichen wird, die Stadt Königsberg nie verlassen hat, zog Wang Yangming in der Sänfte oder hoch zu Pferd durch das chinesische Riesenreich, führte Zehntausende von Soldaten in die Schlacht, erforschte indigene Völker in abgelegenen Bergtälern, meditierte in Bambuswäldern, perfektionierte sein Bogenschießen ... Papieren war diese Biografie gewiss nicht. Als ich in Yuyao vor dem Haus seiner Familie stand, davor ein Teich und eine steinerne Terrasse, die einmal als Sternwarte gedient hatte, muss etwas mit mir passiert sein.

Vermutlich (ich habe keine Beweise) hat mir der absolute Ernst zugesagt, mit dem Wang Yangming zu seinen Lesern sprach. »Wer einen Menschen töten will«, heißt es in einem Brief an einen Schüler, »muss ihm das Messer an die Kehle setzen. Genauso setzt meine Lehre am Bewusstsein an und will die Anstrengung am verletzbarsten, subtilsten Punkt zur Wirkung bringen. So ergibt sich von selbst ein harter Glanz.«[132] Der Philosoph appelliert hier an jeden einzelnen Menschen, die Anstrengung der konfuzianischen Übung auf sich zu nehmen, um das eigene Leben umzugestalten, es radikal zu erneuern. Es ist nur *an mir*, ob ich bereit bin, umzudenken; und *ich* – also: die Spontaneität und Freiheit des Einzelnen – bin nichts anderes als mein »Bewusstsein« (*xin* 心; auch: »Herz«, »Geist«). In der chinesischen Denktradition umfasst das Wort »Bewusstsein« nicht nur kognitive Fähigkeiten, sondern ebenso affektive Zustände, also auch Stimmungen, Wünsche, Körperempfindungen und Wahrnehmungszustände. Im vormodernen China ist ohnehin nie scharf zwischen Geist und Körper, mentalen und physikalischen Prozessen, unterschieden worden. Mit dem Eindringen des Buddhismus (seit dem 3. Jahrhundert n. Chr.) verbreitete sich zudem die Vorstellung, dass ich nur über mein Bewusstsein überhaupt Zugang zur Welt habe – eine Welt, die sich jedoch, genauso wie »mein« Bewusstsein, letztlich als eine Illusion herausstellen könnte.

Zweifellos ist Wang Yangmings Übungsdenken vom Buddhismus und seiner dialektischen Hochschätzung der Erste-Person-Perspektive beeinflusst (ich muss mich auf mich selbst zurückwenden, um der eigentlichen Leere meines Selbst gewahr zu werden).[133] Einmal, gegen Ende seines Lebens, hat der Philosoph dies klar zum Ausdruck gebracht. Im Jahr 1527 (zwei Jahre vor seinem Tod) war er ein letztes Mal zu einer Strafkampagne gegen zwei aufrührerische Stämme in Südchina aufgebrochen. Zwei seiner Schüler hatten ihn ein Stück des Weges begleitet, und vielleicht weil er ahnte, dass dies seine letzte Reise sein würde, fasste er für sie seine Lehre in vier Sätzen zusammen:

> Wo Bewusstheit ist, ist Wirklichkeit;
> Wo Bewusstheit fehlt, ist Schein;
> Wo Bewusstheit fehlt, ist Wirklichkeit,
> Wo Bewusstheit ist, ist Schein.[134]

Diese vier Sätze sind bewusst paradox formuliert, so wie es auch die Zen-Buddhisten gern getan haben. Übersetzt in eine zugänglichere Sprache wollen sie uns, denke ich, das Folgende mitteilen: »Bewusstheit«, also jegliche Fokussierung von Aufmerksamkeit, jedes unmittelbare Bewusstseinsphänomen, verleitet zu der Annahme, Bewusstsein würde sich auf etwas beziehen, das schon vorher dagewesen ist. Genauso lässt uns jede Verwendung der Sprache stärker an die Überzeugung klammern, Wörter wie »Ich« oder »Welt« würden auf eine von ihnen unabhängige Realität verweisen. Solange ich aber in solchen »Verweisungszusammenhängen« (Michael Hampe) verstrickt bin, habe ich noch nicht die absolute Freiheit erlangt, die genau darin bestehen würde, vollständig in der Gegenwart aufzugehen und in keiner Weise mehr über sie hinauszustreben. Ein solcher Zustand kann natürlich nicht einfach willentlich herbeigeführt werden; doch kann er durch die Arbeit an meinem Bewusstsein, die nur *ich selbst* leisten kann, durch Meditation, Aufmerksamkeitsvertiefung und die Umformung der mich prägenden Wünsche, vorbereitet werden. Ich, und damit auch jede Vorstellung, die ich »von mir« habe, muss völlig inhaltlos werden, leer und eigentlich nichtig. Damit gilt aber auch: Indem ich in der Tiefe meines Bewusstseinsstroms versinke und nicht mehr reflexiv daraus hervorstehe (indem ich etwa ein Bewusstsein meiner selbst hätte), rühre ich nicht nur an den innersten Kern meines eigenen Lebens, sondern auch an den innersten Kern der Welt. Streng genommen sind beide, Ich und Welt, nicht mehr verschieden; und wie im Mahāyāna-Buddhismus bestände die absolute Freiheit darin, Sein und Erscheinen, Wirklichkeit und Illusion, nicht mehr voneinander trennen zu wollen. Es gäbe nur ein ununterscheidbares Zugleich. Und obgleich sich Wang Yangming sein Leben lang als Konfuzianer verstand, hat er seine buddhistischen Sympathien mitunter freimütig zugegeben. »Die Lehre der [konfuzianischen] Weisen«, schrieb er einmal, »besteht im Wesentlichen in der Lehre vom Nicht-Selbst; zu ihrer Vollendung braucht es [deshalb?] Mut.«[135]

Aber wie genau soll dieses Üben vonstatten gehen? Und woran werde ich erkennen, dass ich bereits am Ende des Übungswegs angelangt bin? Solche Fragen quälten Wang Yangming über viele Jahre. Der Prozess seines Nachdenkens ist heute in den berühmten *Aufzeichnungen über die richtige Lebensführung (Chuanxi lu)* nachzulesen, die seine Schüler angefertigt haben. Wang Yangming selbst war nicht besonders daran interessiert, dass seine Schüler seine mündlich entwickelten Gedanken niederschrieben; er weigerte sich deshalb lange Zeit, ihren Veröffentlichungsplänen zuzustimmen. Der Grund für dieses Zögern muss letztlich in seinem philosophischen Selbstverständnis gesucht werden. Genauso wenig wie Wang Yangming unbezweifelbare Aussagen über die Welt machen wollte, von deren Realität er ja keineswegs überzeugt war, genauso wenig wollte er seinen Schülern eine Definition des »Bewusstseins« oder gar eine *Theorie* der Übung übermitteln. Er sah sich vielmehr in der Rolle eines Arztes, der allen Menschen, die an ihrer Egozentrizität leiden, Medikamente verschreibt. Ein Medikament darf jedoch nur zu einem ganz bestimmten Anlass eingenommen werden; andernfalls schadet es mehr, als dass es nützt. Genau deshalb helfen uns Merksätze und Verhaltensregeln (Schopenhauers »stelzbeinige Maximen«) in unserem Leben selten weiter, verstellen uns stattdessen oft den Blick auf die lebendige Gegenwart; viel entscheidender ist es, ob wir bereit sind, unseren Selbstbezug und unsere Haltung zum Leben zu verändern.[136] Die Erfahrungen des Bewusstseinsstroms sind so subtil, dass sie sich der sprachlichen Bestimmung weitgehend entziehen. Buddha kann keine allgemeinen Kriterien dafür angeben, ob *ich* bereits das Nirvana erreicht habe, da dies nur aus *meiner* Perspektive festzustellen ist (wenn es *mich* nicht mehr gibt); genauso wenig kann Wang Yangming Kriterien für die vollkommene, weil selbstlose Existenz des Konfuzianers benennen. Der Übungsweg muss von jedem Menschen selbst beschritten werden.

Doch es gibt bestimmte Orientierungspunkte für die richtige Lebensführung. Gerade zu Beginn des Übungsweges ist es unerlässlich, sich von der Anhaftung an egozentrische Wünsche zu befreien.[137] Wann immer ich meine Aufmerksamkeit auf ein Ding richte, füllt dieses mein Bewusstsein aus und erweckt Wünsche in mir, die mich leicht zum Schlechten beeinflussen können.[138] In gewisser Weise verdinglicht mich jeder Wunsch: Wenn ich mir auf jeden Fall ein Auto kaufen möchte, werde ich zu dem Besitzer eines Autos; wenn ich unbedingt viel Geld verdienen möchte, werde ich zum Besitzer von viel Geld (in gewisser Weise trifft dies schon auf elementare Wünsche wie dem Wunsch nach Essen oder Trinken zu). Auf diese Weise erstarrt mein Selbstverständnis, ich sehe mich nur noch als *Besitzer* und mein Bewusstsein ist nur noch das Bewusstsein eines *Besitzers*; es gerät ins Stocken. Sogar der Wunsch, ein besserer Mensch zu werden, kann sich als egozentrisch erweisen. Deshalb ist es unerlässlich, das Bewusstsein im Fließen zu halten, wie der breite Strom, den Konfuzius in den *Gesprächen* beschreibt.[139]

Darüber hinaus soll mir insbesondere die Meditation helfen, mein Bewusstsein in seiner ursprünglichen Offenheit zu erfahren. Wenn ich etwa nur noch auf mein Atmen achte und mich so sehr in ihm versenke, dass da keiner mehr ist, der atmet, sondern nichts als das Atmen selbst, eröffnet sich mir eine neue Präsenz. Wenn ich einfach nur so dasitze und an nichts denke, wird es mir irgendwann gelingen, einen »nicht-festhaltenden Geist« zu haben. Etwas hellt sich auf, ist durchsichtig und fleckenlos wie ein geputzter Spiegel. Offenbar gibt es jenseits meines gewöhnlichen Wachbewusstseins tiefere Bewusstseinsschichten, die frei sind von den Verdeckungen, die insbesondere das Ergebnis meiner Egozentrizität sind. Dieses reine Bewusstseinsgeschehen, das der Übende wie unbeteiligt nur noch beobachtet, ohne sich noch etwas selbst zuzuschreiben, bezeichnet der frühe Wang Yangming als »Grundwirklichkeit meines Bewusstseins« (*xin ti* 心體); später spricht er auch von dem »ursprünglichen Grund meines Bewusstseins« (*xin zhi benti* 心之本體). Einmal erläutert er es mit der folgenden Metapher:

> Und dann zeigte er auf den Himmel und sagte: »Es ist so ähnlich, wie wenn wir den Himmel sehen. Eigentlich ist da der reine, glänzende Himmel; und wenn wir im Freien um uns blicken, sehen wir ihn überall. Doch weil [unser Blick] von

Häusern und Wänden verstellt wird, sehen wir die Gesamtheit des Himmels nicht mehr. Erst wenn man die Häuser und Wände niederreißt, ist der Himmel wieder eins ... «[140]

»Häuser« und »Wände« stehen hier für die egozentrischen Wünsche, die mein Bewusstsein von jenem reinen Fließzustand trennen. Aber auch für die konventionellen Unterscheidungen, von denen mein Erleben der Gegenwart immer schon vorstrukturiert ist. Solange ich mich von solchen Unterscheidungen noch »konditionieren« lasse, werde ich nicht die »Gesamtheit des Himmels« sehen, also die ursprüngliche Totalität des Gegenwartserlebnisses. Erst wenn ich den Übungsweg zu Ende gegangen bin, wird die lebendige Hiesigkeit unmittelbar hervortreten.

Das »Bewusstsein« ist wie ein Spiegel, sagt Wang Yangming gern, den ich polieren muss, wenn er trübe geworden ist.[141] Anders als in der Husserl'schen Phänomenologie wird Bewusstsein hier nicht mit dem Begriff der Intentionalität charakterisiert, so als sei es ein wesentliches Merkmal von Bewusstsein, Bewusstsein von etwas zu sein. Die Metapher des Spiegels legt einen anderen Zugang zum Bewusstsein nahe – der übrigens erst mit dem Eindringen des Buddhismus in China möglich wurde. Ein Spiegel spiegelt nur dann einen Gegenstand, wenn er *als Spiegel* nicht sichtbar wird. Bewusstsein hat bei vielen ostasiatischen Denkern »sein Wesen« also gerade darin, »kein Eigenwesen zu haben, seinem eigenen Fungieren nicht als ein Etwas im Weg zu stehen«.[142] Dem gängigen Verständnis zufolge bezieht sich der Gedanke, dass ein Baum auf einer Wiese steht, auf den Sachverhalt, dass ein Baum auf einer Wiese steht; wenn wir die Spiegelmetapher ernst nehmen, dürfte sogar die Rede von dem Bezogen- oder Gerichtetsein eines Gedankens nicht mehr sinnvoll sein, denn wir würden ihm auf diese Weise ja immer noch ein »Eigenwesen« zuschreiben.

Wenn mein Bewusstsein radikal von allen konventionellen Unterscheidungen befreit werden muss, wie ist dann aber überhaupt sicherzustellen, dass mein Leben am Ende der Übung vollkommen ist? Eins dürfte bereits klar geworden sein: Es ist für Wang Yangming nicht möglich, allgemeine Kriterien zu formulieren, die mir helfen könnten, dieses vollkommene Leben schon jetzt sprachlich einzukreisen. Denn sobald ich Wörter verwende, verlasse ich den ursprünglichen Zusammenhang meiner Existenz, meines Hier und Jetzt. Mein Bewusstsein bezieht sich auf eine vorgeblich von ihm unabhängige Wirklichkeit. Doch genau das Gegenteil wäre notwendig: Hier und jetzt den »ursprünglichen Grund meines Bewusstseins« zum Leuchten zu bringen. Das Lesen konfuzianischer Texte kann weiterhelfen, denn der überkommene Kanon handelt sowieso nur von der »Grundwirklichkeit meines Bewusstseins«.[143] Doch letztlich ist das Ethische unaussprechlich. Worauf es ankommt, ist die Suche, die Anstrengung. Ich muss mein Leben im Lichte einer unendlichen Forderung sehen, dann wird sich in meinem Bewusstsein »von selbst eine Grenze abzeichnen, die nicht überschritten werden darf«.[144] Dieses Bewusstsein einer »Grenze« ist für Wang Yangming verbunden mit dem Ausdruck *li* 理 (»Prinzip«, »Ordnung«, »Struktur«), der eine zentrale Rolle im Übungsprozess spielen soll. Wenn ich in meinem Bewusstseinsstrom bedeutungsvolle »Strukturen« erkenne, kann ich sie verbreitern und in stabile, moralische Reaktionen umwandeln. Ich baue gewissermaßen ein *Feld von Aufmerksamkeit* auf, das es mir erlaubt, in Übereinstimmung mit meinem vergangenen Leben auch in Zukunft spontan richtige Entscheidungen zu treffen.[145]

Bis heute sind viele seiner ostasiatischen Bewunderer der Überzeugung, dass nur Wang Yangmings dramatischer Lebenslauf den endgültigen Durchbruch, den Erfolg seiner Übungen, ermöglicht hat: die frühe Erkrankung an Tuberkulose; seine Hochzeitsnacht, die er nicht an der Seite seiner Braut, sondern im Gespräch mit einem daoistischen Priester verbrachte; die grausame Prügelstrafe, die er im Jahr 1506 erdulden musste (er hatte einen mächtigen Hofeunuchen kritisiert); die darauffolgende Verbannung an einen Ort namens »Drachenfeld« (eine unbedeutende Poststation in der Provinz Guizhou); all die Strapazen dort, die er stoisch ertragen haben soll (er schlief in einem Steinsarg, meditierte, hackte Holz, pflegte seine erkrankten Diener, sang sogar Lieder für sie); das dramatische Erweckungserlebnis im Jahr 1508; die Planung und Ausführung einer erfolgreichen Militärexpedition gegen einen rebellischen Fürsten (1519/1520)... All diese Erfahrungen sollen Wang Yangming zu der doppelten Einsicht gebracht haben, dass (1) jeder Mensch ein »ursprüngliches Wissen« (*liang zhi* 良知) in sich trägt; und dass (2) dieses »ursprüngliche Wissen« uns befähigt, gute von schlechten Intentionen zu unterscheiden. So lautet die endgültige Formulierung seiner Lehre; und doch ist dies nichts, was man einfach auswendig lernen könnte. Man muss es selbst in sich entdecken.

In einem Gespräch mit Schülern im Jahr 1520 erklärt Wang Yangming:

> Jenes klein bisschen ursprüngliches Wissen, das Sie selbst besitzen, das ist Ihr eigener Maßstab. Beim Hervortreten Ihrer Intentionen weiß es sofort, ob sie gut oder schlecht sind. Man kann ihm nichts verheimlichen. Sie dürfen es nur nicht unterdrücken, sondern aufrichtig und auf es gestützt handeln: die guten bewahren, die schlechten ausmerzen. Was gibt es, was sicherer und freudenvoller wäre! Das ist der wahre Schlüssel der »Berichtigung der Taten«, die echte »Verwirklichung des Wissens«.[146]

Die »Berichtigung der Taten« und die »Verwirklichung des Wissens« sind zwei exegetische Probleme, über die Konfuzianer seit Jahrhunderten diskutiert hatten; Wang Yangming schlägt hier zwei radikal neue Lösungen vor, die sich aus seiner Neubestimmung des »ursprünglichen Wissens« ergeben: Jeder Mensch soll es besitzen, es befähigt uns zur Unterscheidung »guter« und »schlechter« Intentionen und damit zur Führung eines richtigen Lebens. Letztlich bezeichnet das »ursprüngliche Wissen« wohl die Virtuosität, mit der ich selbst mein Leben moralisch gestalte.

Ist das überzeugend? Ich würde Wang Yangming insbesondere eine Frage gern stellen: Wie soll es mir möglich sein, »gute« und »schlechte« Intentionen zu unterscheiden, wenn es auf der tiefsten Ebene, lange vor dem Auftreten von Ich- oder Gegenstandsbewusstsein, weder die Unterscheidung zwischen Selbst und Welt noch irgendeine andere Unterscheidung gibt? Aber vielleicht stehen wir hier vor einem Fall »taghellen Mystik« (Robert Musil): Etwas übersteigt uns, wir können die Erfahrung dieses anderen jedoch nicht mehr aus unserem modernen, säkularen Horizont deuten. Der Hinweis auf irgendeine Vernunftwirklichkeit hilft hier nicht weiter, denn Wang Yangmings Wahrheiten sind keine Wahrheiten, die hergeleitet werden könnten; sie wollen unmittelbar *erfahren* werden – nur ein Kierkegaard'scher *Sprung* könnte mich in den anderen Horizont stellen. Aber warum sollte ich springen?

Wang Yangming hat den Konfuzianismus modernisiert, indem er jedem Menschen dieselbe ethische Sensibilität (das »ursprüngliche Wissen«) zugeschrieben hat. Die Fähigkeit, sich moralisch angesprochen zu fühlen, ist deshalb auch unabhängig von sozialen Rollen und rituellen Zusammenhängen, und die höchste konfuzianische Tugend, die »Menschlichkeit«, wird von Wang Yangming entsprechend der Erfordernisse einer frühmodernen Gesellschaft neu ausgelegt. Vergleichbar einem Sigismondo Malatesta (1417 bis 1468), dem Kondottiere, Adeligen, Humanisten, Dichter und Förderer der Künste, verband er zivile und militärische Belange. Sein Erbe ist schon deshalb wichtig, weil die von ihm betriebene spirituelle Mobilisierung zur Zerstörung der ideologischen Grundlage des »konfuzianisch-legalistischen Staates« hätte führen können (die konfuzianische Lehre hatte sich früh mit dem Legalismus verbunden, der sehr stark auf die Kontrolle der Bevölkerung und die Abschreckung durch harsche Gesetze setzte).[147] Zusammen mit seinen Schülern trat der Philosoph für den Bruch mit äußeren Autoritäten ein und forderte eine bis dato unbekannte Selbstermächtigung des Individuums; dass er sich außerdem mit großer Leidenschaft gegen Machtmissbrauch und Korruption am Kaiserhof wandte, kam den politischen Interessen einer aufsteigenden Mittelschicht zupass. Doch Wang Yangmings Bemühungen blieben erfolglos, seine Schule wurde Opfer politischer Repressionen. Die Neuordnung des Konfuzianismus scheiterte. Und so bedauert heute der Hongkonger Philosoph Ci Jiwei, dass in China eine Reformation wie in Europa nie stattgefunden habe.[148]

8

Je länger ich um den Tod des japanischen Schriftstellers Yukio Mishima kreiste, desto klarer wurde mir, dass seine Tat nicht als Versuch einer Selbstexotisierung verstanden werden sollte. Mishima war bestimmt kein authentischer Konfuzianer, aber ein Betrüger, ein windiger Hochstapler war er auch nicht. Der Eifer, mit dem Mishima sich seinem Projekt gewidmet hat, sollte eigentlich schon ausreichen, um die Zweifler eines Besseren zu belehren. Natürlich heißt das nicht, dass ich sein Tun billige; ich finde es sogar zutiefst verwerflich, ja unmoralisch. Ich denke außerdem, dass Wang Yangmings »spirituelle Mobilisierung« letztlich in eine andere Richtung zielte als Mishimas neurechtes Projekt. Konfuzianer in China haben das Leben schon immer zu hoch geschätzt, als dass sie es so leichtfertig hingegeben hätten; doch gab es in Japan offenbar kulturelle Elemente, die den Tod als Ausdruck von Entschlossenheit in den Vordergrund zu rücken suchten. Viel wichtiger ist es aber, dass heute solche Formen des aktiven Nihilismus nicht mehr an Einfluss gewinnen; irgendwie scheint es ja seit einiger Zeit so, als wäre die Menschheit im Zeitalter von Nationalismus, Handelskriegen und kulturellen Abschottungsplänen dabei, sich wieder einmal in eine Sackgasse zu manövrieren. Ich muss an Thomas Manns Wort im »Schneetraum«-Kapitel des *Zauberberg* denken: »Denn alles Interesse für Tod und Krankheit ist Ausdruck des Interesses am Leben.« Und dann bin ich wieder etwas zuversichtlicher, dass Nihilismus und der nackte Wille zur Macht, zwei Kräfte, die auch in Ostasien immer mehr Menschen gefangen halten, bald schon einmal zurückgedrängt werden können.

Anders als viele moderne Nihilisten hatte Wang Yangming ein zutiefst zwiespältiges Verhältnis zu Krieg und Gewalt. Während seiner Feldzüge bediente er sich selbstverständlich aus dem Reservoir an strategischem Denken, das den Chinesen seit Jahrtausenden zur Verfügung stand. So ließ er gern seine Truppen die Kleider ihrer Gegner anziehen und sie sich unter deren Bataillone mischen. Ebenso griff er im Februar 1518 auf eine alte List zurück, um in Südchina zwei Brüder, die eine Räuberbande anführten, festzusetzen: Er ließ den Anführer einer anderen Räuberbande aufgreifen, der schon länger mit den beiden Brüdern im Clinch lag, und kündigte dessen bevorstehende Hinrichtung an. Als die beiden Brüder daraufhin die Sympathiebekundungen Wang Yangmings ernst nahmen und der Einladung zu einem großen Bankett folgten, ließ er sie auf der Stelle niedermetzeln. Doch die Chronik vermerkt auch, dass Wang Yangming während des Gemetzels »schwindelig« wurde, dass »er sich übergeben musste«. Er litt offenbar angesichts all der Verrohung und beklagte wiederholt, dass er vom Hof gezwungen werde zu diesen grausamen Kampagnen gegen unbotmäßige Bevölkerungsgruppen.[149] In der Tat: Dem konfuzianischen Ideal gemäß müssen Menschen moralisch angerührt werden, und deshalb wirkt der weise Mensch friedlich auf seine Umgebung, mit der Kraft seines Vorbilds. »Lenkt man die Menschen mit Tugend und ordnet sie den Riten entsprechend, dann werden sie Scham empfinden und sich selbst verbessern.« (*Gespräche* 2:3) Nur wenn es gar nicht anders geht, bedient er sich seiner Waffen.

Ein Philosoph, der die meiste Zeit seines Lebens in zivilisatorischer Mission unterwegs ist, als General, Bodhisattva und Sozialarbeiter – wahrscheinlich müssen wir uns Wang Yangming so vorstellen. Erlitten hat Wang Yangming in der Tat Enormes; und es spricht einiges dafür, dass all dieses Leiden notwendig war, um auf dem neokonfuzianischen Übungsweg weiterzukommen.[150] Es ist wohl auch kein Zufall, dass er im 20. Jahrhundert vielen Chinesen, die unendliche Entbehrungen erleiden mussten, die zu Opfern von politischen Säuberungskampagnen und kommunistischen Umerziehungsmaßnahmen wurden, als Identifikationsfigur diente.

Ein Beispiel – das vielleicht auch als Parabel über das gegenwärtige China dienen kann: Im Jahr 1517 hatte Wang Yangming im Süden Chinas, in den heutigen Provinzen Fujian und Jiangxi, erfolgreich eine Reihe von Strafexpeditionen gegen das grassierende Banditenwesen angeführt.[151] In ihrem Verlauf wurden Tausende gefangengenommen oder auf der Stelle getötet. Im Sommer des Jahres 1519 wurde er deshalb mit der Niederschlagung einer Rebellion beauftragt, die der Prinz Zhu Chenhao (1479 bis 1521), ein Nachfahre des siebzehnten Sohnes von Dynastiegründer Zhu Yuanzhang (1328 bis 1398) angezettelt hatte. Die Reichspolitik lag damals im Argen; der Kaiser vernachlässigte die Regierungsgeschäfte, hörte nicht auf die Ratschläge seiner zivilen Beamten und verprasste die Steuereinnahmen seiner Untertanen. Beamte, die ihn zu kritisieren wagten, wurden der Prügelstrafe unterworfen oder gezwungen, fünf Tage lang vor dem Palasttor zu knien. (Es konnte auch noch brutaler zugehen: Ein mächtiger Eunuch wurde über drei Tage lang hingerichtet, indem man ihm das Fleisch quälend langsam vom Körper schnitt; Zuschauer erstanden sich von den Henkern einige dieser Fleischstücke und verzehrten sie angeblich mit etwas Reiswein.) Der Prinz hatte seine Rebellion jahrelang vorbereitet. Er hatte portugiesische Hinterladergeschütze aufkaufen lassen und Handwerker angeheuert, die für ihn Rüstungen, Dolche und andere Waffen herstellten. In der gigantischen Bürokratie der Hauptstadt hatte er ein Netz aus Unterstützern aufgebaut, oft mit großzügigen Bestechungszahlungen. Im Jahr 1519 hatte er in Südostchina (der heutigen Provinz Jiangxi) mehr als 20 000 Soldaten zusammengezogen, die ihm Loyalität geschworen hatten. Dennoch wagte es keiner, dem Hof davon Mitteilung zu machen. Endlich, im Juli 1519, forderte der Prinz den Kaiser offen heraus. Dieser sei unrechtmäßig auf den Thron gekommen, in Wahrheit sei er nur der Abkömmling eines Dienstmädchens. Ihm selbst, ließ der Prinz verbreiten, stehe dieser Thron zu.

Wang Yangming ist zu diesem Zeitpunkt nur etwa sechzig Kilometer von der Stadt Nanchang entfernt, dem Machtzentrum des Prinzen. Umgehend schreibt er einen Bericht an den Hof in Nanjing und bittet um die Entsendung von Truppen. Anstelle jedoch dessen Antwort abzuwarten, beginnt er damit, eigenmächtig Truppen in der Umgebung auszuheben. Außerdem lässt er die Nachricht verbreiten, die kaiserliche Armee sei bereits auf dem Weg, und streut das Gerücht, dass er selbst schon über ein großes Heer verfüge (der Philosoph war ein Meister der psychologischen Kriegsführung). Als ihn der Prinz zu einer Audienz einlädt, sendet Wang Yangming einen Schüler an seiner Stelle.

Im frühen August schlagen Hofbeamte in der Hauptstadt auf Anraten des Kriegsministers vor, eine Armee zu entsenden. Den Kaiser freut dieser Vorschlag. Aber zu diesem Zeitpunkt muss sich der Hof bereits mit dem Gerücht herumschlagen, dass er, der Kaiser, ganz andere Pläne habe. Kurze Zeit später bestätigen sich die schlimmsten Befürchtungen: Der Kaiser möchte seine Truppen persönlich gegen den rebellischen Prinzen ins Feld führen.

Doch hat Wang Yangming bereits mit seiner eigenen Kampagne gegen den Prinzen begonnen. Und diese Kampagne ist erstaunlich erfolgreich. Bereits am 16. August vermag er mit seiner Armee von etwa 80 000 Mann die Stadt Nanchang zu erobern. Am 20. August setzt er den Prinzen fest. Am 24. August verfasst er ein Schreiben, in dem er dem Hof die Ergreifung der Rebellen mitteilt. Der Philosoph hat die Rebellion in etwas mehr als einem Monat niedergeschlagen.

Das Schreiben erreicht den Kaiser jedoch erst am 19. September, vier Tage nachdem er mit seinen Truppen aufgebrochen ist. Der Kaiser muss zu diesem Zeitpunkt bereits von der Festsetzung des Prinzen gewusst haben, schließlich hatten eilfertige Zensoren knapp zwei Wochen zuvor eine Throneingabe aufgesetzt, in der sie diesen Erfolg der unergründlichen, kaiserlichen Majestät zugeschrieben hatten. In der Zwischenzeit verwirrten die unbestätigten Gerüchte, dass der Kaiser höchstpersönlich eine Kampagne gegen den Prinzen anführe, Wang Yangmings Gefolgsleute. Am 10. September hatte der Philosoph ein neuerliches Schreiben an den Hof aufgesetzt, in dem er den Kaiser vor den allerorten versprengten Anhängern des Prinzen warnte; besser wäre es, wenn Seine Exzellenz die Hauptstadt nicht verlassen würde. Außerdem erklärte der Philosoph endlich seine Bereitschaft, den Prinzen und sein Gefolge dem Kaiser zu übergeben. Zu diesem Zeitpunkt hatte Seine Exzellenz jedoch längst das erste Schreiben erhalten, in dem ihm der Philosoph seinen Sieg mitgeteilt hatte. Er hatte es nicht an seine Minister weitergeleitet, weil er derart ja sein Gesicht verloren hätte.

Am 4. Oktober brach der Philosoph zusammen mit dem gefangenen Prinzen in Richtung Hauptstadt auf, um diesen in die vertrauensvollen Hände des Kaisers zu geben. Zu diesem Zeitpunkt verfolgten ihn jedoch bereits zahllose Agenten, die im Auftrag der getreuesten Mitstreiter des Kaisers standen. Jeder dieser Mitstreiter erhoffte sich, den Prinzen eigenhändig dem Kaiser zu übergeben; einige planten gar, den Prinzen irgendwo in der Wildnis, unweit des kaiserlichen Trosses, freizusetzen, um so seine Ergreifung noch einmal »nachzuspielen«. Wang Yangming weigerte sich selbstverständlich, den Prinzen an diese Agenten auszuliefern. Er befürchtete, dass die von ihnen vorgezeigten Urkunden gefälscht sein könnten (in der gigantischen Bürokratie in Nanjing gab es unzählige heimliche Unterstützer des Prinzen, die ihm womöglich eine Falle stellen wollten). In seiner Verzweiflung setzte er weitere Schreiben an das Kriegsministerium auf, in denen er auf die Falschheit ihrer Urkunden pochte. Doch all das sollte sich als ein großer Fehler herausstellen. Um ein Haar wäre er dem Philosophen zum Verhängnis geworden.

Als ein Soldat der imperialen Garde in sein Feldlager kam, angeblich im direkten Auftrag des Kaisers, weigerte sich der Philosoph, ihn zu treffen. Erst auf das wiederholte Drängen seiner Schüler, die den Vorwurf der Befehlsverweigerung fürchteten, gab der Philosoph nach. Er traf sich mit dem Soldaten. Erneut wurde er aufgefordert, den gefangenen Prinzen auszuliefern. Der Philosoph lehnte das ab. Stattdessen überreichte er dem Soldaten ein Geschenk: Eine Geldsumme, die jedoch so niedrig war, dass sie anzunehmen sich wie eine Erniedrigung angefühlt hätte. Der Soldat nahm sie deshalb nicht an. Als dieser Soldat am nächsten Tag bei dem Philosophen um seine Entlassung bat, nahm der ihn an der Hand und lobte seine moralische Größe (der Soldat hatte sich nicht bestechen lassen). Er, der Philosoph, verfüge nur über die Fähigkeit des Schreibens, also werde er sie in naher Zukunft dazu verwenden, den Soldaten der imperialen Garde in den Himmel zu loben. Wir wissen nicht, was der Soldat darauf geantwortet hat.

Schließlich traf der Philosoph in Hangzhou mit einem Hofeunuchen zusammen, dem er vertrauen konnte. Er übergab ihm den gefangenen Prinzen. Sodann, es war bereits November, zog er sich in einen buddhistischen Tempel am Westsee zurück. In einem neuerlichen Schreiben an den Kaiser bat er jetzt um seine

Entlassung aus Krankheitsgründen. Als sein Ersuchen abgelehnt wurde, versuchte er noch einmal zum Kaiser durchzukommen – wieder vergeblich. Im Januar 1520 zog er sich wiederum in einen buddhistischen Tempel zurück.

Inzwischen verbreitete sich die Fama über den Philosophen, der sich dem kaiserlichen Befehl verweigert hatte, schneller als auf Vogelschwingen. Allmählich wurde es brenzlig, denn ein Gerücht konnte sich schnell zu einem ganzen Wust aus Gerüchten auswachsen. So erzählte man sich am Hof schon länger, dass der Philosoph in die Verschwörung des Prinzen eingeweiht gewesen sei und direkt Befehle von diesem entgegengenommen habe. Wie anders wäre denn sonst sein schneller Triumph zu erklären?! Der Philosoph habe ja sogar einen Schüler zum Prinzen geschickt. Einige rieten dem Kaiser deshalb dringlich, den Philosophen in die Hauptstadt zu rufen; dann würde man ja sehen. Also befahl der Kaiser den Philosophen in die Hauptstadt. Genau auf diesen Befehl hatten die Dunkelmänner nur gewartet. Sofort ließen sie sämtliche Zugangswege zur Hauptstadt blockieren, sodass der Philosoph auf keinen Fall durchkäme.

Mehr als ein Jahr nach Wang Yangmings Sieg, am 19. September 1520, sitzt der Kaiser in militärischer Montur auf einem Platz in der nördlichen Hauptstadt Peking, umringt von seinen Truppen, und schaut zu, wie der rebellische Prinz erst von seinen Fesseln befreit und wenige Minuten darauf, zu dem ohrenbetäubenden Lärmen der Trommel und Gongs, erneut gefesselt wird. Nachdem der Gefangene dem Kaiser übergeben worden ist, wird der Feldzug offiziell für beendet erklärt.

Die Ränkespiele um Wang Yangming gehen noch eine ganze Zeit weiter. Eine Untersuchung wird angeordnet. Sein Schüler, der unglücklicherweise den Prinzen zu Gesicht bekommen hatte, wird des Verrats angeklagt. Man foltert ihn; kurz darauf stirbt er. Der Philosoph drückt sein Missfallen an der kaiserlichen Politik aus, indem er seine Truppen trainieren lässt. Ansonsten ist er in all diesen Monaten von einer stoischen Ruhe und lässt sich durch nichts erschüttern. Tatsachen kann man nicht kommandieren – genauso wenig wie einen Philosophen. Als er im hohen Alter einmal von einem Schüler gefragt wird, wie er damals den Prinzen besiegt habe, hüllt der Philosoph sich in Schweigen. Ein Edler, so hatte es Konfuzius gelehrt, weiß nichts von Lug und Betrug; er tut einfach, was notwendig ist. Nur weil der Schüler nach dem Tode seines Meisters in dessen Papieren gewühlt hat, wissen wir heute von den Operationsplänen des Philosophen. Seinen Feldherrenblick wollte er mit keinem teilen.

Worin besteht also das vollkommene Leben? Der Mensch, so sehr er auch von den Umständen bedrängt wird, darf sich nicht verbiegen. Er muss fest daran glauben, was er tut. Er muss sich *im Nichts* üben, muss beweglich bleiben, jederzeit offen für die Eingebungen des Schicksals, muss den ganzen Stumpfsinn seiner Mitmenschen ertragen, ihre Verleumdungen und die nicht abreißenden Hassreden.

Weisheit ist nicht identisch mit strategischem Denken; doch wird der unbedarfte Beobachter Schwierigkeiten haben, dies zu sehen.

9

An dieser Stelle kann wahrscheinlich nur ein Witz die Stimmung etwas aufheitern:

Ein alter Rabbi musste in die Nachbarstadt reisen, um an einer wichtigen Zeremonie teilzunehmen. Deshalb bezahlte er einen Kutscher, dass er ihn dorthin brächte.

Als die Kutsche den ersten Hügel erreicht hatte, bat der Kutscher den Rabbi auszusteigen und ihm beim Schieben der Kutsche zu helfen. Denn sein Pferd war alt und schwach. Der Rabbi musste so die längste Strecke seiner Reise beim Schieben helfen.

Als sie endlich an ihrem Ziel angelangt waren, sagte der Rabbi zu dem Kutscher: »Ich verstehe, warum Du in die Nachbarstadt mitgekommen bist: Du musstest Dir Deinen Lebensunterhalt verdienen. Ich verstehe auch, warum ich selbst gekommen bin: Ich muss an einer wichtigen Zeremonie teilnehmen. Aber ich verstehe beim besten Willen nicht, warum wir am heutigen Tag ein Pferd mitnehmen mussten.«

Sie fragen sich jetzt, was ein Witz über einen Rabbi in einem Buch über chinesische Philosophie verloren hat? Aber würden Sie so dem Wort »chinesisch« nicht eine allzu große Bedeutung geben?

10

Das Land der aufgehenden Sonne nahm mich dann doch gefangen. Meine Schwärmerei wurde belohnt. Das Inselreich der glanzlosen Rituale, der Steinlaternen, Katzencafés, knicksenden Roboter, Wärmebeutel und Weltuntergangssekten hat mich angerührt. Wo das passiert ist? Ich bin mir nicht mehr so sicher, aber es muss mit dem großen Vairocana-Buddha in Nara zu tun haben. Eines Tages hatte mir meine Bekannte Moe, die in einer Produktionsfirma jobbte und sich oft über die hierarchisierte Sprache der japanischen Männer beschwerte, die sie dort jeden Tag in den Mund nehmen musste, mit leuchtenden Augen von dem großen Buddha erzählt; und mein Trinkfreund Masanori hatte mir im Verlauf einer Modenschau, die er in einem alten Lagerraum organisierte, das Wort »Nara« zugeflüstert. Nara hörte sich an wie Nadja, die Hauptfigur in André Bretons Surrealistenroman. Vielleicht hatte Nara mir etwas zu sagen.

Im Internet informierte ich mich über die alte Kaiserstadt Nara. Doch als ich von den dort im Freien äsenden, heiligen Rehen las, hatte ich auch schon genug. Ich wollte überhaupt nicht nach Nara. Ich war mir sicher, jeder Besuch in Nara würde todsicher touristisch werden. Der Ort war längst verödet von zu viel modernem Hinsehen; und wenn der Prinz, der im Jahr 785 n. Chr. nach Awaji verbannt wurde, sich auf dem Weg dorthin zu Tode hungerte, worauf der Kaiser aus Furcht vor seinem Geist die Hauptstadt von Nara nach Kyoto zurückverlegte, dann hatte all das nichts mit mir zu tun, der ich nicht an Geister glaubte. Lieber las ich an diesem Tag über die Osakaer *Hanshin Tigers*, die älteste Baseballmannschaft Japans, und diskutierte mit einem koddrigen Norddeutschen darüber, der sich zu der Zeit als Model für eine Bier-Werbung versuchte. Ganz Osaka würde einige Monate darauf mit seinem Foto gepflastert sein.

Dann, an einem Winterabend, hatte mich Moe vor »meinem Hotel« abgeholt, um mich nach Tobita mitzunehmen. Tobita, die »fliegenden Felder«, lag im Südosten des New-World-Vergnügungsviertels, das mich seit einigen Tagen von fern an Coney Island erinnerte, zumindest an jenes Coney Island, das ich aus Woody-Allen-Filmen kannte. Wir hatten frittierte Krakenbeine mit gelber Soße gegessen und waren immer weiter geschlendert durch gesichtslose Gassen mit niedrighängenden Stromkabeln. Je tiefer wir uns in sie verloren, desto schmutziger wurden die alten Männer. Irgendwo in der Nähe hatte man vor einigen Monaten einen Leichnam gefunden; der Kopf lag einige Meter daneben. In Japan hatten die Mörder keine Schusswaffen, nur Messer.

»Wo sind denn eigentlich die Frauen hin?«, hatte ich Moe gefragt.

Nur, was hätte sie da sagen sollen. Es gab hier keine Frauen, die Frauen waren anderswo, aber das verstand ich zehn Minuten später, auf den »fliegenden Feldern«, von selbst. Bei Einbruch der Dämmerung waren wir plötzlich in einem anderen Japan; da standen in engen Gassen Holzhütten mit Namen wie »Mond-Laub«, »Eleganz«, »Geisha« oder »drei Hauptstädte«, alte Frauen wärmten sich an Kohleöfen die Hände, davor immer ein Paar niedlicher, weißer Schuhe, und neben jeder alten Frau ein Mädchen in einem hellblauen oder grün-gelben Kimono, ein Blumengesteck, manchmal auch eine Hello-Kitty-Puppe, ein »Welcome«-Türvorleger aus rotem Plastik. Wir gingen schneller, ernteten fahle Blicke. Mein eigener Blick konnte sich nicht losreißen von den Schiebetüren, aus denen hier märchenhaft warmes Licht fiel. Die Kunden glitten in geräuschlosen, mausgrauen Taxen an uns vorbei.

Es waren in der Tat andere Breitengrade. Die »fliegenden Felder« fühlten sich an wie tiefes, siebzehntes Jahrhundert. Ein Schauerdrama, nur dass hier nicht gespielt wurde. Alles war blutecht. War ich endlich auf der Rückseite der modernen Welt angelangt? Moe, die geduldig lächelte, zeigte mir wortlos die Gassen. Sie wollte nicht ausführen, was ich mir selbst denken konnte. Nach einer Weile waren wir so erschöpft von diesem Urjapan, dass wir eine Gruppe Freunde zusammentrommelten und uns in eine Karaokebar flüchteten. Wir sangen Schnulzen, alles, was zu diesem Abend passte: »Kawa no nagare no you ni« (Misora Hibari), »Sweet 19 Blues« (zauberhaft leicht: Namie Amuro), »Besame Mucho«, »Yesterday once more«. Während da Flüsse von Tränen besungen wurden, blieb Moe in ihrem rätselhaften Lächeln eingeschlossen.

»Das ist ja absurd«, sagte ich gegen Ende des Abends, in ihre Richtung. »So ein Ort, meine ich, mitten in Osaka. Dass es dagegen kein Gesetz gibt ...«

»Es gibt eine Mauer, die die Frauen am Weglaufen hindert. Und die Yakuza, die an jeder Transaktion mitverdienen.«

»Was für ein Kitsch ...«

Moe hielt inne. Ihr Lächeln war plötzlich voller Ernsthaftigkeit.

»Weißt du was?! Ich wäre am liebsten längst in Kalifornien, bei meiner Schwester.«

Dann schwieg sie für den Rest der Nacht. So wortkarg hatte ich sie noch nie erlebt.

Wochenlang dachte ich an den Prostitutionsort »fliegende Felder« wie an einen Existenzbeweis der japanischen Kultur: Kulturelle Differenzen, all die geringfügigen Alleinstellungsmerkmale menschlicher Subjektivität, die Gesten, das Kleiderrascheln, die hierarchischen Abstufungen, die Formvollendung, die man auch in den Romanen von Tanizaki und Kawabata spürt. All das war Tobita; es wurde dort wie in einer unterirdischen Grabkammer konserviert. Und hinter jeder Differenz verbarg sich archaische, männliche Gewalt.

Aber es war komplizierter. Menschen drückten sich in Differenzen aus, suchten nach der Magie von Bedeutung, die länger als ihr Leben dauern würde; doch das Leben schloss immer mit einem Fragezeichen, ganz gleich wie man auch lebte oder was man auch tat. Verbarg mein empörter Blick – weiß, mächtig, fortgeschritten? – vielleicht selbst noch etwas? Wer war hier tiefer in einem altbekannten Bild eingeschlossen? Natürlich hätten Moe und ich den

Ort namens Tobita am liebsten auf der Stelle geschlossen. Aber hatten wir überhaupt die Geduld, uns in diese Welt einzureihen und in ihr etwas Neues zu versuchen? Als ich einige Wochen später in Tokio meinen Freund Karl besuchte, sah ich im Diplomatenviertel Minami-Azabu dieselben überteuerten, französischen Patisserien, die ich schon in Paris bewundert hatte, nur dass die Hunde hier nicht von älteren, französischen Damen ausgeführt wurden, sondern von blutjungen Vietnamesinnen. Alles vermischte und verwandelte sich, alle Differenzen wurden nivelliert. Es war immer weniger möglich, Kultur als etwas Bindendes zu sehen, einen Horizont, in dem noch Zukunft auftauchen konnte. Erst als ich genauer hinschaute, über Jahre hinweg, sah ich die anderen Ausdrucksformen, die keine luftigen Trugbilder kultureller Authentizität mehr waren. Man kann eine Kultur nicht *verstehen*, weil das bereits die falsche Frage ist; es gibt auch keine Kulturgrenzen mehr, die man noch überschreiten könnte, denn alles ist *hier*: als globale Landschaft von Verfügbarkeit. Doch selbst dann kann man sich noch in Kugeln, Blasen oder Netzen von Fremdheit einnisten, um sich freundlich vom Anderen verwandeln zu lassen, kann sich vielleicht sogar in den anderen Innenwelten wiederfinden, wenn man sich entortet, um dann – freischwebend – einen neuen Ort zu erzeugen.

Als ich einmal in Tokio, aus meinem Fenster im 21. Stock des Prince-Hotels, eine Schar blauer Delfine in einem Schwimmbecken kreisen sah, musste ich an den Manga *Brothers of Japan* von Taiyō Matsumoto denken. Darin läuft ein Kind ziellos, wehrlos, unerkannt in der Welt umher, bis sich das Weltall vor ihm öffnet wie ein riesiger Badestrand; und dann schweben Walfische über Städte hinweg, weiß-glitzernd, und ihre Schwanzflossen bewegen sich, hoch über den Stromleitungen, leicht im Wind … Da hatte ich mich in einem neuen Ort verfangen.

Schließlich stand ich doch noch vor dem Buddha in Nara, in einem Tempel namens Tōdai-ji. Das monotone Rattern der Vorortbahn, die durchsichtige Aprilkälte, der Blick auf die weite Ebene von Osaka in der Morgendämmerung, all das steckte mir noch in den Knochen. Aber jetzt trank ich einen Softdrink und versuchte, im Angesicht des *Daibutsu* (des »großen Buddhas«) den Fernen Osten zu verstehen.

Was mir zuerst auffiel: Seine Augen, so hoch oben unter dem Gestühl der Tempelhalle, sanft und vom Sehen voll geworden. Außerdem: Die Statue wirkt erst wirklich groß, wenn man hinter sie tritt und den gigantischen Bronzerücken ins Auge fasst. Von hinten erscheint jedes Ohr, jede Falte mit Leben erfüllt. Von vorne dagegen: unfassbar, flach, enttäuschend. Ich hatte schon so manchen Buddha gesehen, hatte mich irgendwann gewöhnt an die Falten in seinem Überwurf, die leicht erhobene Rechte mit der ausdrucksvollen Fingerhaltung, die zum Himmel geöffnete Flächigkeit der Linken. Doch dieser Buddha war noch ein Stück größer, maß genau 14,98 Meter. Allein die Nase war einen halben Meter hoch, die Ohren fast drei Meter. Die weltweit höchste Bronzestatue des Vairocana-Buddha, 500 Tonnen schwer. In seinem Knie soll ein Zahn von Kaiser Shomu aus dem achten Jahrhundert eingeschlossen sein. So viel Gewicht, so viel reines Innensein.

Ich stand da, trank meinen Softdrink zu Ende, zögerte. Hinter mir nieste eine Frau. Ich versuchte die spiegelklare Ebenmäßigkeit des erleuchteten Gemüts zu verstehen. Herrlich: die Nasenwurzel, die Augen. Aber viel mehr sah ich nicht. Die Klarheit des Apriltages setzte mir weiter zu. Vielleicht hatte sich der Vairocana-Buddha dorthin zurückgezogen, in die Klarheit eines Apriltages. Und wie hätte ich auch das reine Innensein spüren können, wo ich doch in meinem Leben kein einziges buddhistisches Sutra zu Ende gelesen hatte? Andere Menschen kopierten so ein Sutra hundertfach, hatten zu jedem Wort darin ein intimes Verhältnis.

Dennoch glaube ich, dass mir an jenem Tag etwas zugestoßen ist. Ich klopfe mir den Nacken, der vom Hinaufstarren ganz taub geworden ist – und plötzlich steige ich aus diesem Augenblick heraus wie ein Pilger aus seinem Nachen. Und der Nachen, einmal leer geworden, treibt sofort davon. – Viele Jahre später, bei einem Besuch in Kyoto im Februar 2017, habe ich diesen Nachen wiedergesehen. Es war in der »Halle der dreiunddreißig Längen« (Sanjūsangen-dō), eine eiskalte Holzhalle aus dem Jahr 1164, so alt, dass die Ewigkeit schon in allen Ritzen säuselt. Tausend Statuen der tausendarmigen Göttin Kannon stehen dort, in zehn Reihen zu je fünfzig Stück auf beiden Seiten des Raums. Spinnweben hängen an ihren Armen aus vergoldeter Zypresse. Da waren die Minuten, die ich im Frühjahr 2002 dem Vairocana-Buddha gewidmet hatte, wieder lebendig. An der Rückseite meiner Gefühllosigkeit hatte sich etwas entzündet und nahm jetzt rasch in meinem Bewusstsein Größe an, so als breite sich ein Tropfen Tinte auf einem Blatt Papier aus.

Vielleicht zeigte mir der Vairocana-Buddha zum ersten Mal, dass es dort im Fernen Osten ein anderes Weltbild gibt. Der kosmische Buddha, der alles in sich schließt. Die Welt ist nicht mehr nur trügerischer Schein, sondern eine Manifestation des Absoluten. Die vielgestaltige Welt, ein Wandlungsleib, steht still. Die Zeit muss nicht getilgt werden, sondern kann einfach verfließen. Vergängliches leuchtet.

Vielleicht haben heutige Japaner mit so einem Weltbild nicht mehr viel zu tun; nur wenn sie sterben, lassen sie sich buddhistisch beerdigen. Aber vielleicht ist das schon das Wichtigste im Leben und es war immer so: Gebrechlichkeit und Tod schütteln Menschen so lange, bis sie ganz wach werden. Fünf Minuten in einem Krankenhaus, und du bist Buddhist. Das andere Weltbild ist heute da, wird auch in Zukunft da sein; es schert sich keinen Deut um unsere allzu modernen Ängste.

11

Als ich kurz darauf wieder einmal in Deutschland bin, habe ich eine große Sehnsucht nach Glockenläuten, nach Engelsstatuen auf alten Brücken, Baggerseen, Schafen und der flirrenden Hitze über einer Landstraße. Tagelang fahre ich mit dem Zug umher. Ich besuche Orte, deren Namen sich in meinen Ohren besonders deutsch anhören: Fürth, Bayreuth, Wunsiedel. Erst im hintersten Winkel Deutschlands, in Joditz, im oberfränkischen Spätsommer, glaube ich, den Fernen Osten vergessen zu haben.

Auf der anderen Seite des Erdballs fiel niemandem meine Abwesenheit auf. Vielleicht war die Winternacht aber auch nie zu Ende gegangen, in der sie in Kyoto einen Berg entzündet hatten. Menschen strömten aus Badehäusern, klapperten mit ihren Holzschuhen in verschneiten Gassen, blickten hinauf zu dem finsteren Wald. Dann glimmte es und das chinesische Schriftzeichen *da* 大 (»groß«) stand von Riesenhand geschrieben auf dem Berg. Für einige Minuten brannte es dort oben lichterloh. – Ich habe lange zu dem Wald hinaufgeschaut; doch dann muss mich etwas abgelenkt haben. Die weiße Mauer neben mir, die Gasse, die Brücke: Es fühlte sich an, als hätte jemand meinen Namen gerufen. Aber warum sollte in Kyoto in einer Winternacht jemand meinen Namen rufen?! Als ich mich wieder umdrehte, war das Schriftzeichen plötzlich nicht mehr da. Und dann sagte der Berg: Nicht du, und wandte sich von mir ab.

VIERTES KAPITEL: ANDERE EINSTIEGE (TAIPEH, 2002–2018)

Das Leben ist ein prachtvolles Abendkleid,
in dem sich die Läuse tummeln.
(Eileen Chang)

1

Womöglich könnte nur die Beschreibung eines Tages, einer Stunde oder eines Augenblickes den Eindruck der Ferne verschwinden lassen. Das Verstehen läge nicht in den ständigen Abschweifungen, sondern in einem konzentrierten Blick, der nicht zittrig wird und auch keine Grenzen ziehen würde. Die Vorstellung einer Grenze ist auf jeden Fall zu vermeiden! Berichte einfach, wie dein Leben dort beginnt, in der Frühe gegen vier oder halb fünf, wenn die Hitze noch nicht dumpf hinter den Fenstern steht. Etwas später, so gegen sechs, wird ein staubiges, sommerliches Licht über dem Vorort liegen, in dem du lebst, und du wirst nur einige Schritte gehen müssen, um schweißgebadet zu sein. – Aber erst einmal erwachst du um vier. Wie sonst auch immer hat sich eine Geräuschspur in deinen Halbschlaf eingeschrieben, ein sirrendes, kratzendes Muster, das blitzschnell – in einem Schreckensmoment – vorbeigewischt ist. Es wird von dem vierrädrigen kleinen Wagen verursacht, den ein alter Mann jeden Morgen mit Karacho den Berg hinabfährt; er ist arm, lebt mit großer Wahrscheinlichkeit in einer der Blechhütten, die oben unweit der weitverzweigten daoistischen Tempelanlage stehen. Sein Wagen ist gegen Mittag, wenn er ihn in der prallen Sonne den Berg hinaufschiebt, mit Altpapier und Plastik beladen. Einmal hast du gesehen, dass die Fassung seiner Hornbrille von Tesafilm zusammengehalten wird. In der Zwischenzeit haben irgendwann die Grillen eingesetzt: ein unverwüstliches, ohrenbetäubendes Schnarren. – Und dann bist du hellwach, unter den langgezogenen Schreien eines tropischen Vogels (ein Dickschnabelkitta: *Urocissa caerulea*?), stehst auf und alsbald kommt auch dein Tag in Schwung.

Du kaufst dir zum Beispiel eine Zeitung, unweit eines kleinen Parks. In dem weißen, mit einer Klimaanlage gekühlten, sehr amerikanisch anmutenden 7/11 sitzen oft die Straßenarbeiter. Manche kauen Betelnüsse, sodass ihre Zähne klebrig und rot werden. Und manchmal sitzt da auch ein Mann, den du oft dabei siehst, wie er mit seinem blauen Moped die Gasflaschen in die Wohnungen bringt. – Wenn du beim Morgenspaziergang größere Kreise ziehst, stößt du auch noch auf den winzigen Tempel des Erdgottes, in dem die Nachbarschaft regelmäßig ihren Weihrauch abbrennt. Auch in der Nacht brennt da ein Licht; und durch Gitterstäbe schimmert das vom vielen Ruß längst schwarzhäutig gewordene Antlitz der Göttin Mazu. Auch du hast schon einmal davorgestanden und leise deinen Namen und deine Adresse aufgesagt, damit der Erdgott dich beschütze. Was war da mit dir geschehen? Eine religiöse Krise kann es nicht gewesen sein, da du schon lange keinen religiösen Glauben mehr hast – also eine Sinnkrise?! Oder hast du dir gar nichts Besonderes gedacht, als du da vor den Erdgott getreten bist? – Etwas weiter unten, halb eingewachsen in die Steinbrüstung eines Bachlaufes, stand viele Jahre lang ein Baum, der heilig war. Die Menschen der Umgebung hatten ihn mit roten Bändern behängt. Vor einiger Zeit hat ihn die Stadtverwaltung jedoch fällen lassen, ganz ordentlich mit einem amtlichen, rotgestempelten Schreiben, das einige Tage vor dem besagten Datum, in Plastik eingeschweißt, an den Baum getackert wurde. Der Baum sei schwer erkrankt und nicht mehr zu retten. – Straßenköter hocken irgendwo im Schatten. Es ist jetzt wirklich heiß. – Aber du bist noch einmal neugierig geworden, du schaust irgendwo-, überallhin, etwa auf die Gräber, die an den kahlen Stellen der abebbenden Hügel liegen; sie spannen sich wie Netzwerke aus höheren, längst verloren gegangenen Bedeutungen über die Landschaften Taiwans. Überhaupt wird den Toten hier fast immer der beste Platz zugestanden, gute Erde, sonnig, gen Süden; und die Lebenden quälen sich durch den Tag, drängen sich in engen Straßenschluchten und werden, wenn das Leben und ihre Angehörigen mitspielen, auch einmal in solchen Gräbern liegen können. In einem Abwasserschacht steht auf einmal ein schöner

Farn. Ein Mann im Schlafanzug grüßt dich. Hinter Stromleitungen wird ein Bambuswäldchen sichtbar, Banyanbäume. Dazu stickige, dichte Vegetation; Vögel; Schlangen; Spinnen.

In der Zwischenzeit würde sich auch die Hitze eines Besseren besonnen und sich für eine Weile in die Blechdächer zurückgezogen haben. Ein kurzer Regenguss und du kannst schon fast wieder atmen. Der nächste Starbucks ist übrigens nur etwa sieben Fußminuten von hier entfernt; der nächste europäische Supermarkt (Carrefour) mit dem Auto knapp zwanzig Minuten. Ansonsten wirkt alles sehr ländlich. Eine elegante Greisin, die Inhaberin eines Gemischtwarenladens (ein muffiges Dickicht aus Wischmops, Weihrauchstangen und braunen Reisweinflaschen) führt ihren Papagei an einem Halsband spazieren. Eine uniformierte Schülergruppe läuft lärmend an dir vorbei. Ein Mädchen schreibt ein Schriftzeichen in ihren Handteller. Und dann ist deine Sehnsucht nach Exotik gestillt; um kurz nach neun ergibst du dich endlich dem Einfach-so-Dahinleben an diesem heißen Julitag, versuchst unbekümmert wie einer der 2,6 Millionen Menschen von Taipeh zu leben, selbst wenn du dir diese Unbekümmertheit nur einbildest; sie ist *deine* (nicht ihre). Du läufst noch einmal über die Straße und blinzelst dem Papagei zu. Der Papagei murmelt etwas, knistert zweimal mit dem Stanniolpapier, das er am Wegrand aufgepickt hat, und von da an ist dein Tag nur noch ein Traumbild, in dem ein Papagei seine Ursprache spricht – kein Chinesisch oder Deutsch, sondern nur Schreie wie unauslöschliche Blicke.

So müsste man sich wohl einen Tagesanfang auf der anderen Seite der Erdkugel vorstellen.

2

Mit den Jahren hatte ich Wang Bi, den frühvollendeten, allzu früh verstorbenen Philosophen, aus den Augen verloren. Mein Interesse an ihm war zwar nie vollständig erloschen, doch habe ich in den Jahren zwischen 2000 und 2013 selten die Lust verspürt, mich mit ihm auseinanderzusetzen. Man lernt im Leben allmählich, bestimmten Fragen, auf die es keine Antworten gibt, aus dem Weg zu gehen. Derweil hatte der technologische Fortschritt wenigstens den einen Vorteil gehabt, dass der Name Wang Bi auf der ganzen Welt mühelos nachgeschlagen werden konnte. Wer heute bei Google die Wörter »Wang Bi« eingibt, dem werden zwar zuerst die Buchstabenfolgen »Wang Bielefeld« und »Wang Bing film« in der Suchmaske vorgeschlagen; einige Zeilen darunter werden ihm oder ihr jedoch prägnante, vertrauenswürdige Informationen über den chinesischen Philosophen angezeigt. Nur, so ein digitales Weltwissen ist natürlich genau das Gegenteil von dem Wissen, auf das der Daoismus hinauswill; denn wissen sollen wir ja gar nicht, sollen uns auch am besten des Wunsches nach Wissen ganz entledigen, um einfach hinzuschauen, wie sich die Welt bewegt, wenn wir nicht mehr zerstreut sind in unsere allzu eigenen Wünsche.

Ich muss irgendwann vergessen haben, wie fremd sich die chinesische Welt einmal angefühlt hat. Ludwig Wittgenstein schreibt: »Wenn wir einen Chinesen hören, so sind wir geneigt, sein Sprechen für ein unartikuliertes Gurgeln zu halten. Einer, der chinesisch versteht, wird darin die *Sprache* erkennen ...«[152] Ich höre dieses »Gurgeln« (was für ein hässliches Wort übrigens!) schon lange nicht mehr. Ich spüre heute dagegen manchmal Andersheit in deutschen Wörtern wie »Wagenpanne« oder »Alleinstellungsmerkmal« aufblitzen. Und nicht nur das: Sogar mein früheres, deutsches Ich muss mir in all diesen Jahren in Ostasien stetig fremder geworden sein. Wahrscheinlich lasse ich mich in meinen Überzeugungen, je länger ich *hier* lebe, immer stärker von Menschen beeinflussen, die den meisten Menschen in Deutschland sehr andersartig vorkommen würden (wenn sie denn je einmal eine Chance hätten, ihnen zu begegnen).

Ich hatte schon einmal angedeutet, dass ich einer »postchristlichen, tragischen Weltsicht« anhänge. Einige zentrale Bausteine: (a) Das Individuum muss lernen, die Ergebnisse der Naturwissenschaften zu akzeptieren; es darf sich nicht in irgendwelche religiösen oder nationalistischen Mythen flüchten; (b) Freiheit und

Gleichheit sind unverzichtbare Werte, auch wenn es nicht möglich ist, sie wie Tatsachen irgendwo in unserer Welt zu lokalisieren oder ihre Geltung mittels wissenschaftlicher Evidenz zu untermauern; (c) es gibt tatsächlich Fortschritt, nur dass er manchmal größer aussieht, als er in Wirklichkeit ist; und es ist dennoch wichtig, die Ratschläge bestimmter Autoritäten ernst zu nehmen, da sie sich mit großer Wahrscheinlichkeit in bestimmten Angelegenheiten besser auskennen als ich selbst; (d) nicht zuletzt ist das Leben der meisten Menschen hochgradig verworren und undurchsichtig, deshalb werden viele Meinungsverschiedenheiten mit großer Wahrscheinlichkeit nie aufzulösen sein, was aber nicht bedeutet, dass wir nicht immer wieder an die Redlichkeit appellieren sollten, an die Wahrheitsliebe ...; (e) und, wie Jean-Paul Sartre schön schreibt, der Mensch ist letztendlich »ein Entwurf, der sich subjektiv lebt, anstatt nur ein Schaum zu sein oder eine Fäulnis oder ein Blumenkohl«. Wie man sich leicht denken kann, stoße ich mit meiner »postchristlichen, tragischen Weltsicht« in Ostasien immer wieder einmal auf Unverständnis. Ich habe eine ganze Reihe von Bekannten, die etwa überhaupt nichts vom freien Willen halten und stattdessen von der Wiedergeburt überzeugt sind; einige suchen auch regelmäßig einen Wahrsager auf, der ihnen für die nächsten Monate Orientierungshilfe bietet. Meine Lebensgefährtin C.Y. ist auch schon einige Male zu einem Wahrsager gegangen, obgleich sie im tiefsten Grunde ihres Herzens wahrscheinlich doch nicht an seine Auskünfte glaubt, das nehme ich auf jeden Fall an. Einige wollen auch schon Geister gesehen haben. Und eine Buddhistin hat mir neulich erklärt, dass es besser sei, einen Kranken, in dessen Gesicht das Leiden geschrieben stand (eine schlecht verheilte Lepra), nicht anzuschauen, da sich dieser Anblick leicht in einen bösen Gedanken verwandeln würde; ein solcher Gedanke könne sich nicht nur tief ins eigene Bewusstsein (ins *ālayavijñāna*, das sogenannte »Speicherbewusstsein«) eingraben, sondern würde einem im weiteren Leben aller Wahrscheinlichkeit nach größten Schaden zufügen. Wenn ich so etwas höre, werde ich leicht nervös. Ich will nicht sagen, dass ich diese Äußerungen für bare Münze nehme;

aber sie verfügen doch mitunter über die Kraft, mich in meinen eigenen Überzeugungen unsicher werden zu lassen. Und wenn ich umgekehrt den Menschen hier von naturwissenschaftlichen Erkenntnissen und sozialem Fortschritt erzähle, lächeln manche nur und nehmen mich nicht ganz ernst. Man kann die Ergebnisse des Fortschrittes annehmen, ohne dass man an die Aufklärung glauben muss.

Wahrscheinlich bin ich aufgrund solcher Erfahrungen immer stärker überzeugt vom »Vorrang der Praxis«. Mit dieser Formulierung bezeichnet der britische Philosoph Kwame Anthony Appiah den Umstand, dass sich Praktiken nur selten ändern, weil Menschen sich von vernünftigen Argumenten dazu überzeugen ließen; vielmehr ist der gesellschaftliche Wandel oft das Ergebnis einer »Verschiebung der Perspektive«: Menschen sehen ihre Mitmenschen in einem neuen Licht, sie gewöhnen sich einfach an neue Handlungsweisen und werden toleranter gegenüber bislang nicht akzeptierten Lebensformen, ohne dass sie jetzt bessere Gründe für ihr Handeln hätten als zuvor.[153] Die Überzeugungen von Menschen hängen Appiah zufolge von einer ganzen Vielzahl anderer Überzeugungen ab, die sie nur besitzen, weil sie ihnen von ihrer Familie und der Gesellschaft, in der sie aufgewachsen sind, vermittelt worden sind; sie können natürlich einzelne Überzeugungen im Licht neuer Tatsachen revidieren, aber nie die Gesamtzahl aller ihrer Überzeugungen. Das heißt aber auch: Wäre ich nicht in Deutschland aufgewachsen, sondern sagen wir in Frankreich, Mexiko oder Sri Lanka, dann würde ich so manche der in Deutschland weitverbreiteten Überzeugungen merkwürdig finden – und viele der in Frankreich, Mexiko oder Sri Lanka verbreiteten Überzeugungen für selbstverständlich erachten. In unseren Überzeugungen spiegeln sich immer auch bestimmte Stimmungen, Haltungen und Gefühle, die sich nicht ohne Weiteres versprachlichen lassen. Nur in bestimmten Situationen werde ich überhaupt Auskunft über sie geben wollen (auf keinen Fall, wenn Sie mich jetzt in einem feindlichen Ton auffordern, Ihnen meine politische Einstellung darzulegen).

Aus diesem Grund, argumentiert Appiah weiter, haben wir im Westen aber auch keine plausiblen Gründe, abergläubische Praktiken, wie sie etwa in Ghana weitverbreitet sind, einfach als *unvernünftig* abzutun.[154] Das einzelne Individuum im Westen bilde sich zwar sehr gern ein, aufgrund seiner wissenschaftlichen Ausbildung (oder einfach aufgrund der Tatsache, in einem westlichen Industriestaat auf die Welt gekommen zu sein) vernünftiger zu sein als Individuen in der übrigen Welt; doch überschätzt es sich damit, denn auf sich allein gestellt wird ein westlicher Mensch nie viele andere Menschen von seiner Sicht überzeugen können. Um wissenschaftlichen Fortschritt zu bewerkstelligen und seine Ergebnisse auch unter den Menschen zu verbreiten, bedarf es vielmehr großer gesellschaftlicher Anstrengungen. Wissenschaftliche Wettervorhersagen funktionieren mit großer Wahrscheinlichkeit besser als die traditionellen Wettervorhersagen einer bäuerlichen Kultur. Oft ist es deshalb vernünftiger, ihnen Vertrauen zu schenken. In bestimmten Kontexten kann es für einen Menschen dennoch sinnvoller sein, das Wetter auf traditionelle Weise vorherzusagen (etwa wenn er Rücksicht nehmen möchte auf soziale Verpflichtungen).

Eine solche Position wird heute schnell so verstanden, als liefe sie notwendigerweise auf einen radikalen Konstruktivismus beziehungsweise einen postmodernen Relativismus hinaus. Menschen besäßen demzufolge unterschiedliche kulturelle Identitäten, die auch ihre Lebensformen bestimmen würden und aus diesem Grund vor dem »kosmopolitischen« Projekt (sei es nun die Gründung eines Weltstaates, die Stärkung internationaler Institutionen und Gesetze oder auch nur die Vertiefung der Europäischen Union) geschützt werden müssten, so als wären Kulturen ebenso verletzlich wie exotische Pflanzen. Aber genau dagegen verwehrt sich Appiah; und, wie ich denke, zu Recht. Wir leben *in einer Welt*, und natürlich müssen sich bestimmte kulturelle Unterscheidungsgewohnheiten angesichts der (modernen) Wirklichkeit immer neu rechtfertigen. Gerade heute ist es wichtig, Gemeinsamkeiten zwischen den Menschen zu stärken und sie nicht auf den Besitz irgendeiner kulturellen Partikularität festzuschreiben. Und dennoch, selbst wenn moderne Menschen gemeinsame Fluchtpunkte der Erfahrung besitzen, erleben sie ihre Lebensformen, ihre Innenperspektiven unterschiedlich. Es geht darum, diese einmaligen Erlebnishorizonte überhaupt erst einmal in den Blick zu bekommen.

Ich bin mir recht sicher: Mein Vertrauen in das chinesische Resonanzdenken wird nie so tief sein, dass ich meinen Umzug oder meine Berufswahl von der Aussage eines Wahrsagers abhängig machen würde. Ich kann aber nicht ausschließen, dass ich in meinen Entscheidungen unbewusst schon einmal von so einer Aussage beeinflusst worden bin; und vielleicht komme ich sogar einmal an den Punkt, wo ich einem Wahrsager in einer eher belanglosen Frage mein Vertrauen schenken möchte. Vielleicht verändert mich aber auch bereits die Tatsache, dass ich *ihre* chinesischen Wörter gebrauche, denn selbst wenn ich heute bei mir ursprünglich fremden Wörtern wie 道 (Dao), 氣 (Qi) oder 輪迴 (Wiedergeburt) im Prinzip weiß, was sie bedeuten, erschließen sich mir ihre tieferen Bedeutungsschichten nur im langjährigen Gebrauch – manchmal sogar erst, wenn ich neue Handlungsweisen einübe. Vielleicht ist es auch so, dass wir beim Sprechen über andere Kulturen oft eine Universalität erzeugen, die es in Wirklichkeit nicht gibt. Universalität könnte eine »Oberflächenerscheinung« sein.[155]

Sich an bereits bekannten Verhaltensweisen vorwärts hangeln, bis irgendwann das Ende der Fahnenstange erreicht ist und man ins Leere zu fallen droht – vielleicht ist das eine passende Metapher für das Leben. Und erst als diese Leere am Ende der Fahnenstange nicht mehr auszuhalten war, kehrte ich zu dem jungen Philosophen aus dem chinesischen Mittelalter zurück.

3

Es ist nicht leicht, in der heutigen Welt Nähe entstehen zu lassen, und es ist noch schwieriger, sie aufrechtzuerhalten. Früher sagte man, dass nur die Zeit den Charakter eines Menschen enthülle. Ich bin zunehmend überzeugt, dass es tatsächlich so ist; und ich denke, dass es sich mit der wirklichen Nähe zwischen zwei Menschen genauso verhält: Die langsam verstreichende Zeit eröffnet ganz neue Welten! Und ich weiß, dass der einzige Mensch, mit dem ich in meinem Leben eine solche Nähe erlebt habe, meine Lebensgefährtin C. Y. ist, ein Mensch also, der auf der anderen Seite des Globus groß geworden ist – und gerade deshalb alles Gerede von den kulturellen Identitäten, die uns irgendwie in unseren Selbstbildern gefangen hielten, über den Haufen wirft. Natürlich ist unsere Begegnung ein reiner Zufall gewesen: Wenn ich nicht mit Anfang zwanzig Chinesisch gelernt hätte, wenn ich nicht im Jahr 2002, in einer Lebenskrise, in der ich nicht mehr wusste, wohin ich noch gehörte, fluchtartig von Osaka nach Taipeh umgezogen wäre, wenn ich nicht im März 2005 an jenem Abend an jener Veranstaltung teilgenommen hätte, dann wären wir uns nie über den Weg gelaufen. Nicht nur dieser Zufall spricht gegen uns, könnte man denken, sondern auch all die kulturellen, historischen Differenzen und Ambivalenzen, jedes Nicht-von-der-Stelle-Kommen eines Blickes, einer undeutlichen Handbewegung, eines missverständlichen Wortes. Jeden Tag suchen wir erneut nach Nähe und finden sie irgendwie. Ich könnte es auch so ausdrücken: Wir haben so lange zusammengelebt, dass ich den Zufall nicht mehr verstehe, durch den wir uns damals kennengelernt haben. Denn wenn es ein Zufall gewesen wäre, müsste ich mir den Verlauf meines Lebens ohne C. Y. vorstellen können. Genau das kann ich nicht.

In der gebotenen Kürze: C. Y. wurde in Taichung geboren, einer Stadt in Mitteltaiwan; nach ihrem Studium in Iowa hat sie lange Jahre als Journalistin gearbeitet, zuerst in Los Angeles und dann in Taipeh. Heute leitet sie ein Unternehmen für digitale Literatur; seit einiger Zeit spricht sie auch davon, Spielfilme und Serien produzieren zu wollen. Sie hat auch einmal ein Drehbuch für einen Film des taiwanischen Regisseurs Tsai Ming Liang geschrieben, der in Venedig den Großen Preis der Jury erhalten hat *(Stray Dogs)*. Außerdem ist sie Feministin und Buddhistin und sagt oft, dass die Menschheit am besten keine Kinder mehr bekommen sollte, da es bereits viel zu viele Menschen gibt. Je mehr Leben, desto mehr

Leid. Im Sommer 2008 wurde bei C. Y. Lungenkrebs diagnostiziert, im Frühstadium. Sie wurde erfolgreich operiert und ist heute kerngesund. Sie liest nicht nur gern Achmatowa-Gedichte und britische Romane, sondern auch chinesische Literatur, die in Europa niemand kennt: den *Traum der Roten Kammer*, *Schlehenblüten in goldener Vase*, die Geistergeschichten von Pu Songling, die Romane von Eileen Chang.

In ihrer Kindheit verbrachte C. Y. die Sommerferien oft in Taipeh, bei ihrer Tante. Ihre Tante, die etwa zehn Jahre älter ist als C. Y., wohnte damals in einem Apartment in der Roosevelt Road; und während eines langen Sommers hat diese Tante fast ausschließlich auf ihrem Balkon gestanden, um über das Geländer hinweg mit einem hübschen, malaysischen Austauschstudenten zu tuscheln und in den Hörgenuss seines neuen Schallplattenspielers zu kommen. Da lief zum Beispiel »While My Guitar Gently Weeps«, »You've Got to Hide Your Love Away« oder »Take Me Home, Country Roads«. C. Y. hörte auch zu. Beobachtete dabei die beiden Älteren, wie sie in ihrem Verliebtsein zueinanderfanden, während C. Y. sich nur darin spiegeln konnte, und ich stelle mir vor, dass C. Y. schon damals alles mit eigenen Augen anschauen wollte, wie sie es später so oft tun würde. Auf diesem Balkon stand alles auf dem Spiel, eine abenteuerliche Zukunft, ein freies Leben, wie es in der traditionellen, chinesischen Familie, mit Müttern und Großmüttern, die ihre Töchter unterjochten und ihre Söhne nicht ins Leben entließen, nie möglich wäre. Die Tante hat später geheiratet, einen Mann aus Taipeh.

Auf jenem Balkon in der Wohnung ihrer Tante hat C. Y., in der unerträglichen Hitze eines weiteren taiwanischen Sommers, einmal beobachtet, wie die Staatssicherheit in einer gegenüberliegenden Wohnung einen Mann verhaftet hat. Nachdem man ihr erklärte, dass die Geräusche von drüben nichts zu bedeuteten hätten, da dort nur »nach Gespenstern« gejagt würde, spielte C. Y. die Szene wochenlang mit einem Bettlaken nach. Die Erwachsenen haben sicher viel gelacht. Was so ein Gedränge in einer Nachbarwohnung bedeuten konnte, hat C. Y. erst Jahre später verstanden.

4

Wer sich einleben will in ostasiatischen Übungstechniken, muss Abstand halten vom »Geschwätz«, von Dauerkommunikation und Immer-auf-Sendung-Sein. Muss sich auf sich selbst zurückwenden, sich auf die in den Gaumen gelegte Zunge konzentrieren; und plötzlich steht eine Welt auf der Kippe, kann eine winzige Regung einen Sturm auslösen. Wer in sich selbst eine Leere herzustellen weiß, der wird *flüssig*; und wer flüssig wird, der steht mitten im Daseinssturm, wird *das von den Dingen Mitgeteilte* zu hören wissen. Die Zeit, die sonst in alle Richtungen ausstiebt, fließt auf einmal in größter Nähe an uns vorbei – als dunkler Strom.

Friedrich Hebbel schreibt in seinem Rom-Tagebuch etwas sentenzhaft: »Wörter sehen sich nicht immer nach Gedanken um, aber Gedanken immer nach Wörtern.«[156] Niemand weiß, warum dem deutschen Schriftsteller im Februar 1845 dieser buddhistisch anmutende Gedanke gekommen ist. Aber genau so ist es wohl: Gedanken erzeugen Unruhe, sie wollen auf jeden Fall versprachlicht werden, doch Wörter können auch einfach nur so dastehen und gar nichts wollen. Wörter sind Zeiteinheiten, meist durch und durch vergangen, längst auskristallisiert (Hebbel spricht von »gefrorenen Quecksilberkügelchen«). Warum soll *ich* mich um die Vergangenheit scheren?! Anstelle Wörter zu ergreifen und nicht mehr loszulassen, wäre es nicht besser, wenn mein Geist einfach Geist wäre und sich jetzt nicht mehr von der Stelle rührte? Keine Silbe würde mehr zwischen ihn und die Gegenwart passen. Das andere wäre *hier* zu suchen, in der größten, der lange verpönten Nähe. In gewissen Tagträumen, in Phasen nervöser Übermüdung oder einfach im Versunkensein. »Wer weiß, redet nicht. / Wer redet, weiß nicht.« (*Daodejing*, Abschnitt 56)

Oder in den Worten Jean-François Billeters:

> Die Übergänge von einer Form der Aktivität in die andere haben etwas Unfassbares, weil das Bewusstsein beim Übergang von der einen in die andere verschwindet und nicht

> Zeuge seines eigenen Verschwindens sein kann. Beim Einschlafen begegnen wir derselben Schwierigkeit: Wir können nicht als Zeugen unserem Hinabgleiten in den Schlaf beiwohnen.[157]

Konfuzius hatte schon immer ein besonderes Gespür für das Schweigen; doch einmal, endlich, gab er dem Wunsch Ausdruck, in Zukunft überhaupt nicht mehr zu sprechen (*Gespräche* 17:19). Seine Schüler reagierten verstört. »Wenn der Meister nicht mehr spricht«, fragte einer, »was sollen wir dann den anderen noch überliefern?!« – Viele Generationen müssen diese Textstelle überlesen haben, doch Wang Bi rückt sie mitten hinein ins Zentrum der chinesischen Zivilisation, indem er sie mit der daoistischen Weisheit des Schweigens verbindet.

George Steiner schreibt irgendwo, dass Dante – im *Paradiso* – zwar eine mystische Totalitätsvision entworfen habe, doch »kommt Pascal dem klassischen Empfinden des Westens näher, wenn er feststellt, daß das Schweigen im kosmischen Raum Entsetzen einflößt. Selbiges Schweigen bedeutet für den Taoisten innere Ruhe und die Nähe Gottes.«[158] Das ist gut gesagt, nur dass Steiner den Brunnen gleich wieder trübt mit der unseligen Rede von einer »Nähe Gottes« – natürlich gibt es im Daoismus keinen solchen Gott. Wer sich für die Bedeutung des Schweigens öffnen kann, bei dem ist Hopfen und Malz noch nicht völlig verloren, der darf noch einen Funken Hoffnung haben, ein gelingendes Leben zu führen, ja zu einem weisen Menschen zu werden, oder so wird zumindest Wang Bi gedacht haben, denn er schreibt über den Wunsch des Konfuzius:

> Der Meister wollte ohne Worte sein. Das heißt wohl: Um es auszuleuchten, richtet der Meister seine Aufmerksamkeit auf das Ursprungshafte; mit seiner Hilfe vermag er es auch, die vielfach ausdifferenzierte Welt in sich zu umschließen. So werden die Dinge in ihrer Geheimnishaftigkeit sichtbar. Denn wer Merksätze aufstellt und Verhaltensregeln [an künftige Generationen] weitergeben möchte, um ihnen auf

> diese Weise Zugang zum Inneren [der Dinge] zu verschaffen, der zündet in Wirklichkeit doch nur Nebelkerzen; und wer Hinweise auslegt und Lehren aufschreibt, um so richtiges von falschem Gedankengut zu trennen, der stiftet letztlich nur Verwirrung. Wer sich auf die Suche nach der Wahrheit begibt, darf nicht nach Kontrolle streben; vielmehr muss er sich ganz dem Ursprungshaften zuwenden und die Worte verwerfen – so wird er [ganz von selbst und] dem Himmel gleich ins Wandlungsgeschehen eintreten.[159]

Meine Übersetzung klingt sicher hölzern. Wahrscheinlich ist es ein unmögliches Unterfangen, Wang Bi in ein schönes Deutsch übersetzen zu wollen. Kein Medium, so sagt es uns der junge Denker ja selbst, ist so trügerisch wie die menschliche Sprache. Denn im Sprechen *über* die Welt erschließt sich uns nicht die Wahrheit über sie, sondern wir verstricken uns nur hoffnungslos im Meinungsgetümmel; und eine Erfahrung des »Ursprungshaften« (also des Nichts) werden wir so nie machen können. »Merksätze« und »Verhaltensregeln« mögen heute behilflich sein; doch morgen sind sie es vielleicht schon nicht mehr. Ja, je mehr wir uns davon zu überzeugen suchen, dass Wörter feste Bedeutungen haben, die uns auch in der Zukunft bereitstehen, desto stärker entfremden wir uns von der lebendigen Gegenwart. Denn mit Wörtern ist es wie mit Hasenfallen und Fischreusen: Wir sollten uns ihrer entledigen, sobald wir »Hase« und »Fisch« gefangen haben.[160] Diese höheren Bedeutungen zu sehen ist nur möglich am Ende eines langen Prozesses der *Kultivierung*, der jedoch paradoxerweise konsequent als *Ent-Bildung* gedacht wird, als Ablehnung jeder Konvention. Wieder roh werden wie ein Stück Holz; so wenig reflexiv sein wie ein Baum; fade werden wie ein leergelassenes Stück Papier. Die Bewegung der Verbesserung muss umgedreht werden: »Wer sich dem Lernen hingibt, gewinnt täglich dazu / Wer sich dem Dao hingibt, verliert täglich.« (*Daodejing*, Abschnitt 48) Im Schweigen soll sich jenes winzige Etwas erschließen, das aus dem Gebrauch von Allgemeinbegriffen notwendigerweise herausfällt, das Geringfügige, auf das kein Wort verweisen kann, weil es uns unmöglich ist, zweimal in denselben Fluss zu steigen, das aber doch wahrgenommen oder erlebt werden kann – so wie wir ja auch zwei Arten von Grün, deren Differenz wir mit Worten nicht zu benennen wissen, wiedererkennen können. In der Vergangenheit haben sich viele Chinesen ein solches Spüren von einmaligen Gegenwarten mithilfe von Pinsel und Tusche regelrecht antrainiert.

Stellt dieses Denken die abendländische Metaphysiktradition vielleicht radikaler infrage als die französische Postmoderne? Oder kippt es notwendigerweise in die Esoterik weg?

5

Der Daoismus ist ein Spiegelstrich-Denken, vagabundierend frei und ohne die Zwangsjacke der Logik: Leben – Tod, richtig – falsch, Ich – Welt. Daoistische Gleichnisse wollen unser Alltagsbewusstsein so erschüttern, dass wir jeden Glauben an die Festigkeit von Selbst und Welt verlieren. Zumindest ein gelinder Schreck soll erzeugt werden; am besten springt unser Denken aber gleich aus dem Geleise und stürzt sich in den Abgrund der Zeitlosigkeit. Zhuangzi träumt, ein Schmetterling zu sein; und ist sich nach dem Erwachen nicht mehr sicher, ob er nicht immer noch in einem Traum eingeschlossen ist.[161] Jeder Versuch der Identitätsbestimmung verdrängt etwas anderes – also definieren wir uns besser nicht, bleiben offen, erhöhen auf diese Weise unsere Ambiguitätstoleranz. Ich bin gestorben in dem Augenblick, als ich den Mutterschoß verlassen habe. Das Leben, in dem ich mich jetzt befinde, kann nur so lange als völlig der Rationalität durchsichtig dargestellt werden, wie ich noch nicht zu ahnen beginne, dass *mein Leben* auch etwas ganz anderes sein könnte: ein Erregungszustand, eine Anhäufung von Körperzellen, ein winziger Abschnitt auf einem unendlich langen Zeitpfeil. Die Oberfläche des Alltags verbirgt unendliche, kosmische Tiefen.

Denken Sie einfach einmal an den berühmten Satz aus dem Buch *Zhuangzi*: »Fische vergessen sich selbst in den Flüssen und Seen;

die Menschen vergessen sich selbst in den Künsten des WEGES.«[162] In diesem Satz steckt alles und nichts: neuer Materialismus, Existenzialismus, kosmischer Vitalismus, Nietzsches Wiederkehr des Gleichen, Tierethik, Prozesstheologie, Donna Haraway, Posthumanismus und Chaostheorie. Und weil eigentlich alles und nichts gesagt wird, können sich sensible Menschen und Übende aus allen Zeitaltern in ihm wiedererkennen; sie spiegeln sich dann im Rausch ihres selbstvergessenen Neugeborenendaseins – zerborsten sind die Gitterstäbe des abendländischen Subjektdenkens – und ein Satz über Fische und Menschen wird in einer einzigen, weitausholenden Kreisbewegung, die das Lesegedächtnis aus der kleinbürgerlichen Lebenskurve hinausführt in Sternenfelder, als heitere Urwahrheit verstanden. Menschentum schaut sich in schönster Jetzigkeit als Fisch an.

Wer den Dämon der Leidenschaft nicht kennengelernt hat, wird dagegen immer ein kalter Fisch bleiben.

Oft beginnt die daoistische Dialektik aber nüchtern, mit geradezu mediterranen Lichtverhältnissen. Etwa im Gleichnis über den Zimmermann Shi, dem im Traum die Schrein-Eiche erscheint. Der Zimmermann hatte auf seinem Weg nach Qi eine Eiche gesehen, die einem Dorf als Schrein diente; und sie war so riesig, dass mehrere tausend Stück Vieh unter ihr Schatten finden konnten. Seine Gesellen fragten den Zimmermann, warum er denn nicht seine Axt ergreife, um aus der Eiche wundervolles Bauholz zu machen. Worauf der Zimmermann antwortete, dass diese Eiche »wertlos« sei. Bald darauf erschien ihm eben diese Schrein-Eiche im Traum und erklärte: »Mit was für Bäumen willst du mich vergleichen?« Die Schrein-Eiche war offensichtlich verärgert über den Zimmermann; sie hatte so ihren Baumstolz, der jedoch kein gewöhnlicher Stolz war. Ihr Leben lang hatte sie sich bemüht, ihre Nutzlosigkeit zu pflegen; nie hätte sie damit gerechnet, dass eines Tages ein schnöder Zimmermann an ihr vorbeilaufen und sie für »wertlos« erklären würde. Im Traum fügte die Schrein-Eiche noch an: »Und außerdem bist du ein Ding ebenso wie ich. Wie in aller Welt könntest du ein anderes Ding bewerten?«[163] Als der Zimmermann erwachte, hatte er etwas über das Leben verstanden, das sich als Leben tarnt, über den Schrein, der sich als Schrein tarnt, und über alles andere auch.

In schönster Jetzigkeit leben hieße, Menschen Menschen sein zu lassen und alle anderen Lebewesen – Lebewesen. Solange wir dieses Ziel noch nicht erreicht haben, lauert der Daoismus irgendwo in der Zukunft auf uns.

6

C. Y. ist in den 1970ern in Taichung aufgewachsen, einer Großstadt in der Republik China, die damals noch von den meisten Ländern auf dem Globus diplomatisch anerkannt wurde. Heute wird die Republik China von keinem bedeutenden Staat mehr diplomatisch anerkannt (es sei denn, man rechnet den Vatikan zu den »bedeutenden Staaten«). All das ist umso erstaunlicher, als es sich bei Taiwan um eine liberale, demokratische und hochentwickelte Gesellschaft handelt – eine Gesellschaft, die die Volksrepublik China lieber heute als morgen »wiedervereinigen« möchte.

In einem Essay, den C. Y. für eine taiwanische Zeitschrift geschrieben hat, beschreibt sie einen Arbeiter in der Papierfabrik ihres Vaters:

> Solange ich mich erinnern kann, hat Lu Daofu 魯道福 in der Altpapierfabrik meiner Familie gearbeitet. Er war sehr schmächtig. Da er den ganzen Tag lang der Sonne ausgesetzt war, hatte seine Haut eine dunkle Färbung angenommen. Und weil er jeden Tag Papier tragen musste, war sein Rücken krumm. Wenn er lachte, leuchteten einige Zähne aus Falschgold in seinem Mund. Die Arbeiter wohnten damals über der Papierfabrik. Im Zimmer von Lu Daofu war eine Hängematte angebracht; ich nehme an, dies war der einzige Raum, in dem er seine Gedanken frei schweifen lassen konnte. Jedoch hatte die dunkle Feuchtigkeit dieses Zimmers, zusammen mit dem Schweiß und dem Haaröl, einen einzigen,

stickigen Geruchsfleck gebildet, der bis heute nicht aus meinen Erinnerungen verschwunden ist.

Als ich klein war, ging ich oft in die Fabrik und suchte nach Schätzen: festgeschnürte Packen von vollständigen *Reader's-Digest*-Jahrgängen, zusammengeheftete Zeitschriften, Romane ... Was uns die Leute eben so verkauft hatten. Ich las dort über den Schah von Persien, der sich ins Exil nach Amerika begeben musste; las über die wunderschönen Kleider der Schauspielerin Lin Ching-hsia; las über eine taiwanische Basketballspielerin, der von der Familie ein Ehemann vorgestellt worden war – weil sie jedoch eine arrangierte Ehe nicht natürlich fand, hatte die Basketballspielerin die Flucht ergriffen, um viele Jahre später dann doch eben diesen Mann zu heiraten. »Erst da habe ich begonnen, an *yuanfen* 緣分 (Schicksal, Karma) zu glauben!«, erklärt sie im Interview. Und erst da habe ich begriffen, was *yuanfen* bedeutet ... Lu Daofu kannte nicht viele Schriftzeichen; aber wenn er zwischen all dem Papier etwas fand, das mir vielleicht gefallen würde, legte er es für mich zurück. Er rief mich in seinem Shandong-Dialekt »Mädel«. Das Wort hörte sich wie ein Stück Nahrung an. Ich erinnere mich: Immer wühlte ich in dem Papier herum, wählte aus, warf fort, was mir nicht zusagte, und steckte ein, was mir gefiel. Ich trug damals eine Zahnspange; wenn ich fortging, sagte ich: »Danke, Lu Daofu!«, und dabei glänzten sich seine Falschgold- und meine Silberzähne gegenseitig an ...

Mein Vater erzählte mir, wie Lu Daofus Geschichte begonnen hatte. Er sei einer der namenlosen Soldaten gewesen, die mein Großvater als Kommandeur mit nach Taiwan gebracht hatte. Mein Großvater war damals erst dreiundzwanzig gewesen. Er hatte seine Jugend in China verbracht, auf dem leeren Land in Shandong. Im Antijapanischen Krieg hatte er sich einer Gruppe von Guerillakämpfern angeschlossen. Später wurde er ins reguläre Heer aufgenommen. Mit vierundzwanzig ernannte man ihn zum Regimentskommandeur. Nach der Niederlage gegen die Kommunisten nahm er meine Großmutter, meinen Vater und seine Soldaten mit auf die Insel Taiwan. Weil er jedoch keinen Abschluss von einer Militärschule besaß, wurde er schon bald wieder ausgemustert. Damals hielten sich viele (der aus China geflohenen) Habenichtse mit dem Aufsammeln von Papier über Wasser. Die meisten waren wie mein Großvater ehemalige Soldaten ohne Pensionsansprüche. Deshalb errichtete mein Großvater eine Fabrik für die Weiterverarbeitung von Altpapier. Seine namenlosen Soldaten stellte er als Arbeiter an, darunter auch Lu Daofu …

Meine Mutter hat mir erzählt, dass Lu Daofu viele Jahre lang von einer Heirat träumte. Doch die einzigen Frauen, die er kannte, waren Freudenmädchen. Eines, das er sehr mochte, geriet später in Schwierigkeiten und musste ins Gefängnis. Dorthin hat ihr Lu Daofu mehrmals pro Woche Reis mit Gänsefleisch gebracht. Als sie ihre Freiheit wiedererlangt hatte, lud Lu Daofu sie zu uns in die Fabrik ein. Meine Großmutter fragte nur: »Meinst du es ehrlich oder hast du vor, ihn übers Ohr zu hauen?« Die Frau lächelte und sagte nichts. Lu Daofu bezahlte jemanden dafür, drei neue Bettdecken zu sticken (zur Vorbereitung der Hochzeit). Doch an dem verabredeten Tag warteten alle umsonst auf diese Frau. Sie ist nicht gekommen.

Lu Daofu ist im Jahr 1983 gestorben, mit nur 57 Jahren. Eines Tages, vielleicht hatte er zu schwer zu tragen, fing er plötzlich an, Blut zu husten. Wenig später ist er zusammengebrochen. Der herbeigerufene Arzt konnte ihn nicht retten. In demselben Jahr entschloss sich C. Y.s Vater dazu, in den Vereinigten Staaten eine Greencard zu beantragen. Der Hauptgrund war seine Angst vor den Kommunisten, die ja jederzeit über die Taiwanstraße übersetzen konnten (er hatte von seinem Vater genug über sie gehört, um zu wissen, dass er in diesem Falle seines Lebens nicht mehr froh werden würde). Im Jahr 1992 ist seinem Antrag endlich stattgegeben worden, und die ganze Familie ist nach Los Angeles umgezogen. Nach ihrem Studium in Iowa hat C. Y. eine Zeit lang für eine Zeitschrift in Kalifornien gearbeitet; doch sie fand das Leben in den Vereinigten Staaten zu anstrengend und entfremdend; deshalb ist sie dann nach Taiwan zurückgegangen. Ihr Vater ist im Sommer 2013 verstorben. Die Beerdigung fand statt im Rose Hills Memorial Park im Westen von Los Angeles. Aus der ganzen Welt sind die Familienangehörigen angereist, um dem Vater von C. Y. die letzte Ehre zu erweisen.

C. Y. hatte übrigens ein sehr schwieriges Verhältnis zu ihrem Vater. Er war ein begnadeter Geschichtenerzähler, hatte viele Freunde und nahm alle nur erdenklichen gesellschaftlichen Verpflichtungen wahr. Als junger Mann studierte er eine Zeit lang Archäologie in Taipeh, doch hat er das bald aufgegeben; er brachte es nicht über sich, sich aus seiner Verantwortung für die Altpapierfabrik zu stehlen. Er nahm sehr gern an Hochzeiten teil, saß mit der Braut zusammen und trank dann auch gern einmal zu viel. Doch zu Hause, in Gesellschaft seiner Ehefrau, seiner drei Töchter und seines Sohnes, war er kühl und wortkarg. C. Y.s Vater muss ein sehr ängstlicher Mensch gewesen sein, immer auf der Flucht, immer unbehütet.

7

In Wang Bis Biografie, die ja nicht besonders lang ist, gibt es zwei große Rätsel: (1) Warum hat dieser junge Mann seine ganze Energie darauf gerichtet, Daoismus und Konfuzianismus miteinander zu verbinden? Oder anders: Warum hat Wang Bi sich einerseits für die pedantischen Mahnsprüche des Konfuzius begeistert, für lebensfremde Ritualistik und autoritäre Familienstrukturen, andererseits aber daoistische Spontaneität und wolkenstürmerischen Mystizismus gefeiert?! (2) Was ist der Grund für die unglaubliche Besessenheit, mit der sich Wang Bi der Erforschung des Nichts verschrieben hat? – Über die Jahre habe ich immer wieder einmal geglaubt, eine Antwort auf eine dieser beiden Fragen gefunden zu haben. Jedes Mal ist es mir passiert, dass ich die Antwort nach einiger Zeit immer weniger plausibel fand. Vielleicht hatte Wang Bi Spaß daran, mich zappeln zu lassen.

Einige Male habe ich gedacht, dass die erste Frage ganz einfach zu beantworten sei: Wang Bi hat aus Gründen, die wesentlich mit seiner unsicheren Stellung am Hof zu tun haben, ein konfuzianisch-daoistisches Selbstbild entwickelt. Menschen sind zwiespältige Wesen, und Wang Bi war so ein zwiespältiger Charakter. Auf der einen Seite zog ihn das spirituelle Ideal des Daoismus an, er wollte sich aus der Umklammerung der Feudalgesellschaft lösen, wollte wie die anderen »Gecken« jenseits aller politischen Rücksichtnahmen ein authentisches Leben führen, in dem er ganz er selbst sein konnte. Auf der anderen Seite benötigte er in seiner inneren Unrast die Verbindlichkeit konfuzianisch gefestigter Hierarchien; er kannte die Gefahren von Bürgerkrieg und politischer Gewalt, das trampelhafte Getue seiner Geckenfreunde nervte oder ärgerte ihn sogar, und so ordnete Wang Bi sich schließlich (aus Feigheit? aus Opportunismus?) ganz asketisch-fromm dem Konfuzianismus unter. Er schrieb zwei Kommentare, einen zum *Daodejing* und einen zu den *Gesprächen* des Konfuzius, und verehrte letzteren als den vollkommenen Menschen.

Ich habe mich deshalb oft gefragt, ob der junge Mann namens Wang Bi im tiefsten Grunde seines Herzens nicht unaufrichtig gewesen ist, als er seine beiden Kommentare schrieb. Heute glaube ich das nicht mehr. Wir moderne Menschen leben unter der Tyrannei der absoluten Transparenz, den endlosen Anforderungen von Authentizitätskultur und Gesinnungsethik. Es gibt keinen Grund für die Annahme, auch Wang Bi habe sich von diesen Werten einschüchtern lassen. Ohnehin sind Bezeichnungen wie »Konfuzianismus« und »Daoismus« rezenten Ursprungs; im antiken China wurden die verschiedenen Schulen und Denkströmungen nicht scharf voneinander abgegrenzt, sondern ihre Unterschiede wurden gern zugunsten übergreifender Diskussionszusammenhänge relativiert. Der historische Konfuzius selbst wird nicht viel gewusst haben von Laozi oder der ihm gewidmeten Schule. Das *Daodejing* enthält dagegen bereits zahlreiche polemische Abgrenzungen von der konfuzianischen Lehre, insbesondere von der Vorstellung, Tugenden wie Menschlichkeit und Gerechtigkeit könnten zu Bestandteilen eines universalen Bildungsprojekts werden, das vom Herrscher initiiert werden würde (etwa Abschnitt 38). Stattdessen träumten die Daoisten von selbstorganisierten, autarken Gemeinschaften, in denen alle natürlichen Wesen in Harmonie miteinander lebten (Abschnitt 80; vgl. 54 und 79).

Dennoch gab es schon früh Versuche, die daoistische Lehre mit konfuzianischen Ideen zu versöhnen (etwa im zwölften Kapitel des *Zhuangzi*); und die den Konfuzianern zugeschriebene Ritualistik hat im religiösen oder volkstümlichen Daoismus ohnehin immer eine zentrale Rolle gespielt. Auch Wang Bis Zeitgenossen werden zwischen beiden Lehren nicht notwendigerweise einen Widerspruch gesehen haben. So hielt Ruan Ji, der geniale Dichter, der betrunken zur Beerdigung seiner Mutter erschien, große Stücke auf Konfuzius (vielleicht ging dies sogar auf seine Bekanntschaft mit Wang Bi zurück).[164] Die weitere chinesische Geistesgeschichte hat Wang Bis Versuch einer Verschmelzung beider Lehren auf jeden Fall tiefgreifend beeinflusst. Wenn heute Konfuzianismus, Daoismus und sogar der Buddhismus von vielen Chinesen als der innerste Glutkern einer chinesischen Identität betrachtet werden und man die zahlreichen Widersprüche im Detail in einer höheren Einheit aufgehoben sieht, dann ist dies auch wesentlich auf Wang Bis Vermittlungsarbeit zurückzuführen.

Wang Bis Leser werden sehr beeindruckt gewesen sein von seiner traumwandlerisch sicheren Exegese des *Buchs der Wandlungen*, bei dem gar nicht leicht zu sagen ist, was hier daoistische und was konfuzianische Weisheit ist. Hexagrammbilder wie *Lü* (Nr. 10, »Das Auftreten«: »Auftreten auf des Tigers Schwanz. Er beißt den Menschen nicht. Gelingen.«) oder auch *Yi* (Nr. 27, »Die Mundwinkel«: »Beharrlichkeit bringt Heil. Sieh auf die Ernährung und womit einer selbst sucht seinen Mund zu füllen.«) enthalten konkrete Handlungsanweisungen und Ratschläge, wie der Mensch sich zum Wandlungsgeschehen stellen soll. Auf jeden Fall ist es oft besser, sich zu mäßigen, bescheiden zu sein und den Widerstand, den man im Leben erfährt, nicht direkt auflösen zu wollen, sondern vielmehr friedfertig und beharrlich seine Verwandlung anzustreben. Wenigstens in einem Punkt stimmen Daoismus und Konfuzianismus darüber hinaus tatsächlich überein: In dem Gedanken nämlich, dass die höchste Form menschlicher Aktivität darin bestehe, einfach etwas zu tun, ohne ein besonderes Ziel damit zu verfolgen oder sich seiner bewusst zu sein. Wenn ich etwa schwimme oder Fahrrad fahre, ist mein Körper gelöst; ich muss auch nicht auf ihn achten oder daran denken, dass ich jetzt schwimme oder Fahrrad fahre; ich bewege mich *natürlich* und »ganz von selbst«. Daoistische Texte haben solche spontanen Aktivitätsmuster weitergedacht; das wohl berühmteste Beispiel ist der Koch Ding, der mit seinem Messer ein Rind so kunstvoll (so »von selbst«) zerlegt, dass er nicht nur seine eigene Person in diesem Tun ganz vergisst, sondern sein Messer auch auf keinerlei Widerstand mehr trifft; er hat die »Gliederung« des Rindes so tief verinnerlicht, dass er seine Bewegungen mit absoluter Leichtigkeit auszuführen vermag und diese sozusagen durch die Ritzen der Dingwelt hindurchgleiten.[165] Der Übende erfährt Augenblicke optimalen Handelns; diese können verlängert werden, bis sich das Subjekt verwandelt hat in reine Anschauung, wunschlos, willenlos, vielleicht sogar zeitlos – und genau deshalb *frei*. Dieses Versprechen der geübten Spontaneität wird oft unter dem Titel des »Ohne-Tuns« *(wuwei)* abgehandelt. Es gilt auf dem Übungsweg subtile Muster spontaner Aktivität zu kultivieren und die Hürden abzubauen, die das reflexive Bewusstsein zwischen mich und die Welt stellt. Denn indem ich noch über meine Wünsche nachdenke, bin ich noch nicht ganz mit ihnen eins geworden, ich stehe noch neben mir, prüfe, kalkuliere und sorge mich um die »Wünschbarkeit« meiner Wünsche, wo es doch darauf ankäme, mich ganz einfach dem Fluss zu überlassen.[166]

Wer wirklich tugendhaft sei, denkt auch Konfuzius, habe die richtigen Verhaltensmuster so tief verinnerlicht, dass er sich überhaupt nicht mehr anstrengen müsse, um »von selbst« tugendhaft zu handeln. Ein Schüler namens Yan Hui, heißt es wiederholt im

Text der *Gespräche*, sei diesem Ideal sehr nahegekommen; er habe es auch in widrigen Lebensumständen vermocht, eine konfuzianische Lebensform zu führen und ihren Tugenden entsprechend zu handeln (5:26, 6:7, 6:11). Das höchste Ziel im Leben eines Konfuzianers ist es, die eigenen Wünsche so nachhaltig *geübt* zu haben, dass es möglich wird, sich ihnen ganz anzuvertrauen und doch immer noch richtig zu handeln (2:4). Der Mensch ist »zu Hause« in der Menschlichkeit und damit »behaglich« (*an* 安; 4:2; vgl. 5:26). Spontaneität bedeutet hier wohlgemerkt nicht die Abwesenheit von Disziplin. Ganz im Gegenteil, der lange Gang durch die Niederungen der Arbeit am eigenen Selbst ist die notwendige Voraussetzung für den Aufstieg zum Gipfel. Die Fähigkeit zur reflexiven Selbstkontrolle darf nicht verloren gehen, sondern muss kurzzeitig aufgehoben werden – und kann bei Bedarf jederzeit wieder aktiviert werden.

Konfuzius wollte diese Vision der geübten Spontaneität in die rituelle Ordnung selbst einschreiben (*Gespräche* 2:1; 15:5). Wang Bi vertieft diesen Gedanken nur. Wenn »die sechs Bande [d. h. die wichtigsten Familienbeziehungen] von selbst einträchtig geworden sind«, schreibt er einmal, »wenn also auch der Staat ganz von selbst in Ordnung gekommen ist, dann weiß man nicht mehr, wo Kindesliebe, väterliche Zuneigung, Ministertreue und Herrschertugend überhaupt zu finden sind.«[167] Anders gesagt, wer noch bewusst tugendhaft handeln will, ist auf dem Übungsweg nicht weit fortgeschritten; nur wer es schafft, sich und seine Familie so zu transformieren, dass die konfuzianischen Tugenden »von selbst« verwirklicht werden, der ist nah an der Vollkommenheit – eine Vollkommenheit, die gerade daran zu erkennen sei, dass diese Tugenden keine »Spuren« mehr hinterließen. Ein solches Handeln würde sich ganz in dem Kräftefeld der jeweiligen Situation verlieren, würde sich den Entwicklungslinien so eng anschmiegen, dass es die Zukunft vorwegnehmen könnte; und eben weil es nicht mehr »abständig« von seiner Umgebung ist (etwa durch ein reflexives Bewusstsein), wird es auch nicht mehr für andere erkenn- oder beschreibbar sein.

Dies ist gewiss ein merkwürdiger Gedanke. Denn warum sollten wir noch von einer Tugend sprechen, wenn die mit ihr verbundenen

Handlungsmuster von keinem Beobachter mehr beschrieben werden können? Doch stellt dieser Gedanke offenbar eine konsequente Fortentwicklung der »Regel der Verkehrung« dar, die Wang Bis Kommentar zum *Daodejing* prägt. Nur wer nichts Bestimmtes beabsichtigt, wird alles besitzen. Wer nichts Bestimmtes zu beherrschen sucht, wird etwas viel Größeres beherrschen (insbesondere Abschnitt 37 und 48). Und da ist auch der Abschnitt 27: »Wer gut zu gehen weiß, bleibt ohne Spuren.« Ich vermute, dass in solchen Sprüchen eine Grundorientierung des Daoismus durchschlägt: Dem Innenraum des Einzelnen wird eine unendliche Bedeutung zugeschrieben. Und damit gilt: Ich ist die Welt, die Welt ist Ich. Wer sich üben will, muss sich auf den Mikrokosmos des eigenen Fühlens und Denkens zurückwenden, der allein den Makrokosmos zu spiegeln vermag.[168] Doch dieser Innenraum soll zugleich so radikal von egozentrischen Wünschen und Absichten entleert werden, dass nichts mehr übrigbleibt, das noch sprachlich erfassbar wäre oder gar zum Gegenstand propositionalen Wissens werden könnte. Das Ichbewusstsein wird weitgehend getilgt – an seine Stelle rückt der Lebensvollzug selbst. Ich vermute, dass für den Daoisten von der Welt nichts anderes übrigbleibt als dieser reine Vollzug.

Es ist insofern nur folgerichtig, dass Wang Bi den weisen Menschen Konfuzius aus der sprachlich erfassbaren, intersubjektiven Erfahrungswelt herausnimmt und sein Wirken direkt mit dem Nichts in Beziehung setzt. Der Weise halte sich nicht an die entgegengesetzten Aspekte der Dinge, an das Gute und das Schlechte, Große und Kleine, Harte und Weiche, sondern wirke jenseits solcher konventioneller Unterscheidungen. Das Volk könne das Wirken der mythischen Herrscher nicht mehr »benennen«, heißt es schon in den *Gesprächen* (8:19); und des Konfuzius' Größe zeige sich darin, dass sein Charakter sich der sprachlichen Fixierung entzieht und er scheinbare Gegensätze in sich zu vereinen weiß: »Der Meister war umgänglich, aber entschieden, Ehrfurcht gebietend, jedoch nicht streng, förmlich und doch entspannt.« (7:38)[169]

Aus heutiger Sicht gibt es natürlich gute Gründe, an Wang Bis konfuzianisch-daoistischer Weltsicht zu zweifeln. Führt sie nicht zum Beispiel leicht zu einer Verabsolutierung politischer Macht und der Mystifizierung einzelner Herrschergestalten, deren Handeln sich an keinem objektiven Standard mehr messen muss? Ein Historiker hat vermutet, dass der junge Denker dem Daoismus eine größere Bedeutung eingeräumt haben könnte, weil er zutiefst enttäuscht war von der unendlichen Heuchelei, die sich hinter der konfuzianischen Ritualwelt verbarg; er habe sich erhofft, dass Familien- und Hofrituale stärker die natürlichen Gefühle der Menschen ausdrücken könnten.[170] Dies mag in der Tat der eigentliche Grund für Wang Bis Interesse am Daoismus sein. Doch vermag auch dieser Philosoph es nicht, die enormen Spannungen zwischen dem Ideal des »Von-selber-so-Sein« und dem konfuzianischen Denken in Hierarchien und sozialen Rollen aufzulösen. Im Abschnitt 38 des *Daodejing* wird das konfuzianische Bildungsprojekt einmal grundsätzlich infrage gestellt: Ein Herrscher der in seinem Land Tugenden wie Menschlichkeit und Gerechtigkeit zu propagieren suche, bewirke notwendigerweise das genaue Gegenteil. Anders gesagt: Eine Ordnung ist zutiefst defizitär, wenn sie darauf setzt, dass die Individuen sich an äußeren Vorgaben und Regeln orientieren müssen, anstelle die Grundlage dieser Ordnung unmittelbar in sich selbst wiederzufinden. Wang Bi scheint sich erhofft zu haben, dass die Individuen die konfuzianischen Hierarchien *aus freien Stücken* und in Übereinstimmung mit ihren tiefsten Wünschen gutheißen würden; und viele spätere Denker sind ihm in dieser Hoffnung gefolgt. Wahrscheinlich hat also in Wang Bis Denken zum ersten Mal eine Geisteshaltung Gestalt angenommen, die in späteren Jahrhunderten China und Ostasien nachhaltig beeinflussen würde. Die Gelehrten, Denker und Dichter haben die Geltung der bestehenden politischen Ordnung anerkannt und sind zugleich doch stets auf Distanz geblieben; wenn nötig, konnten sie sich immer noch in die innere Zitadelle ihrer daoistischen Spiritualität zurückziehen.

Wir Hyperindividualisten des 21. Jahrhunderts überlesen gern die Passagen im *Daodejing*, in denen es um Ordnung und Struktur geht. Wir möchten unsere eigene radikale Individualisierung in der Einsamkeit des *Daodejing* spiegeln; von den Kräften des Kapitals oder den unaufhörlichen Modernisierungswellen ins Abseits gedrängt, möchten wir uns in Zwiesprache mit dem Laozi gleichsam in einer mythisch-ökologischen Nische einrichten und übersehen dann nur zu gern, dass es in diesem Text in der Tat auch um Ordnungsgebung geht. Hans-Georg Möller zufolge liegt der »philosophische Kern« dieses Textes gar »in der Beschwörung der monistischen Ordnungsstruktur, die zugleich eine Herrschafts- und Machtstruktur ist«.[171] Ein gutes Beispiel ist der Abschnitt 54, der verdächtig konfuzianisch klingt, schließlich wird dort die Wirkung einer Tugend beschworen, die in »Haus«, »Dorf«, »Land« und »Welt« sichtbar werden könne. Der Verfasser des *Daodejing* ist auch kein Relativist, denn er verwirft keineswegs sämtliche Unterscheidungen; wenn er den Krieg verdammt und dem Leben Vorrang vor dem Tod gibt (Abschnitte 31 und 46) oder sich gegen Ausbeutung und Unterdrückung wendet (Abschnitte 53, 72 und 75), scheint er vielmehr ein zutiefst *ethisches* Anliegen zu verfolgen. Es wäre in der Tat auch schwer zu sehen, wie die daoistische Lebensform, wenn sie keinerlei Struktur besäße und Tugenden keine »Spuren« hinterließen, überhaupt noch in der von uns bewohnten Welt eine Bedeutung haben könnte. Ethischer Wert muss sich früher oder später in irgendetwas objektivieren, sei es nun in Ritualen, Regeln, Gesetzen oder festen Gewohnheiten.

Der Daoismus wird im Westen oft so wahrgenommen, als wolle er uns beibringen, wie wir in der Gegenwart leben und einfach dem Gang der Dinge folgen können. Das Resonanzdenken, das überall Übereinstimmungen sehen will, überreiche uns »ein Ticket zu einem frischen, unmittelbaren Gefühl vom *flow* der Dinge«, schreiben zwei namhafte Experten für chinesische Philosophie.[172] Irgendwie scheint der Daoismus – ähnlich wie der Buddhismus –

bestens in die Unternehmenskultur von Silicon Valley zu passen, wo smarte Manager ja schon vor Jahren fernöstliche Gelassenheit und das Dao der Verwandlung für sich entdeckt haben und es gern sehen, wenn ihre Angestellten kurz vor der absoluten Erschöpfung schnell einmal in die Meditationsräume verschwinden, um sich wieder mit Energie aufzutanken. Kürzlich brachte der Tesla-Chef Elon Musk die Widersprüchlichkeit dieser Kultur auf den Punkt, als er vor Reportern erklärte: »Bei 420 Dollar erschien mir das Karma besser als bei 419 Dollar.« Gleichzeitig trat Musk aufs Entschiedenste Gerüchten entgegen, denen zufolge er seine Twitter-Nachrichten bekifft in die Welt schicke.[173] In Silicon Valley kommt es anders gesagt bestens an, wenn sich das Individuum als Außenseiter, Rebell und absoluter Nonkonformist feiern lässt und noch das radikal Andere (in Gestalt der asiatischen Kultur) sein Eigen nennt; doch darf es dabei nie aus den Augen verlieren, worum es bei all dem Flexibilisierungs- und Kreativitätswahn letztlich geht: um den Preis der Firmenaktie.

Seit einiger Zeit wird der Daoismus denn auch eifrig für das Selbsthilfe-Genre umgeschrieben. Michael Puetts Buch *Das Wichtigste von allem. Die Geheimnisse der großen chinesischen Denker und wie sie unser Leben bereichern* ist vielleicht das beste Beispiel. Der Autor versucht, die Lehren des Laozi und Zhuangzi so darzustellen, dass sie auch für den durchschnittlichen, amerikanischen Erfolgsmenschen Sinn ergeben. Stellen Sie sich etwa vor, Sie hätten es an Ihrem Arbeitsplatz mit einem hochneurotischen, menschlich schwierigen Vorgesetzten zu tun, der Erwartungen an Sie hat, die Sie unmöglich erfüllen können. Der Daoist würde in dieser Situation, behauptet Puett, den »Gesamtkontext« in den Blick nehmen. Beobachten Sie doch erst einmal, auf welche Ihrer Eigenschaften er besonders aggressiv reagiert und was seine verborgenen Schwächen sind. Versuchen Sie dann, Ihr Verhalten so anzupassen, dass die verhängnisvolle Dynamik, die sich zwischen Ihnen und Ihrem Vorgesetzten herausgebildet hat, nicht mehr entstehen kann. Atmen Sie erst einmal tief durch (»take a deep breath«), machen Sie Ihre Stimme weicher und angenehmer, sodass er sich nicht mehr durch Sie herausgefordert fühlt und eine Atmosphäre entstehen kann, die zur Grundlage für ein neues Verhältnis mit ihm werden kann. Sehen Sie: Eigentlich haben Sie gar nichts getan, Sie haben sich nur den Entwicklungslinien der jeweiligen Situation angeschmiegt – und doch haben Sie »im Sinne Laotses« gehandelt![174] Auf eben diese Weise, führt Puett fort, hätten auch Napoleon, Abraham Lincoln, Rosa Parks und Ronald Reagan daoistische Weisheit gelebt: Sie haben mit »effizienter Führungskraft« so unauffällig gehandelt, dass die Welt keinen Wind davon bekommen und die Wirkung ihrer Handlungen sich »ganz von selbst« eingestellt habe.

Im Grunde ist es tollkühn, wie Puett hier eine jahrtausendealte, höchst subtile, religiös-spirituelle Lehrtradition auf die Aufmerksamkeitsspanne eines durchschnittlichen Gegenwarts-Amerikaners (angeblich nur acht Sekunden lang) herunterbricht. Im Daoismus, behauptet Puett, gehe es nicht um Authentizität (frei nach Nietzsches Motto »Werde, der du bist!«), da es im alten China nie die Vorstellung einer Seele und eines inneren Wesenskerns gegeben habe, um deren Bewahrung oder gar Verwirklichung wir uns bemühen sollten. Die Daoisten hätten nicht sich selbst verwirklichen wollen, sondern im Gegenteil ihre Aufmerksamkeit einfach auf die winzigen Details des Lebens gelenkt, auf die Hindernisse und Stockungen, denen wir jeden Tag begegnen; und sie hätten auf die bricolageartige Arbeit am Selbst vertraut, um diese Hindernisse und Stockungen zu beseitigen. An diesem Bild ist sicher einiges dran. Tatsächlich überfordert das moderne Streben nach Authentizität heute viele Individuen; diese bleiben dann in einer Gesellschaft, die alles auf die Steigerung des Selbst setzt, in einer eigentümlichen Ichschwäche hängen und werden unzufrieden, ängstlich oder narzisstisch. Da es darüber hinaus in vielen Lebensbereichen notwendig ist, den eigenen Identitätsentwurf beständig der sich wandelnden Umgebung anzupassen, und den Individuen kaum noch klar erkennbare Maßstäbe für das eigene Handeln zur Verfügung stehen, scheint die daoistische Lehre vom *letting go* oder *go with the flow* ein positives Gegenmodell bieten zu können. Aber Puett unterschlägt dabei, dass der Daoismus dem

Effizienzstreben der herrschenden, neoliberalen Ideologie aufs Schärfste entgegengesetzt ist. Der Einzelne soll im Daoismus seine Wünsche und Begierden reduzieren, ohne dass ihm dafür mit Gewissheit eine höhere Wirkung zuwachsen würde. Es gibt anders gesagt eine tiefe Spannung zwischen dem Daoismus und den Idealen einer modernen Gesellschaft, die Puett wohlweislich ausblendet. Ein chinesischer Übersetzer des *Daodejing* hat diese einmal so zusammengefasst:

> Wenn ein daoistischer Philosoph unsere Gesellschaft hätte besuchen können, würde er ohne Zweifel in Volksbildung und massenhafter Werbung die beiden Grundübel des modernen Lebens erkannt haben. Erstere lässt die Menschen ihren ursprünglichen Zustand des unschuldigen Nichtwissens verlassen; letztere erzeugt neue Wünsche nach Dingen, die niemand vermisst hätte, wenn sie nicht erfunden worden wären.[175]

Die Schlussfolgerung sollte so einfach wie radikal sein: Der ursprüngliche Daoismus steht, ähnlich wie der Marxismus, in einem Verhältnis der radikalen Dissidenz zum globalen Kapitalismus, zu Machbarkeits- und Optimierungswahn. Ronald Reagan wäre gewiss kein Daoist gewesen, aber auch nicht Rosa Parks, denn der daoistische Individualist will sich seiner Individualität *entledigen* und sie nicht weiter mit Konsumgütern oder autonomen Handlungen bestätigen. So gern wir auch im daoistischen Weisen den liberalen Ironiker wiedererkennen möchten, der um die absolute Kontingenz seiner Lebensform und seines Vokabulars weiß – dem Daoisten ging es um etwas anderes. Er pflegte einen Individualismus »wie der Regen, die Wolken oder die Wellen des Meeres« und strebte nach einer Wahrhaftigkeit, »die keinen Willensakt und daher auch keine Tugend darstellt, sondern aus einer unausweichlichen inneren Konsequenz heraus erwächst. In seinem ganzen Wirken bilden, wie in dem Wirken der Natur, Zufall und Notwendigkeit eine unauflösbare Einheit.«[176]

Wäre Rosa Parks von so einer höheren Einheit von Freiheit und Notwendigkeit überzeugt gewesen, hätte sie wohl auch keinen Anlass gehabt, an jenem denkwürdigen ersten Dezember des Jahres 1955, als der weiße Busfahrer sie zum Aufstehen aufforderte, auf ihrem Platz im Bus Nr. 2857 sitzenzubleiben. Wahrscheinlich wäre sie einfach aufgestanden, da ihr dieser einzelne Sitzplatz im kosmischen Gesamtzusammenhang nicht allzu viel bedeutet hätte.

Es dürfte schließlich auch kein Zufall sein, dass Michael Puett in seinem Lob des Daoismus auf heroische Individuen wie Shakespeare, Picasso oder Steve Jobs verweist, also allesamt Menschen, die im Westen aufgewachsen sind.[177] Die Form der ungebundenen, zerstörerischen, sich selbst genügsamen Kreativität, die der Harvard-Professor hier feiert, dürfte es im vormodernen China nie gegeben haben.

9

Fast immer, wenn ich an die Republik China denke, fällt mir nach einigen Sekunden das Schicksal einer chinesischen Schriftstellerin und eines chinesischen Malers ein. Die Schriftstellerin Eileen Chang wurde im Jahr 1920 in Shanghai geboren und verbrachte viele Jahre in Hongkong, wo sie unter anderem als Übersetzerin für den United States Information Service arbeitete. Viele Leserinnen und Leser schätzen sie bis heute als die bedeutendste moderne Schriftstellerin in chinesischer Sprache. Im Alter lebte Eileen Chang jedoch völlig vereinsamt in einem Mietshaus in Los Angeles. Obwohl sie auch Romane auf Englisch geschrieben hatte, war ihr der internationale Erfolg verwehrt geblieben. In China hatte die kommunistische Partei ihre Werke verboten. Die einzigen Leser, die ihren Namen noch kannten, lebten in Taiwan und Hongkong. Auf einem berühmten Foto hält die greise Eileen Chang eine Tageszeitung in die Höhe – wie ein Entführungsopfer, das man eigentlich schon tot geglaubt hat (die Überschrift verkündet den Tod des nordkoreanischen »Großen Führers« Kim Il-sung).

Gut ein Jahr später, im September 1995, ist die Schriftstellerin in Los Angeles verstorben.

Die Familie des Malers Sanyu besaß eine Seidenmühle in der tiefsten chinesischen Provinz. Der junge Sanyu, geboren im Jahr 1901, erhielt Unterricht in traditioneller Malerei und Kalligrafie und ging für sein Kunststudium nach Frankreich. Dort begeisterte er sich besonders für die Aktmalerei. Mit dem bekannten chinesischen Maler Xu Beihong, der damals an der École Nationale Supérieure des Beaux-Arts studierte, war er freundschaftlich verbunden. Ein Sammler, der auch schon viele Arbeiten von Marcel Duchamp und Georges Braque besaß, kaufte einige von Sanyus Gemälden. Die Verkäufe brachten jedoch nicht genügend Geld ein. Aufgrund der Umbrüche, die sich in der Zwischenzeit in China ereignet hatten, war Sanyus Familie nicht mehr in der Lage, ihm regelmäßig Geld nach Paris zu senden. Einige Jahre darauf ist der Maler deshalb nach New York gereist, weniger um dort seine Gemälde zu verkaufen, als um sein Talent für das Tischtennisspiel finanziell zu verwerten. (Das Foto zeigt ihn in den 1940ern; Sanyu sieht einsam aus.) Nach dem Zweiten Weltkrieg hielt er sich in Paris mit Gelegenheitsjobs über Wasser. Im Jahr 1964 plante ein Museum in der Republik China eine Ausstellung des Malers; zudem bot man ihm eine Professur an einer bekannten Universität in Taipeh an. Zum ersten Mal in all jenen Jahren durfte der chinesische Maler auf ein finanzielles Auskommen hoffen. Hocherfreut sandte er vierzig seiner besten Gemälde nach Taipeh und ließ sich von der Botschaft der Republik China einen Reisepass ausstellen. Doch reiste er kurz darauf unvorsichtigerweise noch einmal nach Ägypten. Da sich die ägyptischen Stellen weigerten, einen Visum-Stempel in den Pass der Republik China zu setzen, holte sich der Maler kurzentschlossen einen weiteren Pass von der Botschaft der Volksrepublik China und hinterlegte dort den Pass der Republik China. Nachdem er sich die Pyramiden angeschaut hatte, wollte er sich in Paris diesen Pass zurückholen; doch die Botschaft der Volksrepublik China weigerte sich, ihn wieder herauszugeben. Damit war es aus mit dem Plan, in die Republik China überzusiedeln. Man hätte auch sagen können, er habe in seiner Weltentrücktheit übersehen, wie ganz und gar sinnlos, und doch entscheidend über Leben und Tod, die Politik seiner Heimat geworden war. Am 12. August 1966 hat man den Maler in seiner Pariser Wohnung leblos aufgefunden. Der Gashahn war geöffnet. Seine Leiche lag auf dem Bett, sorgfältig in einen Anzug gekleidet. Es darf vermutet werden, dass Sanyu freiwillig aus dem Leben geschieden ist. Seine vierzig Gemälde werden heute noch von Zeit zu Zeit in Taipeh ausgestellt.

Die kommunistische Revolution trug von Anfang an den Willen zur Barbarei in sich. Einzelne, in ihrer einsamen Empfindsamkeit, hielten durch, indem sie, wie der Historiker Chen Yinke, klassische Gedichte schrieben oder sich, wie der Schriftsteller Qian Zhongshu, in die subtilen Welten der chinesischen Vergangenheit zurückzogen. Der Philosoph Mou Zongsan erschloss sich mit den flüchtigen Innenwelten des Yogācāra-Buddhismus Kants Moralphilosophie neu. Von solch humanistischer Verzweiflung ist im heutigen China nicht mehr viel zu spüren; die Menschen haben gelernt, erfolgreich zu sein.

10

Oder war der Konfuzianismus vielleicht einfach eine Tarnsprache für kluge Menschen, mit der sie ihr innerstes Selbst, ihren ungezügelten Machtwillen, vor sich selbst und vor der Welt verbergen konnten? Ging es bei den Riten um die Verschleierung einer in ihrer Nacktheit allzu hässlichen Wirklichkeit? Wang Bis Arroganz, denke ich heute fast, hat nur notdürftig seinen eingefleischten Willen zur Macht verborgen. Dieser Wille zeigt sich etwa an seinem im Jahr 248 (kurz vor seinem Tod) geäußerten Wunsch, den Kanzler Cao Shuang für ein Gespräch unter vier Augen zu treffen. Der Kanzler kam dem überraschenderweise nach; als der junge Mann dann aber ausschließlich und in aller Breite über das Dao sprach, muss er seine Entscheidung schnell bereut haben (in der Chronik heißt es, Cao Shuang habe über den weltfremden Philosophen »gespöttelt«).[178] Pragmatismus war Wang Bi weitgehend fremd, nicht aber ein unmäßiger Macht- und Gestaltungswille – und damit ist er vielen Intellektuellen im modernen China überraschend ähnlich.

Ein weiteres Beispiel, das mir in diesem Zusammenhang einfällt, ist ein kauziger Mann namens Yuan Hong (128 bis 184), der sich während der Gewaltorgien der östlichen Han-Dynastie in eine verquere, ja geradezu pathologische Liebe zu seiner Mutter flüchtete:

> Gegen Ende der Regierungsperiode Yanxi [158 bis 166], gerade als die großen Säuberungen am Hof begannen, ließ Yuan Hong sein Haar ungeordnet herabhängen und sonderte sich von der Welt ab. Er hatte nur einen Wunsch: Seine Spuren sollten sich in den tiefsten Wäldern verwischen. Aber da seine Mutter bereits in fortgeschrittenem Alter war, hielt er es nicht für angemessen, sich allzu weit von ihr zu entfernen. Also baute er im Hof des Hauses seiner Mutter aus Lehm eine Kammer, die ohne Tür war, sodass er sich Speisen und Getränke durch ein Fenster hereinreichen lassen musste. Jeden Morgen verbeugte Yuan Hong sich nach Osten, in Richtung seiner Mutter; und sooft seine Mutter ihn vermisste, trat sie an die Kammer und schaute sich ihren Sohn [durch das Fenster] an. Danach verschloss er es sogleich wieder. Weder seine Brüder, noch seine Ehefrau oder seine Kinder bekamen Yuan Hong je wieder zu Gesicht. Als seine Mutter starb, trug er keine Trauerkleidung; auch errichtete

er keinen Gedenkschrein für sie. Niemand wusste, was er über sein Verhalten denken sollte. Einigen erschien Yuan Hong gar vom Wahnsinn geschlagen.[179]

Die wichtigste, konfuzianische Tugend ist die kindliche Pietät, also die unbedingte Liebe zu den Eltern, die sich auch in der bis heute in Ostasien weitverbreiteten Praxis der Ahnenverehrung zeigt (viele Menschen geben bei Umfragen in China oder Taiwan an, dass es ihnen am wichtigsten sei, den Ruhm ihrer Vorfahren zu mehren). Die Forderung, sich um die eigene Mutter zu kümmern, hatte Yuan Hong offensichtlich aufs Tiefste verinnerlicht, ordnete ihr deshalb auch die eigene Sehnsucht nach Ungebundenheit unter. Unter den Augen der Mutter zog sich dieser Yuan Hong in eine Form des Eremitentums zurück, wie sie in der antiken Welt (in Ost und West) ganz selbstverständlich gewesen sein muss. Nur bei uns Modernen nicht. Der Sohn blieb in der mütterlichen Wärme, entwand sich aber dem engstirnigen Ritualwesen und verwirklichte sich so selbst. Das Volk scheint diese höchst eigenwillige Deutung der Traditionsbestände durchaus geschätzt zu haben. Während eines Aufstandes stellte es sich in seinen Schutz. Kein Haar ist ihm gekrümmt worden.

11

Neulich hat C.Y. ihren alten MINI Cooper gegen einen neuen ausgetauscht. Den alten hat eine Kollegin von ihr gekauft, die ihn sich wahrscheinlich gerade so leisten konnte, und C.Y. hat sich ein neues Modell (weiß-grau, viertürig) bestellt. Einige Tage darauf stand der Wagen zur Abholung bereit. Wir haben ein Taxi genommen, das uns zu einem MINI-Showroom brachte. Nach einigen einleitenden Worten hat der Salesmanager, der im letzten Jahr neunzig Wagen verkauft haben will und in diesem Jahr nur noch achtzig zu verkaufen vorhat, damit seine »Lebensqualität« (wie er auf Chinesisch sagt, seine 生活品質) nicht völlig den Bach runtergehe, C.Y. gezeigt, wie man die Türen öffnet, aber nicht an dem nagelneuen, weiß-grauen Wagen draußen, den C. Y. in wenigen Minuten davonfahren würde, sondern an einem roten Wagen mitten im Showroom (es hatte angefangen zu regnen und wir wären auf der Straße nass geworden). Als der Regen wenige Minuten später aufhörte, haben wir uns zu dritt in den weiß-grauen Wagen draußen gesetzt, C. Y. und der Salesmanager auf die Vordersitze und ich auf die Rückbank; und dann hat der taiwanische Salesmanager eine knappe Stunde lang die Bedienung des neuen Wagens erklärt. Zum Beispiel hat er C. Y. sehr genau das Garmin-Navi erklärt; am besten wäre es, hat er gesagt, wenn man die Funktionen von GPS-Kamera und Navigationsgerät auseinanderhalten würde, die Kamera könne hinter dem Spiegel angebracht werden, das Navigationsgerät links an der Scheibe. C. Y. nickt mit dem Kopf und während ich zuhöre, habe ich plötzlich die globalen Vertriebsketten von MINI Cooper im Kopf, die perfekt getaktet sind und nur im Falle eines Krieges (zwischen den USA und Nordkorea? zwischen den USA und China?) aus dem Rhythmus geraten würden, wie ja auch schon ein einziges Erdbeben in Hsinchu City im Norden Taiwans die globale Halbleiterindustrie in eine Krise stürzen würde, so ist es mir von verschiedenen Seiten bestätigt worden; in Zukunft werden Autos (volldigitalisiert) wahrscheinlich nur noch von Chinesen gefertigt. Bei diesem MINI braucht C. Y. ihren Schlüssel nicht mehr aus der Tasche zu ziehen, denn das Auto weiß es sofort, wenn sie sich ihm angenähert hat. Irgendwann verlasse ich den MINI und lasse den Salesmanager und C. Y. allein zurück; ich schlendere in eine Seitengasse hinter dem MINI-Showroom, wo ich eine Frau sehe, die Papiergeld in ein Feuer wirft, das sich in einem Metallbehälter eher mühsam am Leben hält. Es ist sehr heiß, trotz des Regens. Mir fällt ein, dass am heutigen Tag alle Geschäftsinhaber in Taipeh den daoistischen Gottheiten opfern; meist richten sie etwas Obst und einige Speisen auf einem mit rotem Papier abgedeckten Tisch her, vor dem sich die Angestellten mit ihren schwelenden Weihrauchstäbchen verbeugen. In der Ferne, am Ende der Gasse, entdecke ich dann auch die Außenmauer eines berühmten Taipeher Tempels.

Jetzt schlendert ein junger Mann an mir vorbei – mit einer dieser blauen, riesigen Frakta-Tüten von IKEA, in denen man Dinge mit einem Gesamtgewicht von 25 Kilo transportieren kann. Offenbar hat dieser junge Mann keine Angst davor, zum Klischee zu werden – anders als C. Y., die mich einige Minuten darauf fragt, ob ich nicht den weißen MINI-Thermobecher mit dem eleganten, schwarzen Gummideckel haben wolle, der Salesmanager habe ihn ihr geschenkt. Auf dem Becher stehen die Wörter »Inspiring«, »Charismatic« und »Passionate«, dahinter jeweils ein Kästchen mit einem Haken darin, was C. Y. an die Becher bei Starbucks erinnert, nein, so einen wolle *sie* auf keinen Fall. Ich habe ihn dann erst einmal genommen.

Am Abend desselben Tages liest C. Y. einen Roman von Henry Miller. Sie schätzt seine Romane sehr. Nebenbei macht sie sich Gedanken über mögliche Drehbücher, die ihre Firma produzieren könnte. Es gibt einige Drehbücher, die interessant wären, etwa eines über einen Mann, der professionell Beerdigungen fotografiert; als er für einen Auftrag nach Vietnam reist, trifft er dort auf eine Frau, die regelmäßig mit Geistern kommuniziert. C. Y.s Firma hat auch einiges Kapital von chinesischen Investoren bekommen, deshalb ist es wichtig, dass ein Drehbuch auch von den chinesischen Zensoren durchgewinkt würde. Auch wenn es keine offizielle Vorgabe gibt, ist allgemein bekannt, dass Filme über Geister nur dann in China gezeigt werden dürfen, wenn sie *im Ausland* spielen.

Henry Miller hat sehr viel über Asien geschrieben. Hier ist so ein typischer Henry-Miller-Satz mit Asienbezug:

> Der Winterschlaf der Tiere, die Lebenspause bei gewissen niederen Tieren, die wunderbare Zähigkeit der Wanze, die endlos hinter der Tapete wartet, die Entrückung der Yogis, der Starrkrampf des pathologischen Menschen, die Vereinigung des Mystikers mit dem All, die Unsterblichkeit der Zelle, alle diese Dinge lernt der Künstler, um die Welt im geeigneten Augenblick zu wecken.[180]

Ich habe lange angenommen, dass Miller überhaupt nichts von Asien verstanden habe. Heute denke ich, dass in den akuten Erfahrungen, die der Schriftsteller in Brooklyn, Paris, Griechenland und Kalifornien von einem sich stetig beschleunigenden 20. Jahrhundert gemacht hat, einige Stücke Zukunft stecken. Nicht in seiner Großsprecherei, nicht in seinem oft monströs anmutenden Mystizismus – aber in seiner unglaublichen Offenheit für den Welthorizont, für die Unordnung und den transnationalen Zeitdruck.

12

In letzter Zeit habe ich oft das bedrückende Gefühl, dass die Kulturkämpfe der Gegenwart sich in Zukunft nur noch weiter verschärfen werden. In Taipeh fasste kürzlich ein junger Amerikaner aus Florida, dessen Eltern aus den Philippinen in die Vereinigten Staaten ausgewandert waren, seine Verwunderung über den gegenwärtigen Weltzustand mit diesen Worten zusammen: »Früher gab es eine *person of color* in einem Raum voller Weißer, da war die Welt in Ordnung. Jetzt gibt es zwei *persons of color* und die Weißen fangen an, vom *white genocide* zu fabulieren!« Wir scheinen heute tatsächlich in jener »Zeit der Explosionen« zu leben, die Jean-Paul Sartre in seinem berühmten Vorwort zu Frantz Fanons Klassiker *Die Verdammten dieser Erde* beschrieben hat; der französische Philosoph prophezeit darin, wie der »Anstieg der Geburten« und die »Neuankömmlinge« zu einer »Sturmflut der Gewalt« führten:

> [E]ines Tages wird sie in Metz ausbrechen, am nächsten Tag in Bordeaux [...] Jetzt werden wir Schritt für Schritt den Weg gehen, der zum Eingeborenenstatus führt. Aber damit wir vollständig zu Eingeborenen würden, müßte unser Land von den früheren Kolonisierten besetzt werden, und wir müßten vor Hunger krepieren [...] Heute genügt es, daß sich zwei Franzosen treffen, und eine Leiche ist zwischen ihnen. Sagte ich »eine«?[181]

Und so weiter, und so weiter, nur dass dieses lyrisch-brutale Stakkato heute nicht von der Linken zu hören ist, sondern von der Neuen Rechten! Sartre wollte uns zu einer Entscheidung zwingen, wollte, dass wir die alte Frage beantworten: Wo stehst Du, auf der Seite der Knechter oder der Geknechteten? Und mit dieser Frage müsste unser Nachdenken über die Gegenwart wohl beginnen. Aber der Neuen Rechten scheint es heute viel besser zu gelingen, existenzielles Pathos zu entzünden und die oft halluzinatorisch wirkenden Ängste einer alternden, sich bedroht fühlenden Bevölkerung, die Sorgen weißer Männer (und Frauen) um den demografischen Niedergang, um Überfremdung, Unterwanderung und Überwältigung für ihre Zwecke einzusetzen.

Ich habe mich immer *deutsch* geglaubt – trotz all der Jahre in der Fremde. Als ich jedoch im Herbst 2018 Caroline Sommerfelds Ausführungen zum Wort »völkisch« las, habe ich plötzlich begreifen müssen, dass mein diesbezüglicher Glaube auf einem Selbstbetrug beruhen könnte. Caroline Sommerfeld beschwor in ihrem Text die krude Unterscheidung von »Abstammungsdeutschen« und »Paßdeutschen« herauf, faselte etwas von einer »Form geistigen oder auch nur seelischen Deutschseins«, an der Deutsche wie der Cheftrainer des SC Freiburg Christian Streich keinen Anteil mehr hätten, und schrieb dann doch wirklich, solche Menschen wie Christian Streich »sind in einem wesentlichen Sinne keine Deutschen, haben ihre Volkszugehörigkeit verwirkt«.[182] Da stelle ich mir sofort, weil der Mensch natürlich primär an sich selbst denkt, die bedrückende Frage, was Frau Sommerfeld und ihre Gesinnungsgenossen von mir, einem »multikulturellen Globalisten« mit deutschem Pass, halten würden, und was das alles über die Zukunft Deutschlands und der deutschen Kultur aussagt. Und als Sommerfeld, die vor Urzeiten kluge Dinge über Immanuel Kant geschrieben hatte, sich nicht einmal zu schade war für die Behauptung, dass dieses »Fehlen geistiger Identität« notwendigerweise »auf die physische Substanz« des deutschen Volkes zurückwirke, musste ich umgehend an die wunderbare Identitätslosigkeit in Johann Gottfried Herders Reisetagebuch aus dem Jahr 1769 denken:

> Den 23 Mai / 3 Jun. reisete ich aus Riga ab und den 25/5. ging ich in See, um ich weiß nicht wohin? zu gehen. Ein großer Theil unserer Lebensbegebenheiten hängt würklich vom Wurf von Zufällen ab. So kam ich nach Riga, so in mein geistliches Amt und so ward ich deßelben los; so ging ich auf Reisen.[183]

Da schrieb doch wirklich, lange vor Nationalstaatlichkeit und gouvernementalem Rassismus, ein Deutscher, der noch ungeformt war, noch ganz und gar im Unklaren über sich und das große Welttheater – und anders als die freizeitwütigen Deutschen, die heute mit Billigairlines in die Ferne fliegen, wochenweise und wohlbehütet von einem Schwarm vorausgesandter Trendscouts und hochangesetzter Reiseschutzversicherungen, und in ihrem unendlichen Sicherheitsbedürfnis oft genug doch nur die Provinz mit in die Ferne nehmen, besaß Herder die Bereitschaft, in anderen Himmelsstrichen ganz neu anzufangen. Und so ging es mit dem Deutschen im 18. Jahrhundert weiter:

> Alles also war mir zuwider. Muth und Kräfte gnug hatte ich nicht, alle diese Mißsituationen zu zerstören, und mich ganz in eine andre Laufbahn hineinzuschwingen. Ich muste also reisen: und da ich an der Möglichkeit hiezu verzweifelte, so schleunig, übertäubend, und fast abentheuerlich reisen, als ich konnte. So wars.

Wie nonchalant doch dieser Herder'sche Stil klingt, dieser wunderschöne Kurzsatz »So wars«, aber auch das Fragezeichen mittendrin (»wohin?«), der Schrägstrich, der Doppelpunkt sowie die Sprunghaftigkeit der Adjektive (»übertäubend«!). Da ist einer verwirrt, durchlässig, risikobereit, weil ihn noch keine nationale Identität an die Scholle fesselt, und Deutschsein heißt, durch die Welt zu streifen, sich an ihren Wendungen und Überraschungen zu begeistern und mit nie gekannten Gedanken aufzublühen.

Alsbald sehen wir den Philosophen mit einem Holzschiff zur See fahren, da geht es dann hoch her, und der weiße, europäische

Mann wendet sich mit seiner unendlichen Schau- und Beschreibungslust der Dingwelt zu: »Waßer ist eine schwere Luft: Wellen und Ströme sind seine Winde: die Fische seine Bewohner: der Waßergrund ist eine neue Erde! Wer kennet diese? Welcher Kolumb und Galiläi kann sie entdecken?« Und so immer weiter, von seinem dahingleitenden Schiff aus glaubt der junge Mann, die ganze Geschichte der Menschheit erblicken zu können. Woher kommt die Welt, wohin geht sie? »Wo ist der erste Punkt? Eden, oder Arabien? China oder Egypten? Abyßinien, oder Phönicien?« Noch »in den Horden ziehender Heeringe« möchte Herder »die Geschichte wandernder nordische[r] Völker« wiederfinden. Fische, Vögel, Sprachen, Völker, Klimazonen – alles lebt!

Wir Deutschen, hier sei mir das Wort »wir« und das sehr deutsche Pathos einmal gestattet, waren im 18. Jahrhundert einigermaßen gut darin, der Welt angstfrei zu begegnen. Menschen wie Herder, Georg Forster, die berühmten Humboldt-Brüder, selbst der alte Goethe mit seiner Gedichtsammlung *West-östlicher Divan*, oder der größte Romantiker aller Philologen, August Wilhelm Schlegel, der sich in Paris die Buchstaben für den Satz des indischen Devanagari-Alphabets ausgedacht hat, aber auch Carl August Schlegel, der ältere und oft übersehene Schlegel-Bruder, der viel zu jung in Südindien gestorben ist, als Ingenieur im Auftrag des Britischen Weltreichs. Und all die Auswanderer und Umsiedler des 19. Jahrhunderts, die Ingenieure, die Abenteurer, die Reisenden! Haben die Deutschen es vielleicht verlernt, sich in der Weltgesellschaft zu verlieren?

Nur die »Fremdartigkeit in sich selbst« (Hegel) gibt einer Kultur, die noch Geist besitzen will, die Kraft, auch in Zukunft geistvoll zu sein. Natürlich lesen die Neuen Rechten ihren Herder oder ihren Hegel nicht; sie weigern sich, das Fremde zur Kenntnis zu nehmen, und kennen doch nicht einmal ihre eigenen Wurzeln. Wer von ihnen hätte aber auch genug Vertrauen in die eigenen Kräfte, um das Fremde in sich aufzunehmen?!

13

Es ist übrigens gar nicht leicht, den Blick einmal von den Errungenschaften der »westlichen Zivilisation« wegzunehmen. Wer sich länger mit außereuropäischen und sogenannten nichtwestlichen Kulturen beschäftigt hat, wird das Problem kennen: Selbst unter den Spezialisten, die sich ihr Leben lang mit alten Zivilisationen wie den Maya, Japan, China, Indien oder Angkor Wat beschäftigt haben, glauben viele daran, dass Europa und seine Kultur den Höhepunkt der Menschheitsgeschichte darstellen. Gewiss, so mancher wagt es aus Gründen der »politischen Korrekheit« nicht mehr, diese Überzeugung offen auszusprechen; manche sind auch längst, ob beruflich oder privat, viel zu sehr mit diesen anderen Welten verflochten, als dass sie noch einfach so ihren Überlegenheitsgefühlen Ausdruck verleihen könnten. Aber ich kenne genügend Menschen, die mir, hinter vorgehaltener Hand, genau solche Gefühle gebeichtet haben.

Ist das die ganze Wahrheit? Oder sitzen wir vielleicht doch noch den eigenen Vorurteilen auf, »hier auf dem hohen Ross des Nordens« (Andreas Zielcke)? Sonnen uns in unserer moralischen Überlegenheit, die wir uns nur leisten können, weil unsere Vorfahren die Grundlage für unsere ökonomisch-politische Sonderstellung in der Welt gelegt haben? Hängt unser Wohlstand also doch von der vormaligen oder weiterhin stattfindenden Ausbeutung Südamerikas, Afrikas und Asiens ab?[184] Ist es wirklich ein Zufall, dass sich die europäischen Mittelschichten etwa zu der Zeit für eine moderne, liberale Gesellschaftsform zu begeistern begannen, als es Handelsmächten wie den Niederlanden, Großbritannien oder Frankreich gelang, Chinas Entwicklungsvorsprung gegenüber dem frühneuzeitlichen Europa mittels der Integration der Ökonomien der globalen Peripherie in das eigene Wirtschaftssystem zu verringern?

Vielleicht habe ich zu lange außerhalb Europas gelebt, auf jeden Fall glaube ich immer weniger daran, dass kulturvergleichende Urteile große Aussagekraft besitzen. Allzu viel hängt vom Standort des Urteilenden ab. Als junger Mann im Jahr 1925 in Bombay hätte ich wahrscheinlich für die indische Zivilisation geschwärmt; im Jahr 1935, als deutscher Jude, dem in Shanghai Aufenthalt und Schutz gewährt wird, hätte ich gute Gründe gehabt, mich in der chinesischen Kultur und Geschichte wiederzuerkennen; als junge schwarze Frau aus dem Süden der USA, die sich im Jahr 1961 in einen jungen Kommunisten aus Indonesien verliebt, hätte wohl auch ich dem (materialistischen, korrupten, unmoralischen) Westen abgeschworen. Und wer weiß, wie ein junger Mensch im Jahr 2067 die Welt sehen wird? Moderne Institutionen (eine demokratische Ordnung, Gewaltenteilung, Rechtsstaatlichkeit, usw.) machen gewiss einen Unterschied, doch Kulturräume oder Zivilisationen sind vielleicht einfach Phantomgebilde, die wir in Ermangelung besserer Vorstellungen über unsere Zukunft heraufbeschwören. Dass sich jedoch europäische Ideen im 19. und 20. Jahrhundert nicht einfach friedlich über den ganzen Globus verbreitet haben, sondern von Kolonialreichen und aggressiven Handelsunternehmungen, oft mit Gewalt oder unter Androhung von Gewalt, noch in den letzten Winkel getragen worden sind, wird wohl niemand mehr leugnen können. Das ist die Dialektik moderner Freiheit.

Tatsache ist dennoch, dass China erst seit einiger Zeit im öffentlichen Bewusstsein Europas wirklich sichtbar geworden ist. Es scheint manchmal so, als wäre da wider Erwarten ein uralter Kontinent aus dem Meer emporgestiegen; verfallene Grenzwälle sind auf einmal zu sehen, Mauerwerk, eine Pagode im Nebel, unbekannte Flüsse, Städte, Völkerschaften – alles scheint so fremd, als wäre es geradewegs einer Erzählung des SF-Kultautoren H.P. Lovecraft entsprungen. Bis vor kurzem waren die Chinesen wohl einfach zu arm, als dass wir ihnen größere Aufmerksamkeit hätten schenken müssen; doch jetzt, da sie Geld und Einfluss haben, droht es plötzlich eng zu werden auf den Aussichtsplattformen des globalen Kapitalismus. Bald schon werden sich Hunderte Millionen von jungen, dynamischen, lebenshungrigen Chinesinnen und Chinesen die Nasen an den Kaufhäusern von Paris, New York oder Berlin platt drücken. Spätestens dann wird sich aber auch die Frage stellen, wie wichtig chinesische Ideen und Weltbilder im

21. Jahrhundert sein werden. Und umgekehrt: Wie wichtig werden dann noch Ideen und kulturelle Vorbilder aus Europa sein?

Interessanterweise zeigen sich schon heute die ersten Vorläufer von Debatten, mit denen sich Menschen in der Zukunft werden herumschlagen müssen. Nur ein Beispiel: Im Jahr 2010 hat sich Ricardo Duchesne, ein Forscher der kanadischen University of New Brunswick, bitterlich darüber beschwert, dass Ian Morris in seinem Buch *Wer regiert die Welt? Warum Zivilisationen herrschen oder beherrscht werden* dem chinesischen Gelehrten Zhu Xi – »ein Konfuzianischer ›Theoretiker‹ des 12. Jahrhunderts«, wie der Kritiker dunkel formuliert – mehr Platz eingeräumt habe als Machiavelli und Michelangelo.[185] Aus diesen Worten spricht ein Gefühl der Kränkung, eine reflexartige Kritik an einer vorgeblich antiwestlichen, multikulturalistischen und relativistischen Position, die in letzter Zeit immer öfter zu hören ist.

In seiner Antwort gibt Morris die folgende, hochironische Replik:

> Ich bin mir nicht sicher, wie solche Dinge berechnet werden, aber es heißt gewöhnlich über Zhu Xi, dass er der zweitwichtigste Denker in der chinesischen Geschichte gewesen sei, hinter Konfuzius, aber vor Mao. Zhu wird regelmäßig entweder für die Vollendung des konfuzianischen Denkens gepriesen oder dafür verdammt, dass er China zur Stagnation verurteilt habe (oder beides zugleich). Machiavelli war ein großer Mensch, genauso wie Michelangelo, aber mir ist nie zu Ohren gekommen, dass einer von beiden als der zweitwichtigste Denker in der europäischen Geschichte bezeichnet würde.

Wohlgemerkt handelt es sich bei Morris' Buch um den Versuch einer materialistischen Deutung der menschlichen Geschichte; es versteht sich also eigentlich von selbst, dass der Faktor »Kultur«, also jene »ununterbrochene Reihe von ursprünglichen Genies«, die der Kritiker auflistet, keinen allzu großen Stellenwert annehmen kann. Tatsächlich zeigt Morris sehr schön, dass der Westen aufgrund einer Reihe von Faktoren im 19. und 20. Jahrhundert in puncto gesellschaftlicher Entwicklung (technologischer Fortschritt, Urbanisierung, Informationstechniken, Kriegsführung) einen Vorsprung vor China besaß, der jedoch in den letzten Jahrzehnten weitgehend zusammengeschrumpft ist; und er hält es durchaus nicht für unwahrscheinlich, dass der Ferne Osten irgendwann in der Mitte des 21. Jahrhunderts einmal die Nase vorn haben wird. Wenn dies aber eintritt, dann könnte sich auch die kulturelle Dynamik der Globalisierung tiefgreifend verändern – Ideen aus China oder Ostasien könnten dann tatsächlich weltweit Gehör finden. Ein Denker wie Zhu Xi könnte wichtiger erscheinen als Machiavelli, denn Ideenkomplexe reflektieren zweifellos immer auch bestimmte Machtkonstellationen, wenngleich sie natürlich nicht auf diese reduziert werden können. Mit seiner nüchternen Analyse untergräbt Morris direkt das kulturelle Selbstverständnis vieler Europäer und Europäerinnen, die in der Mehrzahl kaum noch etwas über Machiavelli oder Michelangelo wissen, sich jedoch mit diesen Namen verbunden glauben und deshalb aus ihnen kulturelles Selbstbewusstsein schöpfen.

14

Das zweite Rätsel in Wang Bis Biografie ist sein hartnäckiges Interesse am Problem des »Nichts« (*wu* 無). Woher rührt es? Und worin besteht dieses Problem überhaupt? Für moderne Leserinnen und Leser im Westen mag das ostasiatische Problem des »Nichts« eine besondere Herausforderung darstellen, wähnen wir uns hier doch leicht auf der sicheren Seite. Wir fragen nach der Natur dieses »Nichts« oder der Bedeutung des Wortes »Nichts« – und fallen dann doch schnell wieder auf die Sprachen der abendländischen Metaphysiktradition zurück. Wenn wir etwa, wie es oft versucht worden ist, den Daoismus mit Martin Heidegger zu denken suchen, endet unsere Suche schnell bei rätselhaften Behauptungen wie derjenigen, dass »das Nichts des eigentlichen Nihilismus nichts

Unüberwindbares ist, sondern als das Geheimnis die Wahrheit des Seins durchstimmt«.[186] Solche Versuche stellen jedoch oft nur Neuaufgüsse Heidegger'scher Überlegungen dar. Der besondere Beitrag der chinesischen Denker verschwindet hinter ihnen; und die feinverästelten Unterscheidungen der chinesischen Texte kommen gar nicht erst in den Blick.

Was hat Wang Bi selbst über das Nichts gesagt? Wir erinnern uns: Am Beginn von Wang Bis denkerischer Karriere stand jenes berühmte Gespräch im Hause des Pei Hui, in dessen Verlauf er erklärt hatte, *Konfuzius verkörpere das Nichts*. Wang Bi dürfte zu diesem Zeitpunkt das *Daodejing* viele Male gelesen haben und sich deshalb darüber im Klaren sein, dass es diesem Text zufolge unmöglich ist, das eigentliche Ziel des Übungsweges sprachlich angemessen zu artikulieren. Jede vergegenständlichende Sicht auf das Nichts ist falsch, weil sie die Illusion nähren würde, dieses Nichts könne zum direkten Gegenstand eines Wollens werden. Genau besehen führt auch das deutsche Verb »verkörpern« leicht in die Irre, suggeriert es doch ebenfalls, dass es da etwas gäbe, das wir erfassen könnten. Genau das ist jedoch nicht der Fall. Im Altchinesischen steht da das Schriftzeichen *ti* 體, das hier verbal funktioniert; in anderen Zusammenhängen wird es aber auch gern substantivisch verwendet (mit den Bedeutungen »Körper«, »Gliederung« oder »Struktur«). Vielleicht, denke ich jetzt, wäre der Übersetzungsterminus »wohnen« sogar besser, da er den ungegenständlichen Charakter dieser Erfahrung am Ende des Übungsweges unterstreicht: *Konfuzius wohnt im Nichts*. Der Satz »Ich wohne in X«, kann ja so verstanden werden, als befände ich mich an einem Ort (wie »Ich wohne in Heidelberg«); er kann aber auch heißen, dass ich mich in einer besonderen Stimmung oder einem besonderen Geisteszustand befinde (wie in Hölderlins Versen »Von nun an / Zu wohnen in liebender Nacht...«). Offenbar entzieht sich dieses daoistische Nichts der Alltagssprache, insbesondere der einfachen Wahr-Falsch-Logik von Aussagesätzen, an denen Menschen sich so gern festhalten. Wir sind vielmehr angehalten, uns im unwillkürlichen, absichtslosen, unbewussten Lebensprozess auf das Nichts auszurichten, so wie man sich auf eine Stimmung ausrichten kann, die sich einem nur vage erschließt, die aber dennoch nicht weniger real ist.

Eine wichtige Ergänzung: Aus einer historischen Perspektive spricht viel dafür, dass Wang Bi das Problem des Nichts mit großer Kühnheit ins Zentrum der chinesischen Philosophie gerückt hat, weil er in seinem kurzen Leben unter den Einfluss des Buddhismus geraten ist. Dies ist natürlich erst einmal nur eine Behauptung; doch lässt sie sich mithilfe einiger Indizien erhärten. Ein chinesischer Wissenschaftler hat etwa herausgefunden, dass Wang Bis Mentor He Yan mindestens einmal aus der chinesischen Übersetzung eines indischen Sutras zitiert hat: Das Dao sei »reine Leere« (*wu suo you* 無所有), heißt es in seinem berühmten Essay »Über die Namenlosigkeit« (eine bis dato in der chinesischen Geistesgeschichte unbekannte Formulierung).[187] Wenn aber bereits He Yan buddhistische Sutren gekannt hat, spricht eigentlich alles dafür, dass auch sein klügster Schüler sie gekannt hat. Natürlich sind die großartigen Prajñāpāramitā-Sutren, die für den Mahāyāna-Buddhismus zentral sind, erst um einiges später – im vierten Jahrhundert n. Chr. – nach China gekommen; trotzdem dürfte es auch zu Wang Bis Zeit bekannt gewesen sein, dass der Buddhismus ein Denken der Abwesenheit und der Leere ist, das die Geltung alltäglicher Behauptungen wie »Hier ist ein Tisch« oder »Ich habe Geld in meiner Tasche« in Zweifel zieht. – Aus ostasiatischer Sicht bedeutet eine solche historische Einordnung aber nicht unbedingt viel. Denn je mehr wir auf vergangene Kausalbeziehungen starren, desto größer wird ja auch das Risiko, dass wir den Wald vor lauter Bäumen nicht mehr sehen. Die Sprache des *Daodejing* entzieht sich wie keine andere dem theoretisch-wissenschaftlichen Zugriff. Es könnte sogar sein, dass sich die daoistischen Wahrheitsansprüche im Lichte historischer Analysen oder im hermeneutischen Spiel der Interpretationen unwiederbringlich verflüchtigen.[188]

Wie auch immer: Ich bin überzeugt, dass Wang Bi, obwohl er bestimmt kein überzeugter Buddhist gewesen ist, *wie elektrisiert* auf die fremde, indische Gedankenwelt reagiert haben muss.

Ich habe vor knapp 250 Seiten schon einmal den ersten Abschnitt des *Daodejing* zitiert (als Talisman für die weitere Lektüre dieses Buches). Ich hoffe, dass ich Sie jetzt nicht verwirre, aber ich bringe hier einfach einmal eine alternative Übersetzung:

Ein Nichts, das sprachlich als »Nichts« bestimmt werden
kann, ist schon nicht mehr das beständige Nichts;
und ein Name, der als »Name« verliehen werden kann, ist schon
nicht mehr ein beständiger Name
[also ein Name für das Nichts].

[Das Nichts] lässt die zehntausend Dinge mit seiner
Gestalt- und Namenlosigkeit in Erscheinung treten und führt
sie dann, mütterlich und schon im Besitz einer Gestalt
und mit einem Namen, ihrer Vollendung entgegen
[ohne dass diese davon ein Wissen hätten.]

Deshalb
sei immer ohne Wünsche [und leer], damit du die
Geheimnishaftigkeit erschauen kannst, mit der [die Dinge]
in Erscheinung treten;
und habe immer Wünsche, damit Du [der Dinge] Endzustände
sehen kannst!

Diese beiden, [Beginn und Vollendung,] entspringen einer
einzigen Quelle und sind doch anders benannt. Die gemeinsame
[Quelle] nenne [ich] vorläufig ›das Verborgene‹, [denn sie mit
einem Namen zu versehen ist gar nicht möglich].
Verborgen ist das Verborgene
und aller Geheimnisse Pforte.[189]

So etwa lautet der erste Abschnitt des *Daodejing*, wenn wir ihn mit Wang Bis Kommentar lesen. Er schlüsselt diesen alten Text so gründlich auf, dass er nicht mehr eine Schlangengrube für Esoteriker ist, sondern einem philosophischen Traktat ähnlich wird.

Schon der erste Absatz führt eine daoistische Grundidee ein. Wang Bi hatte das daoistische Dao ja mit dem Nichts gleichgesetzt; das Dao, das schon früher als der Fluss der Dinge, der *reine Vollzug* oder die *Geschehenshaftigkeit* des Geschehens gedeutet worden ist, wird auf diese Weise noch weiter von jeder Substanzialität befreit. Auch im frühen, stärker religiös geprägten Daoismus ging es darum, die Begierden abzubauen und das Selbst in einen Zustand der Formlosigkeit zu überführen; doch erst bei Wang Bi wird diese Logik der Negativität auf die Spitze getrieben. Das Nichts ist jetzt die Abwesenheit selbst – zugleich aber auch die Gesamtheit der Erscheinungen und ihr Quellgrund; es ist in den Erscheinungen (die Wiederkehr, die Mutter, die Weichheit, usw.) unmittelbar vorhanden und beschreibt nicht zuletzt auch die richtige Weise, mit der Welt umzugehen.[190] Dass eine solche Vielzahl von Aspekten nicht unter einen Begriff zu fassen ist, versteht sich von selbst. Genauso wenig kann das Nichts in Raum oder Zeit lokalisiert oder benannt werden. Jeder Versuch einer Thematisierung des Nichts führt in die falsche Richtung; der Wunsch, das Nichts *als Nichts* zu identifizieren, ist Ausdruck eines falschen Strebens nach rationaler Durchdringung und Beherrschung. Indem der Verfasser uns dies in sprachlicher Form mitteilt, verstrickt er sich natürlich in einen performativen Widerspruch. Er muss das gewusst haben – wie die Legende will, musste er ja erst von dem berühmten Grenzwächter zum Aufschreiben seiner Lehre gezwungen werden. »Laozi« wollte gar keine Lehre hinterlassen.

Im zweiten Absatz über das Wirken des Nichts zeigt sich das daoistische Weltverhältnis noch deutlicher. Die gegenständliche Welt existiert nur deshalb, so müssen wir diese Verse wohl verstehen, weil sie ganz und gar durchdrungen ist vom Nichts; dieses lässt sie »in Erscheinung treten« und »führt« sie dann »ihrer Vollendung entgegen«. Was das heißt? Ich versuche einmal eine Erklärung: Im antiken China ist das *Daodejing* oft so gedeutet worden, als würde darin eine umfassende Geschichte über die Entstehung des Kosmos erzählt. Zu Beginn aller Zeiten gab es nur eine Ursuppe, aus der irgendwann nicht nur Yin und Yang, sondern auch der uns bekannte Kosmos mit den »zehntausend Dingen« hervorgegangen ist (vgl. auch die Abschnitte 25, 40 und 42 des *Daodejing*).[191] Doch Wang Bi wendet sich gegen die kosmologische Lesart. Denn wenn das Dao nichts anderes als *Nichts* ist, dann kann es auch nicht als absolute Erstursache auftreten. Wir sollen das Nichts nicht mehr am Urbeginn der Welt suchen, sondern *in unserem Leben*, unmittelbar hier und jetzt. Wörter wie »das letzte Geheimnis«, das »Ursprungs-« oder »Wurzelhafte« dürfen auch nicht so verstanden werden, als würden sie auf eine höhere Seinsebene verweisen. Das Nichts ist der Welt in ihrer Mannigfaltigkeit nicht »vorgelagert«, sondern befindet sich mitten in ihr – und ist damit auch nicht von ihr zu lösen; es wird anders gesagt Bestandteil eines neuen Wechselverhältnisses, das Wang Bi in seinem Kommentar zum Abschnitt 38 mit den Worten *ti* 體 (»Wesen«) und *yong* 用 (»Wirkung«) zu erfassen sucht. Alle Dinge sind in ihrer Bestimmtheit und Bestimmbarkeit einseitig, während das Nichts unbestimmt und unbestimmbar ist (»Gestalt- und Namenlosigkeit«). Es repräsentiert sozusagen die Einheit der Widersprüche, den Gesamtzusammenhang meines Handelns, ja die ursprüngliche Zusammengehörigkeit von Leben und Tod (das ist es wohl, was im letzten Vers des ersten Abschnittes als »aller Geheimnisse Pforte« bezeichnet wird).

Obgleich Wang Bi in seinem Kommentar gelegentlich die Verben »beginnen« (*shi* 始) und »gebären« beziehungsweise »erschaffen« (*sheng* 生) verwendet, darf dieses In-Erscheinung-Bringen nicht im Sinne eines kausalen Geschehens verstanden werden. So wie es unmöglich ist, eine Kausalverbindung zwischen dem Nichts und den »zehntausend Dingen« zu rekonstruieren, so gibt es auch keine solche zwischen der Tatsache, dass ich eine neue Haltung übe, und der Welt. Ich nehme mich einfach zurück; und so tritt etwas in Erscheinung, was mir bislang verborgen war. Fragen wie »Seit wann besteht das Universum?« oder »Was war die Ursache für Napoleons Niederlage in der Schlacht von Waterloo?« würden mich nur verwirren; es kann keine Antwort auf die Frage nach dem kosmischen Ursprung geben, denn dieser liegt eigentlich »im Verborgenen« (ich habe das Schriftzeichen *xuan* 玄 bislang als »dunkel« übersetzt, finde »verborgen« jetzt aber besser).[192] Je mehr ich mich aber auf solche Fragen versteife, desto mehr trete ich aus dem Lebensprozess heraus, da mein Wunsch nach Wissen bereits verdinglichend auf die phänomenale Welt wirkt (denselben Fehler würde ich wohl auch begehen, wenn ich lauthals erklärte, dass die Ursache für die Erwärmung meiner Hand heute Nachmittag die Lichtstrahlen sind, die von der Sonne abgestrahlt werden). Ich soll vielmehr ganz und gar *leer* sein.

Der letzte Satz des Abschnittes 40 wird häufig so übersetzt:

Die Fülle geht hervor aus dem Nichts.

Damit der Leser nicht gleich wieder an Ursache-Wirkungsprozesse denkt, wäre es wohl besser, diesen Satz wie folgt zu übersetzen:

[Meine Versenkung] in die Fülle verdankt sich
[meiner Versenkung] in das Nichts.

Was will uns dieser erste Abschnitt aber mitteilen, wenn das eigentliche Thema, das Nichts, sich so radikal der Sprache entzieht? Es wäre ein Missverständnis, im *Daodejing* nach einer allgemeinen Behauptung zu suchen; die wird man nicht finden, und Wang Bi würde hinzufügen, dass es gar nicht sinnvoll ist, eine allgemeine Behauptung über das Nichts formulieren zu wollen (dafür misstraut er der Sprache viel zu sehr). Dennoch sollte dieser Abschnitt bestimmte Hinweise enthalten, andernfalls wüssten wir ja gar nicht, *wo* wir den Übungsweg beschreiten sollten. Lesen Sie noch einmal den dritten Absatz, in dem der Verfasser des *Daodejing* Sie direkt anspricht. Es geht offenbar darum, Egozentrizität abzubauen (»sei immer ohne Wünsche [und leer]«). Der Mensch soll weniger wollen, und ein Mittel dazu ist es, die jeweilige Lebenssituation in den größeren Zusammenhang zu rücken, den Wang Bi unter das Wort »Nichts« fasst. Die Daoistin zeichnet sich offenbar dadurch aus, dass sie das eigene Leben (»Beginn und Vollendung«)

als Ganzes zu visualisieren vermag; wenn es aufwärts geht, wird sie sich nicht zu sehr darüber freuen, da es bald schon wieder abwärts gehen wird – die menschliche Existenz ist wie eine »Kurve«, und wir sollten »im Bewußtsein der Einheit der Kurve leben«, wie der Philosoph Ernst Tugendhat in seiner Darstellung des fernöstlichen Denkens schreibt.[193] Das heißt nicht, dass alle Wünsche falsch sind; aber der weise Mensch sollte sich von jenen Wünschen befreien, die nicht der Befriedigung elementarer Bedürfnisse dienen, sondern weit darüber hinausgehen; allzu leicht reißen solche Wünsche ihn aus der Balance und verstricken ihn in eine Dynamik des unaufhörlichen Mehr-Haben-Wollens.

Warum aber lässt mich der anzustrebende Abbau von Egozentrizität »die »Geheimnishaftigkeit« erschauen, mit der [die Dinge] in Erscheinung treten«? Die Daoistin würde wohl antworten, dass ich das »Von-selber-so-Sein« der Welt erschauen soll, also die ursprüngliche Offenheit der Welt als ganzer. Anders als in der europäischen Philosophie, wo mit der aristotelischen Substanzontologie sehr früh die theoretische Grundlage bereitstand, das Fortdauern der Dinge durch die Zeit mithilfe eines unveränderlichen Wesenskerns zu erklären, gab es eine solche Vorstellung in China nicht. Man ging auch nicht davon aus, dass es unabhängig von den Bezeichnungen für konkrete Einzeldinge (»das Haus, das ich von meinem Fenster aus sehe«) einen allgemeinen Begriff gebe (»das Haus an sich«). Die chinesischen Denker blieben vielmehr »an der Oberfläche« und führten die Identität der einzelnen Dinge geradewegs zurück auf ihre jeweilige Gestalt.[194] Wenn ich meine Aufmerksamkeit nun zu sehr auf diese Einzeldinge richte, nahmen viele Denker an, würde ich mich von ihnen »verdinglichen« lassen. So bringt etwa die Tatsache, dass ich vor einem Baum stehe, es mit sich, dass ich seinen Schatten sehe und die Härte seines Stammes spüre. Durch diese sinnlichen Wahrnehmungen werde ich auf den Nutzen des Baumes *für mich* aufmerksam und richte deshalb wahrscheinlich auch mein Verhalten entsprechend aus (indem ich mich in seinen Schatten stelle oder ihn gar abholzen lasse). Genau das schadet aber oft dem Lebensprozess. Eine Daoistin würde den Baum deshalb einfach in Erscheinung treten lassen; sie würde ihre eigene Lebensform, die »ohne Wünsche« ist, sich in der Lebensform des Baumes spiegeln lassen; und würde so endlich auch »die Geheimnishaftigkeit erschauen, mit der [die Dinge] in Erscheinung treten«.

Es klingt kontraintuitiv, wenn das *Daodejing* im nächsten Satz behauptet, dass wir »immer Wünsche« haben sollen, um »[der Dinge] Endzustände sehen« zu können. In seinem Kommentar unterstreicht Wang Bi, dass hier nur von solchen »Wünschen« die Rede ist, die im Nichts »gegründet sind«. Nur solche »Wünsche« seien »förderlich«.[195] Offenbar geht es darum, ein Missverständnis zu vermeiden: Natürlich sind viele »Wünsche« falsch und schränken uns sogar in unserer Freiheit ein, weil sie uns zwingen, langfristig zu planen, komplexe Kalkulationen anzustellen und auf diese Weise der Welt unsere Subjektivität aufzuzwingen; solche »Wünsche« lassen uns überhaupt nichts sehen. Doch die »Wünsche«, die so ungeformt sind, so elementar, dass sie ganz natürlich und ohne reflexives Bewusstsein in mir auftreten, stehen nicht mehr für die »Gewalt« der Vernunft; sie sind ja ganz eingeschmiegt in die Welt. Diese »Wünsche«, wenn sie mich motivieren, etwas in der Welt und in Harmonie mit der Welt zu tun, lassen mich deshalb auch »[der Dinge] Endzustände sehen«. Bei dem »Endzustand« denken wir schnell wieder an einen objektiven Zweck oder ein im Voraus festgesetztes Ziel; das ist hier nicht gemeint, sondern es geht ausschließlich um den natürlichen Lauf der Dinge. Die Dinge soll man so gehen lassen, wie sie eben ihren Gang gehen. Unabhängig von menschlichem Wollen.

Der Daoismus wird manchmal in dem Sinne gedeutet, als fordere er uns nur auf, unser Selbstverständnis und Selbstverhältnis zu verändern. So hat Ernst Tugendhat behauptet, dass der Daoismus nicht mit jenen »ontologischen Strukturen« einhergehe, wie sie handlungstheoretische Überlegungen in der europäischen Philosophie kaum vermeiden können; der Reiz daoistischer Texte liege gerade in der Unmittelbarkeit, mit der sie zu uns sprechen.[196] Doch ist das wohl nur die halbe Wahrheit. Wer Wang Bis Kommentar zum *Daodejing* genauer liest, muss bald begreifen, dass eine rein lebenspraktische Deutung den Kern des Daoismus verfehlen wird. Es ist ja kein Zufall, dass Wang Bi von chinesischen Forschern oft für seine tiefen, »metaphysischen« Einsichten gepriesen wird.[197] Wang Bi will bei den Lesern des *Daodejing* eine Art »ontologischen Schwindel« erzeugen, der ihr alltägliches Weltverhältnis umstürzen und eine ganz andere Sichtweise auf Selbst und Welt plausibilisieren soll. Die Welt ist nichts, das mir gegenübersteht; es ist auch überhaupt nicht sinnvoll, eine Grenze zwischen mir und der Welt zu ziehen, da dies ja immer noch von einem egozentrischen Wunsch nach Individualität zeugen würde. Echte Weisheit würde vielmehr darin bestehen, sich gar nicht mehr als ein Subjekt zu setzen. Nur, wer auf diese Art weise werden will, muss eine ganze Reihe von Vorannahmen über die Alltagswelt über Bord werfen. Der Daoismus kann sich spätestens dann als sehr fordernd herausstellen.

In seinem Kommentar zu Abschnitt 42 spielt Wang Bi auf eine wichtige Passage im *Zhuangzi* an, der zufolge »Himmel und Erde mit mir gemeinsam geboren werden und die Myriaden Dinge sind eins mit mir. Da alle Dinge eins sind, wie gäbe es da etwas, worüber man sprechen kann?«[198] Man kann aus dieser Passage eine Position des metaphysischen Solipsismus herauslesen, der zufolge nur *ich* existiere, sonst nichts; oder aber einen metaphorischen Monismus, der gar nicht mehr zwischen Welt und Ich unterscheidet. Was ist also gemeint? Ich denke, dass diese Frage letztlich müßig ist, da wir Wang Bi nicht die Absicht unterstellen sollten, unsere Fragen über die objektive Natur von Selbst oder Welt zu beantworten. Stattdessen will dieser chinesische Denker bestimmte Perspektiven beschreiben, die der Einzelne sich auf dem Übungsweg erarbeiten kann. Die daoistische Redeweise soll Erfahrungen eröffnen und eine Art Gestaltwandel bewirken, bei der die gegebene Welt ganz neu gesehen werden kann. Deshalb gilt von dem daoistischen Sich-ins-Nichts-Einüben:

> Die Realität der Erfahrung zeigt sich nicht am Resultat wissenschaftlicher Untersuchungen (weder ein Radioteleskop

> noch ein Lügendetektor oder die bildgebenden Verfahren der heutigen Hirnforschung kommen als Untersuchungsinstrumente in Frage), sondern daran, wie die betroffene Person ihr Leben führt.[199]

So sind wohl alle Sätze über das Nichts, die wir im *Daodejing* finden, Beispiele eines mystischen Sprechens, das nicht auf das bloße Verständnis zielt, sondern uns in eine andere Haltung zwingen will.

15

Es ist schon einige Jahre her, aber ich erinnere mich noch genau daran. Natürlich hatte ich nicht damit gerechnet, dass ich wieder auf so ein abgedroschenes Zitat stoßen würde. Es muss mir beim planlosen Durchblättern eines Werbeflyers oder eines Ausstellungskatalogs untergekommen sein, es handelt sich um dieses berühmte Zitat, das Sie natürlich längst kennen:

> Vor dreißig Jahren, als ich noch nicht mit der Meditation begonnen hatte, sah ich, dass die Berge Berge und die Gewässer Gewässer waren. Nachdem ich mit der Meditation begonnen und etwas Einsicht gewonnen hatte, sah ich, dass die Berge keine Berge waren und die Gewässer keine Gewässer. Jetzt aber, da ich an einen Ort frei von egozentrischen Wünschen gelangt bin, sehe ich, dass die Berge eben nur Berge und die Gewässer eben nur Gewässer sind.[200]

Nur, warum hätte ich dieses Zitat ernst nehmen sollen? Es lauerte da draußen so viel, gierte nach meiner Aufmerksamkeit (Schostakowitschs Streichquartette, Salman Rushdie, Lena Meyer-Landrut). Warum also hätte ich mich in diesen eher belanglosen Sätzen wiedererkennen sollen? Ich muss sie an jenem Tag zwei- oder dreimal langsam durchgelesen haben. Dabei war ich mir durchaus bewusst, dass diese Sätze mir nicht fremd waren; sie waren mir vielleicht sogar nah, berührten mich beinahe. Dann habe ich den Werbeflyer, der vielleicht auch ein Ausstellungskatalog war, doch schnell wieder zur Seite gelegt.

Die Berge, die ich vor meinem Fenster sah, waren immer noch Berge und die Gewässer immer noch Gewässer (im ersten Sinne); und ich hatte immer noch nicht zu meditieren begonnen.

16

Eins steht fest: Wang Bi hat dem Buddhismus in China den Boden bereitet. Mit seiner genialen Neudeutung des *Daodejing* hat er dafür gesorgt, dass das Dao alsbald »vollständig aus dem Daoismus hinauskatapultiert« werden und an seine Stelle das Nichts rücken würde.[201] Und wer es vermag, sich in das Nichts *hineinzuüben*, wer sich verhält wie »der unbearbeitete Block« (Abschnitt 28), der wird allerorten und in allen Dingen wohnen. Daoisten widmen sich ihren inneren Zuständen, die jedoch längst nicht nur innerlich sind, sondern direkten Zugang gewähren sollen zur Welt. Das Vokabular der mystischen Innerlichkeit, das Wang Bi entwickelt hat, würde unerlässlich sein, um die subtilen Analysen, die indische Buddhisten in langen Traktaten der Meditationserfahrung widmeten, ins Chinesische zu übersetzen.

Nun wird, anders als im Buddhismus, in daoistischen Texten die Realität der Welt nicht geleugnet. Im frühen Daoismus ist das Dao eine schöpferische Urkraft, der die zehntausend Dinge ihre Existenzform verdanken. Wang Bi überschreibt es jedoch mit dem Wort »Nichts« und setzt auf diese Weise den Kosmos gewissermaßen in Klammern. Das Dao ist gar nicht mehr notwendig für die Entstehung der »zehntausend Dinge«; diese entstehen aus sich selbst heraus. Die weitergehende Frage, ob die Welt überhaupt wirklich ist, scheint er dagegen nie direkt thematisiert zu haben. Streng genommen setzt sich ein so Fragender auch dem Verdacht aus, den Daoismus nicht verstanden zu haben und in einem verdinglichenden Verhältnis zur Wirklichkeit zu stehen. Wer den daoistischen Übungsweg beschritten hat, wird sich von solchen Fragen fernhalten, denke ich, denn wir sollen ja gerade lernen, uns dem Lebensvollzug so eng wie möglich anzuschmiegen und keine unnötigen Unterscheidungen oder gar Dualismen zu erzeugen.

Dennoch gibt es bei Wang Bi zweifellos die Tendenz, den Kosmos dem »Nichthaften«, dem »Nichtseyn« (Heidegger) zu überantworten. »Wer die Fülle vervollständigen möchte«, schreibt er in einer vielzitierten Textpassage, »muss [die zehntausend Dinge] wieder dem Nichts übereignen«.[202] Nur scheint die buddhistische Lehre noch einen Schritt weiter zu gehen, wenn sie nicht mehr das Nichts umkreist, sondern die *Leere* (*kong* 空). Und vielleicht wird der Buddhismus genau aus diesem Grund im Westen viel stärker als eine Bedrohung empfunden.

Ironischerweise ist der ostasiatische Buddhismus aufgrund der neusten kulturellen, ideologischen und ökonomischen Entwicklungen des Spätkapitalismus näher an uns herangerückt. Wenn es, wie die Neurowissenschaftler behaupten, im Gehirn keine übergeordnete Instanz und keinen festen Wesenskern namens »Ich« gibt, sondern unsere Entscheidungen aus den Wechselwirkungen unterschiedlicher Prozesse »emergieren«, dann erscheint die alte buddhistische Lehre von dem »Nicht-Ich« *(anātman)* in einem neuen Licht. Und genauso führt die vom digitalen Kapitalismus unbarmherzig vorangetriebene Flexibilisierung menschlicher Lebensentwürfe, die Kommodifizierung unserer intimsten Regungen und die umfassende Entwertung jedes realen Tuns (zugunsten einer digitalen Pseudoaktivität) dazu, dass die von buddhistischen Meistern beschriebenen Aufmerksamkeitsübungen plötzlich höchst sinnvoll erscheinen. Jenseits fester Identitäten und Autoritäten scheint sich dem einzelnen Subjekt im Buddhismus die Möglichkeit zu eröffnen, in sich selbst ein alternatives Bedeutungssystem zu finden, das es ihm oder ihr ermöglicht – und hier zitiere ich einmal, obwohl ich mir vorgenommen hatte, es nicht mehr zu tun, den linksradikalen Altmeister Slavoj Žižek –, »sich vollkommen am hektischen Treiben des kapitalistischen Spiels zu beteiligen und gleichzeitig den

Eindruck aufrechtzuerhalten, man sei gar nicht richtig dabei und wisse ja eigentlich, wie wertlos dieses ganze Spektakel sei – und was wirklich zähle sei der innere Friede, in den man sich jederzeit zurückziehen könne ...«[203]

Vielleicht ist es aber auch gar nicht schlecht, über einen Umweg auf das Thema Buddhismus zu sprechen zu kommen. Žižek also. Der slowenische Philosoph, der schon über so vieles geschrieben hat und der mit seinem unaufhörlichen Sich-an-die-Nase-Fassen den höchsten Wiedererkennungswert unter allen denkenden Menschen der westlichen Hemisphäre besitzen dürfte, ist der Überzeugung, dass der westliche Buddhismus ein »Fetisch« für hedonistische Lifestyle-Konsumenten sei, nicht mehr und nicht weniger, wenngleich ein sehr wertvoller Fetisch, der in den großen Tech-Konzernen (Google, Facebook, Amazon und Co.) sorgsam gepflegt werde. Žižek behauptet, dass der Buddhist außerstande sei, »jenseits des Nichts« zu gelangen, also im Sinne Hegels wieder zu den Phänomenen zurückzukehren, die erst das Nichts ermöglichten; oder, noch kürzer: Der buddhistische Wunsch, sich von jeglicher Illusion zu befreien, sei nichts anderes als das Verlangen, die positive Realität im Sinne Lacans zu beseitigen und Negativität »auf eine Selbstvermittlung des positiven Absoluten« zu reduzieren.

Das hört sich alles sehr überzeugend an – und ist doch Unsinn. Wie der Sinologe Eske Møllgaard in einem glänzenden Essay aufgezeigt hat, sitzt Žižek nicht nur den gröbsten Missverständnissen über die buddhistische Lehre auf, sondern unterschätzt auch das kreative Potenzial des buddhistischen Diskursuniversums.[204] Um wirklich etwas über den Buddhismus zu verstehen, müsste sich Žižek vorbehaltlos auf die ureigene Philosophiesprache der buddhistischen Texte einlassen, die sich mithilfe alteuropäischer Meisterdiskurse gewiss nicht erschließen lassen. Es rächt sich wieder einmal, dass ein europäischer Philosoph, sei es nun aus Ressentiment gegen sein früheres, romantisches Selbst oder zum vorgeblichen Ziel der kulturellen Selbsterhaltung, darauf verzichtet hat, sich überhaupt erst einmal auf das Fremde einzulassen. Abgesehen davon drängt sich aber auch der Eindruck auf, dass Žižek die

Bedrohung des Buddhismus aus strategischen Motiven ungebührlich aufbauscht; darin ist er überraschenderweise dem Schriftsteller Arthur Koestler ähnlich, der in den 1950ern in Büchern wie *Der Lotus und der Roboter* und *Der Yogi und der Kommissar* die »orientalische« Lebensform neben dem Sowjet-Kommunismus als den größten Feind der westlichen, liberaldemokratischen Zivilisation ausgemacht hatte.[205] Koestler zufolge bewirke der Zen-Buddhismus eine Depersonalisierung des Individuums, die den Boden bereite für seine unbedingte Mobilisierung im Namen eines totalitären Gesellschaftsentwurfes, als Roboter und Kamikaze-Flieger, wie ihn das japanische Reich im Zweiten Weltkrieg propagiert hätte. So weit geht Žižek wohlweislich nicht; doch ermutigt er gewisse, vermeintlich universalistische Reflexe in seinen Leserinnen und Lesern, die heute einfach nicht mehr unkritisch hingenommen werden dürfen. Žižeks und Koestlers Ängste sind unberechtigt, weil es dem Buddhismus gar nicht darum geht, das »bürgerliche Selbst«, also »die Rechtsperson, die in der Lage ist, sich auszuweisen und an Wahlen teilzunehmen« zu leugnen.[206] Der »romantische« Versuch, sich in nichtwestliche Kulturen wie den Buddhismus einzuleben, könnte uns stattdessen sogar helfen, das neoliberale Weltbild infrage zu stellen und auf einer sehr grundlegenden Ebene herrschende Machtstrukturen und Ungleichheiten zu problematisieren.

17

Bestimmt haben Sie das übliche Schulwissen über den Buddhismus parat. Siddhartha Gautama oder einfacher der Buddha (»der Erwachte«), der Überlieferung nach im Ort Lumbini in Nepal geboren, hat in Nordindien gelebt, zwischen etwa 563 bis 485 v. Chr. Um sein Leben ranken sich unzählige Legenden. Nachdem er im Alter von 35 Jahren die Erleuchtung unter dem berühmten Bodhi-Baum erlangt hat, verbrachte er die längste Zeit seines Lebens auf Wanderung, als spiritueller und philosophischer Lehrer, der sein Wissen an Menschen aus allen Gesellschaftsschichten weitergab. Gestorben ist der Buddha im Ort Kushinagar, im indischen Bundesstaat Uttar Pradesh. Hunderte, wenn nicht Tausende von Sutren werden mit seinem Namen verbunden. Aber eigentlich ist all das nur ein Oberflächenphänomen, von dem man sich auf keinen Fall blenden lassen darf, genauso wenig wie von all den Mystifizierungen der Buddhagestalt in den Tempeln zwischen Thailand, Burma und Japan sowie von den endlosen, dogmatischen Streitereien und der ausufernden Literatur der buddhistischen Gelehrtentradition. Im Kern dreht sich beim Buddhismus alles um eine ganz einfache Einsicht: Wenn der Mensch sterblich ist, dann stellt sich jederzeit die Frage, warum es sinnvoll sein sollte, sich Zwecke zu setzen. Der Hauptdarsteller jeder Biografie muss früher oder später ja doch von der Bühne abtreten – warum dann also überhaupt etwas spielen?! Oder noch banaler: Wie gehen wir mit der Tatsache unserer Sterblichkeit um?

Um dieser Einsicht im eigenen Leben Bedeutung beizumessen, ist es nicht nötig, an irgendetwas zu *glauben* oder etwas *für wahr zu halten*; der Glaube an ein höheres Wesen ist sogar hinderlich, um zu dieser Einsicht vorzustoßen. »Ein Besuch in einem Krankenhaus, und nach fünf Minuten wird man Buddhist, wenn man es vorher noch nicht gewesen ist; und man wird wieder zum Buddhisten, wenn man vorher aufgehört hat, es zu sein«,[207] schreibt Emil Cioran. Genauso ist es. Ich darf nicht länger die Augen verschließen, dass ich jederzeit Leiderfahrungen machen kann und mit Gewissheit in den nächsten Jahren oder Jahrzehnten auch machen werde. Selbst in modernen, vorgeblich aufgeklärten Gesellschaften, die vielfältige Methoden entwickelt haben, um das Todesbewusstsein des Individuums abzuschwächen, ist das Leben leidbehaftet. Früher oder später läuft es immer auf das gleiche hinaus (der Selbstmord vermag an dieser Tatsache nichts zu ändern). Auch der Investor Peter Thiel, der in Silicon Valley mit Bluttransfusionen und Kryogenik das Sterben abschaffen will, wird mit größter Wahrscheinlichkeit einmal sterben; und wenn es ihm tatsächlich gelingen sollte, seinen eigenen Tod zu heilen, dann würden immer noch Milliarden anderer Menschen sterben müssen. Wir können uns in *dieser* Welt schlichtweg nicht vorstellen, was es hieße, unsterblich zu sein.

Die buddhistische Lehre will eine Einstellungsänderung bewirken und ist insofern von zutiefst lebenspraktischer oder therapeutischer Natur. Um zu einer realistischen Sicht auf mein Leben zu gelangen, soll ich nicht mehr meinen Tod und die Möglichkeit des Leidens verdrängen, sondern ihre Notwendigkeit akzeptieren; ich soll an mir selbst arbeiten und mein Leben in einem anderen Licht zu sehen lernen. Denn der Buddhismus behauptet ja weiter, dass alles Leiden von einer illusionären Vorstellung von der Wirklichkeit meines Ichs erzeugt wird. Wie der Daoismus und Konfuzianismus spricht auch der Buddhismus von einem Übungs- oder Heilsweg; doch geht es nicht darum, dass ich einen bestimmten geistigen Zustand erreichen soll, der *mir* dann jederzeit verfügbar wäre. Vielmehr soll ich lernen, mich in der mir vertrauten Handlungswelt nicht mehr als »ich« zu sehen. Also eigentlich: lernen, ichlos zu sein.

18

Im Westen wird seltener gesehen, dass die buddhistische Lehre unabhängig von ihrer therapeutischen Grundorientierung auch zur Entwicklung hochkomplexer Gedankengebäude geführt hat, die wir mit gutem Gewissen als *philosophische Theorien* bezeichnen dürfen. Schon der historische Buddha suchte seine Einsichten in thesenhafter Form auszudrücken; bekannt sind insbesondere die »Vier Edlen Wahrheiten«: (1) Die Wahrheit vom Leiden: Alles, insbesondere Geburt, Alter, Krankheit und Tod, ist Leiden (Sanskrit: *dukkha*); (2) Die Wahrheit von der Entstehung des Leidens: Der »Durst« der Menschen, insbesondere die von den sechs Sinnesorganen (Auge, Ohr, Nase, Zunge, Tastsinn und Denkorgan) erzeugten Lüste, bewirkt das Leiden *(dukkha samudaya)*; (3) Die Wahrheit von der Aufhebung des Leidens: Nur durch das Erlöschen der Ursachen des Leidens ist es möglich, dieses zu beenden *(dukkha nirodha)*; und (4) Die Wahrheit vom Wege zur Aufhebung des Leidens: Die richtige

Lebens- und Meditationspraxis, das heißt der edle, achtteilige Pfad – also rechte Ansicht, rechtes Entschließen, rechtes Wort, rechte Tat, rechtes Leben, rechtes Streben, rechte Aufmerksamkeit und rechte Sammlung – kann das Leiden beenden *(dukkha nirodhagamini pratipad)*. Doch es war der indische Philosoph Nāgārjuna (spätes zweites Jahrhundert n. Chr.), der dieser Lehre eine systematische Form verliehen hat. Es ist wohl keine Übertreibung zu sagen, dass erst dieser Denker, der manchmal auch als »zweiter Buddha« bezeichnet wird, die »diamantspaltende Vollkommenheit der Weisheit« auf den Begriff gebracht hat.[208]

Buddhisten sind davon überzeugt, dass die Sprache uns allzu leicht zu unnötigen, ja falschen Annahmen über die Welt verleitet. So erzeugt die regelmäßige Verwendung von Wörtern wie »Geld«, »Wagen« oder »ich« in mir leicht die Überzeugung, es gäbe tatsächlich Gegenstände wie »Geld«, »Wagen« oder »ich«. Auf diese Weise werde ich diesen Wörtern und den damit verbundenen Erfahrungen eine allzu große Bedeutung zuschreiben und mich von ihnen in die Irre führen lassen. Sie haben vielleicht auch schon einmal von dem Wagen-Gleichnis gehört, das in buddhistischen Kreisen häufig diskutiert wird. Wenn Menschen das Wort »Wagen« sagen und dabei auf einen Bestandteil der Realität zeigen, nehmen sie gewöhnlich an, dass es tatsächlich eine diesem Wort entsprechende Entität gibt. Wenn wir diesen »Wagen« aber in seine Bestandteile zerlegen, stoßen wir auf nicht mehr als eine Deichsel, vier Räder und einige Stücke Holz. Wo ist da noch die Entität namens »Wagen«?! Offenbar ist das Wort »Wagen« nur eine konventionelle Bezeichnung für eine Anzahl von auf eine bestimmte Weise zusammengesetzten Dingen.[209] Und da diese zusammengesetzten Dinge in ihre Einzelteile zerlegt werden können, gibt es die Entität »Wagen« streng genommen überhaupt nicht. Die Dinge, mit denen wir im Alltag in Berührung kommen, sind nun in der Mehrzahl zusammengesetzt – insbesondere mein *eigenes Ich*, das, so argumentiert die Buddhistin weiter, in Wirklichkeit nur eine Illusion ist, erzeugt von dem Zusammenwirken von fünf rasch vergänglichen und voneinander abhängigen Daseinsfaktoren (den fünf »Skandhas«, nämlich die Körperlichkeit, die Empfindungen, die Wahrnehmungen, die geistigen Gestaltungen und schließlich das Erkennen). Was bedeuten Wörter dann aber noch? Was ist überhaupt wirklich?

Dass Nāgārjuna ein brillanter Kopf ist, zeigt sich bei der Lektüre seines Hauptwerkes, den *Mūlamadhyamakakārikā* (»Lehrstrophen über die grundlegenden [Lehren] des Mittleren [Weges]«), sehr schnell. – Ich muss in diesem Zusammenhang immer an einen Satz von Immanuel Kant denken: »Konsequent zu sein, ist die größte Obliegenheit eines Philosophen.« – Nāgārjunas Radikalität lässt ihn einen entscheidenden Schritt in der Geschichte des Buddhismus vollziehen, der zur Grundlage der für Ostasien so wichtigen Mādhyamaka-Schule werden sollte. Anders als viele buddhistische Denker seiner Zeit nahm er nämlich nicht mehr an, dass die Analyse der Realität elementare Bestandteile freilegen würde, die nicht weiter zerteilt werden könnten. Er wies damit die These der Abhidharma-Schule zurück, der zufolge es elementare Bestandteile gibt, sogenannte Dharmas, die eine »Eigennatur« *(svabhāva)* besitzen. Mit »Eigennatur« ist hier die Summe all jener Eigenschaften gemeint, die notwendig sind für die Fortexistenz eines Objekts. Nāgārjuna entwickelte dagegen ein neues Verständnis des *svabhāva*-Begriffes. Eine »Eigennatur« besitzt jetzt nur ein solches Objekt, das elementar ist (also nicht weiter zerteilbar), nicht erzeugt und nicht abhängig von etwas anderem.[210] In seinem Buch sucht der indische Denker den Beweis zu führen, dass es ein Objekt mit einer solchen »Eigennatur« nicht geben kann. Anhand verschiedener Phänomene, denen Menschen gern eine »Eigennatur« zuschreiben (einzelne Objekte, das Selbst, die Sinnesorgane, Kausalbeziehungen sowie Raum und Zeit), demonstriert Nāgārjuna, dass alle Erscheinungen abhängig, zerteilbar und erzeugt sind, deshalb aber auch nicht substanziell oder einfach »leer«.

Nāgārjunas bekanntester Satz lautet in deutscher Übersetzung: »Das Entstehen in gegenseitiger Abhängigkeit, dies ist es, was wir ›Leerheit‹ nennen. Das ist [aber nur] ein abhängiger Begriff; gerade sie (die Leerheit) bildet den mittleren Weg.«[211] Aufgrund dieses Satzes wird er oft als Denker des »Mittleren Weges« bezeichnet. Die

Formulierung »Mittlerer Weg« drückt eine zentrale, aber nicht leicht verständliche Einsicht aus: Die Leere (Sanskrit *Śūnyatā*; Chinesisch *kong* 空) ist auf keinen Fall gleichzusetzen mit Nichtexistenz oder dem absoluten Nichts. Alle Erscheinungen sind voneinander abhängig, es gibt keine positive Realität – und selbst dieser Gedanke (die Leere) ist kein Absolutes, sondern ebenfalls »abhängig«. Insofern fordert uns Nāgārjuna im Sinne des historischen Buddhas dazu auf, zwischen den beiden Extremen (»Alles ist absolut real« und »Alles ist nichts«) eine mittlere Position einzunehmen. Natürlich bestreitet der Buddhist nicht, dass die Münzen in Ihrer Tasche eine Realität besitzen, die es Ihnen erlaubt, mit ihrer Hilfe im nächsten Supermarkt eine Banane zu kaufen, die Sie auf Ihrem Heimweg verzehren werden. Wenn wir diese Münzen zu ernst nehmen, verstricken wir uns aber in Leiden; und wenn wir uns von der Rede über die Leere dazu verführen lassen, der Welt ganz zu entsagen, enden wir in nihilistischer Verzweiflung. Beide Extreme sind zu vermeiden. Tatsächlich können wir gar nicht anders als in der konventionellen Welt mit ihren Praktiken, Bedeutungen und Regeln zu existieren; wir sollten uns dabei jedoch stets bewusst sein, dass diese Welt scheinhaft, ja durch und durch trügerisch ist. Dies ist gemeint mit der berühmten Lehre der zwei Wahrheiten, der konventionellen und der absoluten Wahrheit (bei Karl Jaspers wird daraus: die »weltlich verhüllte Wahrheit« und die »Wahrheit des höchsten Sinnes«).

Nāgārjuna argumentiert nun keineswegs auf der Ebene naturgesetzlich vorausberechenbarer Kausalfolgen. Mit dem »Entstehen in gegenseitiger Abhängigkeit« steht vielmehr die elementare Frage auf dem Spiel, wie wir die Wirklichkeit überhaupt adäquat beschreiben können. Hätte Nāgārjuna die Prinzipien der Newton'schen Bewegungslehre gekannt, würde er sie wahrscheinlich als eine mögliche Deutung unserer konkreten Erfahrung verstanden und im gleichen Atemzug darauf hingewiesen haben, dass es auch noch andere gebe und wir nie mit letzter Gewissheit wissen würden, welche die richtige sei. Wie schon angedeutet besteht das Grundproblem für den indischen Philosophen darin, dass Menschen eine natürliche Tendenz haben, in der Erscheinungswelt Dinge zu identifizieren, denen sie eine »Eigennatur« zuschreiben. So vertraue ich etwa darauf, dass die Flasche Milch, die ich gestern in den Kühlschrank gestellt habe, heute noch dieselbe ist; und genauso sorge ich mich schon jetzt um die finanzielle Sicherheit meines zukünftigen Ichs. Ich beziehe mich also jederzeit auf die Welt, nicht nur in der festen Überzeugung, dass es diese tatsächlich gibt, sondern auch mit der Gewissheit, dass ich ein *Ich* besitze, das mir unmittelbar zugänglich, nicht weiter teilbar und auch nicht von anderen Objekten abhängig ist; meine Wahrnehmungen, Empfindungen und Gedanken glaube ich selbstverständlich auf diesen einen Ich-Punkt ausgerichtet.

Nāgārjunas Radikalität zeigt sich daran, wie er diese Annahme durch eine konsequent betriebene Sprachkritik zu erschüttern sucht. So verwenden wir, ohne viel nachzudenken, Sätze wie »Ich habe vor, erst morgen nach München zu fahren« oder »Kein Wunder, Du bist ja auch mit dem Fahrrad gekommen!« Für Nāgārjuna zeigt sich hier die bedenkliche Tendenz, das Erlebnis einer Bewegung aufzusplittern in zwei unabhängige Bestandteile, nämlich einen »Ich«-Bestandteil und einen »Bewegungs«-Bestandteil. Anders gesagt verstehen wir den Satz »Ich bewege mich« analog zu dem Satz »Die Flasche ist weiß«. In beiden Fällen wird einem Gegenstand (»ich« beziehungsweise »die Flasche«) eine Eigenschaft zugeschrieben (»bewegt« beziehungsweise »weiß sein«). Dabei setzen wir voraus, dass die beiden Bestandteile auch unabhängig voneinander existieren könnten: Es gibt schließlich Flaschen, die nicht weiß sind, und nicht alle weißen Dinge sind Flaschen (ich könnte auch nicht bewegt sein, und nicht alle bewegten Dinge sind ich). Doch dieser Versuch, die Bewegung im Sinne einer Substanzontologie zu konzeptualisieren, stößt genau besehen auf erhebliche Schwierigkeiten.

Schauen wir uns seine Argumentation einmal genauer an. Bei dem Satz »Der Geher geht« handelt es sich Nāgārjuna zufolge um einen Satz, der nicht tautologisch, sondern schlichtweg unsinnig ist. Er argumentiert im zweiten Kapitel seiner »Lehrstrophen« wie folgt:

2.9 Kann man denn wirklich sagen, »der Geher geht«,
wenn es ohne Gehen den Geher überhaupt nicht gibt?

2.10 Wer [dennoch] die Meinung vertritt, [es sei richtig
zu sagen], »der Geher geht«, und damit ein Gehen des Gehers
verlangt, der muß notwendig auch einen Geher ohne
Gehen verlangen.[212]

Diese Folgerung (die Annahme eines »Gehers ohne Gehen«) erscheint für uns erst einmal unproblematisch. Mithilfe der einfachen Idee, dass ein Mensch ja nie nur eine Eigenschaft besitzt, sondern mehrere, könnten wir einwenden, dass überhaupt nichts Rätselhaftes daran zu finden sei, wenn ein Mensch sich jetzt bewegt und zwei Minuten später stillsteht. Wir möchten hier anders gesagt einen Fall *partieller Identität* erkennen: Der Mensch mit der Eigenschaft des Bewegtseins (der »Geher«) ist immer noch derselbe Mensch ohne diese Eigenschaft (der »Geher ohne Gehen«). Doch erlauben die Sanskrit-Grammatik sowie das buddhistische Verständnis der konstituierenden Eigenschaft eine solche Auflösung nicht: Der »Geher« ist eine Substanz mit nur einem Attribut, dem Bewegtsein, sodass der Begriff des »Gehers« selbst leer würde, wenn wir ihn des Bewegtseins beraubten. Der »Geher« und die Aktivität des »Gehens« sind überhaupt nicht voneinander zu trennen. Wenn wir es trotzdem versuchen, verstricken wir uns in die Aporie des »zweifachen Gehens«: Wir nehmen ein »Gehen« an, das den »Geher« konstituiert, und ein zweites »Gehen«, das dieses »Gehen« selbst ausführt. Daraus würde sich schließlich, so Nāgārjuna, ein unendlicher Regress ergeben; und einen solchen gelte es auf jeden Fall zu vermeiden.

Nāgārjuna widmet sich auch noch dem Versuch, das »Gehen« als Bewegung mit einem Anfangs- und Endpunkt zu beschreiben und auf diese Weise widerspruchsfrei zu konzeptualisieren (»Lehrstrophen«, 2.12–2.17). Seine Widerlegung geht etwa so: Der Anfangspunkt einer Bewegung kann offenbar nicht in dem ruhenden Objekt liegen, denn dann würde es die Eigenschaft des Bewegtseins besitzen, bevor es sich überhaupt in Bewegung gesetzt hat, was natürlich unsinnig ist. Wenn der Anfangspunkt einer Bewegung in dem sich bewegenden Wesen liegt, war die Eigenschaft des Bewegtseins gar nicht notwendig, um von dem Ruhezustand in den Zustand der Bewegung überzuwechseln. Wir würden außerdem einem bewegten Objekt die Eigenschaft des Bewegtseins zuschreiben – womit es gemäß der Logik des Sanskrit wiederum zu einem zweifachen »Gehen« käme: Wir hätten es mit einem »Gehen« zu tun, das »die begangene Strecke als solche konstituiert und definiert (als deren Wesensmerkmal, *lakṣaṇa*) und einem anderen Gehen, das auf dieser Strecke dann stattfinden soll.«[213] Diese Art von Überlegungen lassen Nāgārjuna daran zweifeln, ob »Geher«, »Gehen« und »das Gegangene« tatsächlich existieren. Der Satz »Der Geher geht« ist also nicht tautologisch, sondern drückt einen vorgeblichen Sachverhalt aus, der in Wahrheit nur eine Illusion ist; er steht für ein konventionelles Deutungsschema, mit dessen Hilfe Menschen die Wirklichkeit – ein Kontinuum von ungegliederten, nicht unterscheidbaren Sinneseindrücken – in handhabbare, konkrete Objekte mit bestimmten Eigenschaften zergliedern.

Selbst wenn Sie an dieser Stelle den Eindruck bekommen haben sollten, dass Nāgārjuna Sie mithilfe spitzfindiger und logisch fragwürdiger Argumente in die Ecke treiben will, verliert der dahinterstehende Gedanke nichts von seiner Relevanz: Unser Alltagsdenken ist genau besehen inkohärent und unsere Sprache unsauber, denn sie verleitet uns dazu, den Erscheinungen in der Welt beständig Essenzen zuzuschreiben, die es nicht gibt. Wir sagen »Friedrich Nietzsche war ein großer Philosoph«, obwohl diese Beschreibung bestimmt nicht auf den fünf- oder fünfzigjährigen Nietzsche zutrifft; und wir sagen »Italien ist ein wunderbares Land«, obwohl diese Beschreibung nur auf einige von uns in Italien besuchte Orte zutrifft. Wir verwechseln beständig in der Zeit existierende Kontinua mit einfachen Objekten, Teile mit Ganzheiten.

Wenn Sie sich für solche Überlegungen erst einmal geöffnet haben, dürfte Ihnen auch der Gedanke, dass Sie in Wahrheit überhaupt kein einfaches, mit sich selbst identisches, über die Zeit fortexistierendes Ich besitzen, plausibel erscheinen. Dieser Gedanke ist nun in der buddhistischen Geistesgeschichte auf sehr unterschiedliche Weise verstanden worden. Anders als die Vertreter der bereits erwähnten Abhidharma-Schule ist Nāgārjuna keineswegs ein strenger Reduktionist, für den das Ich vollständig zurückgeführt werden kann auf kausal-deterministische Ereignisse (die fünf »Skandhas«). Vielmehr sieht er immaterielle und materielle Prozesse in einem Verhältnis wechselseitiger Abhängigkeit und veranschaulicht dies anhand der Metapher von Feuer und Brennstoff (vgl. Kapitel 10 der »Lehrstrophen«). Francisco J. Varela, Evan Thompson und Eleanor Rosch fassen Nāgārjunas komplizierte Analyse in ihrem Klassiker *The Embodied Mind. Cognitive Science and Human Experience* mithilfe der These einer »vollständigen wechselseitigen Abhängigkeit« (*complete codependence*) zwischen Subjekt und Objekt, den Dingen und ihren Eigenschaften, sowie von Ursache und Folge zusammen.[214] Wie die Forscher in ihrem Buch demonstrieren, bilden Geist und Körper ein unauflösliches, dynamisches Ganzes; unser bewusstes Ich-Erleben ist also nicht einfach identisch mit irgendwelchen Gehirnvorgängen, sondern ist vielmehr untrennbar verknüpft mit Wahrnehmen, Vorstellen, Erinnern, Einfühlen und anderen notwendig verkörperten Vorgängen. In den Kognitionswissenschaften hat dieser auch von Nāgārjunas radikalem Skeptizismus inspirierte Ansatz einen Paradigmenwechsel eingeleitet. Für den indischen Denker bedeutet die »Leerheit« des Ich in der Tat keineswegs, dass die Erste-Person-Perspektive (mein bewusstes Erleben) zugunsten einer höheren Perspektive aufgelöst werden muss. Nāgārjuna warnt vielmehr davor, die Perspektive der absoluten Wahrheit als eine metaphysische Letztbegründung zu verstehen (siehe etwa »Lehrstrophen«, 24.11); die Grundlosigkeit unserer Erfahrung zeigt sich gerade daran, dass wir unsere konventionellen Unterscheidungen nicht in einer einzigen, universal gültigen Theorie verankern können. Wir können zwar lernen, besser mit den Anforderungen dieser Welt umzugehen; doch werden wir nie herausfinden, was in dieser Welt tatsächlich *der Fall ist.*

(Nur nebenbei: Jemand hat mir neulich berichtet, wie er einmal seine eigenen Kinder im Badezimmer belauscht hat. Sein Sohn, der vier Jahre alt ist, habe prahlerisch erklärt: »Ich bin hier schon seit einer Million Jahren!« Worauf seine Schwester, die gerade erst acht geworden ist, geantwortet haben soll: »Das ist aber eine lange Zeit für einen Vierjährigen ...«)

Die Leere zu denken bedeutet auch, ein neues Verhältnis zu sich selbst zu finden. Wenn es mir gelingt, mich von meiner »Unwissenheit« zu lösen, und ich eingesehen habe, dass ich unmöglich ein Objekt mit »Eigenwesen« finden kann, habe ich das erste Glied in der Kette der Bedingtheiten durchbrochen. Die Kette der Bedingtheiten ist die eigentliche Grundlage für die buddhistische Vorstellung von den zwölf Gliedern des »Entstehens in Abhängigkeit«: »Unwissenheit« führt zu Willensregungen und zur Annahme eines »Ich«, das »Ich« führt zur Vorstellung von »Tatabsichten«, die wiederum ein bestimmtes »Bewusstsein« erzeugen, auf seiner Grundlage identifiziere ich »Namen und Formen«, bilde die sechs Sinnesbereiche aus, usw. ... Und am Ende dieser Kette stehen schließlich »Geburt« sowie »Alter und Tod«. Doch brauche ich nur das erste Glied dieser Kette zu durchbrechen und die Idee des »Entstehens in gegenseitiger Abhängigkeit« richtig zu verstehen, damit das Leiden aufhört.

19

Der Buddhismus wird manchmal als eine höhere Form der Bewusstseinserweiterung oder gleich als Mystik abgetan. Ein Grund dafür ist zweifellos, dass Buddhisten gern über das Nichts und die Leere sprechen, wo sich Philosophen abendländischer Couleur an vordergründig handfestere Dinge wie Gott, den freien Willen, die Kategorien oder die Realität der Sinneswahrnehmung halten. Ein weiterer Grund dürfte darin zu finden sein, dass altgriechische Denker wie Parmenides oder Aristoteles bestimmte Grenzen des Sagbaren definiert haben, die auch heute nur um den Preis des Ausschlusses aus der akademischen Welt überschritten werden können. Grundlegende logische Gesetze wie der Satz vom Widerspruch oder der Satz vom ausgeschlossenen Dritten sind nur selten einmal infrage gestellt worden. Auch Nāgārjuna hebt in seiner Argumentation immer wieder auf den Satz vom ausgeschlossenen Dritten ab; und seine Unterscheidung von konventioneller und absoluter Wahrheit muss die für die traditionelle Logik basale Unterscheidung von Seiendem und Nicht-Seiendem nicht notwendigerweise aushebeln. Doch spricht einiges dafür, dass logische Gesetze vom Standpunkt der absoluten Wahrheit betrachtet irrelevant würden.

Interessanterweise musste bereits Aristoteles zugeben, dass der Satz vom ausgeschlossenen Dritten nicht für die Zukunft gelten kann: Aussagen wie »Morgen wird eine Seeschlacht stattfinden« sind weder wahr noch falsch (der griechische Philosoph denkt nicht, dass zukünftige Ereignisse prädeterminiert sind).[215] Doch wie würde Aristoteles mit dem Gedanken umgehen, dass wir uns in einem Kreislauf der Wiedergeburten befinden? Wenn es mir nicht möglich ist, den Anfang einer Bewegung widerspruchsfrei zu beschreiben, sollte dies ein starkes Argument für die Scheinhaftigkeit der Bewegung sein. »Vergangenheit«, »Gegenwart« und »Zukunft« sind in diesem Falle nur konventionelle Unterscheidungen, die keinen Referenzgegenstand in der Wirklichkeit besitzen. Wenn alles zyklisch fließt, wird auch die Bedeutung von Wörtern wie »früher« und »später«, »jung« und »alt«, »Geburt« und »Tod« fragwürdig. Der Zeiger einer Uhr erreicht die Zahl »3« vor der Zahl »5«, wenn er bei »2« losgelaufen ist; wenn er jedoch bei »4« losläuft, wird er die »5« vor der »3« erreichen. Vom Standpunkt der absoluten Wahrheit aus betrachtet ist dann aber nicht nur der Satz »Morgen wird eine Seeschlacht stattfinden« weder wahr noch falsch, sondern auch der Satz »Vor einer halben Stunde habe ich eine Flasche Coca-Cola getrunken.«

20

Ein weiteres Zitat: »Der Hund, der Geheimnisträger, der mit Leichtigkeit über die Abgründe der Zeit läuft, weil es für ihn keinen Unterschied gibt zwischen dem 15. und dem 20. Jahrhundert, weiß manches genauer als wir.«[216]

21

Im Jahr 409 n. Chr., in der chinesischen Hauptstadt Chang'an, machte sich Kumārajīva (334 bis 413), ein Gelehrter, Übersetzer und Mönch aus dem Königreich Kucha, an die Übersetzung des Sanskrittextes von Nāgārjunas *Mūlamadhyamakakārikā*.[217] Auch wenn er dies natürlich nicht wusste, dieser Augenblick sollte einmal als eine Sternstunde der ostasiatischen Geistesgeschichte gelten. Als er Jahre später sein Übersetzungsprojekt abschloss, würden chinesische Leser endlich in der Lage sein, Nāgārjunas Stimme im Chinesischen zu hören und seine Argumente selbst zu durchdenken.

Ein Schüler des Kumārajīva, der wohl selbst kein Chinese war, verstand die Lehre des »Mittleren Weges« so gut, dass er sie in seinem eleganten Chinesisch zusammenfasste. Der Name dieses Schülers ist Sengzhao (ca. 374 bis 414) und sein Essay heißt schlicht »Die Dinge bewegen sich [in Wirklichkeit] nicht« – *Wu bu qian lun*.[218] Die Lehre der zwei Wahrheiten wird darin auf die folgende Formel gebracht: In unserem Alltagsbewusstsein nehmen wir an, dass die Welt sich fortdauernd verändert; nichts bleibt gleich. Wenn sich uns aber die höhere Wahrheit enthüllt hat, müssen wir schlagartig einsehen, dass sich in unserer Welt überhaupt nichts verändert. Nichts bewegt sich, alles verharrt an seinem Ort. Hinter der lärmenden Mannigfaltigkeit der Erscheinungen verbirgt sich tiefe Stille.

Dies dürfte ein entscheidender Unterschied zwischen indischem und chinesischem Buddhismus sein: Nāgārjuna will uns durch seine Sprachanalyse und mithilfe seiner ausgeklügelten Argumente nur an den Punkt führen, an dem wir nicht umhinkönnen, die Leere zu denken; seine Adepten in China sind jedoch schon bald davon überzeugt, dass die Leere zum Gegenstand der direkten, vorbegrifflichen Anschauung werden könne. Dieser Glaube nimmt manchmal sehr dramatische Züge an. So schreibt im 17. Jahrhundert ein berühmter Mönch:

> Ich habe lange Unverständnis empfunden über [Sengzhaos Essay über die Nicht-Bewegung]. Als ich aber in winterlicher

> Zurückgezogenheit und in Begleitung von Meister Miao wieder einmal diesen Text drucken ließ, habe ich plötzlich den Zustand der Erleuchtung erreicht. In meiner Aufregung stand ich auf und verbeugte mich vor dem Buddha. Aber ich spürte schon nicht mehr, wie sich mein Körper auf und ab bewegte. Ich richtete den Vorhang und schaute aus dem Fenster. Ich sah, wie die Blätter bei jedem Windstoß bewegungslos im Himmel hingen. So unglaublich es auch klingt, es war genauso wie [in Sengzhaos Essay]: »Wenn Wirbelstürme Berge zerstören, herrscht völlige Stille«! Ich ging zur Toilette und urinierte. Ich sah nicht, dass etwas floss. Ich seufzte und sagte zu mir selbst: »Wie wahr ist doch der Satz, dass ›die Flüsse hinabrauschen, ohne zu fließen‹!«[219]

Wahrscheinlich fällt es uns heute leichter, diese Beschreibung zu verstehen, schließlich enthält jeder zweite Actionfilm Bilder von in der Zeit eingefrorenen Gewehrkugeln oder fliegenden Körpern *(Bullet Time)*. Aber das heißt nicht notwendig, dass wir für das dahinterstehende Wirklichkeitsverständnis offener wären. Oder machen Sie einfach einmal den Versuch, ob Sie wirklich die Blätter bewegungslos im Himmel hängen sehen können ...

Natürlich ist hier die Rede weder von einer objektiven Zeit, noch von einem abstrakten Zeitbegriff. Es geht um den konkreten Zeitraum, wie er sich im Zeiterleben spiegelt: »Zeit ist das am meisten Unsrige und doch am wenigsten Verfügbare.«[220] Grundsätzlich ist sowohl die Wahrnehmung möglich, dass sich die Dinge aus der Vergangenheit in die Gegenwart bewegen (ich war früher *dort* und bin jetzt *hier*), wie auch die gegensätzliche Wahrnehmung, dass sich die Dinge aus der Gegenwart in die Vergangenheit bewegen, also quasi im Zeitfluss schwimmen (mein Ich ist jetzt *gegenwärtig*, aber schon bald *vergangen*). Doch was das heißt, ist nicht leicht zu sagen. Gewöhnlich zerstückeln wir unsere Erfahrung in zahllose Augenblicke und nehmen dabei doch wie selbstverständlich an, dass Dinge über mehrere Augenblicke hinweg existieren (die Milchflasche, die ich gestern in den Kühlschrank gestellt habe, ist heute noch dieselbe). Wie sein indischer Lehrer fordert Sengzhao diese lebensweltliche Gewissheit heraus. Hier ist eins seiner Argumente:

> (1) Wenn vergangene Dinge in die Gegenwart kommen können, dann müssen sie in der Gegenwart existieren;
> (2) Es gibt keine vergangenen Dinge in der Gegenwart;
> deshalb gilt:
> (3) Vergangene Dinge kommen nicht in die Gegenwart.[221]

Anders gesagt: Das Ich, das ich einmal gewesen bin, mein vergangenes Ich, ragt keineswegs in die Gegenwart herüber; vielmehr müssen wir uns eine schier unbegrenzte Zahl von Ichs vorstellen, die nur jeweils eine Zeitphase lang existieren (ich^1, ich^2, ich^3, ich^4...); diese Ichs »haften« quasi an den jeweiligen Zeitphasen (t^1, t^2, t^3, t^4...). Man kann sich diesen Gedanken auch anhand einer weiteren Metapher vergegenwärtigen: Jedes Bild auf einer Filmrolle verharrt an seinem Platz, und der Eindruck des Fließens entsteht nur, weil der Film in großer Geschwindigkeit an einer Lichtquelle vorbeigeführt wird. In Wirklichkeit gibt es überhaupt keinen Fluss, sondern alles steht still.

Dies hört sich erst einmal befremdlich an, denn Sengzhaos Argumentation scheint einer Grundüberzeugung des Buddhismus zu widersprechen, der Idee nämlich, dass alle Dinge vergänglich sind. Wenn sich die Dinge gar nicht in der Zeit bewegen, dann könnten sie auch nicht vergehen. Aber dies wäre ein Missverständnis. In einer Kommentarzeile zu einem wichtigen buddhistischen Sutra schreibt Sengzhao, dass »die Dinge wie ein Zaubertrug oder ein Blitz [die darauffolgenden Dinge] nicht abwarten und keinen Augenblick lang verweilen«.[222] Der chinesische Denker heißt hier die im klassischen Indien weitverbreitete Theorie der momentanen Existenz gut: Konkrete Objekte sind eine Anhäufung von Dharmas, nur diese sind streng genommen wirklich, jedoch dauern sie nur einen einzigen Augenblick lang. Damit können konkrete Objekte aber überhaupt keine diachronischen Identitäten besitzen, sondern sie existieren nur als *Momentanobjekte* – im Jetzt, einem

Zeitpunkt mit geringster Ausdehnung. Sobald sie das Jetzt verlassen und in die Vergangenheit (einen Bereich ontologischer Unbestimmtheit) übergegangen sind, können sie nie mehr ins Jetzt zurückkehren.

Dieser Gedanke ist durchaus nicht so unsinnig, wie er sich erst einmal anhören mag. Meine Wahrnehmung der Welt ist schließlich auf ein winziges Zeitfenster begrenzt; weder kann das Buch, das in fünf Minuten auf dem Tisch liegen wird, zum Gegenstand meiner Wahrnehmung werden, noch das Buch von vor fünf Minuten. Vielleicht gibt es das vergangene und das zukünftige Buch also gar nicht? Gewiss, unsere Alltagserfahrung scheint uns das Gegenteil zu lehren; doch eben in dieser erkennt der Buddhismus ja einen Ausdruck unseres Strebens nach Einheit und Beständigkeit, das uns so lange in Leiden verstrickt, wie wir es noch nicht durchschaut haben. Im Geiste des »Mittleren Weges« möchte uns Sengzhao nun überzeugen, eine Position zwischen den beiden Extremen zu beziehen. Wir sollten uns weder an die Behauptung »Alles bewegt sich« klammern, noch an die gegenteilige Behauptung »Nichts bewegt sich«. In seinen eigenen Worten: »Obwohl ›Verschwinden‹ und ›Verweilen‹ zwei verschiedene [Wörter] sind, verweisen sie auf dasselbe.«[223] Es gibt nicht etwa eine wahre Welt hinter der Welt der Erscheinungen, sondern fiktive und wirkliche Welt, Bewegung und Stille durchdringen sich. Wenn wir ein Ding aus der Perspektive eines bestimmten Zeitpunkts heraus betrachten, verharrt es als ein Ding und besitzt eine (vorläufige) Identität; wenn wir es aus einer anderen Perspektive betrachten, verfließt es dagegen und kann als konkretes Objekt nicht mehr identifiziert werden. Die Stille kommt immer an den Punkt, wo sie in Bewegung umkippen muss, und umgekehrt; die »Mitte« aber wäre an dem Punkt des Umkippens zu suchen.

Vielleicht hilft hier der bekannte Necker-Würfel weiter. Sie können noch so lange auf das folgende Bild schauen, es wird Ihnen nicht gelingen, den nach rechts oben auskragenden Würfel und den nach links unten auskragenden Würfel *gleichzeitig* zu sehen. Aber genau darauf käme es an – das wäre die »Mitte«!

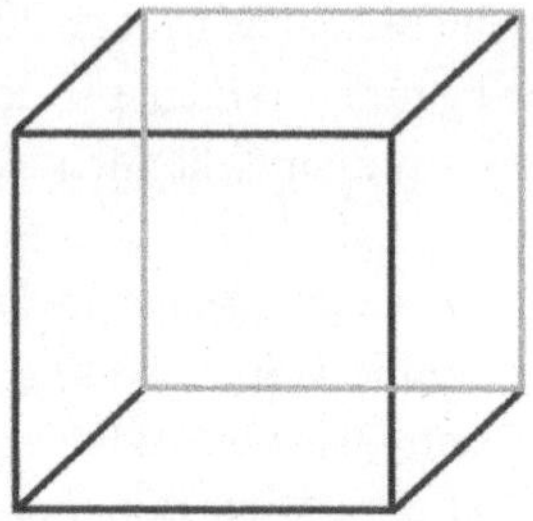

Spätere Leser haben eine ähnliche Dynamik von Stille und Bewegung in den Texten des antiken Chinas wiederfinden wollen, im *Daodejing* (Abschnitte 16, 26, 40, 45) oder auch in der Struktur der Hexagramme im *Buch der Wandlungen* (Yin und Yang). Bereits Sengzhao weist mitunter darauf hin, dass viele dieser brandneuen, buddhistischen Ideen in China längst gedacht worden seien. Das bahnbrechend Neue am Buddhismus dürfte aber gerade er nicht übersehen haben, die Radikalität nämlich, mit der die menschliche Erfahrung verzeitlicht wird.

22

Noch ein letzter Witz (wieder geht es um einen Hund): Ein Mann steht neben einem Hund am Straßenrand. Ein zweiter Mann kommt dazu und fragt ihn: »Beißt Ihr Hund?« Worauf der Angesprochene den Kopf schüttelt. Der Mann bückt sich, um den Hund zu streicheln. Der Hund beißt ihm sofort in die Hand. Mit schmerzverzerrtem Gesicht ruft der Mann: »Aber Sie hatten doch gesagt, dass Ihr Hund nicht beißt?!« Und bekommt die Antwort: »Das ist nicht mein Hund ...«

Natürlich hängt bei so einem Witz alles von der Art des Vortrages ab. Ich bin kein guter Witzeerzähler, aber das macht hier ja nichts, da ich ihn nur aufgeschrieben habe, damit Sie ihn irgendwann auf dieser Buchseite wiederfinden und ihn sich selbst erzählen können. Denn wenn es gelingt, ihn gut zu erzählen, kann so ein

Witz unser Alltagsbewusstsein, unsere festen Erwartungen an das Selbst und die Welt erschüttern. Die Sprache ist uns nicht gefügig.

23

Mein Leben geht in der Zwischenzeit einfach so weiter. Das Leben hat es ja so an sich, dass es besonders dann gelebt wird, wenn wir gar nicht hinschauen. Immer rühren wir an Geheimnisse, die vielleicht besser unter Verschluss geblieben wären. Oder wir sind nicht da, wenn es darauf angekommen wäre, da zu sein. Das vertrackte Schicksal will es so; es schleicht sich immer irgendwie ein.

Neulich habe ich von meinem Vater geträumt. In meinem Traum habe ich mir dabei zugesehen, wie ich bei einem Pizzaservice in Osnabrück anrufe. Obwohl ich schon so lange nicht mehr in Deutschland lebe, scheint mir dieser Traum wieder einmal die physische Anwesenheit meines Vaters in der Welt zu beweisen. Aber was rede ich da, natürlich lebt mein Vater noch, er ist nur älter geworden und hat vor zwei Jahren eine schwere Krankheit bekommen. Es ist wohl nur so, dass *ich* jetzt solche Beweise benötige. – Im Sommer 2018 sind wir wieder einmal im Elsass bei unseren Verwandten gewesen; mein Vater, der früher so gern flapsige Posen eingenommen hat, der mir stundenlang Geschichten von Herrn Pimpelmoser erzählen konnte und mich jedes Wochenende auf den Tennisplatz geschleppt hat, musste plötzlich einen Rollator benutzen und konnte ohne diesen kaum zehn Schritte machen. In der Julihitze sah mein Vater erbärmlich aus, bleich und klapperig; und er konnte nicht mehr die Flucht ergreifen, wie er das früher so gern getan hat, sondern war seinen greisen, französischen Verwandten hoffnungslos ausgeliefert. Zwei Wochen später hat er aber schon wieder über den »Kommunismus der Bibel« doziert und bei einem Sprechstück mitgemacht (seine Rolle: Papst Franziskus). – In meinem Traum bin ich merkwürdigerweise in der Lage, aus der Distanz den Anrufbeantworter der Pizzeria abzuhören. Auf dem Band höre ich nur einen einzigen Satz; es ist der Satz, den mein Vater mit seiner russischen Lebensgefährtin darauf gesprochen haben muss: »Noch zwei, drei Tage, dann verstummen wir für immer ...«

Die Rückseite des wuchernden Individualismus unserer Tage ist die Einsamkeit, die Weigerung, sich noch mit etwas anderem als mit sich selbst zu beschäftigen, schließlich auch die Todesangst, die sich selbst nur noch durch die Beschwörung von Neid und Hass erträgt. Es ist, als hätten wir ohnehin nie viele Mittel gehabt, mit der eigenen Endlichkeit sinnvoll umzugehen; und die wenigen Mittel, über die wir einmal verfügten, haben wir uns selbst aus den Händen gerissen. – Als sich C. Y. vor gut zehn Jahren wegen Lungenkrebs operieren lassen musste, habe ich gesehen, wie sie noch betäubt, mit einem Schlauch im Mund, aus dem OP herausgeschoben wurde. Ihr Gesicht wirkte an jenem Tag sehr blass und flach. C. Y. erzählte mir später, dass sie, als sie aus dem OP kam, jedes Wort gehört habe, das ihre Mutter mit mir wechselte, und das, obwohl sich ihre Augen nicht bewegt haben, sondern wie erstarrt in der Tränenflüssigkeit lagen. Das frisch herausgeschnittene Stück ihrer Lunge hat nur C. Y.s Mutter zu Gesicht bekommen. Ich bilde mir seither ein, dass der Tod nicht Bestandteil meines Lebens ist – nicht, weil ich ihn nicht mehr fürchte, sondern weil ich daran glaube, dass mir mit der Liebe etwas zur Verfügung steht, womit ich ihn besiegen kann. Am besten hat diesen Gedanken (wie so viele andere) die französisch-jüdische Philosophin Simone Weil zum Ausdruck gebracht: Wir sollen, wenn wir an einen abwesenden Menschen denken, immer auch die Möglichkeit im Blick haben, dass er oder sie tot sein könnte; und der Umstand, dass wir die von uns geliebten Menschen wahrnehmen können, hilft uns dabei, die objektive Existenz der uns eigenen Werte zu begreifen.[224]

Für die überzeugte Buddhistin kommt es dann wohl darauf an, das Leben so zu betrachten, als stünden ihr unendlich viele Leben bevor. Vielleicht lässt sich dieser Gedanke auch so formulieren: Lebe so, als ob alles Leben, das nach deinem Tod weitergeht, *dein* eigenes wäre![225]

FÜNFTES KAPITEL: DIE GÄRTEN DES THOMAS BEALE (MACAU, JANUAR 2016)

1

Als ich im vorvergangenen Winter unerwartet die Gelegenheit erhielt, einen Monat in Macau zu verbringen, war ich für einen Augenblick unsicher, ob ich mir das wirklich antun sollte, denn ein italienischer Freund hatte erst kürzlich von der Hässlichkeit und dem ästhetischen Elend dieser Stadt berichtet. Es sei »disgusting«, schimpfte er auf Englisch, wie da in den chinesischen Kasinos europäische Städte nachgebaut würden, zum Beispiel Venedig, mit Gondeln aus Plastik und einem künstlichen Firmament, das sich entsprechend der jeweiligen Tagesstunde verfärbe, absurderweise hätte man sogar Wolken daraufgemalt. Ganz sicher war sich mein Freund, dass die Asiaten, mit ihren schlechtbezahlten Gondolieren (meist Italienisch-Studenten aus den Philippinen, deren Verdi-Arien falsch tönten), den Geist Venedigs nie erfassen könnten. Als ich dann aber meine Lebensgefährtin C.Y. fragte, ob sie nicht Lust hätte, nach Macau zu fahren, zögerte sie keine Sekunde, denn sie hatte erst kürzlich ihre Stelle bei einem taiwanischen Wochenmagazin gekündigt und schrieb seitdem Drehbücher für Fernsehserien, was sie aber schon wieder zu langweilen begann. Da ich davon ausging, dass es im Januar in Macau schneien würde, und C.Y. seit ihrem Studium in Iowa eine besondere Vorliebe für Schnee besaß, einmal sogar eigens ins winterliche New York geflogen war, um dort eine Woche lang den frischgefallenen Schnee zu fotografieren, wollte ich ihr mit diesem Aufenthalt eine Freude machen. Es hat dann wider Erwarten in Macau nicht geschneit; wahrscheinlich hatte ich mich einfach von dem portugiesischen Namen der Stadt in die Irre führen lassen, Macau lag viele Breitengrade näher am Äquator als Lissabon oder Porto. Umso ärgerlicher war es, dass es während unserer Abwesenheit plötzlich zum ersten Mal seit vielen Jahren in Taipeh zu schneien begann und sogar über mehrere Tage hinweg.

Während C. Y. in diesem einen Monat in Macau ein Drehbuch schrieb, hatte ich nichts Bestimmtes zu tun und begann irgendwann, längere Streifzüge durch die Stadt zu unternehmen. Wir waren in einem großen Gebäudekomplex der Universität Macau untergebracht, auf einem Stück Land gegenüber der ehemaligen Insel Coloane, das streng genommen bereits zur Volksrepublik China gehört und nicht zur Sonderverwaltungszone Macau; die Regierung hatte dieses Stück Land mit einer hohen Mauer, einem Wassergraben und mehreren Wachposten umgeben, damit kein Mensch aus China herüberklettern konnte. Aus unserem winzigen Küchenfenster blickten wir über den Grenzfluss hinüber nach Macau; frühmorgens war in der dunstigen Ferne auch das Südchinesische Meer zu erkennen, auf dem immer einige Fischerboote dümpelten, außerdem die Capela de São Francisco Xavier, geheimnisvoll und herrlich vorkriegseuropäisch. Der Grund, warum Coloane keine Insel mehr war, wurde mir erst einige Tage darauf schlagartig klar. Ich war durch einen langen Tunnel unter dem Grenzfluss nach Macau hinübergewandert und fand mich unerwartet auf einer ziemlich weiten Ebene wieder, die nur von etwas Gras und einigen spärlichen Büschen bewachsen war. Als ich dann hinter dem Holzzaun einer Baustelle die Fassade der City of Dreams erkannte, begriff ich endlich die neuartige Geografie Macaus: Um den amerikanischen Kasinos, deren gigantische, in der Nacht umherschweifende Lichtkegel wir direkt nach unserer Ankunft aus der Ferne bewundert hatten, genügend Platz für ihre zukünftigen Erweiterungen zu geben, hatte man das Meer zwischen den Inseln Taipa und Coloane aufgefüllt. Die Strände, an denen die Portugiesen schon vor Jahrhunderten ihre Villen, Promenaden und Kaimauern gebaut hatten, waren wie von Zauberhand ausgelöscht worden. Wochen später würde ich einen traurigen Überrest der Praia de Nossa Senhora da Esperança entdecken, ein trüber, von Schnellstraßen umschlossener Tümpel, den überhaupt nichts mehr mit dem Meer verband.

Meist ging ich in der Früh los. Ich wanderte durch den Tunnel hinüber nach Macau und lief durch die Ebene bis zum Kasino The Venetian, wo sich eine Bushaltestelle befand. Im grauen Tageslicht bin ich hier oft gedankenverloren eingestiegen in einen der nagelneuen, klimatisierten The Venetian-Busse, deren Aufgabe es ist, die Spieler an die chinesische Grenze, zum Flughafen oder in eins der vielen Kasinos der Macauer Altstadt zu befördern. Diese Busse bogen gewöhnlich an der City of Dreams nach links ab, beschleunigten auf der Estrada da Baía de Nossa Senhora da Esperança Richtung Norden und erreichten nach wenigen Minuten die Brücke über den äußeren Hafen. Während der Bus in einem langen, kunstvollen Bogen hinüberfuhr, stellte ich mir vor, wie mein Blick in der Vergangenheit von der malerischen Kulisse der portugiesischen Kolonialstadt angezogen worden wäre, von jenen »grünen, bewaldeten Hügeln«, die der Reisebeschreibung Sir Henry Normans aus dem Jahr 1894 zufolge »wie ein Amphitheater« anstiegen, von »der Kathedrale, den Baracken, dem Militärkrankenhaus, dem älteren Forte Monte«, aber auch von den »weiten, schattigen Portikos und Veranden«, die nicht weniger als ein südeuropäisches Flair besessen haben müssen. Ehe ich es mich versah, war ich dann im heutigen Macau angelangt. Verkehr umtoste mich, ein Nieselregen trieb vom Festland herüber und die Fassade des alten Casino Lisboa, Symbol einer stehengebliebenen Zeit, leuchtete.

2

Geräusche in The Venetian, gegen 9 Uhr in der Früh: Eine Angestellte mit einem Staubsauger fuhrwerkt unter einem Tisch; ein großes Glücksrad produziert Tak-tak-tak-Geräusche, deren Echo sich immer in zwei hart aufeinandergeschlagenen Gongs entlädt; elektrische Würfelbecher mit goldglänzenden Hauben: sie heben sich automatisch, rütteln dann sekundenlang; Tröten, die Elefantenlaute produzieren. – Es gibt keine Stühle, auf die man sich einfach so hinsetzen könnte, man kann sich also nur zu den Blackjack-Damen setzen und die eigene Übermüdung mit neuerlicher Erregung überspielen. Die chinesische Landbevölkerung verwettet hier ihr Jahreseinkommen, unter den wachsamen Augen des Sicherheitspersonals, kleingewachsene, kräftige Männer in gelben Uniformen – viele von ihnen aus Nepal. Leuchttafeln blinkern; große Sichtblenden verstellen den Ausgang, sodass man eigentlich nur immer weiter im Kreis laufen und sich zwischen den Roulettetischen verlieren kann. Die Slotmaschinen. Die Zigarettenverkäuferinnen, die kleine, schwarze Rolltische umherschieben. Und die alten Frauen, denen der Dealer, wenn sie ganz müde sind vom vielen Verlieren, gern ein paar Rubbellose zuschiebt, quasi für den Heimweg. – In der Halle läuft ein Werbefilm mit David Beckham in einer Endlosschleife: venezianischer Karneval, der Brite mittendrin, und dann kickt er einen Ball durch den monumentalen Spiegelsaal. Ich merke, dass die Türen hier – nicht nur im Film – goldene Griffe haben, die wie Gondelspitzen aussehen.

3

Welches Bedürfnis diese ziellosen Wanderungen durch Macau erfüllten, wusste ich anfänglich nicht. Ich nahm an, sie seien meiner Neugier geschuldet, meiner Langeweile und nicht zuletzt dem Wunsch, dieser Stadt etwas näherzukommen (nur, kann man einer Stadt wie Macau überhaupt näherkommen?). Später begriff ich, dass ich ganz bewusst die Kasinos mied, die mich auf ihre gedankenlose Weise beunruhigten. Meist bin ich vom Casino Lisboa losgelaufen und habe die Altstadt in verschiedene Richtungen durchquert. Einige Male bin ich bis zur Portas do Cerco gelaufen, das alte Grenztor in Richtung China, oft aber auch nur bis zum Monte Forte und zur berühmtesten Sehenswürdigkeit Macaus, der Ruine der Pauluskirche. Meine Spaziergänge führten mich vorbei an vergitterten Ladenpassagen, Markthallen mit garölverspritzten

Lampions, Zeitungskiosken, Aufbahrungshallen, vor denen es nach getrocknetem Fisch roch, staubigen Teeläden, glattpolierten Tempeln, billigen Kleiderläden, Pfandhäusern, Massagesalons; und Macau war dabei immer eng, stickig-kalt und wie versunken, wie abgelebt von all den Menschen, die Kantonesisch sprachen und über dunkelgeriebene Pflaster huschten, ohne je einmal aufzublicken. So ein Stimmen- und Gassengewirr hatte ich eigentlich noch nie erlebt. Macau fühlte sich überhaupt nicht südländisch an, selbst wenn der alte Leuchtturm Farol da Guia mich noch schüchtern an das Mittelmeer zu erinnern versuchte. Es war dafür alles viel zu gegenwärtig, das portugiesische Zeug war längst ausrangiert, die Büste des Nationaldichters Luís de Camões weggepackt; hier feierten jetzt Chinesen ihre Zukunft mit Goldgeschäften, Abalone-Kreationen und anderen überteuerten Gerichten. Die Stadt hatte die längste Zeit von Missionarwesen, Menschen- und Opiumhandel gelebt, und das sah man; in so mancher Gasse gab es noch die Absteigen und kargen Unterkünfte für Kulis, die dort krummgearbeitet auf ihre Verschiffung nach Nordamerika gewartet hatten, für die Flüchtlinge aus dem japanisch-chinesischen Krieg, für Abenteurer und Reisende ohne Heimat. Auch die aufgegebene Leprastation waren nicht schwer zu finden. Uneingeweihte Blicke schweiften über indische Gewürze, Handytaschen, Einweckgläser mit Schlangenbäuchen. Und irgendwann, in einem Winkel Macaus, als ich mich kaum noch auf den Beinen halten konnte, fand ich auch die Fundação Oriente wieder. Ich erinnerte mich vage an ihre Mauer, das Tor, den Wasserspeier. Meine Schritte verloren sich jetzt, vor der Mauer, dem Tor, dem Wasserspeier. Plötzlich befand ich mich in einem verwunschenen Stadtgraben, im Schutz dichter Blättergründe, die von Feuchtigkeit tropften – der alte, protestantische Friedhof, gleich nebenan. Eine Reihe großer Bäume stand dort; ein alter Mann sagte mir ihren Namen. Es waren weiße und gelbe Frangipani, deren starkduftende Blüten im Sommer, wie er mir erklärte, den Friedhof mit einer Wolke aus Wohlgeruch überdeckten. Es sei ein alter Brauch der Muslime, auf ihren Friedhöfen Frangipani zu pflanzen, und die portugiesischen Händler und Umsiedler hätten ihn wohl von Malakka her nach Macau gebracht. Ihr Glaube untersage es den Muslimen nämlich, Blumen auf die Gräber zu legen, und deshalb pflanzten sie solche Bäume, deren Blüten dann auf natürliche Weise die Gräber bedeckten. Auf Kantonesisch heiße dieser Baum *gai daan fa* oder auch einfach *sei yan fa*, also die »Totenblume«. Und als ich mich von dem alten Mann verabschiedet hatte und gerade im Begriff war, mich von ihm wegzudrehen, sprang mir die Grabstätte von Thomas Beale ins Auge, ein steinerner Sarkophag, in den die Worte »Sacred to the Memory of Thomas Beale« eingemeißelt waren. Es muss sich wie ein Déjàvu angefühlt haben.

4

Überall hängen riesige Flachbildschirme, auf denen sich stets etwas bewegt. Einmal sehe ich, wie ein Sushi-Teller umringt von blutjungen Models den hungrigen Spielern präsentiert wird; ein andermal sehe ich zwei riesenhafte Steaks durch eine tropische Landschaft schweben, bis ihnen eine Stichflamme den Garaus bereitet. – Der Pianist im Galaxy ist Russe und sitzt an einem Piano, auf einem goldenen Podest, das man mit Kordeln eingezäunt hat, unweit eines Diane-von-Fürstenberg-Shops. – Ein Kindertraum: Ein Stück Brot in einen Ofen schieben; kurz darauf kommen zwei Stück heraus. Nur darum geht es wohl, das ist die ursprünglichste Form der Magie. Die Mauer der Zukunft hat eine Bresche, weil man die Gegenwart überlistet hat (die normalerweise natürlich nur *ein* Stück Brot bereithält). In einer Nacht erspiele ich in weniger als zehn Minuten etwa 400 Euro. Geld kann sich plötzlich fortpflanzen.

5

Thomas Beale ist im Jahr 1792 nach Macau gekommen. Er stammte aus Schottland, war aber wohl auswärtssüchtig. Schon als junger

Mann suchte er sein Glück in Ostasien, wollte vielleicht einfach im *empire game* mitspielen. Er lebte eine Zeit lang in Kanton, im Dienst seines Bruders Daniel, der an diesem Handelsplatz als preußischer Konsul tätig war; später wurde auch Thomas zum Konsul ernannt. Nebenbei leiteten die beiden Brüder eine florierende Handelsunternehmung. Nach seiner Übersiedelung nach Macau erwarb Thomas Beale eine Villa im portugiesischen Stil mit einem Garten, der schon bald zu den wichtigsten Sehenswürdigkeiten der Kolonie zählen würde. Zu diesem Garten sollen 2500 Topfblumen gehört haben, außerdem ein Vogelhaus mit Hunderten von seltenen Vögeln aus den verschiedenen Erdteilen. George Vachell, ein Seelsorger der Britische Ostindien-Kompanie, berichtete seinem Freund John Stevens Henslow, seines Zeichens Botanikprofessor in Cambridge, außerdem Mentor Charles Darwins, von einem Besuch in diesem Garten; er behauptet, mehr als sechshundert Vögel gesehen zu haben. – Unglücklicherweise meinte es das Schicksal nicht gut mit Thomas Beale. Als Ergebnis ungünstig verlaufener Geschäfte musste er bereits im Jahr 1816 den Bankrott erklären. Der Schotte tauchte unter und hat wohl über viele Jahre im Verborgenen weiter in Macau gelebt. Fünfundzwanzig Jahre später, im Jahr 1841, hat man seine Leiche auf den Dünen von Cacilhas gefunden, nordöstlich des schon erwähnten Farol da Guia. Wahrscheinlich hat Thomas Beale den Tod aus freien Stücken gesucht. Sein Vogelhaus ist einige Zeit später nach Hongkong verkauft worden.

Während ich noch der Inselhaftigkeit der Insel Coloane nachtrauerte, nahm ich mir vor, den Garten des Thomas Beale zu suchen.

Der Chinese Howqua, damals einer der reichsten Männer der Welt, starb nur zwei Jahre nach Beale. Howqua war ein Kaufmann aus der Provinz Fujian; er charterte in Amerika Schiffe, die er mit Tee und anderen Gütern beladen nach Europa schickte. Er soll auch mit Opium gehandelt haben. In Salem und Newport im US-amerikanischen Bundesstaat Massachusetts hängen heute noch die Ölgemälde, die seine dankbaren amerikanischen Geschäftspartner von diesem Kaufmann anfertigen ließen.

6

Ich besuche systematisch alle großen Kasinos und erstelle eine Liste. Nach einem Monat umfasst sie die folgenden einundzwanzig Namen:

Grandview
City of Dreams
The Venetian
Four Seasons
Galaxy
Grand Hyatt Macau
Studio City
MGM Grand
Wynn Macau
Star World
Emperor
Landmark (Pharaoh's Palace)
Presidente
Fortune
Kam Pek Paradise Casino
Hotel Lisboa
Grand Lisboa
Holiday Inn
Ponte 16
Pacapio
das Hundestadion (Yat Yuen Canidrome)

Da ich in den meisten Kasinos keinen Einsatz mache, fühle ich mich schlecht; ich riskiere so viel weniger als die chinesischen Spieler.

7

Das Geld und die Zeit. Friedrich Hölderlin: »Es fehlet aber das Geld, denn zu viel/ist ausgegeben heute.« Walter Benjamin vergleicht den Spieler mit dem Fabrikarbeiter und beschreibt, wie in der Begegnung mit dem Schicksal Vorzeichen und Ahnungen ihre Kraft nur so lange entfalten können, wie wir es versäumen, sie in Handeln zu übersetzen. Geld muss verwettet werden, damit Ereignisse bedeutungsvoll werden. Ein ganzes Leben kann so in wenigen Minuten aufgebraucht werden. – Nichts spricht dafür, dass sich das Zeitgefühl in den Kasinos von Macau heute noch von dem in Las Vegas unterscheidet (Umsätze im Jahr 2017: 7,09 Milliarden Dollar in Las Vegas, 33 Milliarden in Macau). Einmal habe ich Spieler in der City of Dreams beobachtet. Es war sehr spät, und der Saal war von einem aromatischen, geradezu einschläfernden Geruch erfüllt (in The Venetian roch es nicht so). An den Tischen stand der Mindesteinsatz (ein Jeton!) bei 100 oder 300 Euro, an manchen sogar bei 500 Euro. Alle Tische sind besetzt. Die Spieler sind oft schlampig, fast ärmlich angezogen; manche stehen sogar mit einer Plastiktüte da, aber mit einem so erwartungsvollen Leuchten in den Augen, als stehe ihnen die erste Berührung mit der funkenhaften Geistesgegenwart des Spiels bevor. Eine ältliche Frau lächelt seit einigen Minuten; ihre Karten beim Black Jack sind so schlecht, dass sie ein ums andere Mal verliert, ein fauler Zauber, der sich irgendwann auch über die Karten ihrer Nachbarn legt.

Im Kasinosaal scheint es oft so, als habe jemand sämtliche Grenzen zwischen den Menschen ausgelöscht. Vielleicht ist es einfach, weil hier nur eine einzige Sprache Macht über ihre Gedanken besitzt und der Gebrauch dieser Sprache wird allein von den Regeln der Spieltische bestimmt. Alles scheint nach außen gekehrt; alles ist der Naturkraft des Geldes erlegen. Noch der intimste, unaussprechlichste Aberglaube wird hier sichtbar, so wie die rote Unterwäsche, die sich die Spieler von Macau anziehen und dann hervorlugen lassen. Ich muss an Luis Buñuels Film *Der diskrete Charme der Bourgeoisie* denken: Menschen essen im Verborgenen und scheißen öffentlich.

8

Dem Reiseführer zufolge soll sich der Garten des Thomas Beale im Westen Macaus befunden haben, auf einer Anhöhe unweit der Igreja de São Lourenço, einer eleganten Kirche mit zwei Türmen in einem blassen Gelb. Es ist nicht weit bis zum belebten Vorplatz des Teatro Dom Pedro V; es gibt kleine Geschäfte, Cafés, Wäschereien und Friseursalons. Ich verbringe viele Stunden in diesen Gassen, doch finde ich den Garten des Thomas Beale nicht.

Aus der deutschen Übersetzung eines berühmten erotischen Romans, der zu Beginn des 17. Jahrhunderts in China verfasst worden ist: »Oh! Die sechzehnjährigen Schönen! – Sind sie auch weich und zart von Gestalt, können sie doch mit der Klinge der Lenden Toren bringen in Todesgewalt.« (*Schlehenblüten in goldener Vase*, übersetzt von den Brüdern Otto und Artur Kibat) Die Hauptfigur in diesem Roman, ein verrohter, sexbesessener Mann namens Ximen Qing, ist übrigens ein schlechter Investor. Seine Ehefrauen haben oft mehr Geld als er. – In einer Januarnacht verliere ich 300 Euro; am nächsten Tag gewinne ich knapp 150 Euro zurück. Ich bilde mir ein, dass es sich um dieselben Jetons wie am Vortag handelt.

9

Eines Morgens, als ich kurz vor halb neun im wohl protzigsten Kasino von Macau stand (The Venetian), habe ich zugesehen, wie eine chinesische Reisegruppe an den Baccara-Tischen bei einem Mindesteinsatz von 30 bis 100 Euro ihr letztes Geld verspielt hat. Die Männer waren meist glatzköpfig, zwischen vierzig und fünfzig, nicht wirklich wohlhabend, aber von einer ungeheuren Begeisterung für das Glücksspiel; die Frauen schienen sich zurückzuhalten, vielleicht weil sie später noch an die teuren Tische im Four Seasons wollten (der Mindesteinsatz dort: 300 bis 1 000 Euro). Eine mittelalte Frau hockte neben einer Rolltreppe, paillettenbesetztes, grünes Oberkleid, einen Harry-Potter-Zauberhut auf dem Kopf, und lächelte. – Im Chicago des Jahres 1890 sollen zwei Männer einmal 20 000 Dollar darauf gewettet haben, welcher von zwei Regentropfen auf einer Scheibe, der rechte oder der linke, als erster den Fensterrahmen berühren würde. – Eine Stunde später saß ein Arbeiter in grüner Kluft auf einer Holzbank im Seitenraum der St. Joseph-Kirche, wo auch eine Rippe von St. Xavier aufbewahrt wird. Er wartete offenbar das Aufladen seines Handys ab, das er mit einer Steckdose in der Wand verbunden hatte. Als ich genauer hinsah, bemerkte ich, dass der herabfallende Putz den Boden bis in die innere Kapelle, wo Jesus an seinem Kreuz hing, mit einer feinen, weißen Schicht bedeckt hatte. Kurz darauf stieß ich in einer alten Ausgabe der *Macao Daily News* auf die Nachricht, dass Steve Wynn bei einer Versteigerung in London acht Millionen Pfund für eine Anzahl chinesischer Porzellanvasen aus dem 18. Jahrhundert bezahlt hatte. Ich war überrascht. Offenbar beabsichtigte der amerikanische Milliardär, diese Vasen in seinem Kasino (Wynn Macau) auszustellen. Dem Artikel entnahm ich auch noch, dass die chinesische Regierung sich sehr erfreut zeigte; nach einem langen Jahrhundert der Demütigung durch imperialistische Kräfte würden die Kunstschätze endlich ins Mutterland zurückgeführt. Ich war mir sicher, dass dies schon geschehen war. Was hätte wohl die Chinesin mit dem Harry-Potter-Zauberhut dazu gesagt?

Ein Spieler springt mir besonders ins Auge. Er hat sich vor einem großen Würfeltisch aufgebaut, ein etwa zwei Meter langer schwarzer Tisch, der beinahe wie eine Holzwanne aussieht. Die Jetons liegen auf dem Boden dieser Wanne, die nur an der Nordseite eine Öffnung hat; da sitzt die »Bank«. Ich schätze den Spieler auf etwa 45 Jahre; er sieht nicht wirklich wie ein Han-Chinese aus, eher russisch oder vorderasiatisch. Er trägt eine schwarze Lederjacke, dazu Jeans und hat nur noch eine Hand, die linke. In diesem Augenblick steht er gekrümmt vor dem Würfeltisch, beinahe affenartig, und wirft seinen Würfel in sehr rascher Abfolge immer wieder in diese Wanne. Dazu ruft er auf Englisch Zahlen aus. Vor jedem Wurf beugt er sich einmal vor und kommt den anderen Würfeln, die auf dem Boden der Wanne liegen, bedrohlich nahe.

Es scheint so, als würde er einzeln prüfen, ob sie vielleicht gezinkt sind. Das Spiel heißt Seven Eleven. Dann schleudert der Spieler seinen Würfel in diese Wanne und tänzelt noch einige Sekunden lang hin und her – wie mit großer Wut. Die drei Vertreter der »Bank« sind so angespannt, als würden sie tatsächlich einem großen Tier in seinem Käfig zusehen. Wahrscheinlich hat der Spieler seine rechte Hand vor einiger Zeit für nicht beglichene Wettschulden verloren. Hätte er von Geburt an eine Hand weniger, würde er sich wohl nicht so selbstzerstörerisch verhalten.

10

Ich wandere weiter. Ich stehe vor dem Grabstein des Coronel Nicolau de Mesquita, ein Kolonialbeamter und Lokalheld, der am 20. März 1880 zuerst Ehefrau und Tochter und dann sich selbst erschossen hat, weil er bei der Beförderung übergangen worden war; mit C. Y. verbrenne ich Weihrauch am Templo de A-Má; ich laufe die alte Uferpromenade ab und entdecke die Fortaleza de Doña Maria II; ich lerne die Bedeutung des portugiesischen Wortes »Saudade« schätzen; ich bewundere das Wandgemälde von Johannes dem Täufer in der Leuchtturmkapelle; mit C. Y. kaufe ich flaschenweise portugiesische Rotweine. – Einmal führt uns mein Bekannter T. durch die Stadt, ein Mittfünfziger, Universitätsprofessor, Makanese. Er erzählt, dass er im Norden Macaus großgeworden sei, in einer gesichtslosen Bettenburg in Mong Há; weil er als Junge Coca-Cola ausgefahren habe, kenne er die Gegend wie seine Westentasche. In seinen Erinnerungen sind die Soldaten aus Portugals anderen Kolonien immer noch in der Stadt stationiert; damals wurden die Kühe noch durch die Gassen getrieben, alles war voll Kot und schmutzig, mit unzureichenden Waschgelegenheiten, man schlief in unbequemen Betten, oft zu dritt oder zu viert – und wenn er mit seinen Spielkameraden zu den Baracken hochlief und die Fremden aus Portugiesisch-Guinea oder Angola auf Chinesisch beschimpfte, bewarf man sie mit Steinen. Es waren

Tiere, sagt T. heute. – Sein Vater hatte fast keine Schulbildung erhalten und musste sich sein Leben lang irgendwie durchschlagen; zuletzt hat er für die Stadtverwaltung Hochhäuser von Ungeziefer befreit. Seine Mutter, die aus der tiefsten, südchinesischen Provinz stammte, war als Kind an reiche Chinesen verkauft worden. Als T. mit zehn Jahren einmal seine Mutter fragte, ob er zuerst von dem auf dem Tisch stehenden Reis essen dürfe, tadelte ihn seine Mutter heftig. Sie selbst müsse zuerst essen, erklärte sie, denn sie brauche Kraft; nur so könne sie einen weiteren Sohn gebären, falls er plötzlich sterben würde. Einmal kam seine kleine Schwester nach Hause und fand ihren heißgeliebten Hund nicht mehr vor. Ihr Vater hatte ihn geschlachtet, weil er auch am Monatsende einmal Fleisch essen wollte. An jenem Tag haben alle in ihrer Familie zu Abend gegessen, nur T.s Schwester nicht. T. erklärt es sich mit geschwisterlicher Mutmaßung so, dass ihr Herz schon »zu weich« geworden sei; seine Schwester sei schon nicht mehr in derselben bitteren Armut aufgewachsen wie die älteren Geschwister.

Irgendwann begreife ich, dass es in Macau in Wahrheit zwei Gärten des Thomas Beale gibt. Ich habe an Jorge Luis Borges' im Jahr 1941 veröffentlichte Kurzgeschichte »Der Garten der Pfade, die sich verzweigen« denken müssen. Darin wird eine Begebenheit in einem Weltkrieg erzählt, der natürlich der Erste ist, nur dass Borges dies zum Zeitpunkt der Abfassung seiner Kurzgeschichte noch nicht so genau wissen konnte. Die Hauptfigur, zugleich der Erzähler der Geschichte, ist der Chinese Yu Tsun, der in England als Spion für das deutsche Kaiserreich tätig ist. Yu ist im Besitz einer womöglich kriegsentscheidenden Information, der exakten Position eines neuen Artillerieparks der Briten; doch ist ihm ein britischer Agent auf den Fersen, und es bleiben dem deutschen Spion nur noch wenige Stunden, um seine Information an die Vorgesetzten in Berlin zu übermitteln. Yu greift zu einem unkonventionellen Mittel: Im Londoner Telefonbuch sucht er nach einer Person namens »Albert« (der Ort des Artillerieparks); er plant, diese Person zu töten, sodass die Nachricht von dem Mord von der britischen Presse in alle Welt getragen würde; in Berlin würde man diese Nachricht zu deuten wissen ... Yu findet den Namen »Stephen Albert« und bricht sofort auf. Doch als er sein Ziel erreicht hat, muss er zu seiner Überraschung feststellen, dass Albert ein Sinologe ist, der über einen Vorfahren Yus geforscht hat. Die Lebensleistung dieses Vorfahren, eines gewissen Ts'ui Pen, besteht darin, ein Buch geschrieben und einen Garten entworfen zu haben. Beide, Buch und Garten, bilden das Universum ab und zwar nicht nur das wirkliche Universum, sondern auch alle nur erdenklichen Paralleluniversen; jeder mögliche Geschehensablauf, zusammen mit allen weiteren Verwicklungen (»so verschiedene Zukünfte, verschiedene Zeiten, die ebenfalls auswuchern und sich verzweigen«), soll darin enthalten sein. Eigentlich sind beide, Buch und Garten, eins: Ein Labyrinth für die Unendlichkeit, die Spiegelung in der Spiegelung. Der Spion darf sogar einen Blick in ein Exemplar dieses Buches werfen, das der Sinologe in China erworben hat; und doch muss er ihn seinem ursprünglichen Plan gemäß töten und wird danach sofort verhaftet und zum Tode verurteilt ... Der Garten des Thomas Beale ließ mich an den »Garten der Pfade, die sich verzweigen« denken, und so schien es mir auf einmal auch, als gäbe es zwei Gärten des Thomas Beale, einen in der Welt, in der sich der Schotte im Jahr 1841 das Leben genommen hat, und einen zweiten in der Welt, in der er immer weiter verborgen in Macau gelebt hätte, um seinen Garten zu pflegen, nur dass ich beide Gärten bis heute nie zu Gesicht bekommen habe. – China und seine Spiegel: Wer sich einmal darin gesehen hat, wird nie wieder derselbe sein.

Im Alter von sechs oder sieben Jahren hat T. einmal versehentlich auf einen Stein gepinkelt, den jemand mit den Zeichen 阿彌陀佛 (Amitābha, der »Buddha des unendlichen Lichts«) versehen hatte. Er erschrak so sehr, dass er drei Tage lang mit hohem Fieber zu Bett lag; und ist dann nie wieder zu der Stelle mit dem Stein gegangen. T. fürchtete sich damals auch vor Mönchen, weil die glatzköpfig sind und das chinesische Wort für »glatzköpfig« (*guangtou* 光頭) an die Wendung »alles verloren« (*shu guang* 輸光) erinnert. Eine andere, unerschöpfliche Quelle für allerlei Ängste war der Tod eines von T. angeschwärmten Nachbarsjungen: Es war unweit des Offizierskasinos, im Jahr 1967, als die Roten Garden durch Macau zogen und gegen die verhassten, europäischen Kapitalisten demonstrierten. Die portugiesische Kolonialverwaltung bekam es mit der Angst zu tun und verkündete eine abendliche Ausgangssperre. Der Nachbarsjunge, einige Jahre älter als T., beging daraufhin die Unvorsichtigkeit, eines Abends mit dem Fahrrad und in der Uniform seiner Mittelschule, an der sich besonders viele mit den Roten Garden solidarisiert hatten, durch die Rua do Campo zu fahren. Ein portugiesischer Soldat eröffnete umgehend das Feuer und traf ihn tödlich. – Die tiefe Angst, die T. in seiner Kindheit entwickelte, hat ihn nie mehr verlassen. Armut legt dem Menschen einen Berg von Leid auf.

11

Einige Chinesen spielen auch heute noch das Spiel Fan-tan, doch nur in den alten, oft schon etwas heruntergekommen Kasinos von Macau. – In China hat man natürlich schon immer gespielt. In Macau hat die portugiesische Kolonialverwaltung jedoch erst im Jahr 1847 eine Erlaubnis für das Glücksspiel ausgestellt. Ein bekanntes Spiel ist zum Beispiel Pacapio, auch Keno genannt (»Weiße-Tauben-Tickets«). Es wurde ursprünglich mit Tauben gespielt, die mit jeweils einem Schriftzeichen des *1000-Zeichen-Klassikers* versehen wurden, und die Spieler mussten ihre Einsätze auf diese Zeichen wetten (heute hat ein Automat die Tauben ersetzt, und die Spieler setzen auf Nummern). – Fan-tan ist das weitaus interessantere Spiel. Ich habe oft den Atem anhalten müssen, denn eine ungeahnte Langsamkeit wird dabei freigesetzt. Fan-tan wird an einem großen Tisch mit braunem Filz gespielt, auf dem unzählige weiße Steine liegen, die wie Knöpfe aussehen und zu einem Haufen aufgeschichtet sind. Die Dealerin sitzt hinter einem gläsernen Schirm, der sie vor den Spielern schützt. Ausdruckslos zählt sie mit einem eleganten Holzschieber jeweils vier Knöpfe ab, die sie in Reihen vor sich anordnet. Dieser Vorgang dauert manchmal mehr als zehn Minuten. Schließlich bleibt eine Anzahl von weniger als fünf Knöpfen übrig. Die Spieler, meist alte Männer, setzen zu Beginn des Spiels auf eine Zahl von 1 bis 4 und warten seelenruhig auf das Ergebnis des Auszählvorganges. Damit gewitzte Spieler das Ergebnis nicht vorher »erahnen«, deckt die Dealerin den Knöpfehaufen gern mit einem silbernen Deckel zu. – Alles in allem: Nichts passiert. Die Welt dämmert nur so dahin. Man spürt, dass der eigene Einsatz bereits in eine große Ferne gerückt ist. Ein Irrtum waltet: Du kannst gar nicht mehr verlieren! Nur dass man dann plötzlich doch verloren hat.

12

Ich habe mich als Kind oft darüber gewundert, dass wir die Zeit in Europa noch immer mithilfe des christlichen Kalenders berechnen. Es gibt schließlich so viele andere Kalender.

Seidenraupen sind bis heute sehr wichtig in China und die Seidenzucht in Europa geht auf chinesische Vorbilder zurück. Der Prozess, wie die Seidenraupen der von ihnen erzeugten Fäden entledigt werden, ist bekanntlich sehr grausam. Im Chinesischen gibt es eine schöne Wendung (作繭自縛), die das Bild der Fadenwindung für Fadenwindung um sich herum legenden Seidenraupen bemüht, als eine Metapher für das Leben eines Menschen, der sich mit seiner Existenz und der Sprache, mit der er sich über diese Existenz zu verständigen sucht, auch in so einen Kokon einspinnt. – Eigentlich hatte ich es vermeiden wollen, in diesem Buch über Seidenraupen zu sprechen, denn man bedient damit ja doch nur ein weiteres, abgegriffenes Klischee.

Als Kind, erzählt Rousseau in seinen *Bekenntnissen*, habe er einmal einen Stein gegen einen Baum geworfen, in dem Glauben, dass seine Seele gerettet sei, wenn er ihn träfe.

Die Spieler halten ihre Jetons immer fest zwischen den Fingern und schieben sie dabei langsam hin und her, so als würden sie unbewusst ihre Anzahl überprüfen.

SCHLUSS

1

Über viele Monate hat mich der Verdacht gequält, ich könnte an diesem Buch scheitern. Ein Buch über »China« oder »das chinesische Denken« zu schreiben – das schien mir lange wie eine aberwitzige Idee, denn eigentlich kann man sich mit so einem Projekt nur lächerlich machen. China: ein Labyrinth, ein Fuchsbau, ein Wunder an Überkomplexität! Und jetzt, da ich dieses Buch zu Ende geschrieben habe, fällt mir sofort so viel ein, was ich nicht erwähnt habe: Dass sich erst in der Yuan-Dynastie (1279 bis 1368) die Gewohnheit herausgebildet hat, drei Mahlzeiten pro Tag einzunehmen – und nicht mehr nur zwei; dass in der Einleitung zum chinesischsprachigen Standardwerk über die chinesische Geschichte (*Zhongguo tongshi*, 1989 bis 1999) 186-mal Marx und 27-mal Stalin zitiert wird; oder auch, dass der bedeutendste chinesische Mathematiker des 17. Jahrhunderts, Mei Wending, zwar vom Kaiser persönlich empfangen, ihm aber nicht einmal der niedrigste postume Titel verliehen worden ist ... So könnte man noch zahllose weitere historische Details auflisten und würde irgendwann vielleicht einmal verstehen, was das traditionelle und das moderne China *wirklich* ausmacht.

2

Als ich C.Y. von den beiden Gärten des Thomas Beale erzähle, schaut sie mich kurz verständnislos an. Doch dann gefällt ihr diese Geschichte. Sie bezeichnet sich normalerweise nicht als Chinesin, aber die klassischen Romane Chinas hat sie alle verschlungen.

Manchmal, so hat sie mir vor einigen Tagen erklärt, bedauere sie es, dass sie die Romane von Eileen Chang so früh gelesen hat – eine Erzählung wie »Das goldene Joch«, mit der außergewöhnlichen Beobachtungsgabe, mit der da die weiblichen Seelenlagen in der traditionellen Familienordnung beschrieben würden, vermittle eine Schwärze, die einer jungen Leserin eigentlich nur Schaden zufügen könne; ihre Großmutter sei auch so eine Frau gewesen, die selbst nie glücklich geworden sei und deshalb das Glück ihrer Kinder bewusst zu zerstören gesucht habe. Ich muss daran denken, wie ich selbst vor vielen Jahren dem alles durchdringenden Blick C. Y.s verfallen bin, der unendlichen Leichtigkeit, mit der es ihr immer gelingt, die Schwärze von sich wegzuschieben, und ihrem journalistischen Gespür für die unzähligen Bezüge des echten Lebens.

3

Und dann sitze ich wieder einmal mit Menschen an einem Tisch, die Chinesisch sprechen. Eine Reihe von Frauen, ein Mann. Sie beachten mich nicht weiter, was von einer gewissen Vertrautheit zeugt, und das gefällt mir (wie lange habe ich danach gestrebt, unsichtbar zu sein?!). Ein Restaurant, ein runder Tisch, Kellnerinnen tragen große Teller herein, Fisch- und Fleischplatten. Die Menschen lachen, sie reden sehr schnell, die Sätze überstürzen sich; der junge Mann erhebt die Stimme, er ist in Taipeh zur Welt gekommen, aber sein Stuhl neigt sich gerade in einem gefährlichen Winkel nach hinten, er spricht halb auf Englisch, halb auf Chinesisch, er lebe seit Langem in Los Angeles, die Menschen dort hätten so viele Schwierigkeiten, zusammenzukommen (»to physically meet up together«, sagt er einmal), da könne nur eine App Abhilfe schaffen. Genau eine solche würde er gerade mit seinem Team entwickeln, in Los Angeles, mit einigem Risikokapital – wo auch sonst?! Und wie er das sagt, blicke ich auf sein schwarzes T-Shirt, darauf ist ein Totenkopf zu sehen, der sich bei genauerem Hinsehen als eine Anhäufung aus nur zwei, dutzendmal wiederholten Wörtern erweist:

»Natural Instinct«. Mithilfe so einer App, sagt er weiter, könne ein durchschnittlicher Amerikaner ganz leicht einen anderen durchschnittlichen Amerikaner kennenlernen, mit dem er dann gemeinsam den Hund ausführen oder eine Yoga-Klasse besuchen könne. Bei dieser Art von horizontaler Verknüpfung würden alle traditionellen Apps versagen, erklärt der junge Mann, dessen Stuhl sich jetzt langsam wieder aufrichtet, umso bemerkenswerter ist es, dass er bis jetzt noch keinen Erfolg in Amerika gehabt hat. Immerhin hat er Taiwan schon vor mehr als zehn Jahren verlassen, damals habe er erklärt, bewundernswürdige Werke schaffen und viel Geld verdienen zu wollen, jetzt ist er schon über fünfunddreißig, seine Zukunft bleibt das Wertvollste, was er vorzuweisen hat. Doch wenn er einmal richtig zu Geld kommen würde, wolle er sich eine Baseball-Mannschaft kaufen, einige Millionen Dollar seien schon genug, dann könne er auch nach Taipeh zurückkehren. Mein Blick schweift von ihm ab auf seine Großmutter, die im nächsten Jahr fünfundneunzig wird, bis heute sind ihre Fußsohlen etwas verkrümmt, weil sie vor Urzeiten auf dem Land in der Provinz Shandong gezwungen wurde, hübsche, aber viel zu kleine Seidenschuhe zu tragen. Ihre Tochter, die schon über siebzig ist, fragt plötzlich den jungen Mann, was denn mit dieser App passieren würde, wenn es in der Zukunft einmal keine Elektrizität mehr gebe?! Da ist der junge Mann verwirrt. Als er sich wieder gefangen hat, sprechen die beiden sehr angeregt über die Wiedergeburt, und ich denke mir, dass diese Frau ja eigentlich recht hat mit ihrer Frage, ohne Elektrizität würde die Menschheit wieder an den Nullpunkt zurückkehren, alles wäre dann neu, Menschen würden wieder von selbst zusammenkommen – und könnten Dinge tun, von denen sie in der Gegenwart nicht zu träumen wagen.

4

Ist es wirklich so, dass das amerikanische Zeitalter auf sein Ende zugeht? In vielen westlichen Hauptstädten ist das Vertrauen in die USA als Weltordnungsmacht erschüttert; und in Städten wie Peking, Shanghai oder Chongqing träumen viele von einer ganz anderen Welt. Ich habe nie länger in einer dieser Städte gelebt, und vielleicht ist das auch der Grund, warum ich eine so große Nähe zur chinesischen Vergangenheit verspüre. Im gegenwärtigen China werden die Überreste einer jahrtausendalten Kultur, mit all den spirituellen Triumphen, die sie auf ihrer Suche nach flüchtigen Geisteszuständen errungen hat, zur leichten Beute eines aggressiven Nationalismus. Und oft scheint es fast so, als würden viele Chinesen den Nihilismus der globalen Gegenwart und die Widersprüche einer zersplitterten, multipolaren Welt begrüßen, weil diese schlussendlich die Überlegenheit der chinesischen Kultur unter Beweis stellten.

5

Weil mir keine Idee kommt, wie ich dieses Buch beenden soll, entschließe ich mich endlich dazu, den einfachsten Weg zu gehen. Es gab sehr viele Bücher im traditionellen China (einer berühmten Beschreibung zufolge waren die Bibliotheken »so groß wie der rauchverhangene Ozean« 浩如煙海); aber das wichtigste Buch war zweifellos das *Buch der Wandlungen*. Eigentlich, habe ich oft gedacht, handelt es sich dabei auch um das *chinesischste* Buch. Also ziehe ich ein Exemplar dieses Buches aus dem Regal und schlage es auf. Das Münzorakel nennt mir das erste Hexagramm Qian, »das Schöpferische«. Der Urteilsspruch lautet: »Das Hauptopfer an des Zapfens [Ahn] ist der Ahnenweihe dienlich.« Weil mir bei der zweiten Linie des Hexagramms die drei Münzen vom Tisch gerollt sind, glaube ich gute Gründe zu haben, den Spruch zu dieser Linie besonders ernst zu nehmen: »Man sieht den Drachen auf dem Feld. Dienlich ist es, dem großen Mann seine Aufwartung zu machen.«[226] Doch was heißt *das*?! Wer wäre in meinem Leben der »große Mann«? Ich brüte lange über diesen beiden Sprüchen und finde doch keine zufriedenstellende Antwort. Eine innere Stimme sagt mir, dass ich Archäologe oder Linguist sein müsste, um diese Botschaft eindeutig entziffern zu können. Doch dann würde ich wahrscheinlich nicht mehr daran glauben, dass sie auch in *meinem* Leben etwas bedeuten könnte. Auch ärgere ich mich ein wenig darüber, dass ich kein interessanteres Hexagramm mit einem poetischer klingenden Spruch erhalten habe.

Dann schließe ich das Buch. In der chinesischen Kultur wird oft der Wert der Einfachheit hervorgehoben, des Unkomplizierten und intuitiv Richtigen. Die tiefsten Bedürfnisse der Menschen, scheint sie zu sagen, verändern sich nie.

Ob das stimmt, wissen wir vielleicht wirklich erst, wenn sich unsere Welt grundlegend verändert hat.

ANMERKUNGEN

1 *The Annals of Lü Buwei*, Stanford 2000, S. 370 f.

2 *Zhuangzi. Das Buch der Spontaneität. Über den Nutzen der Nutzlosigkeit und die Kultur der Langsamkeit*, Oberstdorf 2013, S. 63 f.

3 Ludwig Wittgenstein, *Das Blaue Buch*, in: *Werkausgabe*, Bd. 5, Frankfurt a. M. 1984, S. 98.

4 Sigmar Gabriel, Rede auf der Münchner Sicherheitskonferenz, Februar 2018, siehe {https://www.german-foreign-policy.com/news/detail/7536/}, letzter Zugriff: 30. September 2018.

5 Pankaj Mishra, *Zeitalter des Zorns: Eine Geschichte der Gegenwart*, Frankfurt a. M. 2017, S. 50.

6 Die Abkürzung WEIRD verweist auf die Bewohner euro-amerikanischer Gesellschaften (*Western, Educated, Industrialized, Rich* und *Democratic*), deren Verhaltensformen und Überzeugungen sich von den Menschen in vielen anderen Gesellschaften tiefgreifend unterscheiden. Viele Einsichten der experimentellen Psychologie, der Kognitions- und Wirtschaftswissenschaften sind Ergebnis von Experimenten mit dieser sehr begrenzten Bevölkerungsgruppe; genau deshalb dürfen sie auch nicht vorschnell verallgemeinert werden. Siehe dazu einschlägig Joseph Henrich, Steven J. Heine, Ara Norenzayan, »The weirdest people in the world?«, in: *Behavioral and Brain Sciences* 33 (2010), S. 61–135. – Zum Niedergang der westlichen Mittelschicht vgl. Edward Luce, *The Retreat of Western Liberalism*, London 2017; Peter Temin, *The Vanishing Middle Class: Prejudice and Power in a Dual Economy*, Cambridge, MA 2017; sowie Christophe Guilluy, *La France périphérique: comment on a sacrifié les classes populaires*, Paris 2014.

7 Eine Übersetzung dieser Inschrift: »Und dann geschah es am Tag 5 Men 8 Wo / Rauch trat ein in das Haus von K'ak' Balamna / dieses wurde beobachtet von ??, dem König von Chan.« Siehe Eva und Arne Eggebrecht (Hg.), *Die Welt der Maya: Archäologische Schätze aus drei Jahrtausenden*, Mainz 1992, S. 223.

8 Ezra Pound, *Canto* 85/479–498, in: Ders., *Die Cantos*, Zürich 2012, S. 865. Pound verwebt hier idiosynkratisch drei unterschiedliche historische Ereignisse: die Ermordung Mussolinis und seiner Geliebten, die Hinrichtung Mary Surratts, der angeblichen Mitverschwörerin im Attentat auf Abraham

Lincoln, sowie die Herrschaft des König Wen der chinesischen Zhou-Dynastie (ca. 1112 bis 1050 v. Chr.).

9 Qian Zhongshu, *Guanzhui bian*, Taipeh o. J., S. 973 ff.

10 Vgl. Michael Puett, Christine Gross-Loh, *Das Wichtigste von allem. Die Geheimnisse der großen chinesischen Denker und wie sie unser Leben bereichern – Die legendären Vorlesungen*, Frankfurt a. M. 2016.

11 Wu-men Hui-k'ai, *Wu-men kuan. Zutritt nur durch die Wand*, Heidelberg 1977, S. 134.

12 *Sanguo zhi*, »Wei shu«, 28:796. – Wenn im Folgenden nicht anders vermerkt, stammen die Übersetzungen aus dem Chinesischen vom Autor.

13 Wu-men Hui-k'ai, *Wu-men kuan. Zutritt nur durch die Wand*, S. 42.

14 Für einen Überblick zur Geschichte des religiösen Daoismus siehe Florian C. Reiter, *Taoismus zur Einführung*, Hamburg 2000. Zum philosophischen Daoismus siehe Steve Coutinho, *An Introduction to Daoist Philosophies*, New York 2014.

15 Vgl. Paul W. Kroll (Hg.), *A Student's Dictionary of Classical and Medieval Chinese*, Leiden/Boston 2017, S. 519.

16 Laudse, *Daudedsching*, München 1992, S. 51. – Im Folgenden übersetze ich das *Daodejing* im Sinne von Wang Bis Kommentar.

17 Hermann Diels, *Die Fragmente der Vorsokratiker*, Dublin/Zürich 1972, S. 161 (DK 22 B50) [unveränderter Nachdruck der sechsten Auflage].

18 Martin Kern, »The ›Masters‹ in the *Shiji*«, in: *T'oung Pao*, 101-4-5 (2015), S. 335–362; hier: S. 350 (Übersetzung d. A.).

19 Jean-Paul Sartre, *Der Idiot der Familie*, Bd. 1, Reinbek bei Hamburg 1977 ff., S. 8.

20 Franz Kafka, *Tagebücher 1910–1923*, Frankfurt a. M. 1983, S. 410 (3. Februar 1922).

21 *Shishuo xinyu* 4:6; vgl. Liu I-ch'ing, *Shih-shuo Hsin-yü. A New Account of Tales of the World*, Ann Arbor 2002, S. 100.

22 Komm. zu *Shishuo xinyu* 14:2; vgl. *A New Account of Tales of the World*, S. 330 f.

23 Li Fang u. a. (Hg.), *Taiping yulan*, Peking 2013 [1960], S. 2178.

24 Siehe Christoph Harbsmeier, »Living up to Contrasting Portraiture: Plutarch on Alexander the Great and Sima Qian on the First Qin Emperor«, in: Hans van Ess, Olga Lomová und Dorothee Schaab-Hanke (Hg.), *Views* *from Within, Views from Beyond: Approaches to the* Shiji *as an Early Work of Historiography*, Wiesbaden 2015, S. 279. Zum Problem der Repräsentation in China vgl. Wen C. Fong, »Prologue: Chinese Calligraphy as Presenting the Self«, in: Wang Youfen (Hg.), *Chinese Calligraphy*, New Haven/London 2008, S. 1–31.

25 *Zuo Tradition Zuozhuan* 左傳. *Commentary on the »Spring and Autumn Annals«*, Bd. 1, Seattle/London 2016, S. 6 f.

26 Dies soll Liu Ling erklärt haben, siehe *Shishuo xinyu* 23:6; vgl. *A New Account of Tales of the World*, S. 402.

27 *Shishuo xinyu* 14:5 und Komm.; vgl. *A New Account of Tales of the World*, S. 331 f.

28 *Shinshuo xinyu* 24:4, Komm., und ebd., 23:9; vgl. *A New Account of Tales of the World*, S. 425, 402 f.

29 *Shishuo xinyu* 23:15; vgl. *A New Account of Tales of the World*, S. 405.

30 *Shishuo xinyu* 4:69, Komm.; vgl. *A New Account of Tales of the World*, S. 136.

31 *Shishuo xinyu* 14:2, vgl. *A New Account of Tales of the World*, S. 330.

32 Byung-Chul Han, *Philosophie des Zen-Buddhismus*, Stuttgart 2002, S. 135.

33 *Shishuo xinyu* 14:13, vgl. *A New Account of Tales of the World*, S. 333.

34 Shane McCausland (Hg.), *Gu Kaizhi and the Admonitions Scroll*, London 2003, S. 76. Dieses Bild zeigt aller Wahrscheinlichkeit nach den Kaiser beim Besuch einer seiner Hofdamen.

35 *Shishuo xinyu* 4:7; vgl. *A New Account of Tales of the World*, S. 101.

36 Lou Yulie (Hg.), *Wang Bi jijiao shi*, Taipeh 1992, S. 71; vgl. *The Classic of the Way and Virtue: A New Translation of the* Tao-te ching *of Laozi as interpreted by Wang Bi*, New York 1999, S. 100.

37 *Shishuo xinyu* 4:8; vgl. *A New Account of Tales of the World*, S. 101.

38 Vgl. Reinhard May, *Heidegger's Hidden Sources*, London/New York 1996, S. 32 f.

39 Youngmin Kim, *A History of Chinese Political Thought*, Cambridge 2017, S. 40 (Übersetzung d. A.).

40 Nach Francis H. Cook, *Hua-yen Buddhism. The Jewel Net of Indra*, University Park/London 1981, S. 18 f. (Übersetzung d. A.).

41 Laudse, *Daudedsching*, S. 90.

42 Laotse, *Tao Te King. Nach den Seidentexten von Mawangdui*, Frankfurt a. M. 1995, S. 40.

43 Barry Allen, *Vanishing Into Things: Knowledge in Chinese Tradition*, Harvard 2015, S. 10 (Übersetzung d. A.).

44 Richard Wilhelm, *Chinesische Philosophie. Eine Einführung*, Wiesbaden 2012 [1929], S. 28.

45 Lou, *Wang Bi jijiao shi*, S. 624. Vgl. Alan K. L. Chan, *Two Visions of the Way. A Study of the Wang Pi and the Ho-shang Kung Commentaries on the Lao-Tzu*, Albany 1991, S. 83 f.

46 Norman Girardot, *Myth and Meaning in Early Daoism. The Theme of Chaos (Hundun)*, Magdalena 2008 [1988], S. 43.

47 Ge Hong, *Baopuzi neipian*, siehe *Daozang* 1185, 28:229 c.

48 Zum Heshanggong-Kommentar vgl. Alan K. L. Chan, *Two Visions of the Way*, S. 139 ff.

49 Lou, *Wang Bi jijiao shi*, S. 16 f.; *The Classic of the Way and Virtue*, S. 62.

50 Siehe Kristof Schipper, *The Taoist Body*, Berkeley/Los Angeles/London 1993, S. 180.

51 Vgl. Rudolf G. Wagner, »Lebensstil und Drogen im chinesischen Mittelalter«, in: *T'oung Pao*, Vol. 59, Livr. 1/5 (1973), S. 79–178; hier: S. 111 f.

52 *Sanguo zhi*, »Wei shu«, 9:285.

53 C. G. Jung, »Zum Gedächtnis Richard Wilhelms«, in: Ders., *Das Geheimnis der Goldenen Blüte*, Olten 1971 [14. Auflage 1981], S. XVII.

54 Vgl. dazu J. J. Clarke, *The Tao of the West: Western Transformations of Taoist Thought*, London/New York 2000, insbesondere Kapitel 3.

55 Genau besehen besaß der historische Sokrates ein höchst zwiespältiges Verhältnis zum Behaupten, worauf der Philosoph Michael Hampe kürzlich noch einmal hingewiesen hat (siehe Ders., *Die Lehren der Philosophie. Eine Kritik*, Berlin 2014, S. 45 ff.).

56 Vgl. Jean-Paul Reding, *Comparative Essays in Early Greek and Chinese Rational Thinking*, Aldershot/Burlington 2004, S. 91 f. Die einzige Ausnahme ist der Fall der Mohisten, die jedoch wenig Einfluss auf den Verlauf der chinesischen Philosophiegeschichte gehabt haben.

57 Gregory Vlastos, »The Socratic Elenchus«, *Oxford Studies in Ancient Philosophy*, Vol. 1, Oxford 1983, S. 34 (Übersetzung d. A.). – In der traditionellen konfuzianischen Kultur sollte das Individuum den überkommenen Normen erst einmal bedingungslos folgen, so dass es durch ihre Verinnerlichung eine eigene normative Identität und damit auch die Fähigkeit zum

vernünftigen Urteilen ausbilden würde (vgl. Franklin Perkins, »No Need for Hemlock: Mengzi's Defense of Tradition«, in: Chris Fraser u. a. (Hg.), *Ethics in Early China*, Hongkong 2011, S. 65–81).

58 Elias Canetti, *Die Provinz des Menschen. Aufzeichnungen 1942–1972*, Frankfurt a. M. 1976, S. 142.

59 *Shishuo xinyu* 30:1, vgl. *A New Account of Tales of the World*, S. 493.

60 *Shishuo xinyu* 4:18, vgl. *A New Account of Tales of the World*, S. 107.

61 *Shishuo xinyu* 6:35, 6:1; vgl. *A New Account of Tales of the World*, S. 204, 189.

62 Vgl. Donald Holzman, *Poetry and Politics. The life and works of Juan Chi (A. D. 210–263)*, Cambridge 1976, S. 17.

63 *Zhuangzi. Das Buch der Spontaneität*, S. 256.

64 Vgl. Stephen R. Bokenkamp, *Ancestors and Anxiety. Daoism and the Birth of Rebirth in China*, Berkeley/Los Angeles/London 2007.

65 Lou, *Wang Bi jijiao shi*, S. 29; *The Classic of the Way and Virtue*, S. 71.

66 Lou, *Wang Bi jijiao shi*, S. 134 f.; *The Classic of the Way and Virtue*, S. 147 f.

67 Victor Klemperer, *Tagebücher 1933–1934*, Berlin 1999, S. 7 (21. Februar 1933).

68 Vgl. Michael Loewe, *Chinese Ideas of Life and Death. Faith, Myth and Reason in the Han Period (202 BC–AD 220)*, London/Sydney/Boston 1982, S. 35.

69 Yuk Hui, *The Question Concerning Technology in China. An Essay in Cosmotechnics*, Falmouth 2016, S. 66f.

70 Rüdiger Safranski, *Schopenhauer und die wilden Jahre der Philosophie. Eine Biographie*, Hamburg 1990, S. 320.

71 Lou, *Wang Bi jijiao shi*, S. 626.

72 Wolfgang Bauer, *Das Antlitz Chinas. Die autobiographische Selbstdarstellung in der chinesischen Literatur von ihren Anfängen bis heute*, München 1990, S. 156.

73 Ruan Ji, »Daren xiansheng zhuan«, in: Chen Bojun (Hg.), *Ruan Ji jijiao zhu*, Peking 2012 [zweite Auflage], S. 173.

74 Vgl. *Yijing. Das Buch der Wandlungen*, Frankfurt/Leipzig 2009, S. 18.

75 Lou, *Wang Bi jijiaoshi*, S. 77; vgl. *The Classic of the Way and Virtue*, S. 105.

76 Obgleich Wang Bi mitunter das Wort *xin* 心 (wörtlich: »Herz«) verwendet, das mit der Rezeption des Buddhismus im chinesischen Denken eine zentrale Stellung erhalten würde und mit dessen Hilfe Probleme wie Bewusstsein und Wahrnehmung erörtert werden konnten, handelt es sich bei ihm nicht um eine selbstständige Instanz. Die »dämonische Einsichts-

fähigkeit« (*shenming* 神明), die er mehrfach beschreibt, muss wohl als eine Wirkungsweise des »Herzens« verstanden werden, vgl. Xie Rubo, »Shen und zhen: Wang Bi de xinxing lilun«, in: *Wen yu zhe* 17 (Dezember 2010), S. 47–82; hier: S. 62.

77 Jean-François Billeter, *Das Wirken in den Dingen. Vier Vorlesungen über das Zhuangzi*, Berlin 2015, S. 98, 116.

78 Für eine Übersetzung und Analyse dieses Textes siehe Adele Schlombs, *Huai-su and the Beginnings of Wild Cursive Script in Chinese Calligraphy*, Stuttgart 1998.

79 Vgl. Wolfgang Bauer, »Ich und Nicht-Ich in Laozis *Daodejing*«, in: *Monumenta Serica* 47:1 (1999), S. 255–270.

80 Martin Heidegger, »Bauen Wohnen Denken«, Gesamtausgabe, Bd. 7, hrsg. von Friedrich-Wilhelm v. Herrmann, Frankfurt am Main 2000, S. 31. Siehe auch {http://www.bard.edu/library/arendt/pdfs/Heidegger-Vortragev2.pdf}, letzter Zugriff: 15.11.2018.

81 Der zu Unrecht vergessene Philosoph Georg Misch hat schon vor knapp hundert Jahren die Vision eines globalen Philosophierens entworfen, das sich nicht nur aus den griechischen und lateinischen, sondern ebenso aus indischen und chinesischen Quellen speist (siehe Ders., *Der Weg in die Philosophie*, Berlin 1926).

82 Vgl. Winfried Rief, »Placebos als bessere Medizin«, in: *Süddeutsche Zeitung*, 23. August 2018.

83 Das Wort »Diktatur« steht wohlgemerkt bis heute in der Verfassung der Volksrepublik China: »ein sozialistischer Staat unter der demokratischen Diktatur des Volkes«. Vgl. dazu Stein Ringen, *The Perfect Dictatorship: China in the 21st Century*, Hongkong 2016.

84 Einige Augenzeugenberichte: {https://chinadigitaltimes.net/2018/10/the-total-censorship-era-chinese-journalists-reflect-on-their-experiences/}, letzter Zugriff: 11. Oktober 2018.

85 Stefan Baron, Guangyan Yin-Baron, *Die Chinesen: Psychogramm einer Weltmacht*, Berlin 2018, S. 63.

86 Baron / Yin-Baron, *Die Chinesen: Psychogramm einer Weltmacht*, S. 315.

87 Dingxin Zhao, *The Confucian-Legalist State. A New Theory of Chinese History*, Oxford 2015, S. 372. Zur letzteren Frage vgl. insbesondere Eske J. Møllgaard, *The Confucian Political Imagination*, London 2018.

88 Kai Strittmatter, »Die Peking-Ente«, in: Magazin der *Süddeutsche Zeitung*, 28. Oktober 2013.

89 Einführend zum Konfuzianismus: Hans van Ess, *Der Konfuzianismus*, München 2003. Zur Bezeichnung »Konfuzianismus« vgl. die Diskussion in Kim, *A History of Chinese Political Thought*, S. 11 ff.

90 Ludwig Wittgenstein, *Vermischte Bemerkungen*, in: *Werkausgabe*, Bd. 8, Frankfurt a. M. 1984, S. 492.

91 *Shiji* 47:1905. In der Vergangenheit ist oft versucht worden, diese Textstelle zu entschärfen, indem die beiden Schriftzeichen anders übersetzt worden sind, z. B. als »in einer nicht den rituellen Bestimmungen entsprechenden Vereinigung«, vgl. Annping Chin, *Konfuzius – Geschichte seines Lebens*, Frankfurt a. M. 2009, S. 39.

92 Vgl. Chin, *Konfuzius – Geschichte seines Lebens*, S. 110.

93 Man sollte den Einfluss nicht unterschätzen, den die Geometrie auf die Entwicklung der europäischen Kultur (Philosophie, Wissenschaft, Architektur, Ästhetik, usw.) gehabt hat. In China gab es nichts Vergleichbares, vgl. Yuk Hui, *The Question Concerning Technology in China*, S. 203 ff.

94 Vgl. Kim, *A History of Chinese Political Thought*, S. 42.

95 Karl Jaspers, *Die großen Philosophen*, Neuausgabe, München 1988, S. 31.

96 Siehe Christoph Harbsmeier, »Confucius Ridens: Humour in the Analects«, in: *Harvard Journal of Asiatic Studies*, 50:1 (Juni 1990), S. 131–161; hier: S. 147.

97 Ezra Pound, *Canto* 74/438–9, in: Ders., *Die Cantos*, S. 689. Pounds etymologisierender Übersetzungsstil rückt das Schriftzeichen *xi* 習 dramatisch in den Vordergrund; wer genau hinschaut, erkennt in ihm tatsächlich den »weißen Flügelschlag der Zeit«.

98 Vgl. Eske J. Møllgaard, *Introduction to Daoist Thought: Action, Language, and Ethics in Zhuangzi*, Abingdon/New York 2007, S. 3 (Übersetzung d. A.).

99 Slavoj Žižek, *Demanding the Impossible*, hg. von Yong-June Park, Cambridge 2013, S. 11 (Übersetzung d. A.).

100 Pound, *Canto* 99/251–253, in: Ders., *Die Cantos*, S. 1051.

101 Vgl. Schlombs, *Huai-su and the Beginnings*, S. 5.

102 Daniel A. Bell, *China's New Confucianism. Politics and Everyday Life in a Changing Society*, Princeton 2010, S. 63.

103 Nicole Stenger, »Mind is a Leaking Rainbow«, in: Michael Benedikt (Hg.), *Cyperspace: First Steps*, Cambridge, MA 1991, S. 51 (Übersetzung d. A.).

104 Vgl. Thomas de Quincey, *Autobiographic Sketches*, hg. von Daniel Sanjiv Roberts, London 2003, S. 366.

105 Multatuli, *Max Havelaar oder die Kaffee-Versteigerungen*, Berlin 2013, S. 130.

106 Ernst Tugendhat, *Egozentrizität und Mystik. Eine anthropologische Studie*, München 2004, S. 87.

107 Vgl. Anna Sun, *Confucianism as a World Religion. Contested Histories and Contemporary Realities*, Princeton 2013, S. 166 f.

108 Philippe Descola, *Jenseits von Natur und Kultur*, Berlin 2011, S. 439.

109 C. G. Jung, *Gesammelte Werke*, Bd. 8, S. 497; vgl. {https://de.wikipedia.org/wiki/Synchronizität}, letzter Zugriff: 6. August 2018.

110 François Jullien, *Über die Wirksamkeit*, Berlin 1999, S. 85.

111 Vgl. Henrietta Harrison, *The Man Who Awakened from Dreams. One Man's Life in a North China Village, 1857–1942*, Stanford 2005, S. 104.

112 Vgl. *The Classic of Changes: A New Translation of the I Ching as Interpreted by Wang Bi*, New York 1994, S. 132 ff.

113 Lou, *Wang Bi jijiao shi*, S. 215 f.; *The Classic of Changes*, S. 138 f.

114 Vgl. Paul R. Goldin, »The Theme of the Primacy of the Situation in Classical Chinese Philosophy and Rhetoric«, in: *Asia Major*, 18:2 (2005), S. 1–25; hier: S. 10 f.

115 Lou, *Wang Bi jijiao shi*, S. 94; *The Classic of the Way and Virtue*, S. 122. Vgl. Laotse, *Tao Te King*, S. 21 f.

116 Victor Klemperer, *Tagebücher 1945*, Berlin 1999, S. 15.

117 Henry James, *Bild und Text*, Bern/Wien 2016, S. 79.

118 Vgl. etwa seinen Essay »Die Esser und das Gegessene«, in: John Berger, *Das Sichtbare und das Verborgene. Essays*, Frankfurt a. M. 2007, S. 41–48.

119 »Suche das Wissen, und sei es in China«: Ein oft zitierter, aber wohl nicht authentischer Hadith des Propheten Mohammed.

120 Erich Auerbach, »Philologie der Weltliteratur« (1952), in: Ders., *Gesammelte Aufsätze zur romanischen Philologie*, Bern und München 1967, S. 301–310; hier: S. 301.

121 Pico Iyer, *The Global Soul: Jet Lag, Shopping Malls and the Search for Home*, New York 2000, S. 291 (Übersetzung d. A.).

122 Ernst Jünger, *Der Waldgang*, in: *Sämtliche Werke*, Bd. VII, Stuttgart 2002, S. 371.

123 Yukio Mishima, *Mishima Yukio hyōron zenshū*, Bd. 3, Tokio 1989, S. 564–587.

124 Vgl. Kiri Paramore, *Japanese Confucianism. A Cultural History*, Cambridge 2016, S. 127.

125 Cay Marchal, »Die Währung Selbstmord. Yukio Mishima und die Philosophie des Wang Yangming«, in: *Zeno. Jahrheft für Literatur und Kritik* 27 (2005/2006), S. 165.

126 *Chuanxi lu*, Nr. 307, 329; vgl. die englische Übersetzung in Wing-tsit Chan (Hg.), *Instructions for Practical Living, and other Neo-Confucian Writings*, Columbia 1985, S. 236, 255.

127 Vgl. Wu-men Hui-k'ai, *Wu-men kuan. Zutritt nur durch die Wand*, S. 99 (Nr. 29).

128 Thomas Metzinger, *Der Ego-Tunnel: Eine neue Philosophie des Selbst: Von der Hirnforschung zur Bewusstseinsethik*, Berlin 2009, S. 13.

129 Metzinger, *Der Ego-Tunnel*, S. 38 f.

130 *Chuanxi lu*, Nr. 39; Chan, *Instructions for Practical Living*, S. 35.

131 Siehe *Chuanxi lu*, Nr. 22; Chan, *Instructions for Practical Living*, S. 28.

132 Siehe »Yu Huang Zongxian wu«, in: *Wang Yangming quanji*, hg. von Wu Guang, Qian Ming et al., Shanghai 1992, S. 152.

133 Dies wird deutlich in der berühmten Äußerung über »meine« Wahrnehmung eines blühenden Baumes, siehe *Chuanxi lu*, Nr. 275; Chan, *Instructions for Practical Living*, S. 222.

134 Siehe *Chuanxi lu*, Nr. 337; Chan, *Instructions for Practical Living*, S. 257 f.

135 Siehe »Bie Fang Shuxian xu«, in: *Wang Yangming quanji*, S. 232.

136 Vgl. Iso Kern, *Das Wichtigste im Leben. Wang Yangming (1472–1529) und seine Nachfolger über die »Verwirklichung des ursprünglichen Wissens«*, Basel 2010, S. 108 ff.

137 *Chuanxi lu*, Nr. 326; Chan, *Instructions for Practical Living*, S. 254.

138 *Chuanxi lu*, Nr. 122; Chan, *Instructions for Practical Living*, S. 79 ff. Vgl. auch *Chuanxi lu*, Nr. 101, 107; Chan, *Instructions for Practical Living*, S. 63, 68.

139 *Chuanxi lu*, Nr. 253; Chan, *Instructions for Practical Living*, S. 213; vgl. *Lunyu* 9:17.

140 *Chuanxi lu*, Nr. 222; Chan, *Instructions for Practical Living*, S. 199 f.

141 Vgl. etwa *Chuanxi lu*, Nr. 21, 62; Chan, *Instructions for Practical Living*, S. 27, 45.

142 Wolfgang Fasching, *Phänomenologische Reduktion und Mushin. Edmund Husserls Bewusstseinstheorie und der Zen-Buddhismus*, Freiburg/München

2003, S. 109; vgl. auch Jay L. Garfield, *Engaging Buddhism. Why It Matters to Philosophy*, Oxford 2015, S. 117 f. – Zum Paradigmenwechsel, den die Rezeption der indischen Tathāgatagarbha-Lehre bewirkte, siehe John Makeham, »Chinese philosophy's hybrid identity«, in: Ming Dong Gu (Hg.), *Why Traditional Chinese Philosophy Still Matters: The Relevance of Ancient Wisdom for the Global Age*, Abingdon/New York 2018, S. 147–166.

143 *Chuanxi lu*, Nr. 31; vgl. Chan, *Instructions for Practical Living*, S. 32.

144 *Chuanxi lu*, Nr. 44; vgl. Chan, *Instructions for Practical Living*, S. 38.

145 Vgl. dazu Samuel Cocks, »Wang Yangming on Spontaneous Action, Mind as Mirror, and Personal Depth«, in: *Journal of Chinese Philosophy* 42:3–4 (September – Dezember 2015), S. 342–358.

146 *Chuanxi lu*, Nr. 206; vgl. Chan, *Instructions for Practical Living*, S. 193. Für die deutsche Übersetzung siehe Iso Kern, »Die Umwandlung und Zweideutigkeit von Wang Yangmings Begriff des ›ursprünglichen Wissens‹ *(liang zhi)*«, in: *Asiatische Studien/Études Asiatiques* 48:4 (1994), S. 1119–1141; hier: S. 1132 f.

147 Vgl. Dingxin Zhao, *The Confucian-Legalist State*, S. 366 ff.

148 Jiwei Ci, *Moral China in the Age of Reform*, Cambridge 2014, S. 102 f.

149 Siehe »Nianpu«, in: *Wang Yangming quanji*, S. 1250; Qian Dehong, »Zheng Chenhao fan jian yi shi«, in: *Wang Yangming quanji*, S. 1474.

150 Vgl. Tu Wei-ming, »Pain and Suffering in Confucian Self-Cultivation«, in: *Philosophy East and West*, 34:4 (Oktober 1984), S. 379–388.

151 Vgl. Larry G. Israel, *Doing Good and Ridding Evil in Ming China: The Political Career of Wang Yangming*, Leiden 2014.

152 Ludwig Wittgenstein, *Vermischte Bemerkungen*, S. 451.

153 Kwame Anthony Appiah, *Der Kosmopolit. Philosophie des Weltbürgertums*, München 2007, S. 104.

154 Appiah, *Der Kosmopolit*, S. 64 f.

155 Vgl. Hans-Julius Schneider, »Transposition – Übersetzung – Übertragung. Das Bild vom Transport ›semantischer Gehalte‹ und das Problem der interkulturellen Kommunikation«, in: Elisabeth Birk, Jan Georg Schneider (Hg.), *Philosophie der Schrift*, Tübingen 2009, S. 145–159.

156 Friedrich Hebbel, *Tagebücher 1843–1847*, Band 2, München 1984, S. 163.

157 Billeter, *Das Wirken in den Dingen*, S. 60 f.

158 George Steiner, *Sprache und Schweigen. Essays über Sprache, Literatur und das Unmenschliche*, Berlin 2014, S. 55.

159 Lou, *Wang Bi jijiao shi*, S. 633 f.

160 *The Classic of Changes*, S. 31; vgl. *Zhuangzi. Das Buch der Spontaneität*, S. 316.

161 Vgl. *Zhuangzi. Das Buch der Spontaneität*, S. 64.

162 Lou, *Wang Bi jijiao shi*, S. 43; *The Classic of the Way and Virtue*, S. 80 f. Vgl. *Zhuangzi. Das Buch der Spontaneität*, S. 101.

163 *Zhuangzi. Das Buch der Spontaneität*, S. 78.

164 Vgl. Holzman, *Poetry and Politics*, S. 113.

165 *Zhuangzi. Das Buch der Spontaneität*, S. 66 f.

166 Vgl. Billeter, *Das Wirken in den Dingen*, S. 15 ff.; sowie J. David Velleman, »The way of the wanton«, in: Catriona Mackenzie und Kim Atkins (Hg.), *Practical Identity and Narrative Agency*, Abingdon/New York 2008, S. 169–192.

167 Lou, *Wang Bi jijiao shi*, S. 43; *The Classic of the Way and Virtue*, S. 81. Zu Wang Bis konfuzianisch-daoistisch inspirierter Exegese des *Buchs der Wandlungen* siehe Tze-Ki Hon, »Human Agency and Change: A Reading of Wang Bi's *Yijing* Commentary«, in: *Journal of Chinese Philosophy* 30:2 (Juni 2003), S. 223–242.

168 Der Philosoph Lao Sze-kwang hat dargelegt, wie schwierig es für das traditionelle, chinesische Denken war, Subjektivität im Plural, divers und lebensweltlich gegründet, zu denken, siehe: Ders., *Xinbian Zhongguo zhexueshi*, Bd. 3b, Taipeh 2006, S. 489 ff.

169 Lou, *Wang Bi jijiao shi*, S. 624 f.

170 Siehe Wang Xiaoyi, *Ru Shi Dao yu Wei Jin Xuanxue xingcheng*, Peking 2003, S. 122.

171 Laotse, *Tao Te King*, S. 18.

172 David L. Hall und Roger T. Ames, *Anticipating China: Thinking through the Narratives of Chinese and Western Culture*, Albany, N. Y. 1995, S. 138 (Übersetzung d. A.).

173 {https://www.sueddeutsche.de/wirtschaft/tesla-gruender-die-dunkle-seite-des-elon-musk-1.4095269}, letzter Zugriff: 30. September 2018.

174 Puett/Gross-Loh, *Das Wichtigste von allem*, S. 117 ff.

175 A. C. Lau (Übers.), *Tao Te Ching*, Baltimore, MD 1963, S. xxxi (Übersetzung d. A.).

176 Bauer, *Das Antlitz Chinas*, S. 204.

177 Vgl. Puett/Gross-Loh, *Das Wichtigste von allem*, S. 168.

178 Lou, *Wang Bi jijiao shi*, S. 639.

179 *Houhanshu*, 6:45.1526.

180 Henry Miller, *Wendekreis des Steinbocks*, Hamburg 1972, S. 301.

181 Frantz Fanon, *Die Verdammten dieser Erde*, Reinbek bei Hamburg 1969, Vorwort von Jean-Paul Sartre, S. 17 ff.

182 {https://sezession.de/59430/bin-ich-voelkisch-drei-volksbegriffe}, letzter Zugriff: 29. September 2018.

183 Johann Gottfried Herder, *Journal meiner Reise im Jahr 1769*, Stuttgart 1976, S. 7.

184 Den wohl kürzesten Widerlegungsversuch dieses bekannten Arguments hat die Ökonomin Deirdre N. McCloskey formuliert: »When the clerk is murdered in the course of a convenience-store robbery, the gain to the robber of $45.56 is not the same thing as the loss of life of the clerk. His lost life is not a gain to the robber. Thus European imperialism.« Deirdre N. McCloskey, *Bourgeois Dignity. Why Economics can't explain the Modern World*, Chicago 2010, S. 240. Aber ist es wirklich so einfach?!

185 Ian Morris, *Wer regiert die Welt? Warum Zivilisationen herrschen oder beherrscht werden*, Frankfurt/New York 2011. Für Ricardo Duchesnes Rezension sowie die Erwiderung Morris' siehe {http://www.history.ac.uk/reviews/review/1091}, letzter Zugriff: 15. September 2018 (Übersetzung d. A.).

186 Otto Pöggeler, *Neue Wege mit Heidegger*, Freiburg/München 1992, S. 402 f. Vgl. Lin Ma, *Heidegger on East-West Dialogue: Anticipating the Event*, New York 2008.

187 Siehe Wang, *Ru Shi Dao yu Wei Jin Xuanxue xingcheng*, S. 54–65. He Yans Essay ist nur fragmentarisch erhalten; für eine englische Übersetzung siehe Rudolf G. Wagner, *Language, Ontology, and Political Philosophy in China. Wang Bi's Scholarly Exploration of the Dark (Xuanxue)*, Albany 2003, S. 52 f.

188 Eine intelligente Kritik der westlichen Sinologie aus chinesischer Sicht: Shuchen Xiang, »Orientalism and Enlightenment Positivism: A Critique of Anglophone Sinology, Comparative Literature and Philosophy«, in: *The Pluralist*, 13:2 (Sommer 2018), S. 22–49.

189 Lou, *Wang Bi jijiao shi*, S. 1 f.; vgl. *The Classic of the Way and Virtue*, S. 51 f.

190 Der Philosoph Tang Junyi unterscheidet sogar sechs verschiedene Aspekte des Dao, in: Ders., *Zhongguo zhexue yuanlun: Daolun pian*, Taipeh 1986, S. 368–381.

191 Vgl. Thomas Michael, *The Pristine Dao: Metaphysics in Early Daoist Discourse*, Albany 2005, S. 15 ff.

192 Lou, *Wang Bi jijiao shi*, S. 1, 52; vgl. *The Classic of the Way and Virtue*, S. 51, 86 f.

193 Tugendhat, *Egozentrizität und Mystik*, S. 134.

194 Vgl. Franklin Perkins, »What is a thing (*wu* 物)? The problem of individuation in early Chinese metaphysics«, in: Chenyang Li, Franklin Perkins (Hg.), *Chinese Metaphysics and Its Problems*, Cambridge 2015, S. 54–68.

195 Vgl. Mou Zongsan, *Caixing yu xuanli*, Hongkong 1963, S. 135.

196 Tugendhat, *Egozentrizität und Mystik*, S. 135.

197 Vgl. Tang Yongtong, »Wang Bi zhi Zhouyi Lunyu xin yi«, in: Ders., *Wei Jin xuanxue lungao*, Peking 1962, S. 91.

198 Lou, *Wang Bi jijiao shi*, S. 117; *The Classic of the Way and Virtue*, S. 135 f. Vgl. *Zhuangzi. Das Buch der Spontaneität*, S. 58.

199 Hans-Julius Schneider, *Religion*, Berlin/New York 2008, S. 184.

200 *Xu Chuandeng lu*, T 51.2077.614.

201 Wolfgang Bauer, *Geschichte der chinesischen Philosophie*, München 2001, S. 151.

202 Lou, *Wang Bi jijiao shi*, S. 110; *The Classic of the Way and Virtue*, S. 130.

203 Slavoj Žižek, *Die bösen Geister des himmlischen Bereichs: Der linke Kampf um das 21. Jahrhundert*, Frankfurt a. M. 2011, S. 275.

204 Eske Møllgaard, »Slavoj Žižek's Critique of Western Buddhism«, in: *Contemporary Buddhism: An Interdisciplinary Journal*, 9:2 (November 2008), S. 167–180; hier: S. 170 f.

205 Vgl. Eric S. Nelson, *Chinese und Buddhist Philosophy in Early Twentieth-Century German Thought*, London 2017, S. 206 ff.

206 Schneider, *Religion*, S. 118.

207 Emil Cioran, *Aveux et Anathème*, Paris 1987, S. 21 (Übersetzung d. A.).

208 Zur Einführung: Jan Westerhoff, *Nagarjuna's Madhyamaka: A Philosophical Introduction*, Oxford 2009. Vgl. auch allgemein Johannes Bronkhorst, »Die buddhistische Lehre«, in: Heinz Bechert u. a. (Hg.), *Der Buddhismus I. Der indische Buddhismus und seine Verzweigungen*, Stuttgart/Berlin/Köln 2000, S. 23–212.

209 Vgl. Mark Siderits, *Personal Identity and Buddhist Philosophy. Empty Persons*, Farnham 2015, S. 97 ff.

210 Westerhoff, *Nagarjuna's Madhyamaka*, S. 24 f.

211 Bernhard Weber-Brosamer, Dieter M. Back, *Die Philosophie der Leere. Nāgārjunas Mūlamadhyamaka-Kārikās. Übersetzung des buddhistischen Basistextes mit kommentierenden Einführungen*, Wiesbaden 2005, S. 92.

212 Weber-Brosamer / Back, *Die Philosophie der Leere*, S. 12.

213 Weber-Brosamer / Back, *Die Philosophie der Leere*, S. 6.

214 Francisco J. Varela, Evan Thompson und Eleanor Rosch, *The Embodied Mind: Cognitive Science and Human Experience*, Cambridge, MA 1993, S. 223.

215 Aristoteles, *De Interpretatione* 9, 19 a, vgl. Ders., *Organon*, Bd. 2 *(Kategorien/Hermeneutik)*, Hamburg 1998, S. 116 f.

216 W. G. Sebald, *Logis in einem Landhaus. Über Gottfried Keller, Johann Peter Hebel, Robert Walser und andere*, München/Wien 1998, S. 188.

217 Für eine deutsche Übersetzung von Kumārajīvas Fassung der »Lehrstrophen« siehe Nāgārjuna, *Die Lehre von der Mitte*, Hamburg 2010.

218 Vgl. Walter Liebenthal, *Chao lun: The treatises of Seng-Chao. A translation with introduction, notes, and appendices*, Hong Kong 1968 [zweite Edition].

219 *Dainippon zokuzōkyō* 2:1, 294, b1–7; vgl. Lin Chen-kuo, »Logic, Scripture, and Hermeneutics in Zhencheng's Critique of the Thesis of No-motion«, in: *Journal of Indian Philosophy* (Mai 2018), S. 1–19; hier: S. 3.

220 Hans Blumenberg, *Lebenszeit und Weltzeit*, Frankfurt a. M. 1986, S. 74.

221 *Zhaolun*, T45:1858.151c14-15.

222 Zum *Weimojie Suoshuo Jing*, siehe T14:475.541b25-26. Nāgārjuna selbst verwirft die Lehre der momentanen Existenz (vgl. Westerhoff, *Nagarjuna's Madhyamaka*, S. 114 ff.).

223 *Zhaolun*, T45:1858.151c11-12.

224 Simone Weil, *The Notebooks of Simone Weil*, London 1956, S. 218 f.

225 Vgl. Schneider, *Religion*, S. 135.

226 Vgl. *Yijing. Das Buch der Wandlungen*, S. 11.

ABBILDUNGSVERZEICHNIS

DANKSAGUNG

Ohne die Gespräche mit Robin Detje und Elisa Duca, denke ich, hätte es die Idee zu diesem Buch nicht gegeben. Andreas Rötzer bin ich zu Dank verpflichtet für zahlreiche Anregungen und seine großzügige Unterstützung bei der Erstellung des Manuskripts. Magdalena Schrefel danke ich für ihr sorgfältiges Lektorat. Unerlässlich waren darüber hinaus die Beiträge von Ekkehard Knörer, Sabine Dörlemann, Jean-François Billeter, Brook Ziporyn, Eske J. Møllgaard, Andreas Walther, Huang Kuan-min, Christian Wenzel, Michael Hampe, Lin Chen-kuo, Guido Kreis, Fabian Heubel, Philippe Brunozzi und Mario Wenning. Nicht zuletzt danke ich meinen Eltern.

Kai Marchal, 1974 in Wilhelmshaven geboren, lebt mittlerweile in Taipeh und lehrt Philosophie an der National Chengchi University. Er veröffentlichte zahlreiche wissenschaftliche und literarische Texte in deutscher, englischer und chinesischer Sprache.

Matthes & Seitz Berlin · Paperback · 039

Erste Auflage dieser Ausgabe 2021

Göhrener Str. 7, 10437 Berlin
info@matthes-seitz-berlin.de

Satz: Michael Rosenlehner, Berlin
Umschlaggestaltung: Pauline Altmann, Berlin
Druck und Bindung: GGP Media GmbH, Pößneck
ISBN 978-3-7518-0107-2
www.matthes-seitz-berlin.de

François Jullien

Vom Sein zum Leben

Euro-chinesisches Lexikon des Denkens

Aus dem Französischen von
Erwin Landrichter

340 Seiten, Hardcover mit Schutzumschlag

»Vom Sein zum Leben« versteht Francois Jullien als kritisches Resümee seiner lebenslangen Beschäftigung mit dem chinesischen Denken und Sprechen. Anhand von 20 Begriffspaaren entfaltet er die Differenzen der beiden Kultur- und Denkräume: In höchst originellen Essays stellt er beispielsweise »Kohärenz« dem »Sinn« gegenüber, »Beharrlichkeit« dem »Willen«, »Zuverlässigkeit« der »Aufrichtigkeit«, »Aufschwung« dem »Stillstand«. Doch Jullien begnügt sich nicht, das eine Konzept mithilfe des anderen zu beleuchten und damit die zugehörige Kultur zu verstehen. Er geht in diesem Buch einen Schritt weiter, versucht von beiden Abstand zu nehmen und eine dritte Position zu gewinnen, die ihm ermöglicht, einen eigenen philosophischen Entwurf zu entwickeln. Ein Buch für alle, die China verstehen, aber dabei nicht in Exotismus schwelgen wollen, und für alle, die die Lust am eigenen Denken nicht verloren haben.

»[Vom Sein zum Leben] ist ein gutes Werkzeug
gegen starres Identitätsdenken.«

Andrea Roedig, *Deutschlandfunk Kultur*

Anke Jaspers, Claudia Michalski und Morten Paul (Hg.)

Ein kleines rotes Buch

Die Mao-Bibel
und die Bücher-Revolution der Sechzigerjahre

240 Seiten, 5 Abbildungen,
Hardcover mit Schutzumschlag

1967 erschienen die Worte des Vorsitzenden Mao Tse-tung zum ersten Mal auf Deutsch. Im Sog der politischen Ereignisse und der Studentenbewegung wurde das »Rote Buch« mit den zusammengestellten Sinnsprüchen und Parolen des chinesischen Revolutionärs schnell zum Kultobjekt, das als Signalzeichen für eine rebellische Haltung auf Demonstrationen, in Filmen und auf Magazinfotos auftauchte. Doch wurde das Buch auch gelesen oder nur geschwenkt? Diese Anthologie schildert die Entwicklung der »Mao-Bibel« zum ultimativen revolutionären Accessoire: Dabei wirft sie einen prüfenden Blick auf damalige Lesepraktiken, analysiert den bekannten roten Kunststoffeinband, befragt den Filmemacher Harun Farocki zu seinen Lektüreerlebnissen und beleuchtet die Inszenierungsweisen des roten Bändchens in der Protest- und Popkultur. So wird anhand des ikonischen Artefakts deutlich, wie fließend die Grenzen zwischen Politik und kultureller Repräsentation seit jeher waren.

»Ein lesenswerter Trip in die politisierten 1960er Jahre.«

Katharina Teutsch, *Philosophie Magazin*